EL INGLÉS JURÍDICO

ARIEL DERECHO

ENRIQUE ALCARAZ VARÓ

EL INGLÉS JURÍDICO

Textos y documentos

EDITORIAL ARIEL, S. A.

BARCELONA

1.ª edición: marzo 1994

© 1994: Enrique Alcaraz Varó

Derechos exclusivos de edición en castellano
reservados para todo el mundo:
© 1994: Editorial Ariel, S. A.
Córcega, 270 - 08008 Barcelona

ISBN: 84-344-1585-2

Depósito legal: B. 6.404 - 1994

Impreso en España

1994.— Talleres Gráficos HUROPE, S. A.
Recaredo, 2 - 08005 Barcelona

A don Emilio LORENZO, maestro de filólogos

INTRODUCCIÓN

El *inglés jurídico*, como se afirma en el capítulo uno, no ha recibido en España, ni en la licenciatura de Derecho ni en la de Filología inglesa, la atención que merece, sobre todo, por su singularidad histórica y conceptual, y por su valor filológico. Pero últimamente, debido al peso que tiene en la redacción de los documentos de la Unión Europea, por una parte, y a la importancia que los lingüistas dan a los lenguajes específicos o especializados, se percibe una mayor dedicación hacia este tipo de lenguaje.

Por otra parte, hace tiempo, especialmente en la década de los años cincuenta, una disciplina gozaba de mayor prestigio cuanto más precisos eran sus métodos y sus metas y, particularmente, cuanto más claros e independientes eran sus límites con relación a las materias de su entorno. En cambio, hoy vivimos la época de la interdisciplinariedad y, sin perder de vista los objetivos anteriores de precisión de metas y de métodos, se puede decir que una disciplina gana en perspectiva cuando fomenta los trabajos relacionados con otras materias. A estos efectos, son paradigmáticos de la interdisciplinariedad citada estudios como los de *Postmodern Jurisprudence*, en los que lingüistas y juristas tratan de «aunar las leyes de la literatura con la literatura de las leyes», y los de la «lingüística forense» o *forensic linguistics* llevados a cabo en universidades norteamericanas, con técnicas lingüísticas de análisis del discurso (véanse en la Bibliografía, por ejemplo, M. Coulthard, Costas Douzinas, W. Twinning, Roberta Revelson o J. B. White).

Desde 1990 he dictado todos los años un curso de traducción de textos y documentos jurídicos en la Universidad de Alicante. Dado el interés que este tipo de discurso siempre ha despertado en mí, por mi condición de intérprete jurado y por mi afición a la lingüística aplicada, he intentado recientemente dar forma de libro a los apuntes, textos y documentos utilizados en dichos cursos. Por tanto, esta aproximación al inglés jurídico está hecha con una perspectiva filológica, en dos direcciones básicas de la misma, la culturalista y la lingüística, es decir: *a)* el examen del inglés jurídico, como parte de la llamada *English Life and Institutions*, y *b)* su análisis como variedad lingüística dentro del llamado IFE (inglés para fines específicos) o *ESP*

(English for Specific Purposes). Consecuentemente, éste no es un libro de *Derecho inglés*; es un texto sobre el «lenguaje» utilizado por los profesionales del derecho inglés en España, visto desde la perspectiva de un filólogo y traductor jurado, y, en principio, está pensado para los alumnos y los profesionales de la Traducción y de la Filología inglesa, aunque espero que pueda resultar muy útil a los estudiantes y profesionales del Derecho, así como a los ejecutivos y técnicos de empresas que, conocedores del inglés conversacional, deseen documentarse en las bases del inglés jurídico y de su vocabulario.

El libro tiene dieciocho capítulos, distribuidos de la siguiente forma:

a) Los capítulos uno al cinco abordan cuestiones generales; de éstos, los cuatro primeros tratan de las fuentes del derecho inglés, de la organización de la justicia, de los jueces y tribunales, y de los procedimientos penales y civiles; y el quinto, de las características del inglés jurídico y de los problemas de su traducción al español.

b) A partir del sexto, cada uno de los capítulos aborda distintos aspectos del lenguaje jurídico, ya sean contratos, demandas, delitos de guante blanco, impuestos, el derecho del mar o el de sociedades, el divorcio, las sucesiones, etc. El esquema de cada uno de ellos consta de una *Introducción*, seguida de un *Texto* y de un *Documento* de tipo jurídico.

Muchas son las personas que me han ayudado y orientado en la confección del libro. En primer lugar, mi gratitud especial va dirigida a la doctora Rachel Davies, *Barrister* de los Tribunales Superiores Ingleses que, de forma generosa y gratuita, ha autorizado la publicación de textos suyos de carácter jurídico, aparecidos en la sección del *Financial Times* titulada *FT Law Reports* en los años 1990 y 1991. Durante mucho tiempo he seguido los Repertorios de Jurisprudencia o *Law Reports* redactados por la doctora Davies, los cuales desde el principio me llamaron la atención por la propiedad del lenguaje técnico con que estaban redactados y por el reto que representaba traducirlos al español. Debido a su rigor conceptual y lingüístico y al grado de especialización, consideré que eran textos idóneos para una publicación de este tipo, después de haber sido analizados en los *masters* de Traducción antes citados; en cada uno de los *Textos* de los distintos capítulos de este libro queda constancia de la autoría de la doctora Rachel Davies, y aquí le reitero mi agradecimiento y reconocimiento.

También debo dar las gracias, por otra parte, a *American Business Law*, que permitió la publicación gratuita del artículo de John W. Bagby titulado «The Evolving controversy over Insider Trading», aparecido en las páginas 571-587 del volumen 24 de dicha revista, y al periódico *Financial Times*, que autorizó la publicación de los artículos de Robert Rice «Fishermen Raise Tangled EC Issue» y «Solicitors Worried about Training Change» publicados en la *Legal Column* de dicho periódico el 21 de mayo de 1990.

Igualmente merece mi mayor agradecimiento el letrado de Alicante José

Juan Server y el profesor de mi Departamento Javier Torres Ribelles. El primero leyó con el mayor esmero todo el manuscrito y mejoró, con su precisión jurídica, la traducción de muchos términos; el segundo, con su lectura crítica de todo el texto, acompañada de valiosas anotaciones, en especial en los capítulos relacionados con el mundo del mar, pulió muchos defectos de forma del libro.

Recuerdo aquí con gratitud las sugerencias recibidas de los alumnos de los *masters* de Traducción de las Universidades de Alicante y de Cantabria, muchas de las cuales han sido incorporadas al libro. Y entre los colegas de la Universidad de Alicante que han leído partes del manuscrito y han aportado algunas sugerencias, debo citar a mis compañeros Brian Hughes, Cynthia Miguélez, Gaspar Mora, Félix Rodríguez y María Isabel Velayos, y fundamentalmente al catedrático de Derecho Internacional Privado Manuel Desantes; este último mejoró la terminología de varios capítulos, y enriqueció el contenido del diecisiete, referido a las Comunidades Europeas.

Cuando el manuscrito estuvo terminado, el profesor Manuel Atienza, catedrático de Filosofía del Derecho de la Universidad de Alicante, me invitó a celebrar un seminario de análisis y comentario de los contenidos del libro con los miembros de su departamento; oportunamente se hicieron las copias necesarias y en varias largas sesiones de trabajo se examinaron todos los capítulos. Al doctor Atienza y a los componentes del seminario, los profesores Juan Ruiz Manero, Josep Aguiló, Daniel González, Ángeles Rodenas, Isabel Lifante, Pablo Larrañaga y, sobre todo, al coordinador del seminario, el profesor Juan Antonio Pérez Lledó —metódico estudioso del Derecho anglosajón—, les estoy muy agradecido por las aportaciones y comentarios que hicieron, que, sin duda, han servido para mejorar los conceptos y los términos de este libro.

EL AUTOR

Alicante, enero de 1994

I. EL DERECHO Y LAS LEYES

1. Introducción: el inglés jurídico

Ni en la licenciatura de Derecho ni en la de Filología inglesa, se ha dispensado en España al inglés jurídico la atención que merece por su singularidad conceptual e histórica y por la influencia creciente que ejerce; el jurado o el *trust*, por citar sólo dos ejemplos, son instituciones jurídicas inglesas de gran originalidad y prestigio, que han calado en el Derecho continental.

Es cierto que, desde hace mucho tiempo, el examen de las aludidas instituciones jurídicas inglesas[1] (por ejemplo, el *common law*,[2] el *Old Bailey* o Tribunal Central de lo Penal de Londres, el jurado, etc.) ha sido centro de interés de la filología inglesa, dentro del bloque cultural conocido como «la civilización y las instituciones de los países anglófonos». Sin embargo, en esta carrera, al estudio propiamente lingüístico del inglés jurídico o *legal English*, debido a su complejidad, no se le había prestado, hasta ahora, el mismo grado de dedicación. Como indicamos más adelante, el inglés jurídico es la lengua de una amplia cultura jurídica extendida por los países que durante muchos años, antes de independizarse, formaron parte de la Corona británica.

Recientemente, y gracias a diversas circunstancias, como la potenciación de las Comunidades Europeas, por una parte, y el interés de los filólogos por los lenguajes especializados y los sublenguajes, por otra, ha surgido lo que se llama «Inglés para fines específicos», también conocido con la sigla española *IFE* o con la correspondiente inglesa *ESP* (*English for Specific Purposes*). Y, dentro del *IFE*, el análisis y estudio del inglés jurídico alcanza cada vez más un puesto de mayor relieve. Por ejemplo, algunas

---

1. El sistema jurídico inglés sólo se aplica en Inglaterra y Gales, pero no en Escocia, cuyo ordenamiento jurídico posee marcadas diferencias.

2. Los tratadistas suelen distinguir entre sistemas de *common law* y sistemas de derecho continental. Dado que normalmente no traducen el término *commom law* al español, para evitar las ambigüedades que podrían surgir de términos tales como «derecho consuetudinario», «derecho común inglés», etc., nosotros conservamos el nombre inglés a lo largo del libro, aunque creemos que son aceptables para su traducción, en caso de que fuera necesario, expresiones como «derecho común inglés», «derecho consuetudinario inglés», etc.

publicaciones recientes, como *Postmodern Jurisprudence*,[3] en la que colaboran lingüistas y juristas, tratan de «aunar las leyes de la literatura con la literatura de las leyes» (*bring the law of literature to the literature of law*), y, en los últimos años, en las universidades de habla inglesa, ha nacido otro campo de interés común, la llamada «lingüística forense» o *forensic linguistics*,[4] basada en las técnicas modernas de análisis del discurso.

2. La cultura jurídica inglesa

Como acabamos de decir, se puede hablar de una «cultura jurídica inglesa», propia de las antiguas colonias británicas, que, al independizarse, heredaron el sistema nacido en Inglaterra; esta cultura jurídica se asienta principalmente en el *common law* formado, en un sentido amplio, por la costumbre, la tradición y las resoluciones judiciales adoptadas por los jueces ingleses al dictar sentencia.[5] Aunque en todos estos países hoy también se aplica el llamado «derecho legislado»[6] (*statute law*), es decir, las leyes aprobadas por sus respectivos órganos legislativos (el Parlamento británico, el Congreso en Estados Unidos, etc.), persisten las normas del *common law* que no hayan sido derogadas expresamente (*expressly repealed*) por las leyes parlamentarias.

De esta forma, en la mayoría de los países de habla inglesa, además del derecho legislado (*statute law*), existe otro, el *common law*, en principio heredado de la metrópoli y luego continuado por los jueces de cada nación al dictar sentencia, como se puede colegir del ejemplo que sigue, en el que se aborda la prohibición de participar en operaciones bursátiles que pesa sobre los directivos (*officers*) y empleados de una mercantil que posean información privilegiada (*insider trading*); y, conforme se asegura, fue en el *state common law* norteamericano donde se planteó por vez primera esta limitación, que, más tarde, fue recogida en una ley federal (*congressional act*), en concreto, el artículo 16(b) (*section 16(b)*) de la Ley del Mercado de Valores de 1934 (*The Securities Exchange Act 1934*):

> The insider trading restriction originated in <u>state common law</u> and the first congressional restriction of insider trading was imposed by section 16(b) of the Securities Exchange Act of 1934 (1934 Act). (John W. Bagby: *American Business Law Journal*, 24: 571-587, 1986.)[7]

3. C. Douzinas *et al.* (1991): *Postmodern Jurisprudence. The Law of Text in the Text of Law*. Londres: Routledge.

4. M. Coulthard (1992): "Forensic discourse analysis", págs. 242-259 en *Advances in Spoken Discourse Analysis*. Londres: Routledge.

5. H. Poor (1971): *You and the Law*. Pleasantville, Nueva York: R.D.A.: "This, then, is the common law: custom, tradition, decisions by judges in specific cases and acts of Parliament".

6. También conocido con el nombre de «derecho estatutario».

7. Véase el *Texto* del capítulo once "The evolving controversy over insider trading".

Durante el tiempo que estas naciones formaron parte de la Corona británica utilizaron el mismo derecho, que es hoy, sin duda alguna, una riqueza jurídica común a ellas. Esta unidad, que es muy compacta, se percibe claramente no sólo en la utilización de las mismas expresiones jurídicas (*common law, statute, habeas corpus, affidavit, depositions*, etc.), sino también en el continuo intercambio de conceptos, dudas y problemas por parte de los jueces, juristas y especialistas en leyes y doctrina jurídica de estos países, aunque tampoco se pueda negar que entre ellos también haya diferencias, algunas muy notables. Para empezar, en la mayoría de las antiguas colonias británicas hay un sistema jurídico doble, el federal y el estatal, además de algunas divergencias terminológicas. Por ejemplo, en Inglaterra los abogados pueden ser *barristers* y *solicitors*,[8] distinción que no se encuentra en Estados Unidos, donde normalmente se habla de *attorneys, attorneys-at-law* o simplemente de *lawyers*; *The High Court of Justice* de Australia es el Tribunal Supremo de dicho país, mientras que ese mismo nombre se aplica en Inglaterra al tribunal superior que entiende de los procesos civiles de mayor cuantía. El Tribunal Supremo de Inglaterra es la Cámara de los Lores (*The House of Lords*), en tanto que el de Estados Unidos es *The US Supreme Court of Justice*. Además, en algunos países, sobre todo en algunos estados de Norteamérica, se tiende a utilizar en el mundo jurídico un lenguaje mucho más coloquial en vez del jurídico propiamente dicho, como comentamos en la pág. 72.

No obstante, son más los lazos de unión que los de diferencia. Y esto se puede percibir al leer manuales de derecho o artículos de la especialidad publicados en Inglaterra, Estados Unidos, Australia, etc.; no es extraño en todos ellos, al plantear algún problema jurídico, aludir al tratamiento dado en otros de esta misma cultura jurídica. Aplicando un símil lingüístico a la situación del «inglés jurídico», se puede hablar del mismo paralelismo que existe entre la lengua inglesa y sus variantes o dialectos, en el sentido de que todos tienen una fuerte base común con destacadas diferencias personales.

3. El Derecho inglés y sus fuentes

El Derecho inglés, como cualquier otro, se puede clasificar en Derecho público (*public law*) y Derecho privado (*private law*). El primero, que trata de las relaciones entre los ciudadanos y el Estado, abarca, entre otros, el Derecho constitucional (*constitutional law*), el administrativo (*administrative law*) y el penal (*criminal law*). El Derecho privado, que entiende de los derechos y de las obligaciones de los ciudadanos en sus relaciones recíprocas, se llama también Derecho civil (*civil law*).[9]

8. Véase el capítulo dieciocho.
9. En España el derecho privado comprende el derecho civil y el mercantil.

El término «fuentes del Derecho inglés» se puede entender, al menos, en tres sentidos, o desde tres puntos de vista, como: *a)* las *raíces históricas* del derecho, es decir, con una visión puramente histórica; *b)* el texto o *lugar de consulta* a donde se puede acudir para localizar o examinar las disposiciones legislativas y la doctrina jurídica, y *c)* las *instituciones* que crean el derecho.

Desde un punto de vista *histórico* o diacrónico, las fuentes más *antiguas* del Derecho inglés son el Derecho romano (*Roman Law*) y el Derecho canónico (*Canon Law*), que entró en Inglaterra tras la conversión de este país al Cristianismo hacia el año 600. No obstante, las *verdaderas* fuentes históricas del Derecho inglés son dos: el *common law* y la equidad (*equity*), que desarrollamos en el punto siguiente de este capítulo.

Las fuentes del derecho, en su acepción de «lugar de consulta», son el «Libro de las Leyes Parlamentarias» (*The Statute Book*), y los «Repertorios de Jurisprudencia» (*Law Reports*).[10] El primero contiene todas las leyes aprobadas por el Parlamento, y el segundo, las principales decisiones o resoluciones adoptadas por los jueces al dictar sentencias. Los *Law Reports* son publicados por *The Incorporated Council of Law Reporting,*[11] y en ellos se recogen sólo las decisiones judiciales correspondientes a los procesos o causas más importantes (*the leading cases*), de acuerdo con la selección que hace el *Council*; los informes correspondientes a las citadas sentencias son redactados por prestigiosos juristas y, antes de su publicación definitiva, deben contar con la aprobación de los jueces que dictaron la sentencia.

En su acepción de «institución o instituciones creadoras del derecho», la principal fuente generadora de leyes positivas, llamadas actas parlamentarias (*acts*) o estatutos (*statutes*), es el Parlamento. Sin embargo, igualmente son instituciones creadoras de derecho, por una parte, la Magistratura (*The Bench*), mediante las decisiones que adopta en el curso de la administración de la justicia, en lo que se llama Derecho jurisprudencial o Derecho de los casos, Derecho del caso o Derecho casuístico (*case law*), y, por otra, el Gobierno y las distintas administraciones públicas, cuando desarrollan las leyes por medio de los instrumentos legislativos (*statutory instruments*), en lo que se llama legislación delegada (*delegated legislation*).[12] Las disposiciones legales se publican en la Imprenta Oficial del Estado (*Her Majesty's Stationery Office*).

---

10. El «lugar» de consulta de la ley norteamericana es el *United States Code (U.S.C.)* o Código de las Leyes de Estados Unidos, el cual contiene todas las leyes no derogadas, aprobadas por el Congreso desde 1873. La codificación la efectúa el *Revisor of Statutes,* nombrado por el Congreso de EE.UU. Desde 1932, cada seis años se publica una edición actualizada y anualmente aparecen los volúmenes suplementarios correspondientes. Véase la nota 139 del capítulo ocho.

11. El *Incorporated Council of Law Reporting* es un organismo paraestatal formado por representantes de *The Inns of Court* (cada uno de los cuatro colegios de juristas —*Gray's Inn, Lincoln s Inn, Inner Temple, Middle Temple*—, a los que están adscritos jueces y *barristers*, tras la formación allí recibida), de *The Law Society* (Colegio de abogados o *solicitors* de Inglaterra y Gales), y de *The Bar Council* (Colegio de abogados o *barristers* de Inglaterra y Gales).

12. Véase el punto 7 de este capítulo.

A pesar de lo dicho sobre la Magistratura y sobre la Administración y el Gobierno, la única fuente que tiene plena capacidad legislativa, es decir, la facultad de aprobar (*pass*) leyes y de derogar (*repeal*) disposiciones legislativas o judiciales de cualquier rango es el Parlamento, que es completamente soberano, siendo su única limitación la legislación que emana de las Comunidades Europeas.[13]

4. Las fuentes creadoras del Derecho inglés (I): el *common law* y la equidad

La historia nos sirve para explicar muchos aspectos de la realidad, y no podía ser menos con el inglés jurídico. Esta variedad profesional de la lengua inglesa es como es, porque está cargada de una historia singular que ha ido dando sentido a cada uno de los términos dentro del contexto sociocultural en el que nacieron. Históricamente han sido los jueces (*The Bench*) los que mayor influencia han ejercido en la creación y la sistematización del Derecho inglés, ya que eran ellos mismos los que lo confeccionaban con las decisiones que tomaban al dictar sentencia, dentro de lo que se conoce como *common law*. Este derecho, también llamado «Derecho judicial o de los jueces» (*judge-made law*), está todavía vigente y, en muchas cuestiones, es más influyente que el derecho legislado, pese a la gran capacidad legislativa del Parlamento británico. Así, por ejemplo, una gran parte del derecho de los contratos mercantiles se basa en normas del *common law*, para gran desesperación de los letrados de muchos países comunitarios.

El *common law* es completamente distinto al Derecho continental, de raíz romano-germánica, en donde tanto el derecho sustantivo (el de los derechos y obligaciones) como el adjetivo (el de los procedimientos) están recogidos en codificaciones básicas e indispensables. En cambio, el Derecho inglés es «casuístico, en que lo fundamental es el precedente: las decisiones establecidas anteriormente para casos semejantes y a las que se otorga valor vinculante».[14] Las razones históricas de estas diferencias se encuentran en los distintos orígenes de cada uno de ellos. Caenegem[15] estima que Inglaterra no siguió la misma pauta jurídica del Derecho romano-germánico adoptado por los países continentales europeos, debido a que se adelantó a ellos en un siglo en lo que se refiere a ordenación jurídica.

En efecto, cuando en la Inglaterra del siglo XII, durante el reinado de Enrique II (1154-1189), Glanvill establece en su *Tractatus Legibus et*

---

13. Véase el capítulo 17.
14. M. Atienza (1993): *Tras la justicia. Una introducción al Derecho y al razonamiento jurídico*. Barcelona: Ariel, pág. 6.
15. R. C. van Caenegem (1973): *The Birth of Common English Law*. Cambridge: Cambridge University Press.

Consuetudinibus Regni Angliae del año 1187 las bases del sistema jurídico inglés, en el resto de Europa no hay nada parecido, y habrá que esperar un siglo más para ver iniciativas similares en la Castilla de Alfonso X el Sabio o en la Sicilia de Federico II. Como se anticipó a su tiempo, el Derecho inglés no se basó tanto en las fuentes del Derecho romano ni en el Derecho canónico como los restantes del continente europeo, y de ahí su idiosincrasia o peculiaridad.

El *common law* surgió y se desarrolló en el contexto feudal y consuetudinario de la Baja Edad Media, época en la que una forma nueva de comunidad brotaba del oscurantismo de la Alta Edad Media; esta nueva sociedad intentaba dar respuestas a los cambios producidos por la economía urbana de mercado que nacía frente a la autarquía agrícola del período anterior. Y la monarquía inglesa supo comprender que se necesitaba una justicia acorde con la sociedad emergente. En su tiempo, la impartida por el *common law* fue moderna porque renunció a las ordalías (*ordeals*) o juicios de Dios y, en su lugar, introdujo el jurado, institución democrática, ya que permitió que personas sin formación jurídica, el hombre de la calle, la voz del pueblo, tuviera, y siga teniendo, una participación muy importante en la administración de la justicia. El jurado fue, en principio, criticado por los juristas continentales, para quienes no tenía sentido que personas legas pudieran tener un papel tan relevante en todo el proceso judicial; con el tiempo, sin embargo, ha sido aceptada por gran parte de los países democráticos.

El *common law* ha ido tomando forma, adaptándose al cambio de los tiempos no por medio de un flujo incesante de nuevas leyes sino por la acumulación de resoluciones y precedentes judiciales, es decir, por la labor de generaciones de jueces. Los tribunales de este derecho (*common law courts*) resolvían los litigios surgidos entre los ciudadanos por cuestiones de tierras (*property*), por lesiones (*personal injuries*) y por incumplimientos de contratos (*breach of contracts*), basándose en los precedentes, es decir, en las decisiones adoptadas por los jueces en procesos similares, aplicando los llamados remedios o soluciones jurídicas (*legal remedies*), tales como la «indemnización por daños y perjuicios». Sin embargo, cuando alguno de los litigantes no estaba de acuerdo con la decisión de los jueces, podía acudir al rey (*petition the king*) directamente, en súplica o amparo, quien, para tomar decisiones, se dejaba aconsejar por el Lord Canciller, autoridad eclesiástica máxima, y como tal, guardián de la conciencia del rey. Más tarde, estas peticiones se elevaban directamente al Lord Canciller, que administraba la justicia basándose libremente en principios de conciencia y guiado siempre por los criterios de equidad y justicia (*equity and fairness*) en vez de por las rígidas normas jurídicas establecidas por los jueces. A esta justicia impartida por el Rey o por el Lord Canciller se la llamó equidad (*equity*), y es la segunda fuente histórica del Derecho inglés.

De esta forma, y hasta el siglo XIX, hubo en Inglaterra dos tipos de tribunales (*common law courts* y *courts of equity*), hecho que le confiere una gran singularidad al sistema jurídico inglés. Ni que decir tiene que, al existir dos justicias paralelas, la del *common law*, impartida por los jueces, y la de la equidad, dictada por el Rey o el Lord Canciller, inevitablemente surgieron conflictos sobre cuál de ellas tenía preeminencia sobre la otra. El rey Jacobo I, en el siglo XVII, resolvió que, en cualquier disputa entre el *common law* y la equidad, debía prevalecer siempre la equidad, y a partir de ese momento el tribunal del Lord Chancellor, llamado *The Court of Chancery*, empezó a desarrollar un corpus de doctrina y de jurisprudencia que aún sigue estando vivo en la raíz de la jurisprudencia y de las leyes inglesas modernas, sobre todo las que rigen la propiedad (*ownership*), los testamentos (*wills*), las sucesiones intestadas (*intestates*) y los fideicomisos (*trusts*). La equidad, que con el tiempo quedó organizada y configurada con sus propios «remedios» o soluciones de equidad (*equitable remedies*), como pueden ser el interdicto (*injunction*), la orden de «ejecución específica» o cumplimiento estricto del contrato en los términos acordados (*specific performance*), etc., no es un sistema jurídico propiamente dicho; se trata, más bien, de un conjunto de máximas basadas en la justicia y la equidad, que sirve de apoyo para la creación de nuevos remedios o soluciones jurídicas.[16] Entre ellas destacan las siguientes: la equidad actúa *in personam* (*equity acts in personam*), la equidad asiste al diligente, no al indolente (*equity aids the vigilant, not the indolent*), la equidad considera más la intención que la forma (*equity looks to the intent rather than to the form*), la equidad no tolera ningún agravio sin una reparación (*equity suffers not a right without a remedy*), los retrasos anulan la equidad (*delay defeats equity*), quien busca equidad debe tener la conciencia tranquila (*he who comes into equity must come with clean hands*),[17] etc.

Con la entrada en vigor de las leyes de la Judicatura de 1873-1875 (*Judicature Acts 1873-75*) se reorganizó la justicia inglesa mediante el establecimiento de *The High Court of Justice*, encargado de administrar tanto el *common law* como la *equity*, y se abolió *The Court of Chancery*, entre otras razones, porque el retraso de sus resoluciones se había hecho insoportable, debido a la inflexibilidad de los mismos fundamentos jurídicos que, de acuerdo con su misión fundacional, debía haber combatido,[18] pasando muchas de sus competencias a *The Chancery Division* de *The High Court of Justice*. En la actualidad, son los tribunales ordinarios (*courts of law*) los que administran tanto la ley como la equidad, a pesar de que ésta tenga su propia doctrina y jurisprudencia. La equidad, como fuente del

---

16. Como la *Mareva injunction* o la *Anton Piller Order*, comentadas en las notas 19 y 20.

17. En el Derecho internacional se emplea el préstamo «doctrina de *clean hands*».

18. En *Bleak House*, Carlos Dickens denuncia las injusticias del *Court of Chancery* y los atropellos del Lord Canciller.

Derecho inglés, es hoy un marco de principios jurídicos cuya creatividad sigue en vigor, como lo demuestran la *Mareva Injunction*[19] y la llamada *Anton Piller Order*.[20] Muchas de las demandas, como *action for accounting* (demanda de rendición de cuentas), son de equidad, y en ellas, el demandante recibe el nombre genérico de *complainant* o *petitioner*, en vez de *plaintiff*, y al demandado se le llama *respondent*, en lugar de *defendant*.

5. El Derecho jurisprudencial

En la actualidad los jueces siguen influyendo en la creación del Derecho inglés por medio de lo que se llama «precedente vinculante» (*binding precedent*); antes de dictar el fallo, exponen la *ratio decidendi*, que son los argumentos fundamentales o fundamentación en que basan su decisión jurídica, aunque también puedan hacer otros comentarios relacionados con el proceso, llamados «comentarios al margen» (*obiter dicta*), los cuales no forman parte de la *ratio decidendi*. La *ratio decidendi* contiene el principio o norma legal y, en su caso, el precedente, en los que el juez ha basado su decisión, junto con el razonamiento que ha seguido para llegar a la citada decisión o resolución judicial. Ésta es la parte de la sentencia que puede constituir el nuevo precedente.[21]

La doctrina del precedente jurisprudencial (*precedent*) es uno de los pilares básicos del Derecho inglés, conocido también como «Derecho jurisprudencial o Derecho de los casos» (*case law*); una gran parte de él se refiere a la interpretación del derecho de las leyes del Parlamento, mientras que otra está dedicada a la creación del derecho propiamente dicho. En otras palabras, debido a la existencia del *case law*, todos los tribunales ingleses están obligados a seguir y aplicar lo que decidieron y aplicaron en casos similares tribunales jerárquicamente superiores. Y la correcta aplicación del precedente es fundamental, ya que muchos de los recursos de apelación (*appeals*) se fundamentan en el precedente incorrecto en que se basó el juez para dictar el fallo (*appeals by way of case stated*). Aquí radica otra gran parte de la originalidad del Derecho inglés; en el continental, los precedentes pueden tener gran influencia persuasiva, pero no poseen el carácter vinculante (*binding*) que tienen en aquél, y en nuestro país está lejos de las líneas generales del derecho elevar a la categoría de vinculante los actos del poder judicial porque ello implicaría elevar a la categoría de normas positivas

19. Véase el punto 5 del capítulo 2.
20. Auto o mandamiento judicial que autoriza al demandante a tener acceso a determinados establecimientos de la propiedad del demandado para inspeccionar, copiar o poner a buen recaudo documentos que el primero sospecha que el segundo puede ocultar o destruir.
21. Véase la nota 10 del capítulo seis sobre los *Financial Times Law Reports*.

las resoluciones judiciales, las cuales no forman parte de las fuentes formales de las normas.[22]

Los ingleses estiman que su derecho, basado en el precedente, es claro, flexible y está constantemente actualizado. *Claro* porque, gracias a él, los abogados pueden aconsejar a sus clientes con mayor seguridad; *flexible* frente a los rígidos códigos articulados de la Europa continental, para cuya modificación se necesitan mayorías cualificadas en el Parlamento, y *actualizado* porque los jueces, al resolver un problema relativamente nuevo, están completando y adaptando, es decir, actualizando el precedente en cuestión.

6. Las fuentes creadoras del Derecho inglés (II): el Derecho legislado. Las leyes

Ya hemos dicho en el punto tercero que el Parlamento, como depositario de la soberanía nacional, es la única institución con plena capacidad legislativa para aprobar leyes (*acts*), y que al derecho nacido en él se le llama Derecho legislado (*statutory law*). Aunque en el pasado estas disposiciones legislativas recibían distintos nombres, como cartas o estatutos reales (*charters*), ordenanzas (*ordinances*), etc., normalmente hoy sólo se las conoce con el nombre de *acts (of Parliament)* o *statutes*, y en Estados Unidos como *acts of Congress*. Algunas de las muchas leyes que aprueba (*pass*) el Parlamento todos los años sirven para modificar (*amend*) leyes anteriores, para derogarlas (*repeal*) total o parcialmente, o para dejar sin valor (*overrule*) cualquier norma jurídica (*rule*) nacida en el seno del *common law*.

Las sociedades democráticas se rigen por el imperio del derecho (*the rule of the law*),[23] que obliga por igual a todos los ciudadanos. Y la ley suprema de un país es la Constitución. Aunque la mayoría de las antiguas colonias británicas poseen una constitución escrita, no es éste el caso del Reino Unido, lo cual no implica que carezca de la realidad llamada Constitución, que, por cierto, es una de las más antiguas y de las que más han durado. En el Reino Unido se considera que los principios y normas constitucionales básicos están contenidos en la Carta Magna de 1215 (*Magna Carta*), la Carta o Declaración de Derechos de 1689 (*Bill of Rights*), las Leyes Parlamentarias de 1911 y 1949 (*Parliamentary Acts 1911, 1949*) y la Ley de la Nobleza de 1963 (*Peerage Act*). Pese a que la Constitución se puede modificar siguiendo la misma tramitación de una ley ordinaria (*passing of a law in the ordinary*

---

22. José Luis Lafuente Suárez (1992): «La vinculación al precedente: inconvenientes para su aplicación en el ámbito del sistema jurídico español». *Tapia*, enero/febrero, págs. 64-67.

23. La expresión *the rule of the law* también se traduce con frecuencia por «el estado del derecho», siendo «el imperio del derecho» uno de los rasgos básicos del estado de derecho.

way), la norma aceptada es que sólo se llevarán a cabo cambios constitucionales por medio de un referéndum, o tras el mandato concedido por unas elecciones generales a un partido político, siempre y cuando haya figurado esa modificación en el programa electoral.

Las leyes (*acts*) son promulgadas (*enacted, promulgated*) en el Reino Unido por el monarca tras haber sido aprobadas (*passed*) por el Parlamento, y entran en vigor (*come into force*) el día que reciben la sanción real (*on the date of royal assent*), a menos que se especifique otra fecha o se disponga que esta circunstancia se fijará por orden ministerial (*fix by ministerial order*).[24] Antes de ser *acts*, han sido proyectos de ley (*bills*),[25] y con anterioridad anteproyectos (*drafts*). El Boletín del Estado o imprenta oficial (*The Queen's Printer*) clasifica las leyes en generales (*public general acts*), locales (*local acts*) y personales (*personal acts*). Las leyes públicas entraron en el Parlamento como *public bills*, y las locales y las personales como *private bills*. Las segundas son de aplicación a una determinada zona geográfica, y las terceras a determinadas personas físicas o patrimonios.

Las leyes constan de las siguientes partes:

a)   El encabezamiento o título corto[26] (*the short title*), que va en la parte superior de la página, debajo del escudo real. Este título es el que sirve para conocer y citar una ley, por ejemplo, *Hire-Purchase Act 1964*;[27] el año al que se hace referencia es el de la sanción real (*royal assent*). También se puede hacer referencia a la ley indicando el año y el número del capítulo que se le asignó tras recibir la aludida sanción real. En las promulgadas antes de 1963, la clave era el año del reinado del monarca (*regnal year*), contado a partir de su acceso al trono, y seguido del número del capítulo.

b)   El título largo (*the long title*),[28] el cual no debe confundirse con el preámbulo. El título largo siempre comienza con la palabra *An Act* seguida del objetivo de la misma (*amend* en el ejemplo que sigue) y una breve descripción del asunto o cuestión que aborda la ley y de los fines y efectos para los que se legisla:

> An Act to <u>amend</u>[29] the law relating to hire-purchase and credit-sale, an in relation thereto, to amend the enactments relating to the sale of goods; to make

---

24.   *The Concise Dictionary of Law*. Londres: Oxford University Press, 1987, pág. 7.

25.   El término *bill* puede equivaler a «ley» en expresiones como *Bill of Rights* (ley de derechos, carta o declaración de derechos).

26.   En español, el título corto sería, por ejemplo, *Ley 3/1991, de 10 de enero* o *Ley 3/1991, de 10 de enero, de competencia desleal*.

27.   En el último artículo de una ley normalmente se da expresamente el nombre corto de la ley, con el que se le puede citar: *This Act may be cited as The Hire-Purchase Act 1964*.

28.   En España el título largo de una ley cualquiera sería de este tenor: *Ley 30/1992, de 26 de noviembre, de Régimen Jurídico de las Administraciones Públicas y del Procedimiento Administrativo Común*.

29.   *An Act to amend*: Ley por la que se modifica.

provision with respect to dispositions of motor vehicles which have been let or agreed to be sold by way of hire-purchase or conditional sale; to amend the Advertisements (Hire-Purchase) Act 1957; and for the purposes connected with the matters aforesaid.

Es importante tener en cuenta que el título largo forma parte de la ley, porque sirve de referencia o marco co-textual o contextual, si fuera necesario, en la interpretación judicial (*interpretation and construction*).[30]

c)   El preámbulo (*The preamble*),[31] en donde se justifican las razones políticas, sociales, etc. que aconsejan la aprobación de dicha ley, suele preceder a la fórmula promulgatoria (*enacting words*). Muchas leyes modernas carecen de preámbulo, pero si lo tuvieran siguiendo la fórmula tradicional, comenzarían con un «considerando» (*whereas clause*).

d)   La fórmula promulgatoria (*enacting words*) da fuerza de ley al documento que sigue:[32]

"Be it Enacted by the Queen's most Excellent Majesty, by and with the advice of the Lords Spiritual and Temporal, and Commons, in this present Parliament assembled, and by the authority of the same, as follows ..."[33]

e)   El texto de la ley, formado por partes o capítulos (*parts*), secciones (*articles*), artículos (*sections*), etc.

Section[34] 14(1) of the Civil Evidence Act 1968 provided that a person's right in non-criminal proceedings to refuse to answer any question or produce any document if to do so would tend to expose him to proceedings for an offence, "(a) shall apply only as regards criminal offences under the law of any part of the UK ..."

Section 31 provided that no statement made by a person in answering a question put to him in proceedings for the recovery or administration of

---

30.   Véase el punto 6 del capítulo dos: la interpretación y la *construction*.

31.   En las leyes españolas la fórmula de la sanción real precede a la exposición de motivos, si la hay.

32.   *Be it Enacted*: Queda promulgado. La sanción real o fórmula de promulgación de las leyes española tiene dos partes, una inicial (*JUAN CARLOS I, REY DE ESPAÑA. A todos los que la presente vieren y entendieren, Sabed: Que las Cortes Generales han aprobado y Yo vengo en sancionar la siguiente Ley...*) y otra final (*Por tanto, Mando a todos los españoles, particulares y autoridades que guarden y hagan guardar esta Ley*).

33.   La fórmula empleada en la mayoría de los Estados de Norteamérica es similar: "Be it Enacted by the Senate and House of Representatives in Congress assembled and by the authority of the people of the State of..., as follows..."

34.   En España, a la Exposición de Motivos le sigue el texto articulado de la ley, dividido en Títulos (*Parts*) y éstos en Capítulos (*chapters*); al Título I le precede el Título Preliminar, si lo hay, que normalmente trata del ámbito de aplicación (*field of application, scope*) y los principios generales.

property, or an account of property, "shall in proceedings for an offence under this Act be admissible in evidence against that person".

La disposición de los textos jurídicos sigue un orden esquemático[35] muy estricto. Los artículos (*sections*) se expresan con un número en negrita; cada uno ce los apartados de un artículo está indicado con un número entre paréntesis; las divisiones de estos apartados van señaladas con letras entre paréntesis;[36] y las subdivisiones posteriores, con números romanos en minúscula y entre paréntesis, tal como se indica en el artículo primero de la Ley de Educación Superior de 1985 (*Further Education Act 1985*), que sigue:

1. —(1) For the purposes of this Act goods are supplied through a further education establishment if they result—

(a) from its educational activities;

(b) from the use of its facilities and the expertise of persons employed at it in the fields in which they are so employed;

(c) from ideas of a person employed at it, or of one of its students, arising out of[37] its educational activities.

(2) For the purposes of this Act services are supplied through such an establishment—

(a) if they are provided by making available—

(i) its facilities;

(ii) the expertise of persons employed at it in the fields in which they are so employed;

(b) if they result—

(i) from its educational activities;

(ii) from ideas such as are mentioned in the subsection (1) (c) above, etc.

El último apartado de cada artículo da con frecuencia un comentario (definiciones) sobre el significado preciso de algunos de los términos y, a veces, orienta sobre el modo en que se debe interpretar (*This Act shall be construed...*). Por ejemplo, en el último apartado, el diez, del artículo segundo de la ley antes citada, se definen los significados de *rate* y de *year*:

---

35.   Este orden esquemático de carácter jurídico es tan importante que está recogido en la llamada función «esquema» (*outline*) de muchos procesadores de textos, para que los profesionales del derecho puedan redactar sus escritos con cierta comodidad.

36.   Véase el *Texto* del capítulo 8 (*Industrial Tribunal cannot Hear Unpaid Bonus*), en el que se hace continua referencia a artículos, apartados y subapartados de éstos: *Section 1(1) of the Wages Act 1986 provides...*; *Section 5(1)(a): "A worker may present..."* ; *Section 8: "(3) Where the total..."*, etc.

37.   *arising out of*: dimanantes.

(10) In this section—

"rate fund"—

(a) in relation to the Inner London Education Authority *means* any fund for which a precept is issued by the Greater London Council; and

(b) in relation to any other local education authority, *means* the county fund or general rate fund; and

"year" *means* a period of twelve months ending with 31st March.

Las partes o divisiones de los distintos instrumentos jurídicos, *acts, bills, etc.,* no reciben siempre el mismo nombre; las leyes (*acts*) constan de partes o capítulos (*parts*), secciones (*articles*), artículos (*sections*), subartículos (*subsections*) y párrafos o apartados (*paragraphs*); en cambio, antes de ser leyes, cuando son proyectos de ley (*bills*), están formados respectivamente por *clauses, sub-clauses* y *paragraphs*. Y el derecho adjetivo está constituido por las Normas Procesales del Tribunal Supremo (*The Rules of the Supreme Court*)[38] o «Libro Blanco» (*The White Book*), y las Normas Procesales de los Tribunales de Condado (*The County Court Rules*) o «Libro Verde» (*The Green Book*). Las normas (*rules*), a su vez, se agrupan en varias grandes secciones (*orders*); por ejemplo, la sección de notificaciones (*service*) de *The County Court Rules*, es la número 7 (*Order 7*), la cual consta de más de veinte normas (*rules*), agrupadas bajo distintos epígrafes o encabezamientos (el general, el que trata de los plazos, etc.). Las subdivisiones numeradas de cada *rule* o norma procesal se llaman respectivamente *paragraphs* y *subparagraphs*.

f) Los anexos (*schedules*) contienen los formularios (*forms*) de carácter obligatorio que se citan en la ley, las ilustraciones aclaratorias (*illustrations*), una lista con las disposiciones que se derogan con la ley (*repeals effected by the act*) y otra con las disposiciones transitorias (*transitional provisions*).

Después de todo lo dicho, se puede afirmar que son tres las fuentes del Derecho inglés: el *common law*, la equidad (*equity*) y el Derecho legislado (*statute law*), y de las tres deriva el Derecho jurisprudencial (*case law*), cuyo autor es la judicatura (*The Bench*) a través de los precedentes creados en las sentencias. Por último, desde que el Reino Unido se integró en las Comunidades Europeas, existe otra fuente creadora de derecho en el ordenamiento jurídico inglés: el Derecho Comunitario Europeo.[39] Sin embargo, a estas fuentes hay que añadir los convenios internacionales que, a través de una ley específica aprobada por el Parlamento de Westminster, se integran en el Derecho inglés.

---

38. Constituyen el Tribunal Supremo de la Judicatura (*The Supreme Court of Judicature*), como se indica en el punto 2 del capítulo dos, los tribunales superiores, a saber, el Tribunal de la Corona (*The Crown Court*), el Tribunal Superior de Justicia (*The High Court of Justice*) y el Tribunal de Apelación (*The Court of Appeal*).

39. Véase el capítulo 17.

7. La legislación autonómica y la delegada: *orders, regulations, rules, directions, bye-laws,* etc.

Aunque, como se ha dicho antes, todo el *poder* legislativo reside en el Parlamento, desde el siglo XIX, y de forma más intensa en el actual, en el Reino Unido y en la mayoría de los estados modernos se ha ido delegando o confiando el *ejercicio* de gran parte de este poder legislativo a órganos u organismos (*bodies, agencies*) de carácter ejecutivo, como los Ministerios (*Ministers of the Crown*) en la Administración Central, y a otros de la Administración Local (*Local Authorities*), como los Ayuntamientos, que, en cierta medida, son responsables ante el electorado de las decisiones de carácter económico o social que adopten.

A este ejercicio de parte del poder legislativo se le llama «legislación delegada, derivada o subordinada» (*delegated legislation*), la cual consiste habitualmente en el desarrollo de normas referidas a cuestiones administrativas de los órganos u organismos antes citados, efectuado al amparo de una ley de habilitación (*enabling statute*) o de una ley marco o ley de base (*parent act*). Estas leyes proporcionan el marco legal (*legal framework*), y delegan la facultad de desarrollarlo (*make detailed regulations*) a los organismos competentes (*appropriate bodies*). Para su entrada en vigor, los instrumentos de legislación delegada, exceptuados los *bye-laws*, deben ser notificados o presentados al Parlamento (*lay before Parliament*), que, de esta forma, ejerce un control sobre los mismos. La legislación delegada o subordinada, que paradójicamente es hoy más voluminosa que la que emana directamente del Parlamento, puede ser impugnada (*challenge*) si se excede en el uso de sus atribuciones (*ultra vires doctrine*).[40] Entre los varios instrumentos de legislación delegada destacan los siguientes: *bye-laws,*[41] *ordinance,*[42] *orders in council,*[43] *regulations* (reglamentos), *rules* (normas), *orders,*[44] *directions* (instrucciones, resoluciones), *Orders of local authorities* (ordenanzas municipales), etc.

40 El *Texto* del capítulo dieciséis aborda el contencioso planteado (*application for judicial review*) contra una resolución de una corporación municipal. Véase también el punto 8 del capítulo dos: La Administración y el Poder judicial. Los contenciosos contra la Administración: la revisión judicial.

41 Los *bye-laws* son reglamentos, normas o disposiciones aprobadas por ciertos organismos autónomos, por ejemplo, Aeropuertos Británicos (*British Airport Authorities*), y por las administraciones locales; aunque forman parte de la legislación delegada (*delegated legislation*) no necesitan ser refrendados por el Parlamento (*lay before Parliament*). Los *bye-laws* son también los reglamentos o estatutos de una sociedad mercantil, en donde se recogen las normas de funcionamiento interno.

42 La tendencia actual en EE.UU. es reservar la palabra *ordinance* para las normas de las corporaciones locales, y *bye-laws* para las de los demás organismos públicos.

43 Los *orders in council* son instrumentos de legislación delegada que, por su importancia, son promulgados con cierta solemnidad por el *Privy Council* (Consejo Privado de la Corona); equivalen, en cierto modo, a los reales decretos.

44 Esta palabra tiene muchos significados: *a*) orden, orden ministerial, decreto, mandato político o administrativo; resolución; *b*) resolución judicial, actuación judicial, auto, mandamiento, orden judicial, providencia, precepto (este significado es similar al anterior, pero aquí las órdenes o mandatos son de tipo judicial).

II. ORGANIZACIÓN Y ADMINISTRACIÓN DE LA JUSTICIA INGLESA

1. Los tribunales ordinarios (I): los tribunales inferiores

La administración de la justicia está encomendada al Poder Judicial del Estado (*the Judiciary*), el cual en teoría, y desde un punto de vista histórico, nace de la prerrogativa real. Ésta es la razón por la que los tribunales de justicia (*courts of law*), que en la práctica ejercen este poder, se llaman también *The Queen's Courts*, y los jueces *Her Majesty's judges*. Una característica común a todos estos tribunales es que sus sesiones han de ser públicas (*courts sit in public*), aunque a veces, por la naturaleza del proceso (por ejemplo, las diligencias referidas a la delincuencia juvenil, o las relacionadas con la capacidad sexual en las anulaciones matrimoniales, etc.), se celebran a puerta cerrada (*courts sit in camera or in chambers*); también se les conoce con el nombre de *courts of record*, lo cual implica, en principio, que sus actuaciones constan en un acta (*proceedings are maintained and recorded*); pero éste sólo es el significado histórico, ya que hoy ese término quiere decir que los aludidos tribunales tienen competencia para sancionar el desacato (*contempt of court*).

Hay dos tipos de tribunales de justicia inferiores y dos superiores. Los primeros son los Tribunales de Magistrados (*Magistrates' Courts*), y los Tribunales de Condado o Provinciales (*County Courts*), que, por naturaleza, son de primera instancia (*first instance courts*). Los Tribunales superiores son, en un primer plano, el Tribunal de la Corona (*The Crown Court*) y el Tribunal Superior de Justicia (*The High Court of Justice*), y, por encima de estos dos, el Tribunal de Apelación (*The Court of Appeal*) y, en última instancia, la Cámara de los Lores (*House of Lords*). En el esquema de la página 17 se puede apreciar, de forma simplificada, la organización de los tribunales ingleses.[1]

---

1. B. Hogan. *et al.* (1986): *"A" Level Law*. Londres: Sweet & Maxwell, pág. 19. En este esquema no aparecen los *Administrative Tribunals*, ya que no pertenecen a la jurisdicción ordinaria propiamente dicha (véase el punto 3 de este capítulo). El término *court* se utiliza en inglés para referirse tanto a los juzgados como a los tribunales.

Los **Tribunales de Magistrados** (*The Magistrates' Courts*), son competentes en la jurisdicción penal por faltas (*misdemeanours*) y delitos menos graves (*summary offences*), los cuales constituyen casi el noventa por ciento de las causas penales; no obstante, también entienden de algunas cuestiones civiles, como puede ser la autorización definitiva (*final approval*) a los expedientes (*proceedings*) de adopción de niños. A estos fines, los Tribunales de Magistrados son los encargados de dictar (*issue*) el auto de adopción (*adoption order*), tras los trámites llevados a cabo por los adoptantes ante el departamento correspondiente de la Administración Local (*Local Authorities*) o ante las entidades debidamente reconocidas o autorizadas (*adoption societies legally registered with a local authority*). Todas las causas penales, en un primer trámite, pasan por los Tribunales de Magistrados, los cuales decidirán sobre su propia competencia para enjuiciarlos o, en su caso, para remitirlos al Tribunal de la Corona (*Crown Court*).[2]

Los **Tribunales de Condado** (*County Courts*) son competentes para conocer la tramitación de la mayor parte de los procesos civiles: demandas por incumplimiento de contrato (*breach of contract*), demandas por daños y perjuicios (*damages*), demandas por títulos de la propiedad (*ownership titles*), quiebras (*bankruptcies*), testamentarías contenciosas (*contentious probates*) de menor cuantía, demandas de divorcio (*action/petition for divorce*), asuntos del Almirantazgo (*Admiralty*) en lo que afecta a las aguas jurisdiccionales, y otras cuestiones, como la tutela de menores (*wardship of minors*), la ejecución (*enforcement*) de la legislación sobre arrendamientos (*leaseholds*), etc., siempre considerando la cuantía (*the amount involved*) y la naturaleza de la demanda (*civil action*).

2.   Los tribunales ordinarios (II): los tribunales superiores

Como hemos dicho antes, el Tribunal de la Corona (*The Crown Court*), el Tribunal Superior de Justicia (*The High Court of Justice*) y el Tribunal de Apelación (*The Court of Appeal*) son los tribunales superiores; los tres, en conjunto, constituyen lo que se conoce con el nombre de Tribunal Supremo de la Judicatura (*The Supreme Court of Judicature*). Por encima de ellos, y como tribunal de última instancia, está la Cámara de los Lores (*The House of Lords*).

El **Tribunal de la Corona** (*The Crown Court*) entiende principalmente de lo penal, y el Tribunal Superior de Justicia (*The High Court of Justice*), de lo civil, aunque también tenga competencias de apelación en asuntos

---

2.   Véase el Tribunal de la Corona (*Crown Court*) en el punto 2 de este capítulo y el punto 3 del capítulo tres.

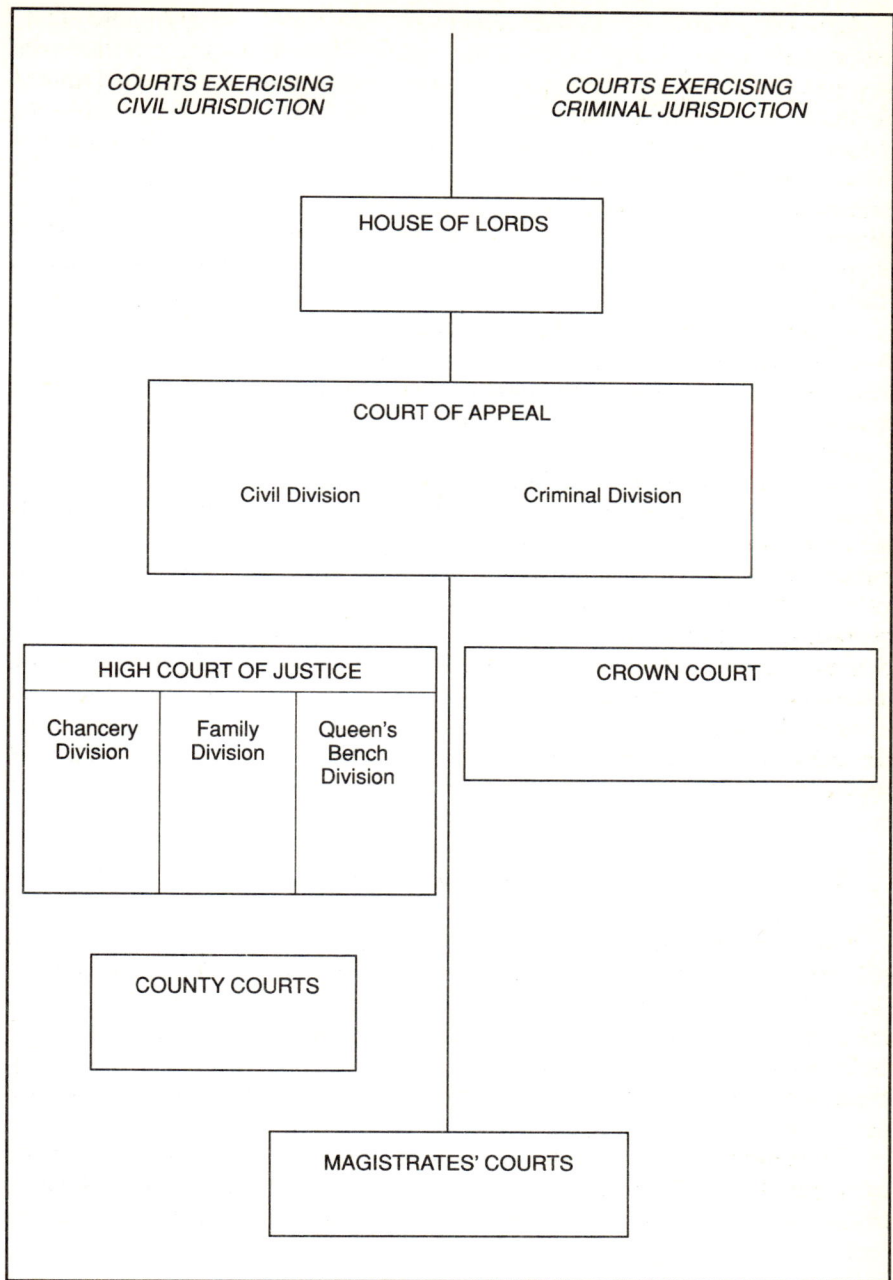

Los tribunales ingleses.

penales, como apuntamos más adelante. Salvo raras excepciones, estafa (*fraud*), por ejemplo, *The Crown Court* no es Tribunal de primera instancia, ya que todos los delitos deben pasar, en un primer trámite, ante un Tribunal de Magistrados, como ya hemos señalado en el punto 1. En cambio, es tribunal de apelación (*appellate court*) de las sentencias dictadas por los *Magistrates' Courts*, las cuales sólo pueden ser recurridas (*appeal*) por la defensa (*counsel for defence*). Las sentencias del *Crown Court* pueden recurrirse ante la Sección Penal del Tribunal de Apelación (*Criminal Division of the Court of Appeal*) y, si procede (*where appropriate*), ante la Cámara de los Lores (*The House of Lords*).

En cambio, el **Tribunal Superior de Justicia** (*The High Court of Justice*) puede ser también de primera instancia, al igual que los *County Courts*; este alto tribunal tiene tres salas o divisiones, llamadas *The Queen's Bench Division*, *The Chancery Division* y *The Family Division*. La primera, *The Queen's Bench Division*, es la heredera del Tribunal Real de *Common Law* de Westminster, que de forma colegiada (*en banc* o *in bench*) conocía los pleitos más importante del derecho creado por la costumbre, es decir, los ilícitos civiles (*torts*) y los incumplimientos de contrato (*breach of contract*). Ésta es, por tanto, la sala o división mayor de *The High Court of Justice* y, en principio, puede conocer sobre cualquier demanda civil. Dentro de esta división está también el Tribunal del Almirantazgo (*Admiralty Court*), que entiende de demandas civiles (*civil actions*) relativas al abordaje (*collision*), los daños a las mercancías (*damage to cargo*), las presas o botines (*prizes*) y los salvamentos (*salvage*), etc., conforme explicamos en el capítulo catorce, etc., y el Tribunal de Asuntos Comerciales (*Commercial Court*), que, formado por cinco jueces especializados en Derecho Mercantil, conoce cuestiones propias de este ámbito, como, por ejemplo, los pleitos del mundo de los seguros, la banca y la interpretación de los documentos mercantiles.[3]

Si *The Queen's Bench Division* es la heredera del Tribunal Real de *Common Law* de Westminster, *The Chancery Division* es la descendiente del Tribunal de Equidad, según vimos en el punto 4 del capítulo uno, y, como tal, conoce los pleitos relacionados con quiebras (*bankruptcies*), hipotecas (*mortgages*), escrituras (*deeds*), impuestos (*taxations*), testamentarías contenciosas (*contentious probates*) de mayor cuantía, administración (*administration*) de herencias yacentes (*estates of deceased persons*), ejecución estricta o específica de las cláusulas de un contrato (*specific performance of contracts*), etc. Tiene, además, dos tribunales especiales: uno, el de Sociedades Mercantiles (*Companies Court*), que entiende de los litigios y cuestiones de estas sociedades, y otro, el Tribunal de Patentes (*Patents Court*), que enjuicia las cuestiones relacionadas con esta parte de la propiedad industrial.

---

3. Véase la *Introducción* del capítulo quince y el *Texto* del capítulo nueve.

La jurisdicción de *The Family Division* aborda los pleitos matrimoniales (*defended divorces*), las adopciones (*adoptions*), las tutelas (*wardships of minors*), etc., así como las testamentarías no contenciosas (*non contentious probates*) o de mutuo acuerdo, ya que las contenciosas (*contentious probates*) se ven en *The Chancery Division* o en los Tribunales de Condado, según la cuantía de las mismas.

Pero, además de ser tribunal de primera instancia para las demandas de mayor cuantía, en cada una de las salas (*divisions*) del Tribunal Superior de Justicia existe una sección, llamada *Divisional Court*, constituida por dos o tres jueces de este alto tribunal, que actúa de tribunal de apelación (*appellate court*).[4]

La **Sección de Apelaciones** (*Divisional Courts*) de *The Queen's Bench* llamada *The Queen's Bench Divisional Court* entiende de los recursos interpuestos contra (*appeals brought against*) las sentencias dictadas por los tribunales inferiores (*County Courts, Magistrates Courts* y *Administrative Tribunals*). También resuelve los recursos contencioso-administrativos, en la variante procesal llamada «revisión judicial» (*judicial review*),[5] y en la función de control de los tribunales inferiores, llamada «revisión judisdiccional» (*judisdictional review*), dictando alguno de los siguientes: *a*) auto de avocación (*a certiorari*), avocando para sí la causa pendiente en un tribunal inferior; *b*) mandamiento judicial (*a mandamus*), ordenando a un tribunal inferior el cumplimiento de un deber legal; *c*) auto inhibitorio (*a prohibition*), pidiendo al tribunal inferior que se abstenga de actuar.[6]

La **Sección de Apelaciones** (*Divisional Courts*) de *The Chancery Division* llamada *The Chancery Divisional Court* conoce los recursos interpuestos contra (*appeals brought against*) las sentencias del Tribunal Económico-Administrativo (*Special Commissioners of Income Tax*) en materia de im-puestos, y también contra las dictadas por los *County Courts* en materia de quiebras (*bankruptcies*) y de inscripciones y asientos registrales (*land registration matters*), etc.

La **Sección de Apelaciones** (*Divisional Courts*) de *The Family Division* llamada *The Family Divisional Court* entiende de los recursos presentados contra las sentencias de *The Magistrates' Court*, los *County Courts* y *The Crown Court* en materia de Derecho de familia, es decir, filiaciones, autos de adopciones (*adoption orders*), asuntos matrimoniales o pago de alimentos entre parientes (*maintenance orders, alimony*), etc.

---

4.   El término *divisional* en este contexto es confuso, incluso para los propios letrados ingleses. La palabra *appeal* —recurso, apelación— se emplea normalmente al aludir al *Court of Appeal* o Tribunal de Apelación; *appellate*, en cambio, se usa para referirse a la jurisdicción de apelación que tienen determinados tribunales superiores sobre los inferiores.

5.   Véase el punto 8 de este capítulo «La Administración y el Poder judicial. Los contenciosos contra la Administración: la revisión judicial».

6.   A estos tres autos se les llama «autos de prerrogativa» (*prerogative orders*).

El **Tribunal de Apelación** (*The Court of Appeal*) tiene dos divisiones: la civil y la penal. Los jueces de este tribunal se llaman *Lords Justices of Appeal*. La civil, cuyo presidente se llama *The Master of the Rolls*, conoce apelaciones contra sentencias dictadas por *The High Court of Justice*, los *County Courts*, el Tribunal de Apelación de lo Social (*The Employment Appeal Tribunal*), el Tribunal del Suelo (*Lands Tribunal*) y el Tribunal del Transporte (*Transport Tribunal*). Las sentencias del Tribunal Superior de lo Penal (*Crown Court*) pueden ser recurridas ante la Sección Penal del Tribunal de Apelación (*Criminal Division of the Court of Appeal*), la cual tiene una amplia potestad o discrecionalidad concedida por el Parlamento (*wide statutory powers*).

La **Cámara de los Lores** (*The House of Lords*) como Tribunal Supremo consta de once jueces, llamados *Lords of Appeal in Ordinary*, y también *Law Lords*, pero el número normal de jueces que es preciso para la válida constitución del mismo es cinco. Las decisiones de la Cámara de los Lores son vinculantes (*binding*) para los demás tribunales, y pueden anular (*overrule*) las de cualquier otro tribunal, e incluso modificar o ir en contra de otras adoptadas por la misma. Para acudir a la División Penal de esta Cámara se necesita la autorización (*grant leave*) de la División Penal de *The Court of Appeal*.

Existen, además, otros tribunales, casi todos de carácter histórico, en algunos casos con competencias más nominales que efectivas: el Comité Judicial del Consejo Privado (*Judicial Committee of the Privy Council*), formado por cinco *Lords of Appeal*, cuyas resoluciones gozan de gran autoridad en los países de la Commonwealth y en otras instancias;[7] el Tribunal del Pesquisidor (*Coroners' Court*), encargado de la investigación de las muertes violentas; los Tribunales Eclesiásticos (*Ecclesiastical Courts*), los Tribunales Militares (*Courts-martial*), el Tribunal de Caballería (*The Court of Chivalry*), el Tribunal de Defensa de la Competencia (*The Restrictive Practices Court*) y otros.[8]

3. Los tribunales administrativos. Los tribunales de lo social

Además de los tribunales ordinarios (*ordinary courts*), se encuentran en el Reino Unido otros, de carácter especializado, los *Tribunals*, creados por

---

7.   Este tribunal es aún hoy la última instancia de apelación (*ultimate court of appeal*) de los 16 países de la Commonwealth y, como tal, es uno de los muchos vestigios (por ejemplo, el que el monarca del Reino Unido sea el Jefe del Estado de países como Canadá o Australia, etc.) que todavía quedan del Imperio británico; por ejemplo una resolución de ese Tribunal de noviembre de 1993 ha librado de la pena de muerte a dos convictos jamaicanos (Bertodano, R.: "Fighting for justice in shadow of the gallows." *The Sunday Telegragh*, 7 de noviembre, pág. 16, 1993).

8.   La última sesión del Tribunal de Caballería (*Court of Chivalry*) se celebró en 1954 y la anterior a ésta tuvo lugar en 1737. Véase el capítulo 11 sobre el Tribunal de Defensa de la Competencia (*Restrictive Practices Court*).

ley parlamentaria. También se les llaman «tribunales estatutarios» (*statutory tribunals*) porque sus competencias son muy precisas, de acuerdo con lo que especifica el estatuto o ley parlamentaria (*statute/act*) que los crea. Y, sobre todo, se les conoce con el nombre de «tribunales administrativos» (*administrative tribunal*) porque la mayoría de ellos —aunque no todos— han nacido para resolver, con agilidad y de forma económica, las disputas y los agravios concretos que puedan surgir en las relaciones entre los ciudadanos y los diferentes ministerios u organismos de la Administración Pública (*The Crown/Crown Officers*), especialmente desde la llegada del Estado del Bienestar (*Welfare State*) en los años cincuenta. Los primeros tribunales administrativos fueron creados durante el mandato de gobiernos laboristas, porque estimaron que los tribunales ordinarios podrían torpedear, especialmente con su lentitud, muchas de las innovaciones aportadas por el Estado Social de Derecho o del Bienestar.

A pesar de que se llaman «administrativos», su jurisdicción no tiene nada que ver con el orden jurisdiccional contencioso-administrativo de los tribunales continentales ni con su Derecho administrativo.[9] Son más de trescientos los tribunales administrativos, aunque algunos de ellos no aborden exclusivamente los problemas de la administración y los administrados. Se consideran tribunales administrativos (*tribunals*) en Inglaterra aquellos que reúnen estas características: *a*) sus competencias concretas están definidas por ley parlamentaria; *b*) la estructura del tribunal es la de un presidente especialista en derecho, normalmente un juez de carrera con dedicación exclusiva, y dos jueces legos, representantes de cada una de las partes en litigio; *c*) justicia oral, basada en el principio acusatorio (*adversary procedure*), nunca en el inquisitivo (*inquisitorial procedure*); *d*) procedimiento rápido y económico; *e*) decisiones sometidas (*subject to*), en última instancia (*ultimately*), al control de los tribunales ordinarios, si se excedieran en el uso de sus atribuciones (*ultra vires doctrine*) o si hubiera errores manifiestos en los autos (*errors of law on the face of the record*).

Existen varios *tribunals* relacionados con cada una de las carteras ministeriales; por ejemplo, los recursos o reclamaciones (*claims*) sobre las liquidaciones (*assessments*) hechas por Hacienda son resueltos por el *Special Commissioners of Income Tax* (Tribunal económico administrativo);[10] con competencias en cuestiones de agricultura hay, al menos, seis: *Agricultural Land Tribunals, Controller of Plant Variety Rights, Agricultural Arbitrators, Dairy Produce Quotas Tribunal, Milk and Dairies Tribunal, Plant Varieties and Seeds Tribunals*, etc. Uno de los que más sobresalen, por su trascendencia

9. Véase el punto 8 de este capítulo «La Administración y el poder judicial. La revisión judicial».

10. Véase la *Introducción* del capítulo dieciséis sobre el *Special Commissioners of Income Tax*, y también el punto 2 de este capítulo en lo referido a la Sección de Apelaciones del *Chancery Division*.

en el mundo laboral, son los *Industrial Tribunals* o Tribunales de lo Social, que hoy son órganos muy destacados de la administración de la justicia inglesa, ya que han asumido el tratamiento judicial de cuestiones tan importantes como las relaciones laborales y sindicales (*industrial relations*), los despidos (*dismissals*), la seguridad e higiene en el trabajo (*health and safety at work*), el acoso sexual en el ámbito laboral (*sexual harassment*),[11] etc.

4. Jueces y magistrados

Los órganos jurisdiccionales (*courts*) pueden ser unipersonales (*sole judge courts*) y colegiados (*bench of judges*); sus miembros son, principalmente, los magistrados (*magistrates*) y los jueces (*judges*), que son nombrados para el cargo (*office*), respectivamente, por el Lord Canciller y por el Monarca. Pero estos términos no tienen el mismo significado que sus homónimos españoles: los *judges* son jueces de carrera (*trained judges*), mientras que la mayoría de los *magistrates*[12] son legos (*lay magistrates*). Éstos, como decimos, carecen de formación jurídica y, además, no cobran por su trabajo, excepto las dietas (*per diem*) y los viáticos (*travelling expenses*). Hay otra clase de magistrados, especialmente en las grandes ciudades, los «estipendiarios» (*stipendiary magistrates*), que son profesionales, normalmente *barristers* o *solicitors* con más de siete años de experiencia (*over seven years' standing*), nombrados por el Lord Canciller, cuya labor está retribuida. En *The Magistrates' Courts* los tribunales unipersonales sólo pueden estar formados por magistrados estipendiarios; si el tribunal es de magistrados legos debe haber, al menos, tres, de acuerdo con las disposiciones legales.

Los jueces del *County Court* son jueces territoriales (*circuit judges*), los cuales son letrados (*lawyers*) nombrados por el Monarca, a propuesta (*on the recommendation*) del Lord Canciller, de entre los *barristers* que lo soliciten, siempre que tengan más de siete años de ejercicio profesional (*over seven years' standing*); cesan en el cargo (*shall vacate their offices*) a los setenta y dos años, pudiendo ser separados (*removed*) del mismo por el Lord Canciller antes de esa edad, en atención a su incapacidad o mala conducta (*incapacity or misbehaviour*). Los tribunales del *County Court* suelen ser unipersonales, aunque en el ejercicio de su función suelen estar auxiliados por un Registrador judicial (*Registrar*), que actúa de Escribano oficial o Secretario judicial (*Clerk of the Court*).

Los *Registrars* son funcionarios judiciales nombrados por el Lord Canciller de entre *solicitors* que tengan más de siete años de experiencia

11.   Véase el capítulo ocho «Los contratos de trabajo».
12.   Véase el punto 8 del capítulo cinco sobre los «falsos amigos» jurídicos.

profesional, y su misión es velar por el cumplimiento de las normas procesales, especialmente durante las actuaciones previas a la vista oral, en la fase interlocutoria (*interlocutory proceedings*),[13] resolviendo los problemas y las dudas que puedan surgir en la aplicación de las mismas; igualmente, se encargan del seguimiento de las etapas siguientes al fallo judicial (*post-judgment stages of the case*). Y, en ciertas ocasiones, con el consentimiento de las partes, los *Registrars* pueden juzgar demandas menores, y también actuar de árbitros (*arbitrator*),[14] si el juez decide que la demanda debe resolverse por medio de arbitraje; en este caso, el laudo arbitral se registra como la sentencia o fallo del proceso (*the award of the arbitration is entered as the judgment in the proceedings*).

Los jueces del *The High Court of Justice* se llaman Justicias del Tribunal Superior (*Justices of the High Court*) y también *puisné judges*[15] (magistrados o jueces superiores). Son nombrados por el Monarca a propuesta (*on the recommendation*) del Lord Canciller y el cargo se ofrece —en cambio, el de *circuit judge* se debe solicitar— a *barristers* de reconocido prestigio[16] con más de diez años de ejercicio profesional, siendo el puesto vitalicio siempre que observen una conducta intachable (*during good behaviour*). Estos jueces también actúan (*they sit*) en el *Crown Court* y en la División Criminal de *The Court of Appeal*.

Además de los anteriores, existen los jueces suplentes (*recorders*), que son *barristers* o *solicitors* nombrados «jueces a tiempo parcial» (*part-time judges*). Estos jueces están disponibles cuando se les necesita, y deben ejercer el cargo al menos cuatro semanas al año. Actúan normalmente en el *Crown Court* y con frecuencia en los *County Courts*, y también en *The High Court of Justice*.

5. Las resoluciones de los jueces

La función principal de los jueces es *adjudge* o *adjudicate*, es decir, «juzgar, enjuiciar, fallar, decidir, sentenciar, declarar o resolver judicialmente, en suma, adoptar decisiones, resoluciones o determinaciones».

---

13. Véanse los puntos 4, 5 y 6 del capítulo cuatro sobre la llamada «fase interlocutoria», y el punto 2 de mismo capítulo sobre los *registrars*.

14. Véase el capítulo trece sobre el arbitraje.

15. Aunque etimológicamente *puis né* significa de segundo orden o rango («nacido después», en francés antiguo), el término se aplica a los jueces de mayor rango o prestigio en la carrera.

16. Tanto el Colegio de *Barristers* (*The Bar*) como el de *Solicitors* (*The Law Society*) han criticado el que estos jueces sean propuestos directamente por el Lord Canciller, debido al secretismo y a la falta de transparencia que envuelve al sistema de selección de jueces. El Lord Canciller, Lord Mackay, anunció el 7 de julio de 1993 que en adelante se daría publicidad a todo el proceso, en el cual jugarían también un papel importante personalidades no directamente relacionadas con el mundo de las leyes (*The Economist*, "Still under suspicion", 10 de julio de 1993, pág. 27). Véase también el párrafo cuarto de la *Introducción* del capítulo dieciocho.

Las dos resoluciones principales de los jueces son las sentencias y los autos. El término español «sentencia», es decir, la decisión formulada por un juez o tribunal para resolver definitivamente todas las cuestiones planteadas en un proceso civil o criminal, equivale, en principio, a dos palabras inglesas, *judgment* y *sentence*, las cuales no son sinónimas y, por tanto, no son intercambiables. *A judgment* es la decisión judicial en un proceso civil dictada por un tribunal de justicia (*court of law*), mientras que una *sentence* es siempre la pena (*punishment*) o sanción que corresponde a la resolución judicial en un proceso penal. El fin principal de las sentencias (*judgment*)[17] es dar al demandante perjudicado una solución jurídica (*remedy*).

El término *remedy* se usa con la acepción que se encuentra en la frase *ubi jus, ibi remedium* (donde hay derecho, hay remedio o solución legal); con él se alude a los medios, recursos o procedimientos solicitados por el demandante (*plaintiff*)[18] a los tribunales para la aplicación o ejecución (*enforcement*) de una ley, el amparo de unos derechos o la recuperación de los mismos reconocidos en una sentencia. Los remedios (*remedies*) pueden ser de equidad (*equity remedies*) y de ley (*legal remedies*). Éstos comprenden las soluciones o recursos dictados por los tribunales de *common law* en sus sentencias, siendo la «indemnización por daños y perjuicios» (*damages*) el más importante de todos. Los segundos nacieron, en su día, en un tribunal de equidad (*equity court*), de acuerdo con las máximas de equidad;[19] entre los recursos de equidad más importantes destacan el cumplimiento estricto del contrato (*specific performance*),[20] la resolución de un contrato (*rescission*), la rendición de cuentas (*account*), el interdicto (*injunction*), la administración judicial en equidad (*equitable receivership*), etc.

El término *remedy* está relacionado con el de *redress* y *relief*; los tres, en principio, son sinónimos parciales. Sin embargo, el primero es el más general de todos; el segundo se refiere a la reparación por medio de la recuperación o reconocimiento de un derecho, etc., y el tercero, al desagravio; este último es sinónimo de «remedio de equidad», como los citados *injunction, specific performance, rescission,* etc.

Dos palabras equivalentes a *judgment* y, por tanto, también a sentencia, son *decree* y *award*. Esta última normalmente se refiere a la sentencia dictada por un Tribunal de lo Social o Magistratura de Trabajo (*Industrial Tribunal*) e igualmente al laudo arbitral (también llamado sentencia o fallo arbitral). En Derecho escocés, *decree* es el equivalente del *judgment* del

---

17. «Dictar sentencia» en lo penal es *pass sentence*, mientras que en lo civil es *give judgment*.

18. Ésta es la razón por la que, desde este punto de vista, *remedy* también se traduce por «derechos y acciones».

19. Véase el punto 4 del capítulo uno.

20. Este recurso nació en un tribunal de equidad, para hacer frente a las rutinarias indemnizaciones por daños y perjuicios (*damages*) dictadas por los tribunales ordinarios de justicia (*courts of law*), que en muchos casos eran injustas para el demandante.

Derecho inglés, en donde con la palabra *decree* se alude a los autos, fallos o sentencias de los tribunales de equidad (*Courts of equity*);[21] se llaman *decrees* porque estas resoluciones eran «decretadas» por el Rey o el Lord Canciller. No obstante, con la fusión de los tribunales de equidad (*Courts of equity*) y los de justicia (*Courts of law*) en el siglo XIX, se emplea cada vez con mayor frecuencia, especialmente en Estados Unidos, el término *judgment* (que es la sentencia civil de los tribunales de justicia o *courts of law*) en vez de *decree*. Sin embargo, este último aún es muy corriente en expresiones como *decree absolute* (sentencia de divorcio firme o definitivo), *decree nisi* (fallo de divorcio condicional), *decree of bankruptcy* (declaración judicial de quiebra), *decree of insolvency* (declaración de insolvencia), *decree of nullity* (auto de nulidad, declaración de nulidad), etc.

La *sentence*,[22] como hemos apuntado antes, es el fallo condenatorio en el que se expresa la pena que se impone al acusado que confiesa su culpabilidad (*plead guilty*) o que ha sido declarado culpable (*found guilty*) por el jurado;[23] la sentencia o fallo absolutorio se llama *acquittal*. Las condenas, dictadas por los jueces, se basan en lo que prescriben las leyes y se clasifican en: *a*) «penas privativas de libertad» (*custodial sentences*), que conllevan la pérdida de la libertad por encarcelamiento o prisión, y *b*) «penas no privativas de libertad» (*non-custodial sentences*), que, además de tener como fin observar el comportamiento de los arrepentidos, sirven también para reducir el número de la población penitenciaria (*prison population*). Entre las no privativas de libertad destacan los trabajos comunitarios o sociales como sanción (*community service orders*), las multas (*fines*) y las condenas condicionales (*probations*). Suelen sufrir una sanción superior los reincidentes (*repeaters*), o sea, los que vuelven a delinquir (*those who offend again*), especialmente mientras cumplen (*serve*) penas no privativas de libertad que lleven aparejadas la supervisión o vigilancia del condenado (*supervisory, non-custodial sentences*).

Las condenas a prisión tienen diversos grados en cuanto a su extensión y cumplimiento efectivo, que van desde la cadena perpetua (*life imprisonment*) hasta la suspensión, total o parcial, del cumplimiento efectivo de la pena privativa de libertad (*suspended/partially suspended sentence*). En muchos casos, la pena se puede reducir en un tercio por buena conducta, y también se le puede conceder la libertad condicional al condenado, con permiso (*on licence*) o bajo palabra (*on parole*), por su buen nombre o prestigio.

---

21. Consecuentemente, también se utiliza en los actuales Tribunal de la Cancillería (*Chancery Division*) y Tribunal de Familia (*Family Division*) del Tribunal Superior de Justicia, es decir, en los pleitos relacionados con testamentarías (*Probates*), el derecho marítimo (*Admiralty*), determinados tipos de divorcio, etc.

22. *sentence*: condena.

23. Sobre esta institución véase el punto 7 del capítulo tres.

Además de las sentencias, los jueces pueden adoptar otras resoluciones judiciales (*decisions*), entre las que destacan las providencias y autos. Las primeras son resoluciones judiciales no fundamentadas expresamente, que inciden sobre cuestiones de trámite y peticiones secundarias o accidentales; en cambio, los autos son resoluciones judiciales motivadas. En ambos casos, el término inglés es *order*, que equivale tanto a orden (*command*) como a instrucción (*direction*); en el sentido de «auto», *order* es sinónimo parcial de *sentence* y de *injunction*, y en el de «providencia» es equivalente a *direction of the court, charge, instruction*. Las peticiones que se elevan a los tribunales para que dicten *an order* se llaman *motions* (pedimento, petición) y también *bills* (escrito de petición, instancia o súplica).

Los *orders* o autos pueden ser de varias clases. Por ejemplo, los llamados *writs* son mandamientos que dictan los jueces en nombre del Monarca o del Lord Canciller; el más conocido de todos es el *writ of summons* (auto de emplazamiento), con el que se emplaza al demandado en el Tribunal Superior de Justicia.[24] El *warrant* es una orden o mandamiento que dan los tribunales a la policía para que detenga a alguien. Por otra parte, el Tribunal Superior de Justicia (*The High Court of Justice*), en su función de tutela y control (*judicial review*) de los tribunales inferiores, puede dictar los autos de prerrogativa (*prerogative orders*) citados en el punto 2, a saber: el *certiorari*, el *mandamus* y el *prohibition*.

El *injunction*[25] (interdicto) es una orden judicial que tiene su origen en los tribunales de equidad, mediante la cual el juez o el tribunal concede o deniega, a petición de parte, un hacer o un no hacer, para evitar un mal o para eliminar las causas que lo producen; normalmente son de carácter cautelar (*interim/interlocutory/preventive injunction*) y contra ellos se puede recurrir (*appeal against an interim injunction*):

> (The interim injunction) prevents Bremmer's board from appointing any new directors, or entering into, modifying or terminating the contracts of directors or former directors without prior approval from shareholders. It also prevents the boards increasing the salaries, remuneration or pension entitlements of the directors (*Financial Times*, 31.5.1990, p. 27).

Los interdictos suelen conocerse por el nombre del proceso en el que surgieron; uno de los más conocidos es el llamado *Mareva injunction*,[26] que, aunque está ya consolidado como ley parlamentaria (*Supreme Court Act, 1981, s. 337*), nació en el proceso *Mareva Compañía Naviera S.A. v. International Bulkcarriers S.A.* en 1975. Normalmente, los tribunales no conceden esta medida

24   Véase el punto 3 del capítulo cuatro sobre la utilización de esta «orden» (se trata de un impreso oficial) que, a instancias del demandante, hace el Lord Canciller al demandado, continuando luego de oficio el procedimiento.

25   En el derecho escocés el *injunction* se llama *interdict*.

26.   Véase el punto 4 del capítulo primero.

cautelar para embargar las cuentas de los demandados; no obstante, excepcionalmente dentro del campo del comercio internacional, con el fin de impedir los movimientos fraudulentos de capitales que se puedan hacer para evitar responder a las demandas, los tribunales, mediante este interdicto, pueden dar la orden de embargo o bloqueo de las cuentas y bienes (*freeze the assets*) de los demandados extranjeros (*foreign defendants*), si lo creen necesario, ofreciendo de esta manera al demandante (*plaintiff*) plenas garantías en su pleito (*action, lawsuit*) por incumplimiento de contrato (*breach of contract*).

6. La interpretación y la *construction*

Hemos visto en el punto 6 del capítulo uno que el último apartado de los artículos (*sections*) de una ley con frecuencia incluye definiciones de los términos[27] y, a veces, orienta sobre el modo en que se debe interpretar la ley (*this act shall be construed...*) en su globalidad.

La mayor parte de la labor de los jueces consiste en adoptar resoluciones judiciales de acuerdo con el derecho. Pero, antes de adoptarlas, el problema reside muchas veces en establecer el significado de las disposiciones, es decir, en interpretar el sentido de determinadas palabras u oraciones contenidas en ellas y también en los documentos que son objeto de litigio. Los «Repertorios de Jurisprudencia» (*Law Reports*), comentados en el punto 3 del capítulo uno, están llenos de interpretaciones dadas por los jueces, que son una garantía de seguridad jurídica por su precisión y claridad. Por ejemplo, el significado de «causa próxima» (*proximate cause*), que es básico en el mundo de los seguros[28] para establecer las responsabilidades, quedó fijado en el proceso *Pawsey v. Scottish Union and National, 1907* de la siguiente manera:

"Proximate cause means the active, efficient cause that sets in motion[29] a train of events[30] which brings about a result,[31] without the intervention of any force started[32] and working actively[33] from a new and independent source."[34]

27. En el último apartado —en este caso, el diez— del artículo segundo de la Ley de Educación Superior de 1985 (*Further Education Act 1985*), se definen los términos *rate fund* y *year*: (10) In this section— "rate fund" — (a) in relation to the Inner London Education Authority means any fund for which a precept is issued by the Greater London Council; and (b) in relation to any other local education authority, means the county fund or general rate fund; and "year" means a period of twelve months ending with 31st March.

28. Véase el *Texto* del capítulo dieciséis, en donde el concepto de *proximity* es el pilar que sirve para establecer la responsabilidad civil (*civil liability*) del demandado.

29. *sets in motion*: pone en movimiento, en marcha, en funcionamiento.

30. *a train of events*: una serie de acontecimientos.

31. *which brings about a result*: que producen un efecto.

32. *without the intervention of any force started*: sin la intervención de ninguna fuerza generada.

33. *and working actively*: y, por tanto, actuando, de forma eficaz. Léase el párrafo que sigue sobre la interpretación «consecutiva» del gerundio *and -ing*.

34. *from a new and independent source*: desde una fuente nueva e independiente.

Esta interpretación se hace aún más necesaria en los recursos de apelación, pues en muchos de ellos lo que se solicita es la revisión de lo juzgado, debido a que, con frecuencia, en opinión del recurrente, no se interpretó correctamente el contenido de las leyes y, en algunas ocasiones, el de determinada palabra o cláusula de un contrato o cualquier otro documento. Por ejemplo, el gerundivo *and having* del texto que sigue ha sido fuente de mucha confusión:

> Whenever any body of persons having legal authority to determine questions affecting the rights of subject, <u>and having</u> the duty to act judicially, act in excess of their legal authority they are subject to the controlling jurisdiction of the King's Bench Division exercised in these writs (*R v. Electricity Cors, ex p London Electricity Joint Committee Co (1920) Ltd*).

La interpretación que tuvo validez durante mucho tiempo fue la que consideró que se trataba de una cláusula restrictiva «y a la vez tenga la obligación» (*and also having the duty*). Es decir, el «órgano formado por personas» (*body of persons*) debía cumplir dos requisitos: *a*) poseer la autorización legal (*having legal authority*) y *b*) estar obligado a actuar judicialmente (*having the duty to act judicially*).

> Siempre que un órgano formado por personas <u>con</u> (que teniendo) autorización legal para resolver asuntos que afecten a los derechos de los individuos y <u>con</u> (además) la obligación de actuar judicialmente se exceda en el uso de sus atribuciones legales, estará sometido a la jurisdicción de control del *King's Bench Division* ejercida por medio de estos autos.

Pero este significado cambió cuando la Cámara de los Lores (*House of Lords*) determinó que el significado que se le debía asignar a *and having* era el de una oración consecutiva «y, que consecuentemente tenga» (*which accordingly have*). Por tanto, el órgano no debe cumplir dos condiciones sino sólo una, «tener autorización legal» (*have legal authority*), de la que, a su vez, dimana la otra, «la obligación de actuar judicialmente» (*the duty to act judicially*). Por consiguiente, en este contexto no tiene carácter restrictivo.

> Siempre que un órgano formado por personas <u>con</u> (que teniendo) autorización legal para resolver asuntos que afecten a los derechos de los individuos <u>y, por tanto,</u> con la obligación de actuar judicialmente, se exceda en el uso de sus atribuciones legales, estará sometido al control jurisdiccional del *King's Bench Division* ejercida por medio de estos autos.

Como se puede deducir, los jueces siguen ejerciendo mucha influencia sobre las leyes (*acts, statutes*), porque a ellos les corresponde interpretarlas, y su interpretación, es decir, el significado que asignen a una palabra u oración en particular, será vinculante (*binding*).

Pero los significados del lenguaje jurídico son, al igual que los del lenguaje ordinario, ambiguos, resbaladizos, etc.[35] y, sobre todo, están llenos de implicaciones y de presuposiciones.[36] En medios jurídicos, y en los artículos de la especialidad, se emplean indistintamente dos términos referidos a la «determinación del significado de las cláusulas y disposiciones de las leyes»: la *construction* y la *interpretation*:

> "Damages under the federal electronic fund transfer act: a proposed <u>construction</u> of sections 910 and 915."[37] <u>Interpretation</u> of Arbitration Act 1979, section 1(5) (6).

Los dos son sinónimos, ya que ambos quieren decir «explicar de forma clara» y, consecuentemente, los especialistas con mucha frecuencia usan el uno por el otro, como acabamos de apuntar. Mas, desde un punto de vista teórico, algunos tratadistas encuentran una diferencia explícita entre ellos: *a*) interpretar quiere decir asignar un significado a un texto legal, y *b*) «construir» quiere decir asignar un significado a aquellas expresiones o construcciones cuyo significado sea ambiguo o incierto. En este sentido, se puede decir que la *interpretation* se aplica a todos los documentos, mientras que la *construction* sólo la requieren determinadas expresiones ambiguas u oscuras.

Otros, en cambio asignan un carácter más lingüístico a la *construction* y un matiz más ideológico a la *interpretation*. Dicho con otras palabras, la *construction* —heredera de la *constructio* latina— trata de explicar el significado textual que una palabra, cláusula u oración posee dentro de un enunciado, dando una explicación, tras un análisis lingüístico en el que se tiene muy en cuenta, por supuesto, el significado dado por el diccionario, los signos de puntuación y todo el contexto. En cambio, la explicación que se da con la *interpretation* se hace a la luz de una teoría, una creencia, etc., o del precedente judicial sentado por un tribunal superior.

Pero, como hemos dicho antes, la *construction*, por intentar desambiguar los términos oscuros, no se limita al análisis de los significados léxicos; tiene también muy en cuenta los signos de puntuación y la sintaxis. Por ejemplo, con frecuencia una coma convierte en explicativa (*non-defining*) una oración subordinada de relativo que podría haber tenido carácter selectivo o especificativo (*defining*):

> He referred the issue to the judges, who were sensitive to that case.

---

35. Véase el punto 1 del capítulo cinco.
36. Véase el punto 8 del capítulo tres (La vista oral. El discurso de apertura) sobre «preguntas cargadas de presuposición» (*leading questions*).
37. Stevens Downs, *American Business Law Journal*, 23, págs. 5-26, 1985.

En este caso, todos los jueces eran sensibles al proceso (*case*) en cuestión, mientras que en la oración que sigue, la interpretación debe ser que elevó (*refer to*) el asunto (*issue*) *sólo* a los jueces que eran sensibles al proceso en cuestión:

> He referred the issue to the judges who were sensitive to that case.

Los jueces normalmente defienden que en la interpretación se aplique el significado corriente o usual de un término, como se ve en el ejemplo que sigue, en el que el magistrado pide la adopción de *ese* significado usual de *disputes* y *differences*:

> In his Lordships' view that ordinary meaning of the words "disputes" or the word "differences" should be given to those words in the arbitration clauses (*The Times*, 29.3.1990, p. 36).

Pero en la interpretación general de las cláusulas de las leyes y de los documentos, y con el fin de adoptar las decisiones pertinentes, no se puede prescindir del contexto, como hemos dicho antes, ya que en la comunicación real no nos comunicamos exclusivamente con palabras; nos servimos de *enunciados*, los cuales constan de una o varias oraciones dentro de un *contexto*, o sea, siempre que decimos algo lo hacemos dentro de un contexto.

Y tenemos que aceptar la idea de que, con frecuencia, el significado de la proposición o proposiciones que constituyen la oración u oraciones del enunciado no es el significado propio del enunciado, dado que nada se dice en el vacío (*in a void*) sino dentro de un contexto, en nuestro caso un contexto especializado, comercial, jurídico, etc.[38]

> However, no negotiations take place[39] in a void and where the words used are on their face[40] ambiguous, or they have a particular specialist meaning,[41] then in determining what the parties actually intended the court must take account of the *commercial context* of the transaction and the common sense results[42] that would flow from a particular construction.[43]

Y este contexto ayudará a los jueces a determinar lo que las partes de un litigio (*parties to the suit*) realmente quisieron decir (*determining what the parties actually intended*), especialmente cuando las palabras son ambiguas o transportan un significado especializado.

---

38. Véanse los últimos párrafos de la *Introducción* del capítulo siete sobre las «nuevas redacciones» (*re-write*) dadas por los jueces, en la interpretación de documentos polémicos.
39. *take place*: celebrarse.
40. *on their face*: en su aspecto externo.
41. *a particular specialist meaning*: un determinado significado especializado.
42. *common sense results*: las consecuencias lógicas.
43. *particular construction*: lectura o interpretación específica.

El contexto se suele caracterizar como un conjunto de variables externas a la oración que intervienen en la interpretación del comportamiento verbal. Estas variables las podemos agrupar en tres bloques:

a) Bloque I. Las variables de este bloque (el entorno físico, temporal y local inmediato en el que los interlocutores llevan a cabo la comunicación) son las más asequibles de fijar, porque casi siempre se sabe o se puede reconstruir quién dijo qué cosa en qué circunstancias de lugar y tiempo.

b) Bloque II. El bloque segundo está formado por el entorno verbal en que está colocado el enunciado que estamos interpretando, es decir, lo que precede y lo que sigue. A esta variable también se la llama *cotexto* o contexto puramente verbal, el cual puede ser inmediato o acumulado, según el grado de arrastre discursivo que empleemos para interpretar el enunciado en cuestión. Por ejemplo, la palabra *defence* es polisémica (defensa, respuesta a una demanda, eximente, circunstancias modificativas de la responsabilidad criminal, etc.) y el cotexto en el que esté enclavada nos ayudará a determinar su significado.

c) Bloque III. El tercer bloque de variables es el menos asequible al observador, debido a que no es tan «tangible» como los anteriores, por ser extraverbal. Aquí no se trata de la determinación de las circunstancias de lugar y tiempo ni de la localización de los interlocutores, como en el primer bloque, ni de la fijación del fragmento verbal que precede y del que sigue, como en el segundo bloque. Este bloque está formado por las convenciones de la sociedad, en general, y del mundo de la judicatura, en particular, con sus escalas de valores, usos y costumbres (*custom and practice*) y, por supuesto, las expectativas profesionales y culturales que los interlocutores han adquirido por procedimientos cognoscitivos e interaccionales.[44]

A pesar de todo lo dicho, debemos insistir en que *interpretation* y *construction* son términos sinónimos en la mayoría de los casos.

7. La Fiscalía General del Estado

La Fiscalía del Estado (*Crown Prosecution Service*), organismo creado por la Ley de Enjuiciamiento Criminal de 1985 (*Prosecution of Offences Act 1985*), está constituida por fiscales del Estado (*Crown Prosecutors*) y lo dirige el Director de Encausamientos Públicos (*Director of Public Prosecution*), conocido por las siglas *DPP*; éste, a su vez, depende del Fiscal General (*Attorney-General*), quien es en última instancia responsable ante el

---

44. Véase el art. 3.1 del Código Civil, que dice: «Las normas se interpretarán según el sentido propio de sus palabras, en relación con el contexto, los antecedentes históricos y legislativos, y la realidad social del tiempo en que han de ser aplicadas, atendiendo fundamentalmente al espíritu y finalidad de aquéllas.»

Parlamento. Con frecuencia, el *DPP* encarga, mediante contrato, los servicios de la acusación del Estado a abogados (*barristers, solicitors*) que no pertenecen a la fiscalía.

Al crearse mediante la aludida ley la Fiscalía del Estado se han separado, por una parte, las facultades de detención e investigación (*arrest and investigation*), que ejerce la policía, y por otra, las de encausamiento (*prosecution*), que corresponden a la Fiscalía. La citada ley crea 31 fiscalías de zona en Inglaterra y Gales, regidas por un Fiscal Jefe (*Chief Crown Prosecutor*), quien en su distrito o zona tiene las mismas competencias y atribuciones que el *DPP*. Con esta organización de orden nacional, se pretende que la Fiscalía General del Estado: *a)* sea responsable ante el Parlamento (*accountable to Parliament*); *b)* mantenga una coherencia mínima en las normas y en la política criminal (*criminal prosecution policies and standards*), y *c)* se aleje, en lo posible, de injerencias o presiones de ámbito local (*undue local influence*).

8. La Administración y el Poder judicial.
   ## Los contenciosos contra la Administración: la revisión judicial

Para pleitear contra la Administración (*Crown/Officers of the Crown*), en Inglaterra se acude directamente a la jurisdicción ordinaria (*ordinary proceedings*), es decir, los tribunales ordinarios,[45] ya que ellos son los depositarios de la «potestad revisora» (*judicial review*),[46] que no es más que la facultad inherente (*inherent power*) a los tribunales ordinarios de revisar (*review*) los actos administrativos (*administrative actions*) efectuados por cualquier nivel de la Administración (*Crown Officers*), por sus organismos (*agencies*)[47] o por órganos jurisdiccionales (*courts*).

Como cualquier organismo de la administración civil (*government agency*) o de justicia (*court*) puede excederse (*exceed*) en el uso de sus atribuciones, abusar (*abuse*) en el ejercicio de las mismas, usurpar (*usurp*) las que no les corresponden, incumplir las obligaciones impuestas por la ley (*fail properly to exercise statutory functions*), etc.,[48] los tribunales ordinarios

45   El término «tribunal administrativo» (*administrative tribunal*) se aplica a los tribunales especializados creados por ley parlamentaria para resolver determinadas disputas de órganos concretos de la Administración y de los administrados (véase el punto 3 de este capítulo).

46.   En cierto sentido, esta «revisión judicial» equivale al contencioso-administrativo de los tribunales continentales.

47.   El *Texto* del capítulo dieciséis aborda el contencioso planteado (*application for judicial review*) contra una resolución de una corporación municipal.

48.   Pleitear contra la Administración, especialmente a partir de los años ochenta, se está convirtiendo en un gran negocio para los abogados británicos. Según un diputado laborista, esto se debe, en gran parte, al aumento de las atribuciones del gobierno central (*increase in the power of central government*), que ha creado la imagen de un ejecutivo engreído (*the executive is getting too big for its boots*) que se excede en sus atribuciones. *The Economist*, 24 de julio de 1990, pág. 35.

superiores (*superior courts*), merced a esta variante procesal de la «revisión judicial» (*judicial review*), pueden actuar contra la Administración (*Crown officers*), sus organismos (*government agencies*) y también contra los órganos jurisdiccionales. Cuando el ciudadano impugna (*challenge*) un acto de la Administración (*administrative action*), alegando (*on the grounds of*) algunos de los motivos anteriores, está pidiendo a los tribunales ordinarios superiores que ejerzan la llamada «revisión judicial» (*judicial review*), porque el demandado es la Administración o la Justicia.[49]

En lo que afecta a otros órganos jurisdiccionales (*courts*), los remedios más importantes que suelen aplicar los tribunales superiores a los inferiores, dentro de la jurisdicción de control y tutela de los mismos o «revisión jurisdiccional» (*jurisdictional review*), son el auto de avocación (*certiorari*), el «mandamus» (*mandamus*) y el auto de inhibición (*prohibition*), ya citados en el punto 2.

A la Administración civil le pueden aplicar cualquiera de los remedios civiles ordinarios, sin descartar las medidas cautelares (*interim/ interlocutory*), dentro del amparo cautelar (*injunctive relief*), como dictar órdenes de acción o de abstención (*grant injunctions/injunctive relief*), propias de la suspension cautelar (*interim suspension*), de las resoluciones impugnadas (*disputed decisions*). Hasta ahora en los pleitos incoados contra el Estado (*Crown*), lo más que habían concedido los Tribunales era «suspensión del procedimiento» (*grant stay of proceedings*),[50] pero el hecho de que recientemente la mayoría de los miembros del Tribunal Superior de Justicia haya declarado de forma clara que los tribunales pueden dictar órdenes judiciales de acción o de abstención (*injunctions*) contra el Estado (*the Crown*) o la Administración (*Crown Officers*) ha levantado una ola de controversia[51] que no es más que una clara señal de las inevitables fricciones entre el poder ejecutivo y el judicial.

Y en Estados Unidos, la expresión *judicial review* no sólo alude al mencionado control jurisdiccional de la legalidad de los actos y reglamentos de la Administración o Poder Ejecutivo (*Executive Branch*), sino que se extiende también al control jurisdiccional de la constitucionalidad de las leyes emanadas (*arisen*) del Poder Legislativo (*Legislative Branch*), tanto

---

49.   Debido a lo complejo y costoso que es pleitear contra la Administración (*The Crown*), varias voces han pedido desde hace tiempo, hasta ahora sin éxito, que se cree una oficina u organismo, similar a la Fiscalía en el ámbito penal, que facilite al ciudadano la interposición de demandas y recursos contra la Administración.

50.   Léase el *Texto* del capítulo diecisiete, en especial el párrafo que comienza con "A number of UK-incorporated but Spanish-owned companies [...] challenged the compatibility of the new legislation with Community law in the High Court. [...] The House of Lords did not have the power to *suspend the application* of [...] an Act of Parliament on the grounds of its alleged, but unproven, incompatibility with EC law".

51.   Justinian (1990): "A struggle unfolds over judicial review." *Financial Times*, junio 4, p. 38. Véase el *Texto* del capítulo dieciocho.

sobre las leyes aprobadas por el Congreso (*U.S. Congress*) como sobre las de los órganos legislativo de los diversos Estados (*States Legislatures*). La doctrina de la *judicial review* (*the doctrine of judicial review*) establecida en 1803 por la argumentación (*court's opinion*) del Presidente del Tribunal Supremo (*Chief Justice of the U.S. Supreme Court*), John Marshall, en el célebre caso (*leading case, landmark case*) *Marbury v. Madison*, es una de las peculiaridades más sobresalientes del sistema jurídico norteamericano. En lugar de un Tribunal Constitucional como el existente en España y en otros países europeos, esta doctrina establece un «control difuso» de constitucionalidad: no sólo el Tribunal Supremo, sino cualquier juez o tribunal, tanto federal como estatal, ante cualquier caso ordinario que se le presente, puede y debe juzgar (*pass on, pass upon*) la constitucionalidad de la legislación invocada, sea ésta federal o estatal y, en su caso, negarse a aplicarla por inconstitucional.

III. EL PROCEDIMIENTO PENAL

1. Los delitos y el Derecho penal

El Derecho penal (*criminal law*) entiende de los delitos y de las penas; en este sentido, se puede afirmar que su finalidad es sentar las bases para que se pueda aprehender (*apprehend*), procesar (*prosecute*), juzgar (*try*) y condenar (*convict*), tras dictar la sentencia (*sentence*) correspondiente, a quienes infringen (*violate*) las normas básicas (*basic rules*) de la convivencia social (*group existence*). De esta manera, la justicia penal (*criminal justice*), aparte de disuadir (*deter*) a posibles transgresores de la ley (*lawbreakers*), ofrece la posibilidad de convertir a los delincuentes en ciudadanos cumplidores de la misma (*law-abiding citizens*).

Aunque la palabra que se ha utilizado tradicionalmente para referirse a los delitos es *crime*, en las sentencias y en los Repertorios de Jurisprudencia (*Law Reports*) se emplea actualmente, con más frecuencia, la palabra *offence*,[1] mientras que el término *crime* se reserva la mayoría de las veces para los delitos más graves, como el asesinato, bien de ciudadanos corrientes (*murder*) o de dirigentes políticos o sociales (*assassination*),[2] el homicidio (*manslaughter*) o el incendio provocado intencionadamente (*arson*), también llamados con frecuencia, de forma pleonástica, *criminal offences*. El verbo «delinquir» es *offend* y un «delincuente» es *an offender*. El vocablo *delinquency* se utiliza en expresiones como *juvenile delinquency* y normalmente se aplica a estados de peligrosidad social y a infracciones consideradas menos graves, impropias de la conducta que se espera de una persona o de un grupo, de una clase o de un colectivo, en este caso, los jóvenes.

Hasta que se promulgó la Ley Penal de 1967 (*Criminal Law Act 1967*), las conductas delictivas se clasificaban, teniendo en cuenta su gravedad, en *treasons* (traiciones), *felonies* (delitos graves, felonías) y *misdemeanours*

---

1. En inglés americano se escribe *offense*.
2. A estos efectos, se puede decir que tanto John Lenon como John F. Kennedy fueron *assassinated*.

(faltas, delitos menores, infracciones penales leves, contravenciones). Esta división se consideró arbitraria y poco satisfactoria, por lo que se adaptó a otra más simple:

a)   delitos flagrantes (*arrestable offences*), en los que la policía, sin necesidad de una orden judicial de detención (*a warrant of arrest*), está facultada para detener a los sospechosos; y

b)   delitos en los que la policía no puede detener a los presuntos delincuentes sin orden de detención judicial (*non-arrestable offences*).

Para los primeros, el contenido de las sentencias está predeterminado por ley parlamentaria (*statute*). Sin embargo, los términos *felony* o delito y *misdemeanour* —este último también llamado *petty offence* (falta u ofensa menor—, se utilizan aún en *common law*, en los procesos penales anteriores a la *Criminal Law Act 1967* y en la legislación de muchos estados de Estados Unidos de América y de otros países de habla inglesa.

> Mr L. C., the famous billionaire financier, pleaded guilty to[3] six federal felonies.

«Nullum crimen et nulla poena sine lege» es la formulación clásica del principio llamado de «legalidad penal» del Derecho penal continental y también del inglés; con él lo que se quiere decir es que para que determinada conducta constituya un delito y, por tanto, sea merecedora de una pena o sanción, debe estar definida de forma muy clara y muy precisa en la ley, sin que se le puedan aplicar analogías o términos amplios o vagos, es decir, el delito debe estar «tipificado». Esta misma cautela se encuentra en el Derecho penal inglés, en donde ninguna conducta incorrecta es delictiva (*criminal conduct*) hasta que esté tipificada (*is made/created an offence/a crime*) de forma expresa por ley parlamentaria (*by a Parliamentary statute*). La *Criminal Justice Act 1982*, por ejemplo, define, delimita y especifica con claridad y precisión, que en algunas ocasiones parece demasiado exhaustiva, muchas de las conductas delictivas, como se puede observar, por ejemplo, en el artículo (*section*) 140 de la *New South Wales Crimes Act 1900*:

> 140.   Whosoever —
>   steals, or destroys or damages with intent to steal the whole, or any part, of any tree, sapling, shrub, or plant, or any underwood, growing in any park, pleasure ground,[4] garden, orchard, or avenue, or in any ground belonging to any dwelling house, where the value of the article stolen or the amount of injury done, exceeds two dollars, or

---

3.   *plead guilty to*: declararse culpable de.
4.   *pleasure ground*: campo de recreo [parque].

steals, or destroys or damages with intent to steal the whole, or any part, of any tree, sapling, shrub, or plant, or any underwood respectively growing elsewhere than in any situation before mentioned, where the value of the article stolen or the amount of injury done, exceeds ten dollars,

shall be liable to be punished as for larceny (New South Wales Crimes Act 1900).

La explicitud se nota en: *a*) la descripción de las posibles acciones punibles (*steals, destroys, etc.*); *b*) la enumeración de los objetos (*tree, sapling, shrub, or plant, underwood,* etc.); *c*) el uso de términos gramaticales de carácter especificador (*any part, whole,* etc.), y *d*) la repetición[5] en el segundo párrafo de los objetos y de las conductas indicadas en el primero, como recurso de cohesión textual, en vez de pronombres como *they, it* o *these*, que podrían ser fuente de ambigüedad. Se deduce claramente que las leyes deben estar redactadas con tal precisión que la persona que las lea de buena fe las pueda entender sin dificultad, y quien las lea de mala fe no pueda darles una interpretación torticera.[6]

La distinción entre delito (*crime*) e ilícito civil extracontractual (*civil wrong* o *tort*) no reside en el incidente en sí, sino en las consecuencias legales que dimanan (*arise*) del mismo. Desde un punto de vista procesal, en la vía civil se sigue un procedimiento civil (*civil proceedings*), consistente normalmente en el hecho de que una persona presenta una demanda contra otra (*sue a person*) para conseguir, por ejemplo, una indemnización por daños y perjuicios (*damages*), como indicamos en el capítulo siguiente. En la penal, se sigue un procedimiento penal (*criminal proceedings*),[7] en el que corresponde al Estado, a través del Ministerio Fiscal (*Crown Prosecution Service*), casi siempre a instancias de la policía, inculpar o encausar (*prosecute*) al sospechoso o a la persona que haya sido denunciada; en esta vía corresponde al Ministerio Fiscal, es decir, al Estado (*The Crown*), la carga de la prueba (*the burden of the proof*), mientras que en las acciones civiles ésta recae en el demandante, que es habitualmente un particular.

2. Los tribunales, los procedimientos y los delitos

El procedimiento seguido en el sistema penal inglés se basa en el principio acusatorio (*accusatorial procedure*). En este procedimiento el juez actúa como árbitro (*umpire*) que dirige los debates sin tomar parte en ellos, aunque pueda intervenir para aclarar algunas cuestiones. Sin embargo, como

---

5. Sobre la repetición en el lenguaje jurídico inglés, véanse los puntos 3 y 9 del capítulo cinco.
6. Y. Maley (1987): «The language of legislation». *Lang. Soc.*, 16, págs. 25-48.
7. Conocido en el pasado con el nombre de «Alegaciones de la Corona» (*Pleas of the Crown*).

árbitro que es, se limita las más de las veces a escuchar, esperando que la verdad de los hechos surja de la contienda que llevan a cabo los letrados (*barristers*) de la acusación (*counsel for prosecution*) y los de la defensa (*counsel for defence*). El que dará el veredicto final de este duelo es el jurado (*jury*); por eso, se dice que toda la energía del enfrentamiento se gasta en ganarse las simpatías y los corazones de sus miembros, más que en demostrar si el acusado (*the accused*) perpetró o no el delito (*commit the offence*) que se le imputa (*he is charged with*).

En cambio, para los ingleses, el sistema penal del continente europeo se basa, en parte, en el «régimen o procedimiento inquisitivo» (*inquisitorial procedure*),[8] debido a la importancia de la labor investigadora llevada a cabo por el juez instructor (*examining magistrate*) en la primera fase de un proceso (*case*), ya que a éste le corresponde interrogar a los testigos y tomar iniciativas respecto a actos de investigación, llevando a término en su caso la práctica de pruebas anticipadas (*examine the evidence*). En el sistema inglés, que es el que siguen los países herederos del *common law*, resulta prácticamente irrelevante la función del juez instructor (*examining magistrate*), entre otras razones porque desde que en el siglo XIX se concedió al acusado la facultad de permanecer callado o guardar silencio (*standing mute*), se ha considerado menos importante la fase de instrucción.[9]

En el Derecho penal inglés los **procedimientos** de las causas penales son dos:

a) Procedimiento rápido, abreviado o sumario (*summary trial*), que se sigue en cualquiera de los muchos *Magistrates' Courts* que hay en Inglaterra y Gales, y que se aplica a los delitos menores o menos graves (casi el noventa por ciento de los procesos penales).

b) Procedimiento con escrito de acusación formal (*trial on indictment*) en los delitos graves (asesinato, homicidio, etc.) o muy graves (traición, etc.), que se celebra en un juicio con jurado (*trial by/with jury*)[10] en *The Crown Court*, estando el tribunal formado por uno o más jueces. El *indictment* es el escrito de acusación formal que contiene el cargo o cargos a que debe hacer frente el imputado (*the charges that the accused faces*); cuando sea más de un delito, siempre que se refieran a los mismos hechos, cada uno de ellos irá especificado en párrafos separados, llamados cargos de acusación (*counts*).

---

8. La denominación de «sistema inquisitivo» —o inquisitorio— que se da en Inglaterra al procedimiento penal europeo parece exagerada, ya que, si bien es cierto que la fase de instrucción (*committal proceedings*) del derecho continental se basa en el principio inquisitivo, en la del juicio oral (*public hearing*) predomina fundamentalmente el procedimiento acusatorio.

9. Recientemente la Comisión Real nombrada para la actualización y modernización de la justicia penal inglesa ha puesto en tela de juicio este derecho del acusado, recomendando su abolición.

10. En algunos países de habla inglesa a los juicios sin jurado se les llama *Bench trials* y, a los otros, *jury trials*, o *trials by jury*.

Los **tribunales** que entienden de lo penal son, en principio, dos: los Tribunales de Magistrados (*The Magistrates' Courts*) y el Tribunal de la Corona (*The Crown Court*), ya citados. Los primeros, como hemos indicado en el punto 2 del capítulo segundo, están compuestos por magistrados, que en inglés son jueces legos (*lay judges*),[11] y juzgan los delitos menores y menos graves; el segundo, constituido por jueces profesionales o de carrera (*qualified judges*), entiende de los más graves.

Hemos visto, por una parte, que hay dos procedimientos para enjuiciar los delitos, de acuerdo con su gravedad: procedimiento abreviado o sumario (*summary trial*) y procedimiento con escrito de acusación formal (*trial on indictment*); también hemos visto, por otra, que los delitos desde el punto de la actuación de la policía podían ser *arrestable offences* y *non-arrestable offences*. Ahora clasificamos los **delitos** atendiendo tanto a su gravedad como al procedimiento que se sigue contra ellos y, consecuentemente, al tribunal que los ha de juzgar, en tres grupos:

a) delitos menores o menos graves (*summary offences*), por ejemplo, agresión o insulto a la policía (*assault on police*), que juzgan directamente, y mediante un procedimiento rápido, abreviado o sumario caracterizado por la rapidez, los Tribunales de Magistrados;

b) delitos graves y muy graves (*indictable offences*), por ejemplo, asesinato (*murder*), que se juzgan en *The Crown Court* en un juicio con jurado, tras el encausamiento que se formaliza mediante el escrito de acusación (*indictment*), después de que lo hayan decidido los magistrados;[12] y

c) delitos de tipo intermedio (*offences triable either way*),[13] por ejemplo, robo (*theft*), que se pueden juzgar por cualquiera de los dos procedimientos anteriores, es decir, por los jueces de un *Magistrates' Court* o en *The Crown Court*, en este último caso con jueces profesionales (*judges*) y con jurado.

La ley, al tipificar un delito, define la clase a la que pertenece (*summary offence, indictable offence, offence triable either way*), como se puede apreciar, por ejemplo, en el tipificado por el artículo (*section*) 20 de la Ley de Delitos contra las Personas de 1981 (*Offences against the Person Act 1981*), que lo define como delito intermedio (*triable either way*), y señala la pena que le corresponde:

«Whosoever shall unlawfully and maliciously wound or inflict any grievous bodily harm upon another person, either with or without any weapon or instrument, shall be guilty of *an offence triable either way* and being convicted thereof shall be liable to *imprisonment for five years*».

Recientemente, en la Ley sobre el Uso Indebido de los Ordenadores de 1990 (*Computer Misuse Act 1990*), el Parlamento británico ha tipificado tres delitos

---

11. A algunos de los *magistrates*, que son profesionales, y como tales están retribuidos, se les llama «magistrados estipendiarios» (*stipendiaries*).

12. Véase el punto 3 de este capítulo.

13. *offences triable either way*: delitos enjuiciables por cualquiera de los dos procedimientos.

referidos al acceso no autorizado (*unauthorised access*) a ordenadores (*computers*) y programas de informática (*software*) conocidos con el nombre de "*hacking*" —hurto de información contenida en ordenadores—, siendo menos grave el primero (*summary offence*), e intermedios (*triable either way*) los otros dos.

Para que a alguien se le pueda imputar (*charge*) la comisión de un delito, se debe probar que hubo a la vez «comisión u omisión ilícitas de un hecho determinado», es decir, la realización de una conducta tipificada como antijurídica (*actus reus*) y «culpabilidad» (*mens rea*).[14] En lo que se refiere al artículo que sigue, la *mens rea* que la acusación tendrá que probar es que el acusado tenía: *a*) la intención de obtener el acceso a cualquier programa o a los datos del ordenador (*intent to secure access to any program or data held in any computer*), y *b*) que sabía que el acceso no estaba autorizado (*he must know that the access is unauthorised*); el *actus reus* era poner en funcionamiento un ordenador con ese fin (*cause a computer to perform any function*).

> 1(1)　A person is guilty of an offence if —
> 　　　(a)　he causes a computer to perform any function with intent to secure access to any program or data held in any computer,
> 　　　(b)　the access he intends to secure is unauthorised; and
> 　　　(c)　he knows at the time when he causes the computer to perform the function that that is the case.
> 　(2)　The intent a person has to have to commit an offence under this section need not be directed at —
> 　　　(a)　any particular programme or data;
> 　　　(b)　a program or date of any particular kind; or
> 　　　(c)　a program or data held in any particular computer.

3.　La iniciación del proceso penal. El Tribunal de Magistrados

El Tribunal de Magistrados es el tribunal de primera instancia de lo penal, ante el cual deben comparecer y responder los denunciados y los acusados de haber cometido algún delito, excepto el de estafa.[15] La investigación y el

---

14.　En el derecho continental la «culpabilidad» comprende los supuestos de dolo (intención) y de culpa (negligencia).

La *mens rea*, literalmente «mente culpable», está claramente definida en la ley que tipifica cada delito o en los precedentes (véase el punto 5 del capítulo uno). En algunos casos la *mens rea* es la «intención de producir una determinado efecto», en otros es el «conocimiento doloso», en otros la «negligencia», etc. (*A Concise Dictionary of Law*. Londres: O.U.P. 1990, pág. 257).

15.　Todo lo que se diga en este capítulo se refiere al procedimiento penal en Inglaterra y Gales; no obstante, como existe una cultura jurídica inglesa extendida por las antiguas colonias del Imperio británico, de acuerdo con lo que dijimos en el capítulo primero, se puede afirmar que el proceso es similar en los demás países de habla inglesa, a pesar de que en cada uno de ellos hay variaciones propias. Así, por ejemplo, en Estados Unidos, todo detenido también debe comparecer en primer lugar ante un Tribunal de Magistrados (*is brought before a Magistrates' Court*). Sin embargo, los delitos graves (*felonies*), después de la breve instrucción que hace un magistrado, deben ser conocidos por un gran jurado (*reexamined by a Grand Jury*), el cual decidirá si se procesa o no al imputado.

encausamiento de este último los lleva directamente la Oficina de Estafas Graves o Delitos Monetarios (*Serious Fraud Office*), cuyo director debe responder ante el Fiscal General del Estado (*Attorney General*). Estos delitos pasan directamente al Tribunal de la Corona (*The Crown Court*), sin necesidad de las diligencias de encausamiento de la fase de instrucción (*committal proceedings*) que se celebran en el Tribunal de Magistrados.

Cuando se presenta una denuncia contra alguien en un juzgado (*lay an information before a magistrate*) por un supuesto delito (*alleged offence*), el magistrado, si estima que tiene jurisdicción suficiente, puede dictar una citación judicial (*issue a summons*) contra la persona a quien se le imputa el supuesto delito (*the person that is charged with the alleged offence*), como el que sigue a continuación:[16]

UPPER READING MAGISTRATES' COURT

You are hereby summoned to appear[17] on 23 March 1991 at 11:00 a.m. before the Magistrates' Court at 24 Caversham Road, Upper Reading to answer to the following information laid on 10 January that you at King's Cross, Reading did drive a motor vehicle without due care and attention[18] contrary to s. 3 and Sch 4[19] of the Road Traffic Act, 1972.[20]

Informant:[21] Police Constable John Smith.

La denuncia (*the laying of an information before a magistrate*) normalmente la hace el fiscal (*prosecutor*) o la policía, aunque en teoría la puede presentar cualquier particular (*individual, private party*), como veremos más adelante; su finalidad es poner en conocimiento del Tribunal de Magistrados un supuesto delito o conducta delictiva, para que éste dicte (*issue*) una citación (*summons*) o una orden de detención (*warrant for arrest*); estas dos figuras procesales reciben el nombre genérico de *process*.

En otras circunstancias, sin embargo, el presunto delincuente (*the presumed offender*) no es denunciado por nadie, sino detenido directamente por la policía. Existe, no obstante, contra la detención arbitraria de la policía, el procedimiento legal de *habeas corpus*, mediante el cual el privado de libertad (o su cónyuge, sus hijos, etc.) puede instar su inmediata puesta a disposición judicial por haber sido detenido ilegalmente.

Consecuentemente con todo lo dicho, tres son las formas más usuales de iniciar un proceso penal:

---

16. D. Keenan (1989): *English Law*. Londres: Pitman, pág. 51 y ss.
17. *appear*: comparecer.
18. *without due care and attention*: sin la precaución debida.
19. *contrary to s. 3 and Sch 4*: contraviniendo (lo dispuesto en) el artículo 3 y el anexo 4.
20. *Road Traffic Act, 1972*: Ley de Tráfico Rodado de 1972.
21. *informant*: denunciante, persona que presenta la denuncia; *informer*: delator, confidente/chivato (de la policía).

a) a instancias de la policía, tras la detención (*police arrest*) y práctica de las diligencias policiales (*police enquiry*);

b) por denuncia de un particular (*laying an information before a magistrate*), y

c) de oficio, por la Fiscalía.

En el primero de los supuestos, la policía habitualmente interroga (*question*) al detenido y luego lo pone a disposición judicial (*he is brought before a Magistrate*). Antes de comenzar el interrogatorio se le debe «advertir al detenido» (*caution a suspect*)[22] que no está obligado a declarar, pero que, si lo hace, cualquier cosa que diga se podrá usar como prueba contra él. La fórmula que se suele usar es la siguiente:

> «You do not have to say anything unless you wish to do so, but what you say may be given in evidence.»

Mientras es interrogado dentro de los plazos que marca la ley, el detenido queda bajo la custodia del policía judicial (*custody officer*) existente en todas las comisarías. Éste es responsable del trato adecuado que debe recibir el detenido; le informa de sus derechos, entre ellos la posibilidad que tiene de consultar al abogado de guardia (*duty solicitor*) antes del interrogatorio policial (*police questioning*), y le orienta en otros puntos, como, por ejemplo, la solicitud de asistencia letrada (*legal aid*) para todo el procedimiento.

Acabadas la diligencias policiales, que se deben llevar a cabo dentro de los plazos legales, si la policía considera que puede haber motivos (*sufficient evidence*) para seguir un procedimiento judicial por vía penal contra el acusado (*prosecute the accused*), la causa pasa a la Fiscalía del Estado (*Crown Prosecution Service*), la cual decidirá lo que se debe hacer. Mientras tanto, si la policía le ha imputado algún cargo al detenido (*lay charges*), corresponde a la propia policía decidir si lo pone en libertad (*release an accused*) con fianza (*on bail*) o sin fianza (*without bail*). Si no es puesto en libertad, el acusado deberá pasar inmediatamente a disposición judicial (*is brought before a Magistrates' Court*).

Aunque corresponde a la policía instar las diligencias procesales (*initiate criminal prosecutions*), incumbe a la Fiscalía del Estado (*Crown Prosecution*)[23] hacerse cargo, salvo en raras excepciones, de la conducción del proceso instado por aquélla y determinar el rumbo que se debe seguir, de acuerdo con el artículo 3(1) de la ley antes citada (*section 3(1)*). La

---

22. A esta «advertencia obligatoria» (*caution a suspect*), conocida familiarmente como «leer al detenido sus derechos», se la llama *Miranda Warning* o *Miranda Rule* en Estados Unidos, y *Admonishment* en Escocia.

23. CPS (s.a): *Weighing the Evidence. The Crown Prosecution Service and How it Works.* Londres: Crown Prosecution Service.

documentación o expediente (*case papers*) que la Policía remite a la Fiscalía es registrada (*recorded*) antes de ser asignada (*allocated*) a un fiscal, y pasa a un expediente (*put in a file cover*), labor realizada por el personal administrativo (*administrative staff*) de la Fiscalía.

Como hemos dicho antes, es de la entera responsabilidad de la Fiscalía decidir, en última instancia, si se prosigue o se archiva la causa (*the case is abandoned*), con independencia del parecer o del informe de la policía, debido al hecho de que la carga de la prueba (*the burden of proof*), es decir, probar, sin que queden dudas razonables (*beyond any reasonable doubt*), que se ha cometido un delito (*prove its case*), le corresponde en exclusiva al Ministerio Fiscal, ya que todo imputado o acusado es inocente (*is presumed innocent until proved guilty*) o, en su caso, «presunto delicuente»,[24] hasta que no sea condenado (*convicted*). Para tomar las decisiones pertinentes a cada causa, los fiscales examinan el contenido de las declaraciones (*statements*) e interrogatorios policiales (*police questioning*) de los supuestos delincuentes (*alleged offenders*), así como las declaraciones de los testigos de cargo (*prosecution witnesses*), y se guían por dos criterios establecidos (*laid down*) en el Reglamento de la Fiscalía (*Code for Crown Prosecutors*): que haya indicios suficientes (*sufficient evidence*) de criminalidad y que el asunto sea de interés público.

En determinados supuestos, por ejemplo, en los delitos contra el Estado (*offences against the State*), las diligencias sólo las puede incoar (*proceedings can only be instituted*) el Fiscal General o, en su caso (*where appropriate*), deben contar con su autorización (*with his/her consent*).

Tal como hemos apuntado antes, los particulares también pueden querellarse (*bring criminal prosecutions against somebody*) directamente en los *Magistrates' Courts*. No obstante, son muy pocos los que utilizan la querella (*private criminal prosecution*) directa en los juzgados;[25] la gran mayoría prefiere el proceso (*prosecution*) iniciado mediante la denuncia a la policía, ya que si se pierde el juicio cuando se es querellante, con toda probabilidad se tendrán que pagar las costas (*court costs*), incluidas las del acusado, y, además, se estará expuesto a la demanda civil (*civil action*) que por daños y perjuicios éste le presente (*sue for damages*).

---

24. «*Presunto delicuente*». El término «presunto» se puede traducir al inglés por *alleged*, *presumed* o *would-be*: "*One of the would-be robbers was fatally wounded; the other ran off.*"

25. Por ejemplo, dos asociaciones de consumidores han interpuesto recientemente dos querellas criminales (*have brought two private prosecutions*) ante un juzgado o tribunal de magistrados (*Magistrates' Courts*) contra una empresa por envenenamiento en el suministro de agua (*poisoning of water supplies*), que produjo la muerte de muchos peces y dolores de estómago (*stomachache*), náuseas (*nausea*) y diarreas (*diarrhoea*) a miles de personas.

4. La vista preliminar en el Tribunal de Magistrados

Cuando comparece el acusado ante *The Magistrates' Court*, se celebra en primer lugar la vista preliminar o fase previa (*a preliminary hearing/enquiry*), que sirve para que los jueces decreten la libertad del detenido (*discharge the suspect of an accusation*), o para que le imputen un delito (*charge him with a crime*), en cuyo caso deberán establecer si es del tipo *a*), *b*) o *c*), es decir, si se trata de un delito menor o menos grave (*a summary offence*), de un delito grave o muy grave (*an indictable offence*), o de un delito de tipo intermedio (*an offence triable either way*), que se puede juzgar por cualquiera de los procedimientos anteriores.

Si determinaran los magistrados que el delito que se le imputa al detenido es grave (*indictable offence*), debido en parte a que prosperan las tesis de la Fiscalía (*prosecution*) de que se trata de un delito claro o irrefutable (*prima facie case*) y que, por tanto, ellos carecen de la competencia para juzgarlo (*try it*), automáticamente se convierten en jueces instructores (*examining justices*), iniciando las diligencias (*institute the proceedings*) correspondientes para investigar el delito (*inquire into the offence*), las cuales probablemente concluirán «decretando la apertura de juicio oral con jurado» (*commit him for trial*) contra el procesado, a fin de que sea juzgado en una de las secciones o divisiones del Tribunal Superior de lo Penal o Tribunal de la Corona (*The Crown Court*), siempre y cuando estén convencidos, como hemos apuntado antes, de que hay indicios racionales suficientes (*sufficient evidence*) contra el acusado para que un jurado lo declare culpable. *Commit for trial* es el término usado en el lenguaje jurídico; en el lenguaje corriente, como puede ser el de las noticias de prensa, se emplea, sin embargo, en su lugar, *send for trial*, como se observa en el ejemplo que sigue:

> Mr John Smith, 30, of Closenamonagh Court, West Belfast, and Mr Patrick Stuart of Divismore Park, West Belfast were charged at the city's Magistrates' Court with attempting to murder members of the security forces, trying to wound them and possessing a rifle and ammunition with intent to endanger life. *They were sent for trial at Belfast Crown Court*. Both were remanded in custody.

A esta fase se la conoce con el nombre de «instrucción del sumario» o «diligencias de procesamiento» (*committal proceedings*), la cual es un trámite abreviado cuya finalidad principal es «filtrar» sólo las causas en las que haya, a los ojos de los magistrados, indicios claros de criminalidad (*sufficient evidence*); de esta manera, se evita a los ciudadanos sobre los que no pesan los citados indicios de criminalidad, el desdoro de comparecer ante el Tribunal Superior de lo Penal o *The Crown Court*.

Sirven también estas diligencias para que la defensa conozca exactamente los cargos que pesan sobre el procesado, ya que durante las mismas, la acusación expondrá sus argumentos (*case*), aportará las pruebas y presentará a los testigos, los cuales serán interrogados por ambas partes; todo lo cual implica que durante el procedimiento final en el *The Crown Court* la acusación no podrá recurrir a nuevos testigos ni hacer valer nuevos argumentos.

En cambio, la defensa, aunque también puede exponer sus alegatos, aducir sus pruebas y presentar a sus testigos, en la práctica, durante esta fase permanece en silencio, entre otras razones, para no dar pistas a la acusación sobre los posibles puntos más frágiles de su argumentación (*case*) y para no revelar la tesis jurídica (*theory of the case*) que empleará en su defensa durante la vista en el *The Crown Court*. No obstante, tiene la obligación de comunicar en el plazo de siete días contados a partir de la fecha del procesamiento (*committal for trial*) si piensa ofrecer una coartada (*produce an alibi*), en cuyo caso deberá facilitar la relación de los testigos que convocará en apoyo de la misma.

Todas las diligencias de procesamiento (*committal proceedings*), sin olvidar las declaraciones de los testigos (*depositions from all the witnesses*), autenticadas (*authenticated*) con la firma del magistrado que las tomó (*take depositions from the witnesses*), serán enviadas al *The Crown Court* junto con las pruebas aportadas por la fiscalía. La prensa no puede informar (*reporting restrictions*) de las diligencias de procesamiento (*committal proceedings*), ni de la vista preliminar, a excepción del nombre y dirección del procesado, de su abogado, del supuesto delito, de la fianza (*bail*) si la hubiere, y del Tribunal de la Corona a donde se remitirán todas las diligencias. Si al acusado le conviniera la publicidad porque estima que hubo prejuicio o mala conducta por parte de la policía, puede solicitar del juez instructor el levantamiento del secreto del sumario (*lifting the reporting restrictions*), basándose en el interés de la justicia (*interest of justice*). Si en el curso de las diligencias de procesamiento el juez instructor decidiera que no procede el juicio con jurado (*commit for trial*), cambiando a la calificación de procedimiento rápido (*summary trial*), la prensa podrá informar con detalle de las cuestiones que se suscitaron en las citadas diligencias de procesamiento (*committal proceedings*).

Y, mientras espera el acusado la celebración del juicio, corresponde a los jueces de *The Magistrates' Court* decidir si le conceden la libertad provisional (*the accused is released*) o si ésta sufre restricciones. En el segundo de los supuestos, los jueces pueden devolverlo a la cárcel (*remand him in custody*), a un centro o pabellón de preventivos (*a remand prison*), o concederle la libertad provisional bajo fianza (*remand him on bail*).[26] Los

---

26. En ambos casos hemos utilizado el verbo *remand*, que, por proceder de «re+mandare», etimológicamente significa «devolver a donde estaba», que en este caso, es la cárcel. Sin embargo, se emplea en el sentido de «restringir la libertad del imputado/procesado/acusado», ya dictando auto de prisión provisional (*remand in custody*), ya concediéndole libertad condicional bajo fianza (*remand on bail*). En vez de *remand somebody on bail* se puede decir *grant bail to the defendant* para «libertad provisional con fianza» y *release without bail* para «libertad provisional sin fianza».

jueces suelen enviar a prisión preventiva (*the accused is remanded in custody*), como en el supuesto citado en el ejemplo anterior (*Both were remanded in custody*), al acusado que no tiene domicilio fijo (*fixed abode*). No obstante, cada día es mayor el número de residencias para los que gozan de libertad con fianza (*bail hostels*), facilitadas por el servicio encargado de vigilar la libertad condicional o a prueba (*Probation Service*).

5. El procedimiento rápido en el Tribunal de Magistrados

Como hemos indicado antes, si los jueces, en la vista preliminar, deciden que se trata de un delito menor (*summary offence*) para el que tienen competencia, el acusado deberá comparecer (*attend court*) ante el Tribunal de Magistrados en la fecha fijada para juicio (*the date fixed for trial*), que aparecerá en la lista diaria de señalamientos (*court's daily case list*).

Muchas veces no hace falta que el acusado comparezca (*appear in person*) ante el tribunal; puede declararse culpable (*plead guilty*) por correo, o enviar a un letrado, si la sanción que corresponde a la imputación (*charge*) que se le ha hecho no es superior a tres meses de cárcel (*three months' imprisonment*), por ejemplo, en casos de crueldad con los animales (*cruelty to animals*), exhibicionismo (*indecent exposure*), falsa alarma de incendio (*false alarm of fire*), etc. También puede el tribunal en ocasiones conceder un aplazamiento (*grant an adjournment*), a petición justificada o razonada de la defensa (*counsel for defense*) o de la acusación (*counsel for prosecution*), en cuyo caso habrá un nuevo señalamiento (*a new date will be fixed*).

La acusación corresponde a un fiscal (*prosecutor*) de la Fiscalía del Estado (*Crown Prosecution Service*), aunque en faltas o delitos leves (*misdemeanours*) se permite que la haga directamente el policía que presentó la denuncia o que detuvo, en su caso, al acusado. Si la lleva a cabo la Fiscalía, el fiscal (*counsel for prosecution*) expondrá sus argumentos de forma esquemática (*a brief explanation of the case*) ante los magistrados, y después se llamará a los testigos de cargo y de la defensa (*witnesses are called*) para que testifiquen (*testify*) y aporten pruebas (*give evidence*).

Terminado el interrogatorio de los testigos, la Fiscalía y la defensa expondrán de forma resumida (*will make short speeches*) la calificación definitiva, con los motivos (*summarizing the reasons*) por los que que se debe o no se debe condenar al acusado. A continuación los magistrados, tras examinar los hechos probados (*the facts as found*) y los fundamentos de derecho (*the questions of law*), dan su veredicto[27] (*give their verdict*), que puede consistir en: *a*) condenar al acusado (*convict the accused*), *b*)

---

27. En cambio, en los juicios celebrados en el Tribunal de la Corona, corresponde al jurado dar el veredicto (*return a verdict of the case*).

desestimar la pretensión punitiva (*dismiss the case*), o *c*) dictar una sentencia absolutoria (*acquittal*). Se llama condena sumaria (*summary conviction*) a la dictada por los magistrados, siendo la fórmula normal empleada *We find*[28] *the case proved*.

También corresponde al Tribunal de Magistrados dictar la sentencia[29] (*pass sentence*) dentro de sus atribuciones. Si el acusado ha sido declarado culpable (*find guilty*), antes de dictar sentencia deberán los magistrados comprobar sus antecedentes penales (*previous convictions recorded against him*), para lo que llamarán al funcionario de policía con el fin de que los lea. Si al analizar estos antecentes deciden elevar la pena por encima de su competencia, deberán pasar el sumario (*the case*) a *The Crown Court* para que este tribunal dicte la sentencia que corresponda (*commit for sentence*).

En resumen, en los juicios de estos procedimientos rápidos o abreviados (*trial on information summarily*) los magistrados son responsables de cuatro cuestiones procesales:

a) comprobar los hechos (*facts*);
b) determinar los fundamentos de derecho (*the points of law*);
c) pronunciar el veredicto (*give a verdict*), y
d) dictar la sentencia (*pass the sentence*).

La justicia penal inglesa es rápida, porque casi el 90 por ciento de las infracciones se resuelve en los Tribunales de Magistrados. El otro largo diez por ciento de causas graves y muy graves, y también algunas intermedias, son vistas en el Tribunal de la Corona o Tribunal Superior de lo Penal.

6. Los juicios con jurado en el Tribunal de la Corona

Trascurridos los plazos legales necesarios para que la acusación y la defensa preparen los argumentos y estrategias (*case*)[30] de la vista oral, desde que los magistrados (*magistrates*) en función de (*acting as*) jueces instructores (*examining magistrates*) ordenaron la apertura de juicio oral (*commit for trial*), conforme se indica en el punto 4, se celebra el primer acto del juicio en el Tribunal de la Corona (*trial in the Crown Court*) llamado «lectura formal de la acusación» (*arraignment*), que consiste en: *a*) la identificación del procesado, *b*) la lectura del escrito de acusación formal

---

28. *we find*: «encontramos...», que connota una acción empírica y no especulativa, como podría ser «consideramos, estimamos, etc.» (*we believe, we think, etc.*); véase la pág. 76 del capítulo cinco, sobre los verbos de significación empírica empleados en el lenguaje jurídico.

29. Sobre la traducción del término «sentencia», véase el punto 5 del capítulo dos.

30. El término *case* es marcadamente polisémico en su uso jurídico. Además de significar «causa», «proceso», «sumario»; «asunto», etc., también quiere decir «soporte legal», «motivos», «fundamentos», «argumentos jurídicos de la defensa, de la acusación o de las partes de un proceso civil o penal», «indicios racionales de criminalidad». Véase en las págs. 86-87 la traducción del término *case*.

(*indictment*) y *c*) la solicitud de manifestación de culpabilidad del delito que se le imputa, mediante la cual debe declararse culpable (*plead guilty*) o no culpable (*not guilty*). En este acto la defensa puede presentar cuestiones de previo pronunciamiento (*pleas in bar*) para intentar demostrar que los cargos carecen de base legal suficiente, que si prosperan (*succeed*), impiden la continuación del juicio. Entre éstas, destacan las llamadas *autrefois acquit* (ya absuelto), *autrefois convict* (ya condenado).[31]

La acusación formal (*indictment*) es un documento que contiene la imputación que se le hace al acusado, y la especificación del delito, además de una introducción (*introductory matters*) en la que se hace referencia al tribunal (*court of trial*) y al nombre del acusado (*name of the defendant*), introducción que comienza con el nombre del monarca:

THE QUEEN v. [Defendant] charged as follows...

Si el delito es «estatutario», es decir, si fue legislado y tipificado por ley parlamentaria (*created by statute*), se hará referencia a los artículos (*sections*) pertinentes de dicha ley. Los detalles de la acusación deben ser muy precisos, de forma que se conozca debidamente la naturaleza de los cargos o imputación.

Si el acusado acepta la culpabilidad (*he pleads guilty*), o sea, si confiesa ser el autor de los hechos que se le imputan, el proceso queda reducido al mínimo. La acusación (*counsel for the prosecution*) presentará un resumen (*summary*) de las pruebas (*evidence*) junto con los datos de los antecedentes (*background and record*). La defensa, a continuación, expondrá los atenuantes (*a plea for mitigation*), y seguidamente, el juez dictará el veredicto y la sentencia. También puede ocurrir que el acusado no acepte los cargos que la acusación le imputa, pero que esté dispuesto a declararse culpable de un delito inferior (*a lesser offence*); en este caso, se dice que ha habido un cambio en las alegaciones de la defensa (*a change of plea*), al que se puede llegar tras la transacción (*plea bargaining*) entre ésta y la acusación, con la aprobación del juez. Esta transacción es un pacto entre las partes de una causa penal consistente en que el acusado acepte declararse culpable a cambio de la sustitución del delito imputado por otro menos grave, de la retirada de alguno de los cargos, si hay varios, o de la garantía de una rebaja en la pena impuesta por el juez. Tales negociaciones se llevan a cabo entre el juez, el fiscal (o la acusación) y el abogado defensor, pero el acusado no puede intervenir directamente en las mismas, aunque no puede haber acuerdo sin su consentimiento. Requieren mucho tacto, ya que el juez no puede dar garantías absolutas ni debe indicar en ningún momento la pena que ha pensado aplicar en cada proceso penal.

---

31. En español, a las dos cuestiones se las conoce con la expresión de «excepción de cosa juzgada».

7. El jurado

Si durante el proceso, el acusado (*accused*) se declara no culpable (*plead not guilty*), o sea, si no asume la acción delictiva, será necesario constituir un jurado (*a jury of 12 persons must be sworn in*) de 12 personas (*jurors*) para que emita el veredicto correspondiente (*renders its verdict*), aunque la sentencia la dictará el tribunal (*pass the sentence*). Mediante el jurado, el pueblo ejerce directamente la justicia, y sólo a él le incumbe, con el veredicto (*verdict*) de culpabilidad o de inocencia, condenar (*convict*) o absolver (*acquit*) al reo. El jurado, instrumento típico de la justicia inglesa, con independencia de los errores que pueda cometer al sentenciar sobre los hechos (*fact adjudication*) en un proceso penal, es para muchos una institución democrática clave porque garantiza la presencia de la voz del ciudadano en la administración de la justicia y, a la vez, protege sus derechos frente al poder del Estado.

Sin embargo, no todos están de acuerdo con el sistema de juicio con jurado[32] (*trial by jury*), ya que algunos prefieren, en su lugar, el dictamen o la resolución técnica (*opinion*) de un tribunal profesional. Entre las ventajas que perciben los defensores del juicio con jurado destacan las aclaraciones de tipo legal que el juez-presidente de la sala tiene que dar con un lenguaje claro a los miembros del mismo, al ser legos en la materia, cuando les orienta (*the judge instructs the jurors*) sobre las cuestiones legales que son de aplicación a las conclusiones a las que hayan llegado sobre los hechos (*how the law applies to their findings of fact*).

Si el veredicto es de inocencia (*not guilty*), la sentencia dictada será la absolución (*acquittal*); en caso contrario, será la condena (*conviction*).

> The applicant[33] was subsequently convicted,[34] after a four-week trial, of three charges of perjury in relation to his evidence at the murder trial.[35]

La defensa tiene el derecho de pedir la tacha (*challenge*) de todos los miembros de la lista de candidatos a miembros del jurado (*array/panel*)[36] si puede demostrar parcialidad en el funcionario que confeccionó dicha lista. Igualmente puede solicitar la tacha de determinados miembros del jurado (*challenge to the separate polls*) si la petición está motivada o razonada (*supported by reasons*). En el acto de jura o promesa (*affirmation*) los jurados dicen:

---

32.   Es motivo de debate en la actualidad el que el jurado no sea puro sino mixto o escabinado.
33.   *applicant*: recurrente. Véase la nota 11 del capítulo 8 sobre el significado de *applicant*.
34.   *convict*: condenar [sentenciar, probar la culpabilidad].
35.   *murder trial*: juicio por asesinato.
36.   A esta figura también se la llama *challenge to the whole array* o *challenge propter affectum*. Se pueden emplear los términos «tacha» o «recusación» indistintamente, aunque el primero se suele aplicar al rechazo a los miembros del jurado y el segundo a los jueces.

I swear by Almighty God that I will faithfully try the defendant and give a true verdict according to the evidence.

La fórmula de la promesa es:

I do solemnly, and sincerely and truly declare and affirm that I will, etc.

Es importante tener en cuenta que corresponde al juez, como hemos dicho antes, orientar o dar directrices (*direct*) al jurado sobre el punto o cuestión que ha de constituir el centro de su deliberación para llegar al veredicto de culpabilidad o inocencia. Las directrices o instrucciones técnicas que dé el juez al jurado sobre lo que debe juzgar deben ser muy precisas, ya que algunas de las apelaciones se basan en que se cometió una injusticia o grave perjuicio de derechos (*miscarriage of justice*) porque el juez desorientó (*misdirect*) al jurado o no le dio las instrucciones adecuadas sobre lo que debía de constituir el objeto de su decisión. El jurado, fiel al juramento o promesa de cada uno de sus miembros, debe dar en conciencia el veredicto (*return a verdict*), de acuerdo con las pruebas. Ésta es la razón por la que su dictamen comienza con «Lo encontramos» (*We find him...*), que connota una acción empírica y no especulativa, como indicamos en la nota 28 de este capítulo.

8. La vista oral. El discurso de apertura

Durante la vista oral, los miembros del jurado (*jurors*) ocupan el estrado o panel del jurado (*jury box*) mientras que el acusado permanece sentado (*the accused is seated*) en el banquillo (*in the dock*) acompañado de dos guardianes (*police guardians*), estando todo el acto presidido por un juez que lleva peluca y toga roja (*wig and red robe*), especialmente en el Tribunal Penal Central de Londres (*The Old Bailey*), que contrasta con el negro de la toga (*wig and black robe*) de los abogados (*barristers*) de la acusación y la defensa.

En la vista oral interviene en primer lugar el abogado de la acusación (*barrister for the prosecution*), quien en su discurso de apertura (*opening speech*), tras comunicar a los miembros del jurado que corresponde a la acusación la carga de la prueba (*the burden of proof*), es decir, establecer la culpabilidad del acusado sin que queden dudas razonables (*beyond a reasonable doubt*), expondrá su tesis (*theory of the case*), bosquejará su argumentación (*outline his case*) y llamará a los testigos de cargo (*witnesses for the prosecution*), quienes declararán (*give evidence*), aportando una prueba testifical (*a testimony*) bajo juramento (*on oath*) o promesa (*by affirmation*). La fórmula que se emplea en el juramento es:

I swear by Almighty God that the evidence I shall give shall be the truth, the whole truth and nothing but the truth.

En la promesa se sustituye *I swear by Almighty God* por *I affirm*. La prueba testifical (*testimony*) es la declaración (*statement*) que aporta un testigo como prueba (*evidence*) de la verdad proclamada (*proof of the truth*). Se llama interrogatorio (*examination*) a las preguntas (*questioning*) que se hacen a los testigos, bajo juramento o promesa (*on oath or affirmation*); el interrogatorio puede ser de tres tipos:

a) «primer interrogatorio» o interrogatorio directo (*direct examination or examination-in-chief*);

b) interrogatorio por la parte contraria o «contra-interrogatorio» (*cross-examination*),[37] y

c) «segundo interrogatorio» o repreguntas (*re-examination*).

El «primer interrogatorio» lo hace la parte que convoca al testigo, y su objetivo es aportar datos favorables a su tesis; no obstante, no se pueden hacer preguntas capciosas (*leading questions*) que guíen (*lead*) o insinúen la respuesta, es decir, que contengan, en todo o en parte, la contestación esperada o que la sugieran, o, dicho con otras palabras, no se pueden hacer «preguntas cargadas de presuposición». Por ejemplo, no puede empezar diciendo: «Cuando le atacó el acusado por la espalda, ¿cómo se defendió usted?», porque la pregunta ya va cargada con la aseveración de que fue atacado por la espalda.[38]

El «contra-interrogatorio» lo lleva a cabo la parte contraria, y, como es de suponer, estas preguntas intentan desbaratar o desvirtuar (*destroy*) las tesis primeras. Si intenta sembrar dudas (*cast doubts*) sobre la exactitud de la prueba (*on the accuracy of evidence*) se llama «contra-interrogatorio sobre el fondo de la cuestión» (*cross-examination to the issue*); si las preguntas intentan poner en duda la credibilidad del testigo (*credibility of witness*) estamos ante un «contra-interrogatorio sobre la credibilidad» (*cross-examination to credit*).

Las repreguntas (*re-examination*) o «segundo interrogatorio» sólo pueden tratar de las cuestiones que surgieron en el contra-interrogatorio (*cross-examination*). Si se quieren introducir nuevos puntos se tiene que contar con la autorización del juez (*leave of the judge*).

La acusación (*counsel for the prosecution*), en su primer interrogatorio (*examination-in-chief*), llamará a sus testigos. Después, la defensa (*counsel for the defence*) en el contra-interrogatorio (*cross examination*) a los testigos presentados por la acusación sí podrá hacerles preguntas capciosas (*leading*

---

37. También llamado examen contradictorio de la prueba.

38. Véase el punto 6 del capítulo dos (La interpretación y la «construction») sobre la presuposición.

questions), e incluso poner de relieve sus incoherencias en lo que afecta a las aseveraciones que acaban de hacer, respecto a las que hicieron anteriormente en las declaraciones (*depositions*) de la fase de instrucción (*the committal proceedings*), ya que la función de la defensa es desacreditar las pruebas de los testigos (*evidence given by witnesses*) de la acusación. Si las incoherencias son graves, la defensa puede pedir al juez que declare que no ha lugar a la acusación (*submission of no case to answer*)[39] y que absuelva al acusado. Si así lo cree el juez, pedirá al jurado que dé un veredicto de absolución (*acquittal*).

Si no prosperan las tesis de la defensa, continuará el juicio con el primer interrogatorio (*examination-in-chief*) a los testigos convocados por esa parte, seguido del interrogatorio por la parte contraria o «contra-interrogatorio» (*cross-examination*), y el «segundo interrogatorio» o repreguntas (*re-examination*). El acusado (*defendant*), sin embargo, no está obligado a declarar (*is not obliged to give evidence at all*), si no quiere, aunque puede dirigirse al jurado o al tribunal pidiendo atenuación (*a statement in mitigation*) en sus decisiones.

9. Las pruebas, los testigos y sus testimonios

El Derecho probatorio (*Law of Evidence*) comprende las normas referidas a la actividad probatoria (*proofs*) en los procedimientos judiciales (*proceedings before a court*), y sirve de guía a los jueces respecto a los elementos que son admisibles y los que no lo son (*which matters are admissible and which are not*) como prueba (*as proof*) en el curso de la vista oral (*in the course of a trial*).

Además del testimonio (*testimony*) o prueba testifical (*testimony evidence*), los medios de prueba (*proofs*) pueden ser documentales (*documentary evidence*), periciales (*expert evidence*) y reales (*real evidence*) o de examen visual por el propio tribunal, y en ocasiones, pruebas de oídas (*hearsay evidence*) indirectas o de segunda mano (*second-hand evidence*), las cuales sólo se admiten en determinadas circunstancias.

Siguiendo otros criterios, los medios de prueba se dividen en circunstanciales (*circumstantial evidence*), directos (*direct evidence*), extrínsecos (*extrinsic evidence*), primarios (*primary evidence*), secundarios (*secondary evidence*), definitivos (*conclusive evidence*), etc. Los directos u originales (*direct or original evidence*) son las declaraciones hechas por los testigos como demostración de la verdad proclamada (*proof of the truth*), y establecen la existencia de un hecho que los testigos presenciaron por sí mismos; mientras que los indirectos, llamados también circunstanciales, permiten que el juez, y también el jurado, infieran o deduzcan algún hecho o

---

39. *there is no case; you have no case*: carecer de base legal para mantener la acusación.

conducta. De los anteriores, algunos son definitivos (*conclusive evidence*), por ejemplo, el certificado de una entidad pública (*official body*), y no pueden, por tanto, ser impugnados (*disputed*).

10. El discurso final. La carga de la prueba. Las eximentes

La condena (*conviction*) la establece el jurado y, por esta razón, se da gran importancia a la parte de la vista oral en que la acusación y la defensa se dirigen a él exponiendo sus conclusiones definitivas, ya que ésta es la última ocasión que tienen para influir en sus miembros. A esta parte de la vista se la llama «discurso final» (*final argument, closing argument, closing statement*), o «escrito de conclusiones al jurado» (*jury summation*), dado que sus miembros son los destinatarios directos del mismo.[40]

Interviene en primer lugar la acusación (*council for the prosecution*), en quien reside, como hemos dicho antes, la carga de la prueba (*the burden of the proof*), ya que rige el principio de presunción de inocencia. Los enunciados que utilizará serán de este tenor:

> How, ladies and gentlemen, does that apply to your reason, logic, common sense?
> You will bring back the true and correct verdict in this case.
> You are part of justice ... Something you will do will produce an effect. The name of that, ladies and gentlemen, is first degree murder.
> I ask you to find Mr X guilty ... for first degree murder.

Para que el acusado sea declarado culpable (*find the accused guilty*) de un delito, debe la acusación probar que en su conducta ha habido, a la vez, «comisión» u «omisión ilícitas» (*actus reus*) y «culpabilidad» (*mens rea*), o sea, una acción antijurídica.[41] Y, además, tendrá que demostrar que no se cumplen ninguna de las eximentes generales (*general defences*) que el acusado pueda alegar.

Todo el mundo debería saber que el «desconocimiento de las leyes» no exime de su cumplimiento (*ignorance of the law is no defence*);[42] por tanto, no es una eximente (*defence*), pero la legítima defensa (*self-defence*) sí lo es. La mayoría de las eximentes son alegaciones hechas por la defensa (*counsel for defence*) con las que se pretende demostrar que no hubo delito.

---

40. B. Walter (1988): *The Jury Summation as Speech Genre.* Amsterdam: John Benjamins.
41. Véase la nota 14.
42. La palabra *defence* tiene varios significados: en este contexto, «causas de justificación, causas de inimputabilidad criminal, circunstancias eximentes de la responsabilidad criminal, eximente, circunstancias o argumentos que se aducen en la defensa, defensa, etc.». Puede significar, además, en otros contextos, «defensa» en *counsel for defence*; y «contestación o réplica a la demanda civil, alegación, justificación, apología, defensa».

Estas eximentes pueden ser generales y específicas; entre las primeras destacan la enajenación mental (*the mentally abnormal offender*), el estado de embriaguez (*the intoxicated offender*), la legítima defensa (*self-defence*), el estado de necesidad (*necessity*), la coacción (*duress*), el ejercicio legítimo de un cargo (*legal performance of duty or office*), etc. La diferencia entre las eximentes generales y las específicas radica en el hecho de que corresponde a la acusación probar que las primeras no existieron, mientras que en las segundas es tarea de la defensa demostrar su existencia. Muchas leyes, al tipificar un delito, también determinan las eximentes específicas del mismo.

La defensa pronuncia su discurso final siempre en último lugar, es decir, goza del privilegio de decir la última palabra. Y, como sabe que no tiene que probar que su cliente es inocente (*prove the accused's innocence*), ya que lo es, como acabamos de decir, debido a la presunción de inocencia,[43] queda claro que no es ésa labor suya; por eso, al dirigirse al jurado, emplea expresiones como las siguientes:[44]

> We have no burden at all.
> Is there any reasonable doubt in your mind?
> You go through each piece of evidence … Use your common sense.
> Just appply your common kitchen sense.
> You become a part of the jury institution, an institution that has a history of eight hundred years.
> (The prosecution) has a burden of proving to you … to convince you.
> I submit to you that a proper verdict in this case is 'not guilty'.
> We submit[45] that the case has not been proved to the high level required.
> I submit you're going to come up with just what I said. Okay? Okay?
> If you believe that, then your verdict must be not guilty.
> I ask you to return a verdict of acquittal in this case.

Terminados los dos discursos finales, el juez se dirigirá a los miembros del jurado resumiéndoles las pruebas aducidas y explicándoles que les corresponde a ellos emitir el veredicto de culpabilidad o no culpabilidad del acusado, y que deben tener en cuenta que la carga de la prueba (*burden of proof*) reside en la acusación, es decir, esa parte tiene que haber demostrado, sin que quede lugar a una duda razonable (*beyond any reasonable doubt*), que el acusado es culpable.

---

43. Todo el mundo es inocente (*is presumed innocent*) hasta que se demuestra que es culpable (*until proved guilty*).

44. B. Walter (1988): *The Jury Summation as Speech Genre*. Amsterdam: John Benjamins.

45. *submit*: en el lenguaje jurídico de los juicios no se emplean verbos de opinión como *I think*, *I believe*. Se considera incorrecto; en su lugar, se emplea *submit* en el sentido de ofrecer unas ideas para su consideración.

11. Los delitos y las sentencias

Al hablar del jurado decíamos que a él le correspondía dar el veredicto (*return a verdict*) de culpabilidad (*guilty/not guilty*). En cambio, la sentencia la dicta (*pass sentence*) el juez tras el veredicto del jurado. Al igual que en el Tribunal de Magistrados, los jueces del Tribunal de la Corona, antes de dictar sentencia, examinarán el expediente (*an antecedents report*) del condenado, que contendrá sus antecedentes penales (*previous convictions recorded against him*).

En los puntos 1 y 2 de este capítulo ordenábamos los delitos siguiendo varios puntos de vista; aquí volvemos a catalogarlos, pero esta vez de acuerdo con el rango o categoría del juez que ha presidir en el Tribunal de la Corona. Siguiendo este criterio, los delitos se dividen en cuatro clases. Pertenecen a la primera el asesinato (*murder*), la traición y el espionaje (*treason and spying*), que son enjuiciados por un tribunal presidido por un juez de *The High Court of Justice*. Son delitos de la segunda clase el homicidio (*manslaughter*), la violación (*rape*), el infanticidio (*infanticide*) y las relaciones sexuales con menor de 13 años (*sexual intercourse with a minor under 13*); estos juicios los preside un tribunal presidido por un juez de *The High Court* o por un juez territorial (*circuit judge*). Son delitos de la clase tercera el incendio provocado (*arson*), el perjurio (*perjury*), el cohecho y la corrupción de las autoridades gubernamentales (*corruption of Government*) o de funcionarios del Estado (*government officers*); los jueces territoriales (*circuit judges*) suelen presidir estos tribunales. Los delitos de la clase cuarta son los intermedios (*triable either way*) y, entre ellos, destacan la conducción temeraria (*reckless driving*), el robo y otros, y los puede juzgar un juez auxiliar o sustituto (*recorder*). En algunas ocasiones los *magistrates* profesionales o estipendiarios forman parte de estos tribunales, aunque no los presiden.

Y, en la institución penitenciaria, los internos (*inmates*) se clasifican en cinco categorías, que van desde la clase A, formada por los muy peligrosos, hasta los internos de la clase E, a quienes se les permite cumplir su condena (*serve sentence*) en cárceles abiertas.

IV. EL PROCEDIMIENTO CIVIL

1. Introducción: la demanda

Por lo general, la persona que se considera lesionada material o moralmente, agraviada, herida en su intimidad, perjudicada en su imagen o vulnerada en sus derechos, acude a los tribunales civiles como actor (*actor*) o demandante (*plaintiff*) presentando una demanda (*bring[1] a case/a lawsuit against somebody*) contra quien le produjo el daño o agravio (*wrong*), el demandado (*the defendant*), en la que expondrá sus pretensiones (*the claims*), que éste deberá satisfacer.

A la persona que causó la lesión jurídica se la llama «autor del agravio o perjuicio» (*tortfeasor*), y la parte del Derecho civil que protege a las personas perjudicadas (*injured*) por los citados agravios, lesiones morales y materiales, etc., recibe el nombre de Derecho de agravios o de responsabilidad civil extracontractual (*Law of Tort*).[2] Esta rama del Derecho civil también protege la reputación de los individuos frente a la difamación (*defamation*), la libertad contra la invasión de la intimidad (*trespass, invasion of privacy*), los daños o molestias causados por infringir los reglamentos de convivencia o de policía (*nuisance*)[3] que impiden el uso y disfrute de la propiedad o de los bienes (*enjoyment of property*), etc.

Los actos lesivos o ilícitos civiles (*torts*) y el incumplimiento de contrato (*breach of contract*) constituyen el núcleo de los daños civiles (*wrongs*), originarios de las demandas (*civil actions*). Normalmente, la parte perjudicada (*the injured party*) por el ilícito civil (*tort*) o el incumplimiento de contrato (*breach of contract*) demandará por (*sue for*) daños y perjuicios

---

1. El verbo *bring* tiene una amplia utilización en el inglés jurídico, equivaliendo en muchos casos a «presentar» (una demanda), «interponer» (un recurso), «promover» (una cuestión, por ejemplo, de inconstitucionalidad, etc.).

2. El término inglés *tort* tiene el mismo origen que las palabras españolas *torticero* y *entuerto*, y comparte su significado. El primero, usado en expresiones como *conducta torticera*, equivale a «injusto, ilegal o desprovisto de razón»; el segundo, que significa «daño o agravio causado injustamente», es arcaico, y normalmente se usa con conciencia de este matiz arcaico.

3. Véase la nota 3 del capítulo seis.

(*damages*), pero no son iguales las demandas por daños y perjuicios debidos a incumplimiento de contrato (*damages in contract*) que por actos lesivos (*damages in tort*).

Una de las demandas más típicas es la que puede surgir como consecuencia de un accidente de tráfico. Si la persona que atropelló a alguien no está dispuesta a hacer frente a los gastos e indemnizaciones (*compensation*) correspondientes a los daños que ha sufrido el atropellado, por estimar que él no fue culpable del accidente, se puede decir que entre ellos se ha generado una disputa, controversia o diferencia de opinión.[4] A estas disputas, desde un punto de vista jurídico, se las llama *actions* (demandas o procesos judiciales civiles), *cases* (procesos o causas) y también *suits* (pleitos).[5]

A los tribunales civiles se acude para resolver (*settle in court*) mediante procedimiento civil (*civil proceedings*) las disputas surgidas, siendo las partes del pleito (*the parties to the suit*) suscitado, por un lado, el demandante (*plaintiff*) y, por otro, el demandado (*defendant*). A las dos partes también se las conoce con el nombre de litigantes (*litigants*), mientras que al procedimiento judicial (*proceedings in court*) que se celebra se le llama litigio o litigación (*litigation*).

En la demanda (*civil action*), el demandante, en su pretensión, suele solicitar (*ask for/seek*) de los tribunales un remedio o solución jurídica (*remedy*)[6] para ejecutar o hacer cumplir un contrato (*the enforcement of a contract*), reparar (*redress*)[7] el agravio, daño o perjuicio (*the wrong*) sufrido, recuperar el derecho de la propiedad que alguien le ha vulnerado, etc. En líneas generales, lo que se solicita en un proceso judicial civil es la actuación de la justicia dirigida a la resolución de lo que se demanda, que no es otra cosa que el cumplimiento de una obligación o la protección y, en su caso, la recuperación de unos derechos a los que cree tener título suficiente el demandante y, cuando corresponda, a la indemnización (*compensation*) que proceda.

Varios son los remedios o soluciones (*remedies*) que tienen los tribunales a su alcance para desagraviar, aliviar o satisfacer (*relief*) al demandante o

---

4. De este accidente también podría surgir una causa penal si se demostrara, por ejemplo, que el conductor cometió el delito de conducir en estado de embriaguez (*drunkenness*).

5. En líneas generales estos tres términos son intercambiables, aunque todos tienen también otros significados propios.

6. Sobre el término *remedy*, véase el segundo párrafo del punto 5 del capítulo dos. La traducción del término *remedy* por «remedio o solución jurídica» goza cada vez más de amplia aceptación; desde otro punto de vista, el término *remedy* también se traduce por «derechos y acciones» del demandante.

7. Los términos *remedy*, *redress* y *relief* son sinónimos parciales; el primero es el más general y se aplica normalmente a las reparaciones o compensaciones económicas por daños y perjuicios; el segundo se refiere a la reparación o desagravio por medio de la recuperación o reconocimiento de un derecho, etc., y el tercero, en la mayoría de los contextos, es sinónimo de remedio de equidad.

para repararle el daño (*redress the wrong*) que se le ha hecho. Entre estas soluciones destacan: *a*) la concesión de una indemnización (*grant damages*), que el demandado deberá satisfacer al demandante con el fin de compensar los daños y perjuicios causados; *b*) la resolución del contrato (*the rescission of the contract*); *c*) el pronunciamiento de un interdicto (*the issue of an injunction*) o mandamiento judicial, prohibiendo o pidiendo que se haga algo para evitar un mal o para eliminar las causas que lo producen, etc.

2. Las normas procesales en los Tribunales civiles

En Inglaterra y Gales, para instar (*seek*) la apertura de un proceso judicial civil (*commence/the commencement of a civil action*), se puede acudir a dos tipos de tribunales: los inferiores, llamados Tribunales de Condado (*County Courts*), de los cuales hay, por lo menos, uno en cada condado, y el superior, llamado Tribunal Superior de Justicia (*The High Court of Justice*), cuya sede está en Londres. La naturaleza de la demanda y, sobre todo, su cuantía (*the amount involved*) es, en líneas generales, lo que determinará que se acuda en primera instancia a uno u otro tribunal.

A la parte del derecho que trata de las normas procesales (*rules of procedure* o *court rules*) que se siguen ante los tribunales se la llama derecho adjetivo (*adjective law*), para diferenciarlo del derecho sustantivo (*substantive law*), que trata de las leyes y normas que abordan los derechos, las obligaciones y demás cuestiones no vinculadas al proceso judicial. Las normas por las que se rigen los procesos civiles del Tribunal Superior de Justicia (*The High Court of Justice*) son las «Normas de Procedimiento ante el Tribunal Supremo» (*Rules of the Supreme Court*), que se encuentran publicadas en *The Supreme Court Practice*; este manual, también conocido por los juristas con el nombre familiar de «Libro Blanco» (*The White Book*), contiene, además, comentarios, explicaciones e ilustraciones procesales aclaratorias. Las normas procesales de las demandas que se siguen ante los *County Courts* se llaman «Normas de Procedimiento ante los Tribunales de Condado» (*The County Court Rules*) y están publicadas en el llamado «Libro Verde» (*The Green Book*), que, a pesar de no ser un texto oficial, se acepta como de autoridad.

El objetivo de las normas procesales es asegurar que el procedimiento judicial (*legal proceedings*) se lleve a cabo con «la mayor eficacia, sin dilaciones indebidas, evitando, en lo posible, los defectos procesales que producen indefensión en los justiciables, y garantizando, en todo caso, la imparcialidad, la ecuanimidad y la independencia, propias de la administración de la justicia» (*in due process of law*).

Los problemas o inconvenientes que puedan surgir entre las partes al aplicar las normas procesales, especialmente durante el desarrollo de las alegaciones y demás diligencias previas a la vista oral, los resuelven en los tribunales de Londres los *Masters*. Estos funcionarios de la carrera judicial, que normalmente son *solicitors* o *barristers* de prestigio y con años de experiencia, tienen la misión de supervisar y de tomar decisiones procesales cuando sea pertinente. En los juzgados y tribunales de las principales ciudades de Inglaterra y Gales[8] estas mismas funciones las desempeñan los *District Registrars*, análogos a los Secretarios judiciales de España.

3. La demanda en *The High Court of Justice*

En el Tribunal Superior de Justicia (*The High Court of Justice*) el procedimiento se inicia normalmente con el emplazamiento (*the writ of summons*)[9] y termina muchas veces con la vista oral (*trial*) y la sentencia o fallo (*judgment*) correspondiente. Desde que se dicta (*issue*) el emplazamiento (*writ of summons*) hasta que se celebra la vista oral existe un largo período de diligencias y actuaciones preparatorias de la citada vista oral, llamado «fase interlocutoria» (*interlocutory proceedings*), en el curso del cual las partes presentan formalmente sus alegaciones (*pleadings*).

La apertura (*commencement*) del proceso judicial civil la insta (*seek*) el demandante, solicitando que el juez dicte el emplazamiento (*the writ of summons*) contra el demandado. Este emplazamiento es un documento oficial, que con la firma del demandante o de su representante procesal (*solicitor*), hace el Lord Canciller (*under the authority of the Lord Chancellor*), instando la apertura de un proceso judicial civil o demanda (*civil action*) ante los tribunales. Se trata de un impreso, que se adquiere en los registros de los juzgados; consta de varias copias que han de ser debidamente diligenciadas con los timbres y sellos oficiales (*sealed and stamped*) y con el número de entrada que se le da en el Libro de Registro Oficial de Demandas (*Cause Book*), en donde se anotan los datos pertinentes, o sea, los nombres de las partes, la fecha, las pretensiones (*claims*), etc.). Se entiende que se ha iniciado el procedimiento judicial cuando se han cumplimentado todas estas diligencias.

Uno de los requisitos fundamentales es la notificación (*service*) del emplazamiento (*writ of summons*). Para cumplir con el mismo, una de las copias es presentada al demandado (*is served on the defendant*), otra se queda en el juzgado y la tercera es para el interesado. La copia primera, que se envía al demandado, contiene los nombres de las partes contendientes en el pleito (*the parties to the suit*), es decir, el del demandante (*plaintiff*) y el del demandado (*defendant*), y algunas

8. El derecho escocés tiene sus normas, tribunales y jueces propios.
9. Véase el punto 4 del capítulo dos.

cuestiones formales tales como los nombres de sus representantes legales, si los hubiese, la sala (*division*) del Tribunal Superior (*The Queen's Bench Division*, *The Chancery Division*, etc.) ante la que se interpone el pleito, los plazos, etc. En el citado emplazamiento se pide al demandado que cumpla lo que se le pide al dorso del mismo y se le comunica que, si no lo hace, deberá acusar recibo de (*deliver an acknowledgment of*) la notificación (*service*) en el plazo marcado, pues, de no ser así, se podría dictar sentencia en contra suya (*sentence may be entered against him*) por incomparecencia (*in default*).

En el dorso del emplazamiento, en lo que se conoce como endoso general (*general indorsement*), de forma escueta pero precisa, el demandante anuncia la demanda, manifiesta el objeto y la naturaleza de la misma, fija (*states*) sus pretensiones (*claims*), es decir, el remedio, solución o reparación (*remedy*) que pide, el auxilio, ayuda o satisfacción (*relief*) que solicita o el desagravio (*redress*) que exige, al tiempo que expone sucintamente los hechos haciendo una referencia, en la mayoría de los casos, a los fundamentos de derecho (*legal grounds*). Cuando se pide una compensación económica, terminará la demanda con la petición al tribunal (*request to the court*) de la indemnización por daños y perjuicios (*the award of the damages*) solicitada (*sought*); y, a veces, el demandante solicitará más de un remedio, alternativa o acumuladamente (*in the alternative or cumulatively*), como en el caso que sigue donde, además de la indemnización por daños y perjuicios (*damages*), pide el demandante que el tribunal dicte un interdicto (*injunction*).

> The Plaintiff's claim is for damages for breach by the Defendant of a written contract[10] dated the 2nd day of February 1975 whereby the Defendant agreed to appear at the Plaintiff's theatre at Drury Lane for six months commencing the 3rd of May 1975 and for an injunction restraining the Defendant from appearing at any other theatre during the said period in breach of the aforesaid contract.[11]

Todas las cuestiones anunciadas en la lista general (*general endorsement*) del emplazamiento, deberán detallarse en la «formalización de la demanda» (*statement of claim*) o demanda propiamente dicha, documento que se presentará normalmente durante el período de alegaciones (*pleadings*), celebrado en la fase interlocutoria (*interlocutory proceedings*) del proceso.

De lo dicho hasta ahora se deduce que hay tres momentos procesales muy importantes en la apertura de un proceso civil:

---

10.   *breach of written contract*: incumplimiento de contrato escrito.
11.   D. Barnard (1985): *The Civil Court in Action*. Londres: Butterworths, pág. 57.

a) La expedición (*the issue*) del emplazamiento (*writ of summons*), hecha en nombre del Lord Canciller.

b) La notificación (*the service*) de dicha citación judicial efectuada por el demandante o su abogado.

c) El acuse de recibo de la notificación de la demanda (*the acknowledgment of service*) que lleva a cabo el demandado o su representante legal. Al acusar recibo, el demandado se constituye como parte en el proceso (*he places himself on the court record*).

La notificación de la demanda (*service*) es tan importante que, con frecuencia, «demandar» equivale a «notificar el procedimiento» (*serve proceedings*).[12] El contar con una justificación oficial de que se ha hecho la notificación (*service*) es esencial para cualquier actuación o reclamación posterior, durante el período llamado «fase interlocutoria» (*interlocutory proceedings*). Por esta razón, la defensa de la parte demandante normalmente se guarda una declaración jurada (*affidavit*) del agente judicial encargado de las notificaciones (*process server*), que llevó a cabo el hecho material de presentar oficialmente la demanda.

La forma habitual de entablar una demanda, como hemos dicho antes, especialmente en *The Queen's Bench Division*, es mediante el aludido emplazamiento (*writ of summons*), que se notifica (*serve*) oficialmente al demandado (*plaintiff*). No obstante, cuando se prevé que la disputa girará en torno a cuestiones de derecho, por ejemplo, los procesos (*cases*) incoados ante *The Chancery Division, The Family Division* y, a veces, ante el propio *The Queen's Bench Division*, solicitando (*seeking*) sólo la interpretación judicial de un testamento o documento (*court construction of a will or a document*),[13] contrato, ley, etc., estando claras las cuestiones de hecho, el mecanismo empleado es la «citación para la incoación de un proceso» (*originating summons*).[14] En esta citación, el demandante hace constar el punto o los puntos de derecho de los que pide aclaración, y expone el fundamento de la reclamación (*cause of action*), es decir, el motivo o causa de la demanda que presenta y la acción o remedio (*remedy*) que solicita. En algunos tribunales especiales, como el del Almirantazgo (*The Admiralty Court*),[15] la incoación de la demanda se hace con diversos impresos especiales (*special forms of writ*) dependiendo, sobre todo, del tipo del litigio y de las pretensiones (*claims*).

---

12. *serve proceedings*: sobre el significado de esta expresión véase el capítulo doce, la *Introducción* y el *Texto* (*Saudi Prince must Pay Judgement Debt*).

13. Véase el punto 5 del capítulo dos, sobre el significado de los términos *interpretation* y *construction*.

14. Véase la *Introducción* del capítulo diez y su texto "Dismissed Director cannot Claim Damages for Lost Share Option".

15. Véase la *Introducción* del capítulo catorce.

4. La demanda en *The County Court*

Los pleitos de menor cuantía (*cases where the sums involved are small*) se suelen presentar ante un *County Court*. Por lo general, el que interpone una demanda preferirá hacerlo ante un *County Court* en vez de ante el *The High Court of Justice*, entre otras razones, por dos fundamentales: la administración de la justicia suele ser más rápida en los *County Courts* que en *The High Court*, y los honorarios (*fees*) que se abonan a los abogados (*solicitors*), calculados (*taxed*) por el juez, son generalmente mucho más bajos. Por ejemplo, los *Registrars* pueden juzgar demandas menores y también pueden actuar de árbitro (*arbitrator*) si el juez decide que deben resolverse mediante arbitraje; en este caso, el laudo arbitral se registra como la sentencia o fallo del proceso (*the award of the arbitration is entered as the judgment in the proceedings*). De esta manera, las *County Courts* ganan agilidad y sus facultades quedan reforzadas al poder convertirse, a ciertos efectos, en tribunales de arbitraje (*tribunals of arbitration*). No obstante, no siempre es conveniente acudir en primera instancia a estos tribunales, ya que sus competencias son limitadas.

De acuerdo con las normas de procedimiento ante los Tribunales de Condado (*The County Court Rules*), las demandas pueden ser:

a) Demandas pecuniarias, llamadas «demandas por incumplimiento» (*default actions*), en donde la satisfacción solicitada (*relief claimed*) al tribunal es el pago de una cantidad de dinero. Dicha cantidad puede incluirse en la demanda (*a liquidated sum*)[16] o se puede pedir al tribunal que la fije (*an unliquidated sum*); en el primer caso, la cifra correspondería, por ejemplo, a una deuda impagada o a una circunstancia cuyo valor se puede determinar fácilmente; en el segundo caso, correspondería, por ejemplo, a una indemnización de daños y perjuicios por lesiones corporales (*injury*), etc., que el tribunal deberá decidir.

b) Demandas no dinerarias, también llamadas «a plazo fijo» (*fixed date actions*), cuyas pretensiones (*claims*) no consisten en el pago de cantidades de dinero; la satisfacción (*relief*) que se pide es el pronunciamiento de una orden judicial, como puede ser un interdicto (*injunction*) para reducir las molestias (*nuisance*), para recuperar la posesión de un bien (*a possession order*), etc.

Normalmente se presentan las demandas en el juzgado del condado (*The County Court*) en donde el demandado reside o ejerce sus actividades comerciales o profesionales (*carry on business*), o en donde ha surgido el cumplimiento de la obligación (*liability*), es decir, el fundamento de la reclamación (*cause of action*), o sea, el motivo o causa de la demanda que

---

16. Véase el último párrafo de la *Introducción* del capítulo trece.

presenta el demandante (*plaintiff*). En el registro judicial (*court office*) aquél consignará (*enter*) los siguientes documentos:

a) Dos copias del impreso «solicitud de citación» (*request for a summons*), en las que expondrá los nombres y el estado civil de las partes, y una declaración expresa de que el tribunal tiene competencia (*jurisdiction of the court*) para entender del caso. La citación al demandado (*summons to the defendant*) la hará el oficial del juzgado.

b) Dos copias del impreso «formalización de la demanda» (*particulars of claim*), que es equivalente al *statement of claims* del Tribunal Superior de Justicia. De estas copias, una es radicada (*one copy is lodged with the court*), es decir, se archiva en el juzgado, y otra se presenta (*is served on*) al demandado.

La secretaría del juzgado entregará al demandante una «Nota de demanda» (*plaint note*), que le sirve de recibo por las tasas oficiales abonadas (*fees paid*), y enviará al demandado una citación judicial (*a summons to the defendant*). La nota de demanda contiene, además, información pertinente sobre los plazos y circunstancias relativos a los dos tipos de demandas antes citados. Junto con la citación (*summons*) que se remite al demandado, la secretaría del juzgado también le enviará un documento que consta de cuatro partes:

a) Impreso de admisión de la demanda o allanamiento (*a form of admission*). Si el demandado se allana, es decir, admite la pretensión (*claim*) del demandante, pero lo que necesita es tiempo para pagar, expondrá dicha aceptación al demandante con su propuesta de pago. El demandante puede aceptar la conciliación (*settlement*) ofrecida por el demandado y, en caso contrario, será el *registrar* quien resuelva, previa notificación (*notice*) a ambas partes.

b) Impreso de defensa (*a form of defence*), en el que se invita al demandado a que exponga sus argumentos, si no ha admitido la pretensión del demandante.

c) Un impreso de reconvención (*a form of counterclaim*).

d) Un impreso solicitando que la demanda se resuelva por medio de arbitraje (*a form for arbitration*).

Al igual que en el Tribunal Superior (*The High Court*), es fundamental para la parte actora poder demostrar en todo momento que se llevó a cabo la notificación de la demanda (*prove service*).

5. La fase interlocutoria (I). Las alegaciones y las pruebas

En los procesos judiciales civiles se llama fase interlocutoria (*interlocutory proceedings*) al período procesal que precede (*pre-trial stage*) a la vista (*hearing*), es decir, al que va desde el acuse de recibo de la notificación de la demanda (*the acknowledgment of service*), firmado por el demandado, hasta el momento en que se señala la fecha de la vista (*set down for trial*), es decir, cuando los autos del proceso son depositados (*set down*) para juicio (*for trial*). Las normas del procedimiento ante el Tribunal Superior (*The Supreme Court Rules*) establecen el calendario de actuaciones de las partes (*the timetable for the parties to follow*). Si la defensa puede probar que la parte actora (*the plaintiff*) demora las actuaciones deliberadamente (*delays the action deliberately*), puede solicitar (*apply for a summons*) del *master* o juez supervisor del proceso un auto de anulación de la demanda (*that the action be struck out*). En estos casos, los tribunales suelen anular la demanda (*strike out the action*) basándose en que (*on the grounds that*) la conducta del demandante constituye un abuso del proceso judicial (*an abuse of the process of the court*).

La meta fundamental de esta fase procesal que precede a la vista oral (*hearing*) es fijar los puntos (*join issue*) que habrán de decidirse en el juicio. De esta manera, las partes: *a*) se aseguran de que no perderán el tiempo durante la vista en cuestiones irrelevantes, al estar claro cuáles son los puntos en litigio (*issues at stake*) por medio de las alegaciones (*pleadings*); *b*) practican entre sí una política de «juego limpio», es decir, se tratan con equidad (*fairness*), ya que con antelación se avisan de los argumentos a los que cada una de ellas tendrá que hacer frente (*the case each has to meet*) y de los datos y documentos que serán objeto de disputa (*the facts and documents which will be put in question*), y *c*) evitan la sorpresa (*surprise*), es decir, la posición de desventaja o indefensión en que puede quedar una de las partes ante una alegación inesperada o sorpresiva del contrario.

Los principales trámites y actuaciones de esta fase procesal son las alegaciones (*pleadings*) y el descubrimiento de pruebas (*discovery*). La primera alegación (*pleading*) es la demanda (*statement of claims*), ya citada, y la segunda es la contestación (*plea* o *answer*), también llamada defensa (*defence*). En la primera, el demandante profundiza en la exposición de los hechos alegados y de los fundamentos jurídicos (*legal grounds*) que presentó al dorso del emplazamiento (*writ of summons*), conocido como endoso general (*general endorsement*). En la segunda, el demandado puede reconocer las pretensiones (*claims*) de la demanda o, por el contrario, puede rechazarlas de plano o sólo parcialmente. Al contestar a la demanda, con frecuencia el demandado no sólo se opone a las pretensiones de la misma sino que, a su vez, demanda al demandante por medio de una «reconvención» (*counterclaim/countersuit*); si la reconvención se basa en la misma cuestión que es objeto de litigio (*matter in dispute*) en la demanda, se la llama «contra-reclamación» (*offset*). Tanto a la reconvención como a la contra-reclamación puede replicar el demandante interponiendo una «réplica» (*he files a reply and defence to counterclaim*), a la que puede responder el demandado con una «dúplica» (*rejoinder*).

Los trámites y actuaciones de la fase interlocutoria suelen variar según la sala o división del *The High Court of Justice* en donde se haya instado el pleito; si se inició en *The Chancery Division*, gran parte de las actuaciones serán públicas (*in open court*); en cambio, si se entabló en *The Queen's Bench*, la mayoría de los trámites se llevan a cabo a puerta cerrada (*in chambers*), en el despacho del juez. También muchas de las vistas (*hearings*) se pueden celebrar a puerta cerrada aunque el fallo se dé en audiencia pública (*in open court*):

> Mr Justice Saville in the Queen's Bench Division gave a reserved judgment *in open court* after a hearing *in chambers* (*The Times*, 29.3.1990, pág. 36).

En este período de alegaciones, el demandado puede esgrimir causas o motivos para no entrar en el análisis del fondo de la cuestión (*the merits of the case*). Se trata de alegaciones o peticiones, llamadas excepciones (*incidental pleas of defence*), entre las que sobresalen las dilatorias (*dilatory pleas*), que, en suma, plantea el demandado para oponerse a la continuación del pleito.

Otras, las llamadas excepciones perentorias (*demurrers* o *pleas in bar*), son escritos que el demandado dirige al tribunal intentando demostrar que el asunto presentado por el demandante carece de base legal suficiente (*insufficient in law*). Si prosperan (*succeed*), eliminan el derecho del actor (*right of action*).

También durante la fase interlocutoria, el demandante puede solicitar un interdicto cautelar (*interlocutory injunction*); si la petición se lleva a cabo en *The Queen's Bench Division*, se solicitará a puerta cerrada (*in chambers*), y si se celebra en *The Chancery Division*, se hará en audiencia pública (*in open court*).

6. La fase interlocutoria (II). Descubrimiento e inspección de las pruebas

Una norma básica de los procesos civiles ingleses es que cada parte tiene derecho a conocer las alegaciones (*pleadings*) de la otra pero no las pruebas (*evidence*) que utilizarán en la vista (*hearing*) para demostrar sus argumentos (*prove one's case*); a pesar de que no siempre se observa este principio de forma muy estricta en *The Queen's Bench Division*, cualquiera de las partes puede pedir al tribunal que obligue a la otra a revelar las pruebas (*reveal his evidence*) en las demandas interpuestas en *The Chancery Division* y en el *The Family Division*; a esta práctica, que se llevó a cabo en primer lugar en el *The Chancery Court*, se la llama descubrimiento de las pruebas o levantamiento del velo (*discovery of evidence*).

Las partes deben revelar las pruebas documentales (*documentary evidence*) que posean y las periciales (*expert evidence*) que vayan a aportar a la vista. Se deben dar a conocer a la parte contraria *todas* las pruebas documentales (*documentary evidence*) relacionadas directa o indirectamente con el proceso; en cambio, *sólo* se deben descubrir las pruebas periciales que se vayan a aportar a la vista. Si una de las partes sospecha que la otra le oculta la existencia de una prueba documental pertinente, puede pedirle que certifique (*verify*) su relación de documentos por medio de una declaración jurada (*affidavit*).

Como hemos dicho, cada una de las partes tiene la obligación de dar a la luz, es decir, de no ocultar la información solicitada; pero hay una diferencia entre descubrimiento de las pruebas (*discovery of evidence*) e inspección de las mismas (*inspection of evidence*). En el primer caso, una parte le dice a la otra los documentos que existen o están en su poder; en el segundo, le permite su examen en profundidad. La importancia de la inspección reside no en lo que las partes puedan decir o alegar en el banco de testigos (*witness box*) sino en lo que hicieron o dijeron desde que surgió el fundamento de la reclamación (*cause of action*), es decir, el motivo o causa de la demanda que presenta. Algunos documentos gozan de inmunidad (*are privileged from inspection*) por varias razones, como puede ser el interés público o la protección a inocentes; entre ellos merecen destacarse los que tratan de las relaciones entre abogados y clientes, entre patronos y empleados (*employers and employees*), etc. Además, muchos documentos públicos gozan de la llamada «inmunidad por interés público» (*public interest immunity*) cuando así lo decide un Ministro; normalmente los jueces suelen aceptar las decisiones ministeriales, aunque tienen facultades para exigir la presentación de la prueba documental.

7.   La demanda en Estados Unidos

En los países herederos del *common law* inglés el proceso que se sigue en las demandas civiles es similar, en líneas generales, al de Inglaterra y Gales. En Estados Unidos[17] las demandas o acciones civiles se rigen por las «Normas Federales Reguladoras del Procedimiento Civil» (*Federal Rules of Civil Procedure*). El proceso se inicia cuando el demandante presenta la demanda, llamada generalmente *complaint*, ante los tribunales (*he files a complaint*)[18] exponiendo los hechos y solicitando la reparación (*relief*) a la

---

17.   Daniel J. Meador (1991): *American Courts*. St. Paul: West Publishing.
18.   El verbo *file* seguido del nombre de un documento o escrito significa «cursar», es decir, que dicho documento o escrito se ha presentado ante el juzgado (*it has been submitted to the court*) para que conste en el registro oficial (*in the official custody of the clerk*) y surta los efectos correspondientes.

que se cree con derecho y remitiendo la debida notificación (*service*) al interesado. Al escrito se le da un número de entrada y se convierte en documento público, pudiendo ser consultado por los afectados (*subject to inspection by whomever it may concern*).

8. La vista oral

La verdad es que una gran mayoría de las controversias encuentran una solución razonable entre las partes, sin tener que acudir a los tribunales, con arreglos extrajudiciales (*out-of-court agreements*). Y, de las que iniciaron el proceso, muchas se resuelven antes de llegar al juicio (*trial*) o vista oral (*public hearing*), ya que probablemente las partes del litigio firmarán un acuerdo en el desarrollo de la fase interlocutoria (*interlocutory proceedings*) o, incluso, en el último minuto. De esta manera se evita la vista oral, que es lo más costoso de todo el proceso.

Si se llegara al juicio, el procedimiento puede ser de dos clases: *summary judgment* (juicio por procedimiento abreviado) y *trial judgment* (juicio pleno). Estos últimos, tanto en el Tribunal Superior de Justicia (*The High Court of Justice*) como en los Tribunales de Condado (*County Courts*), salvo raras excepciones, como pueden ser los procesos por difamación escrita o libelo (*libel*), calumnia o difamación oral (*slander*) y otros, se resuelven en juicios sin jurado.

La vista oral[19] comienza con las palabras del ujier (*usher*) pidiendo silencio (*call for silence*) a la entrada del juez a la sala, quien con una ligera inclinación (*bow*) saluda a los letrados (*counsel*) de ambas partes, antes de tomar asiento (*sit down*). Detrás de los letrados se acomodan sus respectivos procuradores (*solicitors*), y detrás de éstos los testigos (*witnesses*).[20]

Seguidamente, un juez auxiliar, también con toga (*robe*) y peluca (*wigged*), lee el nombre del proceso, que no es otro que el de los nombres del demandante y del demandado, separados por la palabra «contra» (*against*), casi siempre con una *v*, inicial de la palabra latina *versus*: *MacElberth against* (o *v*) *Strongman Services*. Tras pedir la venia (*May it please you, my lord*), interviene en primer lugar la defensa del demandante (*the counsel for the plaintiff*), para explicar al juez que comparece (*appears*) en el asunto que es objeto de litigio (*the matters in dispute*) en nombre del demandante (*for the plaintiff*) y que su docto colega —dará su nombre— (*learned friend*) lo hace en nombre del demandado (*for the defendant*); y

---

19. D. Barnard (1985): *The Civil Court in Action*. Londres: Butterworths, págs. 26-31.
20. En los procesos civiles se permite que los testigos permanezcan en la sala (*remain in court*) y oigan las pruebas (*hear evidence*), a menos que se solicite al juez su exclusión. Sobre las clases de abogados en Inglaterra, véase el capítulo dieciocho.

cada vez que se dirija al juez le llamará milor (*milord*) o señoría (*your lordship*).

Tras explicar el letrado demandante que se trata, por ejemplo, de una demanda por daños y perjuicios (*a claim for damages*) por los daños sufridos (*injuries sustained*) por su cliente en la empresa del demandado, examina las alegaciones (*goes through the pleadings*) y bosqueja su argumentación (*the plaintiff's case*), señalando que las apoyará con pruebas (*support with evidence*). A continuación llama a sus testigos para que declaren (*give evidence*) bajo juramento o promesa (*on oath or affirmation*). Si éstos no comparecieran se les enviará un «requerimiento» (*subpoena*), el cual es una orden judicial que no se puede desoír, so pena (*subpoena*) de incurrir en desacato (*contempt of court*), sancionado con multa o incluso con cárcel. El esquema de los interrogatorios es similar al del procedimiento penal:

a)   «primer interrogatorio» o interrogatorio directo (*direct examination or examination-in-chief*);

b)   interrogatorio por la parte contraria o «contra-interrogatorio» (*cross-examination*), y

c)   «segundo interrogatorio» o repreguntas (*re-examination*).

Si la defensa del demandado (*counsel for the defendant*) percibe que la argumentación del demandante no es verosímil (*plausible*), su estrategia consistirá en pedir al juez (*submit to the judge*) que, como no existen argumentos suficientes para la demanda (*that there is no case to answer*), dé por concluido el proceso (*finish the case*) sin practicarse más pruebas. Si el juez acepta la petición (*the submission*), puede fallar a su favor (*judgment is given for the defence*); y, en caso contrario, puede fallar a favor del demandante, con lo que el demandado corre un gran riesgo.

9.   Las sentencias y los fallos. La doctrina del precedente

Los jueces normalmente permanecen callados en el transcurso de la vista, aunque pueden pedir aclaraciones sobre los puntos que, en su opinión, no estén suficientemente claros. Sin embargo, tras haber oído las conclusiones (*closing speeches*) de cada una de las partes, indican a los letrados los puntos más débiles de cada una de sus argumentaciones (*their respective cases*) por si quieren añadir algo.

A continuación, en los tribunales unipersonales (*a judge sitting alone without a jury*), el juez resume las pruebas (*evidence*) y los antecedentes de hecho (*his findings of fact*); después revisa los argumentos expuestos por los letrados de ambas partes (*counsel for each of the parties*) y los fundamentos de derecho (*the questions of law*) relacionados con los hechos comprobados (*the facts as found*) y, antes de dictar el fallo, expone las razones o principios (*ratio decidendi*) que constituyen la base o fundamento de su decisión o resolución, aunque puede hacer también otros comentarios de paso (*passing comments*) relacionados con el proceso, llamados *obiter dicta*, los cuales no forman parte de la *ratio decidendi*. La *ratio decidendi* está constituida exclusivamente por los principios, doctrinas o reglas legales (*legal doctrine*)[21] en los que el juez ha basado su decisión, junto con el razonamiento que él ha seguido para llegar a la citada decisión o resolución judicial; ésta es la parte de la sentencia que constituye el «precedente»,[22] el cual es vinculante y se utilizará como fuente de autoridad (*authority*) para llegar a la misma decisión en procesos subsiguientes. Y, finalmente, el fallo (*the ruling*), que comprende la decisión judicial adoptada, lo expresa el juez con fórmulas como *I give judgment for the plaintiff for the amount claimed* o *I would dismiss this appeal*,[23] según corresponda.

10. La ejecución de las sentencias

Dictada una sentencia, la parte interesada puede conseguir su ejecución (*enforcement of the judgments sentence*) por distintos métodos. Si se trata de un fallo no monetario, por ejemplo, solicitando un interdicto (*injunction*), ya que el demandado incurriría en desacato (*contempt of court*) si no cumpliera lo ordenado. En dicho caso, el tribunal podría, a instancias del demandante (*if the plaintiff applies*), decretar un auto de encarcelamiento (*make an order for committal*), es decir, si el demandado aún se niega a cumplir el interdicto (*comply with the injunction*) se ordenaría su ingreso en prisión.

Si se trata de un fallo de carácter monetario, por ejemplo, daños y perjuicios (*damages*), el demandante[24] tiene varias vías para la ejecución del fallo. Puede solicitar algunas de las siguientes:

a)   Un «auto ejecutivo o de ejecución de la sentencia», llamado *writ of a fi fa (fieri facias)*, si el juicio se celebró en el *The High Court*, y *warrant of execution*, si tuvo lugar en un *County Court*. Por medio de este auto

---

21.   De acuerdo con Juan A. Pérez Lledó en «La Enseñanza del Derecho en Estados Unidos», pág. 81, en Norteamérica la expresión *legal doctrine* no alude, como su traducción literal nos puede llevar a pensar, a la «doctrina jurídica» entendida estrictamente como la doctrina elaborada por los tratadistas: *legal doctrine* significa simplemente Derecho positivo, o como suelen decir los americanos, *black-letter law*.

22.   En Estados Unidos se emplea con frecuencia el término *opinion* en vez de *ratio decidendi*; al fallo también se le llama *judgment*. Véase también el punto 5 del capítulo uno y la nota 10 del capítulo seis sobre el concepto de «precedente».

23.   *give judgment for*: dictar sentencia a favor de; *dismiss an appeal*: desestimar un recurso.

24.   En estos ejemplos suponemos que el fallo ha sido a favor del demandante, pero también podría haber sido a favor del demandado si hubiera prosperado su *counterclaim* o su *rejoinder*. Por dicha razón, sería más apropiado hablar del acreedor que del demandante, ya que el fallo ha creado un acreedor (*a judgment creditor*), a quien tendrá que satisfacer el deudor, que normalmente será el demandado, aunque también podría serlo el demandante.

ejecutivo se pide al sheriff del condado en donde reside el demandado que proceda al embargo de sus bienes.

b)   Un auto de embargo (*a charging order*). Por medio de él, el tribunal ordena que los bienes del demandado sean vendidos en pública subasta (*auctioned*) para pagar con el producto de la venta los daños y perjuicios e intereses, si los hubiera.

c)   Un auto de subrogación en los créditos (*the garnishee order*). Por medio de este auto el tribunal ordena a un deudor del demandado (*garnishee*), persona ajena al pleito que debe dinero al demandado, que en vez de satisfacer su deuda al demandado se la entregue a la persona que ordene el tribunal, que es el demandante.

d)   El embargo del sueldo (*attachment of earnings*).

e)   Ejecución mediante recurso de equidad (*equitable execution*). Por medio de esta vía el tribunal nombra un administrador judicial (*receiver*) de los bienes del demandado, y con las rentas de los mismos paga al demandante.

11.   El recurso de apelación de las sentencias

El procedimiento que se sigue para apelar contra los fallos de los tribunales se llama «procedimiento de revisión» (*review proceedings*),[25] el cual se lleva a cabo, por lo general, basándose en pruebas documentales exclusivamente. Para recurrir, lo primero que hay que hacer es solicitar la admisión a trámite del recurso (*apply for leave to proceed*), la cual será concedida (*the leave will be granted*) si el juez estima que la petición no es trivial, frívola, vejatoria, etc. A este período de la apelación se le llama fase de admisión a trámite (*leave to apply' stage*).

Los fallos de los tribunales pueden ser recurridos en apelación (*appeal*) ante un tribunal superior, siempre que éste tenga competencia o jurisdicción para actuar como tribunal de apelación (*appellate court*). Por ejemplo, las sentencias de *The Magistrates' Court* pueden recurrirse en apelación ante *The High Court*, como hemos dicho antes. Igualmente, cualquier sentencia del *The Crown Court* puede ser recurrida ante *The Court of Appeal*; este último tribunal puede revocar o anular el fallo (*reverse the judgment*); si éste afecta también al precedente (*stated case*) en que basaron sus razonamientos los primeros jueces para dictar la sentencia,

---

25.   No se debe confundir el término *review proceedings* —procedimiento de revisión—, utilizado en los recursos de apelación, con *judicial review*, que es la «potestad revisora» de los tribunales ordinarios de los actos administrativos (*administrative actions*) efectuados por la Administración (*Crown Officers*), por sus organismos (*agencies*) o por órganos jurisdiccionales (*courts*). Véase el punto 7 del capítulo dos.

el precedente queda invalidado (*overruled*), lo cual condicionará las decisiones de los tribunales inferiores.

Además de las facultades de apelación que tienen los tribunales superiores sobre los inferiores, en su función de *appellate court*, existe un Tribunal de Apelación (*The Court of Appeal*), formado por dos divisiones. En la División Civil (*The Civil Division*) del Tribunal de Apelación (*The Court of Appeal*) existe también un *registrar*, como en *The High Court of Justice*, encargado de la supervisión (*superintending*) de los estadios que preceden a la vista oral (*the prehearing stages*) de los recursos (*of appeals*).

12. El desistimiento de la demanda o de la apelación

El abandono o desistimiento de la acción (*abandonment of action*) presentada en *The High Court of Justice* puede tener lugar presentando (*by serving*) en cualquier momento una notificación de desistimiento (*notice of discontinuance*). En cambio, en el Tribunal de Apelación (*The Court of Appeal*) sólo se puede retirar el recurso de apelación (*withdraw the appeal*) con la autorización del Tribunal (*by leave of the court*).

Como las competencias de un *County Court* son menores que las de *The High Court of Justice*, no es infrecuente que en muchos procedimientos el demandante desista de (*abandon*) parte de las pretensiones (*claims or demands*) con el fin de acomodar la demanda a los límites jurisdiccionales (*bring the case within the limits of the court's jurisdiction*) de un *County Court*. Sin embargo, el fallo que se obtenga (*the judgment obtained*) significa una exoneración o satisfacción total (*a full discharge*) de todas las pretensiones de la demanda (*cause of action*).

V. EL INGLÉS JURÍDICO Y SU TRADUCCIÓN AL ESPAÑOL[1]

1. El inglés jurídico y el lenguaje cotidiano

Después de todo lo dicho hasta ahora, especialmente en el capítulo uno, se puede colegir que el inglés jurídico es un lenguaje complejo y difícil, no sólo para los estudiosos extranjeros sino también para los propios hablantes nativos de la lengua inglesa. Ésta es la razón por la que algunos estudiantes ingleses de derecho se sienten frustrados en su carrera, ya que han de aprender las disciplinas propias del plan de estudios y, además, desentrañar un lenguaje enmarañado, que para ellos puede ser tan difícil como un idioma extranjero.

Por eso, se entiende que en la gran comunidad de países de habla inglesa haya constantes intentos de «actualizar» este lenguaje especializado, traduciéndolo al cotidiano, que es más asequible para todos. Sobre esta cuestión hay, sin embargo, dos posturas claramente opuestas: la de los que defienden la «adaptación» del inglés jurídico al inglés estándar, y la de los que creen que hay más garantías jurisdiccionales en la situación actual. Los primeros están representados, entre otros, por los seguidores del *Plain English Campaign*,[2] que sólo ven en el mantenimiento de la terminología oscurantismo y defensa a ultranza del privilegio de una profesión, como muchas otras, arropada en un lenguaje inextricable e inaccesible al ciudadano medio.

Los segundos, en cambio, estiman que se debe dejar el inglés jurídico como está y permitir que progrese y cambie a medida que surjan nuevas

---

1   Este capítulo está basado, en parte, en la conferencia pronunciada el 11 de marzo de 1993 en el *Aula Mergelina* de la Universidad de Valladolid, dentro del «II Curso Superior de Traducción», que fue luego publicada en las Actas correspondientes.

2   R. E. Rothenberg (1981): *The Plain-Language Law Dictionary*. Nueva York: Penguin Books. C. Felsenfeld (1981): *Writing Contracts in Plain English*. St. Paul (Minnesota): West Publishing Co. Freedman, M. K. (1990): *Legalese. The Words Lawyers Use and What They Mean*. Nueva York: Dell Publishing. En España el lenguaje jurídico también es complejo. El ministro de Justicia recientemente se quejaba de que las resoluciones judiciales no interesan a nadie «porque suelen estar envueltas en un lenguaje críptico, esotérico, que más parecen una liturgia que la solución de un tema terrenal» (*El País*, 7 de octubre de 1993, pág. 1).

necesidades. Los avalistas de esta posición, en su defensa de un lenguaje jurídico profesional y especializado, afirman que, aunque existe uno normalizado y culto utilizado por los profesores, los medios de comunicación, etc., la realidad es que las palabras no significan lo mismo en todos los medios, en las diversas profesiones y en los múltiples campos del saber, y, consecuentemente, sería catastrófico, por la pérdida de garantías, modificar el lenguaje jurídico si adaptáramos los significados de su términos a los de los usos cotidianos.

El carácter resbaladizo de los significados de las palabras confiere viveza y variedad al lenguaje cotidiano, al tiempo que lo convierte en fuente inagotable de sentidos. Esta situación, que difícilmente sería aceptable en un lenguaje especializado, queda parcialmente paliada en el jurídico gracias a la «fijación de sentidos» efectuada por los jueces en las interpretaciones recogidas en los «Repertorios de Jurisprudencia» (*Law Reports*), a la labor de los teóricos y a las definiciones que da a muchos términos el Parlamento en cada una de las leyes (*acts* o *statutes*) que promulga.[3]

En realidad, son tres las razones principales que esgrimen los que defienden la existencia de un lenguaje jurídico singular: *a*) las garantías jurídicas que ofrece; *b*) su propio dinamismo, que asegura su adaptación y modernidad, y *c*) el paralelismo constante entre este lenguaje especializado y el coloquial o corriente, que se encargan de poner de relieve los comentaristas, a fin de que los legos en la materia puedan comprender los hechos jurídicos.

LAS GARANTÍAS JURÍDICAS

La situación actual ofrece plenas garantías a todos los operadores jurídicos (jueces, abogados, etc.) que intervienen directa o indirectamente en el mundo del derecho, ya que los significados jurídicos, delimitados y precisos, emanan de tres fuentes: *a*) el Parlamento, que da definiciones técnicas y claras en las leyes parlamentarias (*acts*), como hemos visto en el punto 6 del capítulo uno; *b*) los jueces, que interpretan las palabras, cláusulas y oraciones de las leyes y de los documentos jurídicos; el significado que resulte de dicha interpretación se fija en los precedentes y es vinculante (*binding*) para los procesos posteriores,[4] y *c*) las revistas profesionales, que al crear doctrina, marcan el significado de los términos que introducen.

---

3. Véase el punto 6 del capítulo dos sobre «interpretación y *construction*», y también el punto 6 del capítulo uno.

4. Por ejemplo, no significan lo mismo *bequeathe* que *devise*, ni *will* que *testament*; y el significado del verbo *dismiss* no coincide plenamente con el del lenguaje cotidiano, ya que los tribunales también consideran que hubo *dismissal* cuando el empleado tuvo que dejar el puesto por no soportar el acoso sexual (*sexual harassment*) de un compañero o un superior, o cuando no se le renueva un contrato (J. Pritchard: *The Penguin Guide to the Law*. Harmondsworth: Penguin, 1985, pág. 430). Véase también la *Introducción* del capítulo ocho.

EL DINAMISMO PROPIO DEL LENGUAJE JURÍDICO

El lenguaje jurídico responde a las necesidades de la vida, las cuales hacen que se creen nuevas figuras jurídicas y que otras se queden anticuadas.

EL LENGUAJE PARALELO

Para los que no entienden el lenguaje jurídico, existe un lenguaje paralelo, mediante el cual los medios de comunicación hacen accesible al público en general la información técnica o especializada. Por ejemplo, la expresión técnica *commit for trial* (decretar la apertura de juicio oral), propia del lenguaje jurídico, la prensa la traduce por *send for trial*, como se aprecia en la nota que sigue:

> Mr John Smith, 30, of Closenamonagh Court, West Belfast, and Mr Patrick Stuart of Divismore Park, West Belfast were charged at the city's Magistrates' Court with attempting to murder members of the security forces. *They were sent for trial at Belfast Crown Court.*

2. Rasgos generales del inglés jurídico

Los principales rasgos que conforman el inglés jurídico son:

LOS LATINISMOS

Dijimos en el punto 4 del capítulo uno que el Derecho inglés es autóctono y que no está basado en el romano. Aunque esto es así, también es verdad que no ha podido escapar del todo a la influencia del latín y del Derecho romano, debido a dos razones: *a*) el poder y el prestigio de la Iglesia en toda Europa durante la Edad Media, y *b*) la presencia del latín como lengua de comunicación internacional. En efecto, en la Baja Edad Media hubo una cultura bastante uniforme en las capas altas de la sociedad europea, y el latín fue su *lingua franca*. *Nulla poena sine lege*, por ejemplo, es tan válido en el Derecho continental como en el inglés. Los términos latinos pueden ser de dos clases:

a) En el primer grupo están las palabras típicamente latinas (*fieri facias, prima facie,* etc.):

> — *writ of a fieri facias (fi fa)*: auto ejecutivo de una sentencia.
> — *prima facie*: a primera vista, tras un primer examen.
> — *bona fide*: de buena fe, auténtico, sin engaño o mala intención.
> — *bona fide error*: error involuntario.

b)   Al segundo corresponden las adaptadas al inglés (*abscond, impugn*):

— the offence of *absconding*: delito de fuga o evasión.
— an attempt was made to *impugn* the validity of a private Act of Parliament: impugnar.

VOCABLOS DE ORIGEN FRANCÉS O NORMANDO

Es fácilmente comprensible la influencia del francés sobre el inglés jurídico, si tenemos en cuenta, por ejemplo, que el escudo de armas de Inglaterra está en francés (*Dieu et mon droit. Honni soit qui mal y pense*). Entre las palabras de origen francés destacamos las siguientes:

— Muchas de las terminadas en *-age* son de origen francés y aluden tanto al servicio —y, en su caso, al daño o la pérdida—, etc., como a los correspondientes derechos, indemnización, premio, recompensa, contribución, etc.: *salvage* (salvamento; premio por salvamento), *average* (avería; contribución proporcional al daño causado por la avería), *beaconage* (sistema de marcas en el mar para guía de navegantes; tasas o derechos que se han de abonar para la conservación de las citadas marcas), *towage* (remolque; derechos por remolque), *pilotage* (practicaje; derechos de practicaje), *demurrage* (estadía, demora; penalización/gastos por estadía/demora), *anchorage* (fondeadero; derechos de anclaje; derechos que se pagan por fondear), *damage/damages* (daños y perjuicios; indemnización por daños y perjuicios; esta última acepción suele ir en plural).
— *a profit à prendre*: derecho de pasto para el ganado, o de extracción de minerales, etc. en terrenos comunales; el usufructo, los objetos extraídos, los beneficios conseguidos, etc.
— *feme sole*: mujer soltera.
— *lien:* derecho prendario, embargo preventivo.
— *puisné judges*: de rango inferior. Viene del francés *puis né* (nacido después) y se usa, paradójicamente, para referirse a los jueces de mayor rango, los de *The High Court of Justice*.[5]
— *on parole:* libertad condicional bajo palabra de honor.

EL REGISTRO FORMAL Y ARCAIZANTE

Como consecuencia del carácter consuetudinario del Derecho inglés, por una parte, y de la presencia de los latinismos y de los términos normandos y del francés antiguo, por otra, el tono del inglés jurídico resulta un tanto formal y arcaizante. Este registro lingüístico se percibe, sobre todo, en el

---

5.   Véase el punto 4 del capítulo dos.

léxico y en la etiqueta procesal. Así, en vez de *send to prison*, dicen *commit to prison*, y al referirse los jueces a sus colegas, los llaman *brothers* (*brother judge*); en el juicio, la defensa y la acusación se llaman respectivamente «doctos colegas» (*learned friends/colleagues*); el juez es tratado de milor (*milord*) o señoría (*your lordship*; en Estados Unidos, *your honour*); el agradecimiento no se expresa con *thank you very much* sino con *I am very much obliged*, y la venia se pide con *If your lordship pleases*.

Los rasgos arcaizantes también se manifiestan en la morfosintaxis, como comentamos en el punto 3 de este capítulo, estando muy patentes en las desinencias morfológicas (*showeth*) y en las conjunciones y los adverbios formales: *in that, thereupon* (*it is thereupon ordered and adjudged*), *thereof* (*and being convicted thereof*), *aforesaid* (*and for the purposes connected with the matters aforesaid*), etc.

LA REDUNDANCIA EXPRESIVA

Esta redundancia se nota en muchas construcciones en que se repiten términos que son sinónimos parciales:

false and untrue	sole and exclusive
request and require	aid and abet
alter and change	final and conclusive
null and void	known and distinguished as
force and effect	last will and testament
have and hold	rest, residue and remainder
each and every	without let or hindrance
fit and proper	mind and memory
full and complete	fair and equitable

LOS VERBOS DE SIGNIFICACIÓN EMPÍRICA

Otra característica es el uso de verbos empíricos en vez de los especulativos, como anticipamos en el punto 5 del capítulo tres, en especial en la nota 28. Por ejemplo, los jueces para condenar a alguien dicen *We find the case proved, We find you guilty,* etc. Y lo mismo ocurre con «pensar, estimar, sugerir etc.», que son verbos especulativos; nadie se puede dirigir a un juez y decirle *I think* o *I believe*, en su lugar debe decir *I submit*:

— We *submit* that the case has not been proved to the high level required.
— I *submit* you're going to come up with just what I said.

LOS EUFEMISMOS

También hay eufemismos, como *custodial interrogation*, que no es más que el «interrogatorio policial» a la persona que ha sido detenida, o *visitor to a Court of Inns*, que no es más que un juez instructor encargado de sustanciar un expediente sancionador en el Colegio de Abogados.

LENGUAJE MUTILADO

La tendencia hacia las formas mutiladas o abreviadas, características de la lengua inglesa, es igualmente perceptible en el lenguaje jurídico, aunque en menor medida:

writ of a fi fa (fieri facias): auto ejecutivo de una sentencia.

LOS ADJETIVOS DE USO JURÍDICO

Aparte de los adjetivos *legal, illegal, equitable, etc.*, que son lógicamente muy frecuentes en los textos y documentos jurídicos, hay otros, pertenecientes al lenguaje estándar, entre los que destacamos, a modo de ilustración, los cuatro siguientes: *absolute, qualified, constructive* y *actual*, que tienen un alto grado de uso en la formación de unidades léxicas.

a) *Absolute* se aplica a lo «definitivo, categórico, firme, incondicional, inapelable, final, sin restricciones, total, de pleno derecho, etc.»; en este sentido, es sinónimo parcial de *express*, y de *final* (aunque sin que éste tenga la fuerza de *absolute*), siendo antónimos suyos, entre otros, *qualified*, *conditional, nisi*, etc. Ejemplos: *absolute acceptance* (aceptación completa, total, absoluta), *absolute bequest* (legado incondicional), *absolute divorce* (divorcio firme o definitivo), *absolute owner* (dueño absoluto o sin restricciones), *absolute presumption* (presunción *juris et jure*), *absolute title* (título incuestionable, irrebatible o absoluto), etc.

b) *Qualified* es un adjetivo muy propio del lenguaje jurídico, en su doble sentido de 1) «profesional», «preparado», «que reúne las condiciones o requisitos», «que está en posesión del título que lo habilita para el ejercicio de una profesión», siendo en este caso sinónimo de *well-trained*, y 2) de «condicional», «limitado», «con salvedades», siendo aquí sinónimo de *conditional* y antónimo de *absolute*. Ejemplos: *qualified acceptance* (aceptación limitada, especificada o condicional), *qualifying date* (fecha límite), *qualified judge* (juez de carrera o profesional), *qualified opinion* (dictamen restrictivo), *qualifying period* (período o plazo legal o que ha sido fijado reglamentariamente).

c) *Constructive* es muy corriente en el lenguaje jurídico, siendo *actual* uno de sus antónimos más importantes. Aunque puede tener el significado de «constructivo», es decir, positivo, etc., la mayoría de las veces significa «equivalente, inferido, analógico, por deducción, presuntivo, a efectos legales, sobreentendido, virtual, implícito, tácito, lo que la ley considera que tuvo lugar aunque no haya sucedido, etc.». Por ejemplo, la doctrina del *constructive notice* presume que una persona tiene conocimiento de aquello que es razonable suponer que sabe con independencia del estado real de sus conocimientos reales, y en un *constructive dismissal* no ha habido despido por parte de la empresa, pero a efectos legales «como si lo hubiera habido».[6]

d) *Actual* (real, efectivo, expreso) es antónimo de *constructive*, y se usa en expresiones en las que se quiere resaltar o poner de relieve, de forma clara, la efectividad real de un hecho, acontecimiento o circunstancia, como en *actual assets* (bienes efectivos o reales), *actual crime* (delito flagrante), *actual malice* (dolo directo, maldad, ruindad, dolo, malicia expresa o de hecho), etc., frente a lo «inferido», «analógico» o «equivalente».

3. La morfosintaxis del inglés jurídico

Un comentario aparte merece la morfosintaxis del inglés jurídico. Además de los rasgos antes apuntados, sobresalen los siguientes:

LA PRESENCIA REPETIDA DE LOS SUFIJOS -ER Y -EE

Estos sufijos se encuentran en muchas palabras jurídicas como *paroler* (juez u órgano que concede la libertad bajo palabra de honor), *parolee* (beneficiado del privilegio anterior), *promissor* (prometedor), *promissee* (tenedor de una promesa), etc. Da la impresión de que la palabra que termina en *-or/er* se refiere siempre a quien concede u otorgante. Pero no es siempre así; el sufijo se aplica al significado del verbo; por ejemplo, *mortgagor* es el deudor hipotecario, es decir, el que va al banco y entrega su casa como garantía, mientras que el *mortgagee* es el banquero o acreedor hipotecario, o sea, el que «concede el préstamo».

---

6. Véase la nota 4 de este capítulo. Consúltese igualmente en el punto 7 de este capítulo la traducción de la expresión *constructive total loss*, y la *Introducción* del capítulo ocho sobre el término *constructive dismissal*.

ADVERBIOS, PREPOSICIONES Y CONJUNCIONES CARACTERÍSTICOS

A los ya nombrados en el punto 2.3, añadimos los siguientes: *hereinafter* (en adelante, más abajo), *thereunder* (en virtud del mismo), *whereof* (de lo que), *hereby* (por la presente), *herewith* (adjunto), *under* (a tenor de lo dispuesto, conforme a, en virtud de, de conformidad con, de acuerdo con, al amparo de, según), *subject to* (sin perjuicio de), *having regard to* (visto, habida cuenta de), *relating to* (relativo a), *on* (relativo a), *pursuant to* (en cumplimiento de, a tenor de lo dispuesto), *in pursuance of* (en virtud de), *in accordance with* (en virtud de, de conformidad con), *whereas* (considerando que), etc.

COMO EN MUCHAS OTRAS LENGUAS, SON FRECUENTES LAS CONSTRUCCIONES GERUNDIVAS[7]

> *Being of sound and disposing mind and memory*: estando en pleno uso de mis facultades mentales.
> *Being duly sworn*: habiendo prestado juramento.

EL USO DE LA CONJUNCIÓN "*THAT*" CON EL SIGNIFICADO DE «EN EL/LA QUE SE AFIRMA QUE; REFERIDO AL HECHO DE QUE»

> The Court of Appeal so held when dismissing an appeal by the defendant, Charly Records Ltd, from a decision by Judge Hayman on a preliminary issue <u>that</u> a clause in a contract between ...
> The Employment Appeal Tribunal so held when dismissing an appeal by the employee, Mr S. Barlow, from an industrial tribunal's decision <u>that</u> it had no jurisdiction to hear his claim for arrears of bonus allegedly withheld by his employers, AJ Whittle T/A Micro Management.

ESCASEZ DE CONECTORES

Como el lenguaje jurídico pretende ser fáctico u objetivo, se emplean oraciones breves unidas sin conectores o marcadores que puedan «guiar» u «orientar», en cierto sentido, la interpretación del lector. Por eso, las oraciones van yuxtapuestas (o con escasa presencia de conectores), lo cual produce un estilo cortante, haciendo premiosa la lectura y difícil la comprensión.

> In 1985 Charly transferred its production order from Ariston to another company. <u>Just</u> under £14,000 pounds was outstanding on invoices for records

---

7. Véase el punto 6 del capítulo dos sobre los gerundios *and having* y *and working*.

supplied by Ariston. (En 1985 Charly dejó de hacer sus pedidos a Ariston y los encargó a otra empresa, <u>con la particularidad de que</u> en ese momento quedaban pendientes de pago facturas por un importe no superior a 14.000 libras esterlinas, correspondientes a discos entregados por Ariston).

Al ser cortas las dos oraciones anteriores, se podrían unir por medio de un conector o «macro-marcador» como «con la particularidad de que».

Como se ve en los pasajes que siguen, los textos están formados por breves oraciones descriptivas sin ningún tipo de nexos como *hence, consequently, that is*, etc., que podrían «guiar» al lector.

On July 9 the ship was struck by a missile which caused a fire. She was almost fully laden with crude oil owned by the National Iranian Oil Co (NIOC). The explosion blew a large hole in the ship's side. Burning oil flowed out of the ship.

It was well-established law that only the owners of property salved were chargeable with the salvage reward. Ship-owners were not liable to pay for the salving of cargo. Cargo-owners were not liable to pay for the salving of the ship.

ORACIONES LARGAS, COMPLEJAS O EQUÍVOCAS

Como contraste con lo dicho anteriormente, tampoco son escasas las oraciones largas que dificultan la interpretación:

The individual owner of each part of the salved property was liable to pay that proportion of the total salvage reward which the value of his property bore to the total value of all the property salved.

En la oración que sigue, la conjunción *and* de la primera línea concierta con *it appears*, colocado varios renglones más abajo:

"Subject to subsection (6) below, if an award is made <u>and</u>, on an application made by any of the parties to the reference, (a) with the consent of all the other parties to the reference, or (b) subject to section 3 below, with the leave of the court, <u>it appears</u> to the High Court that..."

En el ejemplo que sigue la palabra *that* aparece con distintos significados:

Mr Justice Evans understood <u>that</u> as a finding <u>that</u> the receivers proceeded on the basis <u>that</u> the invalid notice became valid and effective when unreadiness was replaced by readiness to discharge.

En este otro ejemplo hay dos conjunciones seguidas (*when, so long as*):

> when and so long as such parties were in the throes of negotiating larger terms...

En español resulta más cómodo para su interpretación construir dos oraciones subordinadas separadas.[8]

SINTAXIS CARACTERIZADA POR LA REPETICIÓN DE PALABRAS O DE CONSTRUCCIONES SINTÁCTICAS QUE EN ESPAÑOL SE EVITAN[9]

> The SEC has reinforced[10] the <u>insider trading</u> restrictions with promulgation of Rule 14e-3 of the SEC, an independent provision prohibiting <u>insider trading</u> in connection with tender offers[11]. Congress has further[12] reinforced these trading restrictions[13] by providing[14] the SEC with the power[15] to seek a treble penalty[16] under the <u>Insider Trading</u> Sanctions Act of 1984 (ITSA). This legislation empowers[17] the SEC to base[18] enforcement actions[19] on any recognized theory of <u>insider trading</u> restriction.[20]
>
> It was for industrial tribunals <u>to deal with</u> deductions and for ounty Courts <u>to deal with</u> failures to pay.[21]

PUNTUACIÓN INSUFICIENTE O INADECUADA

> This cause coming to be heard upon the motion of the husband, a Default entered, it is thereupon ordered and adjudged that this Court has jurisdiction over the parties and the subject matter.

8. Cuando las partes se encuentren en pleno proceso de negociar una ampliación de los plazos, <u>y mientras dure esa situación</u>... (corresponde al *Texto* del capítulo ocho).

9. Véase el punto 9.4 de este capítulo y también las repeticiones en el artículo (*section*) 140 de la *New South Wales Crimes Act 1900*, contenidas en el punto 1 del capítulo tres.

10. *reinforce*: reforzar, fortalecer; animar.

11. *tender offers*: ofertas públicas de valores por subasta.

12. *further*: adicional(mente), además.

13. *Congress has further reinforced these trading restriction*: además, el Congreso ha reforzado esta prohibición de contratación en Bolsa a los que tienen información privilegiada.

14. *by providing*: otorgando.

15. *power*: facultad.

16. *seek a treble penalty*: imponer una multa triple.

17. *empower*: facultar, dar poder, autorizar.

18. *base*: fundamentar [apoyar, basar].

19. *enforcement actions*: ejecutorias, demandas en las que se exige el cumplimiento de una sentencia.

20. *on any recognized theory of insider trading restriction*: en cualquiera de las doctrinas/tesis/bases jurídicas aceptadas sobre restricción/prohibición de contratación en Bolsa por el que posee información privilegiada.

21. Corresponde a los Tribunales de lo Social enjuiciar las deducciones, y a los Tribunales de Condado los impagos.

PASIVAS POCO FRECUENTES

The case was clear authority for the proposition that <u>regard must be had</u> to the particular circumstances in which the rent payments were made.

4. Tipos de términos jurídicos

Con las palabras simples y compuestas del léxico jurídico podemos hacer tres grupos,[22] aunque no siempre estén claras las fronteras entre ellos:

TÉRMINOS EXCLUSIVAMENTE JURÍDICOS

En este grupo, además de las palabras arriba citadas, como *abscond, impugn*, etc., merecen citarse las siguientes:

a) Remand. Este verbo procede de «re+mandare», y etimológicamente significa «devolver a donde estaba», en este caso, la cárcel. Sin embargo, se emplea en el sentido de «restringir la libertad del acusado», ya dictando auto de prisión preventiva (*remand in custody*), ya concediéndole libertad provisional bajo fianza (*remand on bail*).

Mr John Smith, 30, of Closenamonagh Court, West Belfast, and Mr Patrick Stuart of Divismore Park, West Belfast, were charged at the city's Magistrates' Court with attempting to murder members of the security forces. They were sent for trial at Belfast Crown Court. Both were <u>remanded</u> in custody.

b) Committal tiene, al menos, cuatro usos diferenciados: en *committal for sentence* (traslado de una causa desde un Tribunal de Magistrados —a *Magistrates' Court*— al Tribunal de la Corona o *The Crown Court*, con el fin de que éste dicte la sentencia), *committal for trial order* (auto de procesamiento, auto ordenando la apertura de juicio oral con jurado en *The Crown Court*), *committal order* (orden de ingreso en prisión por desacato, impago, etc.) y *committal proceedings* (diligencias de procesamiento, instrucción de una causa criminal).

---

22. Ni que decir tiene que esta clasificación es simplemente didáctica, ya que los límites entre los tres grupos no son siempre diáfanos, ni todos los hablantes nativos estarían dispuestos, en la mayoría de las ocasiones, a considerar que un término pertenece a un grupo o al otro.

PALABRAS DEL LENGUAJE COTIDIANO QUE TIENEN ACEPCIONES TÍPICAMENTE JURÍDICAS

Éste es un rasgo común del lenguaje de todas las profesiones y especialidades[23] y, en general, de todas las ramas del saber, mediante el cual determinadas palabras del uso ordinario adquieren significados especializados.[24]

a) El verbo *bring*, aplicado a *an action* o *a case* o *a charge against* o *an accusation*, significa interponer «iniciar una demanda» (*start*) o «presentar una acusación» (*put forward*); en este caso es sinónimo de *commence* (*commence litigation*), que es más formal, y también de *institute*; este último se aplica más a *proceedings against* o en *an action at law* (acción judicial).

b) El verbo *discharge*, que en textos económico-jurídicos puede tener el significado de «descargar», es decir, ser sinónimo de *unload* (*discharge of maize began on...*), a veces aparece con el significado de «desempeñar/llevar a cabo el ejercicio de las funciones», es decir, como sinónimo de *perform* (*discharge honourably its obligations*: cumplir de forma honorable con sus obligaciones).

c) El verbo *find* significa «fallar», «declarar un tribunal», «apreciar un juez».

d) El nombre *information* significa «denuncia ante un tribunal», en la expresión *lay an information* (véase la pág. 41).

e) El verbo *provide* puede aparecer, en el mismo texto, como en el que sigue, con dos significados, el ordinario (ofrecer, facilitar, proporcionar) y el jurídico (disponer):

> The EFTA contains two major damage provisions that provide[25] a consumer with remedies for violations of the Act; [...] EFTA section 910 provides,[26] in part...[27]

f) El verbo *result* puede significar «retornar»:

> When the beneficial interest of a trust is not completely disposed of, the indisposed interest <u>results</u> to the settlor or to his estate.

---

23. En español, por ejemplo, el verbo *repetir* puede significar «reclamar», como en su valor etimológico de «volver a pedir»: Art. 1904 del Código Civil: «El que paga el daño causado por sus dependientes puede *repetir* de éstos lo que hubiese satisfecho.»
24. Véanse, también, los adjetivos del punto 2.8.
25. *provide*: ofrecer [proporcionar].
26. *provide*: disponer.
27. Stevens Down: "Damages under the Federal Electronic Fund Transfer Act: a Proposed Construction of Sections 910 and 915". *American Business Law Journal*, 23, págs. 5-26, 1985.

Un tercer grupo es el formado por palabra técnicas que han pasado al lenguaje cotidiano. Entre ellas tenemos *convicted, auction, proceedings, lawsuit*, etc.

5. Las polisemias del léxico jurídico

Dos rasgos definitorios del uso cotidiano son la sinonimia y la polisemia; el primero le confiere variedad, y el segundo le otorga cierta ambivalencia y ambigüedad. En un lenguaje especializado, como el inglés jurídico, se espera que los términos no sean polisémicos y que haya pocas sinonimias, como sucede con los lenguajes científicos, en los que se tiende a asignar un solo significante a un solo significado. El grado de relación unívoca total entre significante y significado se encuentra en las fórmulas científicas, en donde se llega a la monosemia absoluta; por ejemplo, H_2O sólo significa «agua», pero «agua» en el lenguaje ordinario puede tener múltiples denotaciones y connotaciones.

Sin embargo, tanto la sinonimia como la polisemia son abundantes en el lenguaje jurídico. Por ejemplo, *annul* tiene muchos sinónimos parciales como *abolish, override, set aside, quash*, etc.; y *sanction*, al igual que su parónima española «sancionar», es polisémica, con los significados de «castigar» y «dar la aprobación». Y la lista puede ser larga si se piensa en palabras tales como *issue*, con el significado de «descendencia» y de «cuestión importante»,[28] *provision* «suministro, abastecimiento, provisión» y «disposición (de una ley, tratado)», etc.

Para ilustrar la polisemia del lenguaje jurídico, a los adjetivos comentados en la pág. 77 (*absolute, qualified, constructive, actual*) añadimos el sustantivo *sanction*, antes citado, y los siguientes nombres:

Order puede significar: *a*) orden, orden ministerial, decreto, es decir, «mandato político o administrativo»; *b*) resolución judicial, actuación judicial, auto, mandamiento, orden judicial, providencia, precepto; este significado es similar al anterior, pero aquí las órdenes o mandatos son de tipo judicial, equivaliendo a «resoluciones», «autos» o «fallos judiciales»; *c*) sección, norma, artículo; reglamento; las normas de Derecho procesal civil, contenidas en *Rules of the Supreme Court* (*The White Book*) y el *County Court Rules* (*The Green Book*) se llaman *rules*, las cuales se agrupan en varias grandes secciones (*orders*), y *d*)

---

28. Debe añadirse también la expresión *at issue* (en litigio, en juego, en desacuerdo, etc.).

condecoración, como en la expresión *Order of the Garter* (Orden de la Jarretera).

Defence puede tener, al menos, tres claros significados: *a*) defensa;[29] *b*) réplica a la demanda, en Derecho civil; *c*) eximente, causas de inimputabilidad, circunstancias eximentes de la responsabilidad criminal, etc.[30]

Articles tiene dos significados muy jurídicos: *a*) período de prácticas o de formación de un abogado, como en las expresiones *in articles* (período de práctica jurídica) y *serve articles* (ser o actuar de pasante); *b*) sección o conjunto de artículos de una ley.[31]

Consideration también tiene dos sentidos jurídicos muy claros: *a*) examen, análisis, consideración, como en la expresión *take into consideration*, muy usada al referirse a la labor de los jueces en la *ratio decidendi* de las sentencias (*judgments*); *b*) prestación contractual, condición imprescindible para que exista un contrato.[32]

6. La traducción y los contrastes léxicos

La traducción de textos y de documentos jurídicos es una actividad que requiere mucho «oficio», es decir, concentración, rigor, habilidad, dedicación, paciencia y, sobre todo, gusto estético y filológico para alcanzar el objetivo fundamental de la misma, que no es otro que reproducir, de la forma más atinada y natural, el mensaje de la lengua de partida (LP) con la *equivalencia semántica, estilística y discursiva*[33] de la lengua terminal o de llegada (LT). Pero, además, teniendo en cuenta que cada lengua tiene su propio *genio y personalidad*, se ha de mantener el alma y las esencias del escrito de partida, conservando en lo posible, aunque no sea siempre factible ni recomendable, los nexos discursivos, y se ha de huir, en la lengua de llegada, de calcos inaceptables, de préstamos innecesarios y de cualquier otro tipo de recursos forzados.

Los estudios lingüísticos, en especial los estructuralistas, han ayudado metodológicamente a una mejor comprensión de los puntos problemáticos, con las técnicas aportadas por la llamada lingüística de contrastes. Las polisemias léxicas, citadas antes al hablar de las características del vocabulario jurídico, son uno de los escollos más importantes que tiene que salvar el traductor. Normalmente, las dificultades aparecen cuando, tras el análisis de

---

29. En esta primera acepción se puede incluir la expresión «la defensa» (*counsel for defence*).

30. *Ignorance of the law is no defence*: el desconocimiento de la leyes no (exime de) es eximente para su cumplimiento.

31. *section* no es sección sino artículo, y *article* no es artículo, sino sección.

32. Véase el capítulo seis para una explicación más profunda del significado de *consideration*.

33. Para una comprensión del «significado discursivo», véase el capítulo ocho de *Tres paradigmas de la investigación lingüística* (Enrique Alcaraz, Alcoy: Marfil, 1990).

los contrastes léxicos, elige la «acepción» equivocada en la lengua término o de llegada (LT); y el problema se complicará aún más si comete el error de elegir la acepción errónea en la lengua de partida (LP). Analicemos, a modo de ejemplo, los surgidos en la traducción de *case, action, under* y *assist.*

a)   Case

Quien haya visto la versión española de la famosa película *JFK*, en torno al asesinato del Presidente Kennedy, habrá podido comprobar las dificultades que suscita la traducción de la palabra *case*. Hacia el final de la misma, en el transcurso del juicio que se celebra, el fiscal, en determinado momento, le dice al juez «Esa prueba es la base del caso» y éste le replica: «Pues siendo así, usted no tiene caso.» La primera frase (la base del caso) recuerda las expresiones inglesas *the merits of the case*, o *the basis of the case,* que en español es «el fondo de la cuestión», y la segunda (usted no tiene caso) es la traducción de *You have no case*, que en español no es otra cosa que «carece usted de soporte legal, de base jurídica para mantener la acusación (o la defensa), de motivos, de fundamentos; o no hay indicios racionales de criminalidad, etc.». La palabra «caso», como «asunto sobre el que debe pronunciarse sentencia», se usa frecuentemente en español, especialmente en el lenguaje coloquial de los letrados; los «casos se ganan o se pierden», pero resultaría muy extraño oír decir a un juez español «usted no tiene caso».

También se oye en otro momento de la película «usted creyó tener un caso claro», en donde, otra vez, «caso» es un calco de expresiones inglesas como *a prima facie case*, o *a clear-cut case*, que en castellano sería contar con «indicios racionales de criminalidad», ya que *case*[34] también significa «argumentos jurídicos de la defensa, de la acusación o de las partes de una demanda».[35] En ninguna de las oraciones anteriores, el traductor reparó en las acepciones jurídicas del inglés *case*, que aparecen incluso en los diccionarios monolingües más modestos: «question to be decided in a law court; argument in favour of/against, etc.». Y la palabra «caso» la siguen

34.   La traducción de la palabra *case* también ha dado algún que otro quebradero a los lingüistas. Por ejemplo, el célebre trabajo *The case for case* del lingüista Fillmore, de finales de los años sesenta, que abogaba por una reconsideración del «caso» (nominativo, genitivo, etc.) como categoría básica para la descripción lingüística, se tradujo como «El caso por el caso», cuando una traducción más apropiada habría sido «En defensa del *(the case for)* caso» *(case)*. La expresión *The case for* aparece en muchos artículos, como en "A case for second language theatrical production". *The Canadian Modern Language Review*, 30, págs. 362-365, en donde equivale a «En defensa de».

35.   En la mayoría de los textos de los capítulos que siguen aparece el término *case* con sus varios significados jurídicos. Por ejemplo, en el capítulo once aparece *submit a case* (presentar una argumentación), *show any credible case* (demostrar que hay base verosímil), *a case... is tried* (se enjuicia un proceso), etc.

repitiendo constantemente en toda la película, como calco cómodo del inglés *case*;[36] así, por ejemplo, un testigo dice que «en la Marina nos prohibieron hablar del caso», y el juez, aludiendo a un proceso penal por perjurio, afirma que «el caso está siendo apelado», cuando lo más apropiado habría sido, aunque sólo fuera por variación estilística, «en la Marina nos prohibieron hablar de ese asunto» y «esa sentencia está recurrida».[37]

b) Action

Action puede significar: 1) operación, intervención, labor, como en la expresión *police action*; 2) movilizaciones laborales, acciones de protesta, etc., como en la expresión *industrial action*; 3) actuación judicial, trámites (jurídicos), medidas (judiciales), resolución, diligencias, acto, como en la expresión *administrative/disciplinary action*; 4) proceso, demanda, litigio, pleito, acción legal o judicial, recurso, instancia; acciones legales, como en la expresión *action for breach of contract*.

c) Under

Es corriente la tendencia a traducir *under* por «bajo», como en *under licence*, cuya traducción correcta sería «con licencia» y no «bajo licencia». Es un término muy habitual en los documentos y textos jurídicos; más de un párrafo comienza con *under section 1*, que no es «bajo la sección 1» sino «a tenor de lo que dispone el artículo 1» o «en virtud de», «de conformidad con lo dispuesto en», «de acuerdo con», «al amparo de», «según», etc. Otros significados: 1) comprendido en, contemplado en, considerado en, previsto (*under this clause*); 2) que le incumbe conforme a: *under the contract* (que le incumbe conforme al contrato); 3) a que se refiere: *under article 39* (a que se refiere el artículo); 4) por orden de: *under instructions from* (por orden

---

36. A. Torrents dels Prats (*Diccionario de Dificultades del Inglés*. Barcelona: Juventud, 1976, págs. 70-72), distingue, por lo menos, estos significados de *case* en su traducción al español: *a)* «asunto», es el más general; en buen español, de un abogado que trabaje mucho se dirá que tiene muchos «asuntos», no muchos «casos»; como hoy los anglicismos hacen estragos en todos los frentes, afirma Torrents que lo que fue en su día el «asunto de la Barcelona Traction», con independencia de que hubiera sido objeto de actuaciones judiciales, hoy sería el «caso de la Barcelona Traction»; *b)* «causa, pleito, proceso, litigio, expediente» y, en expresiones como «tramitación de la causa», la «vista de la causa» de acuerdo con el contexto, pero nunca como «caso»; *c)* «argumentos, razones que le asisten a uno, fundamentos en que basar una petición, pretensión legítima, reivindicaciones, justificación, ventajas», y *d)* «defensa, (acusación), base para la defensa (acusación), argumentos jurídicos, fundamentos de derecho».

37. Es tan abusivo el uso de la palabra «caso» en su traducción del inglés *case*, que Torrents del Prats (*ibíd.*) nos recomienda evitar traducir *case* por «caso», en expresiones como *That being the case* (siendo así...; de ser así), *In the case of...* (tratándose de...), *As in the case* (como ocurre con...), *In a vast majority of cases...* (la gran mayoría de las veces...).

de); 5) por debajo de, de menos de, como en la expresión *under eighteen*; 6) conforme a: *under tax law* (conforme al Derecho fiscal), etc.[38]

d)   *Assist*

Pero el traductor no sólo ha de tener en cuenta los problemas de la polisemia de las palabras técnicas sino también la de las corrientes. En el año 1991 una mala traducción fue la causante de un profundo malestar entre Francia y los Estados Unidos, que en cierto momento tuvo ribetes de bronca, y que, sin duda, ha dejado una estela de daño moral. El motivo de todo reside en un fallo en la traducción de la palabra francesa «assisté». En un perfil claramente halagador presentado por *Time*, se hablaba de la infancia y de la adolescencia terribles de Depardieu, protagonista de *Cyrano de Bergerac*, bordeando siempre el abismo de lo lícito y de lo ílicito. Efectivamente, recogía *Time* que en su juventud había «assisté» a una violación, es decir, la había «presenciado», cuya traducción más correcta habría sido *attended*. Pero *Time* traduce «assisté» por *assisted*, que el diccionario Webster define como *give assistance, help or support* y cuyos sinónimos son entre otros, *abet, aid*, con sus connotaciones de «incitar, conspirar, instigar, provocar, etc.».

La reacción negativa de la opinión pública americana ante el popular protagonista de *Cyrano*, y en especial de la feminista, no se hizo esperar. Se pidió la rectificación a *Time*; se demostró con cinta magnetofónica en mano que, cuando ocurrió el hecho al que hacía referencia su autor, él tenía sólo nueve años. *Time*, demostrando prepotencia, incompetencia y soberbia, resolvió la cuestión afirmando que no merecía la pena la rectificación, ya que era sólo cuestión de matiz.[39]

7.   Préstamos y calcos

Cuando dos culturas han estado en contacto, aunque haya sido por un período corto de tiempo, normalmente se han enriquecido conceptual y expresivamente, prestándose palabras y expresiones entre sí. Al imponer su lengua, los países de tradición colonizadora han aportado nuevas palabras a las lenguas aborígenes con las que han entrado en contacto,[40] pero no han podido evitar sentirse atraídos por algunos términos de las culturas dominadas; por ejemplo, la palabra «tabú» (lo que no se puede decir, ni siquiera pensar) procede de un voz polinesia.

38.   Un vez más, se recomienda consultar el diccionario de A. Torrents dels Prats (*Diccionario de Dificultades del Inglés*. Barcelona: Juventud, 1976).

39.   Víctor de la Serna (1991): «Traduttore, traditore», *El Mundo*, 6 de abril, pág. C4.

40.   En el caso de la conquista de Grecia por los romanos fueron éstos los que se impregnaron de las palabras y de los conceptos griegos.

Las voces extranjeras (galicismos, anglicismos, etc.) cuando se necesitan en una lengua se toman prestadas, ya adoptándolas tal como son, ya adaptándolas a las reglas fonotácticas, morfosintácticas, etc. Palabras como *estándar, gánster, esnobismo* y otras, cuando fueron tomadas del inglés, se «adoptaron» en su forma original (*standard, gangster, snobism*), y con el tiempo se han «adaptado» o acomodado a las normas del español. La palabra *standard*, por ejemplo, funcionó en español, como préstamo, durante cierto tiempo, hasta que se adaptó como nombre (*estándar*) aplicando las reglas lingüísticas españolas: *e* delante de «s» líquida, acento gráfico por ser palabra grave acabada en consonante y omisión de la *d* final por no existir ese grupo consonántico en español en esa posición; del nombre ha surgido el verbo *estandarizar*.

Estos préstamos son, en parte, convenientes, aunque existen términos españoles como «norma», «pandillero, bandido, matón», «extravagancia», que poseen significados muy aproximados. Siempre ha habido préstamos y ningún escritor, por purista que haya sido, se ha resistido a la tentación de embellecer su expresividad y su caudal conceptual con nuevas voces que precisan más el significado. Éstos son los *préstamos necesarios*, que existen con toda justicia, por ejemplo, en el mundo de los deportes, como el fútbol o el tenis. Un préstamo necesario del mundo jurídico es la palabra *trust*.

Pero, con frecuencia, debido sobre todo a la pereza de consultar el diccionario, se «calcan» de forma innecesaria e injustificada términos superfluos y a veces erróneos o imprecisos, como hemos visto antes al analizar *case*, que no hacen más que empobrecer nuestra lengua. Otro ejemplo representativo de lo que estamos comentando lo constituye la traducción de la expresión *constructive total loss*, que *oficialmente* se traduce por «pérdida total constructiva», cuando lo correcto habría sido «pérdida total equivalente»; se aplica en el mundo de los seguros para expresar que «a todos los efectos» ha habido una pérdida total. En español, algunos especialistas que emplean este término explican, erróneamente, que *constructive* quiere decir que la pérdida ha sido de tal calibre que hay que «construir» otra vez el barco, el medio de transporte o el objeto asegurado, cuando en realidad, este *constructive* no procede de *construct* (construir) sino de *construe* (interpretar).[41]

El diccionario antes citado de Torrents del Prats está lleno de enjundiosos comentarios sobre estos calcos innecesarios. Comentemos la traducción de *implement* y de *emphasize* en los textos siguientes:

These changes, scheduled to take place upon a single date (The Big Bang on October 27, 1986), will follow the *implementation* in March 1986 of new ownership rules.

And have *emphasized* the importance of the Restrictive Practice Act.

41. Black, H. C. (1891/1991): *Black's Law Dictionary*. St. Paul, Minn.: West Publishing, pág. 313.

Respecto de «implementar», Torrents del Prats se queja de la poca maña de algunos traductores que se empeñan en traducir *implement* por «implementar», verbo inexistente, de factura rara y, por añadidura, innecesario. Cuando el verbo *implement* vaya seguido de las palabras *plan, project*, etc., la traducción más general debería ser «ejecutar, llevar a cabo, realizar, poner en práctica, llevar a la práctica, implantar, poner en marcha, poner en servicio, poner en vigor, cumplir, dar cumplimiento». El sustantivo *implementation* se puede traducir por «medidas, instrumentación, etc.», cualquier cosa, menos el fastidioso calco «implementación».

Para traducir el verbo *emphasize* el español cuenta con voces como «destacar, subrayar, hacer hincapié, recalcar, acentuar, poner de relieve, cargar el acento, dar énfasis», evitando «enfatizar» y la utilización viciosa de «énfasis» en expresiones como «hacer énfasis».

8. Los falsos amigos

Mención especial en el estudio de los contrastes merecen los llamados «falsos amigos». El término «amigos falsos» o «falsos amigos» normalmente se aplica a aquellas palabras o expresiones que producen una situación embarazosa al ser usadas con normalidad. También se les llama «términos cognados» (*cognates*). Cuando hablamos de «falsos amigos» nos referimos a términos que existen en las dos lenguas y, en principio, no se trata de ningún préstamo o de calco sino de palabras que han tenido una evolución etimológica diferente. La explicación de *constructive total loss*, aunque pueda ser embarazosa, no se puede considerar un falso amigo.

Probablemente el primer falso amigo del léxico jurídico sea el término *magistrate*; en inglés se aplica a los jueces legos, mientras que el «magistrado» en español es un juez de categoría superior. Algunos jueces hispano-hablantes, queriendo ser deferentes con colegas de la judicatura inglesa les llaman *magistrates*, con lo que les están rebajando la categoría profesional.[42] Otro falso amigo es el término *legislature*, que no significa «legislatura» sino «poder legislativo»;[43] un tercero es la palabra *section*, que referido a las leyes parlamentarias (*acts, statutes*) significa «artículo», mientras que *article* quiere decir «sección» o grupo de artículos; otro es el término *prorogue*, que en inglés no significa «prorrogar» sino «suspender, detener», o sea, lo contrario, aunque en el Derecho escocés equivale a «prorrogar». También es falso amigo el término *prejudicial*», que en español es «perjudicial», mientras que «prejudicial» en la expresión «cuestión

---

42.   Véase el punto 4 del capítulo dos sobre los términos *puisne* y *Queen's Counsel*.
43.   El término «legislatura» se traduce al inglés por *life of a Parliament*, y en Estados Unidos se numera la palabra *Congress*, por ejemplo, *95th Congress*.

prejudicial» en inglés es *preliminary ruling*. Y lo mismo se puede decir del término *affirmation* (promesa solemne); cuando alguien no quiere jurar, debido a sus creencias religiosas, el juramento se sustituye por la promesa solemne o *affirmation*; en este caso «prometer» se traduce por *affirm*.

Para huir de los falsos amigos lingüísticos habría que «poner en cuarentena» todas las palabras desconocidas, a veces incluso las conocidas, cuyos significantes sean parecidos. Una forma de hacerlo es «sospechar y consultar las acepciones de las citadas palabras o expresiones en un diccionario monolingüe», es decir, no apartarse de la duda metódica cartesiana.[44]

9. La sintaxis en la traducción de los textos y documentos jurídicos

Debido a nuestra tradición lingüística siempre concedemos mayor importancia al significado léxico en el estudio de la traducción; pero muchas veces el problema puede residir en la sintaxis, que puede ser tan problemática o más que los rasgos del léxico. He aquí algunos puntos:

LOS CONTRASTES SINTÁCTICOS

En una declaración jurada que acompaña a (*affidavit sworn in support of*) una demanda, el demandante, en su petición de indemnización de daños y perjuicios (*damages*) a su empresario, manifestaba *I have been his sole agent since 1932*, con lo que daba a entender que aún se consideraba agente en exclusiva. La traducción de *I have been* por «he sido» fue problemática porque el juez estimó que él mismo consideraba que ya no era agente de la empresa; la correcta no podía ser otra que «soy su agente...».

Hay muchos puntos de fricción en las sintaxis de las dos lenguas, recogidos en los repertorios de sintaxis contrastiva, que el traductor debe vigilar con mucho celo, so pena de cometer alguna incorrección grave.

LAS ORACIONES LARGAS DEL ESPAÑOL

En el punto 3.5 dijimos que las oraciones del inglés jurídico eran breves, con escasez de conectores; en cambio, en español normalmente se prefieren las de período largo. Las que siguen se pueden unir con el conector «con la particularidad» a partir de *just*: «con la particularidad de que precisamente en ese momento había facturas impagadas por un importe...».

---

44. Estamos seguros de que los problemas que surgieron al traducir la palabra *case* (págs. 86-87) se debieron a que no se consultó un diccionario monolingüe.

> In 1985 Charly transferred its production order from Ariston to another company. <u>Just</u> under £14,000 pounds was outstanding on invoices for records supplied by Ariston. *(Texto del capítulo seis.)*

Igualmente se pueden unir las dos oraciones que siguen diciendo «...material que era fundamental para la fabricación» por *All those items were essential to*:

> Charly was to entrust Ariston with the necessary metal parts, lacquers, negatives, artworks and label information. <u>All those items were essential to</u> the production of record pressings and of considerable value to Charly. *(Texto del capítulo seis.)*

LAS PERÍFRASIS DEL ESPAÑOL

De todos es conocido que el español es mucho más perifrástico que el inglés,[45] que con su recurso de formación de palabras por conversión evita múltiples circunloquios. Por ejemplo, la unidad léxica *insider trading* se traduce por «contratación en bolsa por quien posee información privilegiada»; la expresión *a genuine pre-estimate of damage*, que consta de cinco palabras, en castellano tiene diez: «cálculo previo de la indemnización legítima por daños y perjuicios», y *escape liability in damages* se traduce por «eludir la responsabilidad de indemnizar por daños y perjuicios».

LAS ELIPSIS DEL ESPAÑOL

Como contrapunto a las perífrasis anteriores, el español hace un uso más frecuente de las elipsis léxicas que el inglés. En la pág. 81 hemos indicado que la sintaxis inglesa admite, o soporta sin grandes problemas, la repetición léxica en un mismo párrafo u oración. En español hay que utilizar adjetivos como «aludido», «mencionado» u otros recursos para evitar la insufrible carga de la repetición léxica, en especial la de este caso, *insider trading*, que equivale a una unidad perifrástica, por medio de giros como «la aludida práctica», «el mencionado delito», «el ya citado...». No obstante, todos los estudiosos de técnica legislativa están de acuerdo en la regla de que debe haber una relación biunívoca entre palabra y concepto, lo cual conduce inexorablemente a la, por otra parte, indeseable repetición.

---

45.   En los contratos de traducción de libros del inglés al castellano, algunas editoriales estipulan, para calcular el presupuesto, que el número de palabras será el del original, ya que en nuestra lengua es superior en casi un diez por ciento; este hecho, el que las versiones españolas tienen un diez por ciento más de palabras que los documentos originales ingleses, también se ha podido comprobar en las traducciones automáticas o semiautomáticas.

LAS GENERALIZACIONES

Es muy corriente la generalización con el pronombre *a/an*, mientras que en castellano se prefiere el artículo determinado, el nombre en plural, o ciertos determinantes como «todo», «cualquier», etc.

> *An* employer shall not make any deduction... (*La* empresa)...

EL ORDEN PRIVATIVO DE CADA LENGUA

En el punto 6 de este capítulo decíamos que se han de conservar el alma y las esencias del escrito de partida. Aquí se le plantea al traductor constantemente una duda: el respeto de la «orientación discursiva» que ha dado el hablante a determinada oración o enunciado. Dicho con otras palabras: ¿está obligado el traductor, dentro de lo posible, a respetar el orden temático[46] de las oraciones y enunciados del inglés?, o ¿debe, por el contrario, tender hacia el orden temático más propio o privativo de cada lengua?

Por ejemplo, la oración siguiente puede tener, desde el punto de vista temático, al menos cuatro versiones:

> A prospective tenant who pays quarterly rent for possession of premises pending negotiation of the lease is not presumed to have acquired a quarterly tenancy.

a) En la primera versión se ha tematizado (pasado a posición inicial) el núcleo del predicado verbal (*is not presumed*):

> No debe presumirse[47] que necesariamente adquiere la condición de inquilino periódico el que durante la fase de negociaciones del arrendamiento pague una renta trimestral por el alquiler de un local.

b) En la segunda se ha tematizado un complemento del sujeto (*el hecho de que ... pague*):

> El hecho de que un inquilino potencial que durante la fase de negociaciones del arrendamiento pague una renta trimestral por el alquiler de un

---

46. En una oración o enunciado se llama «tema» a la información que aparece en primer lugar, que en la mayoría de los casos se da por conocida o supuesta; y «rema» es la información que sigue al «tema». Así, en la oración *En mi casa mando yo*, el tema es «en mi casa» y el rema es «mando yo». Consecuentemente, se llama «tematizar» a la estrategia consistente en colocar determinada información en posición inicial.

47. Si en vez de «presumirse» empleáramos «suponerse», deberíamos añadir «necesariamente» debido a que *presume* es aparentemente más enfático que «suponer».

local, no ha entenderse necesariamente como que adquiere la condición de inquilino periódico o trimestral.

c) En la tercera se ha respetado la organización temática del inglés:

> El inquilino potencial, que durante la fase de negociaciones del arrendamiento, pague una renta trimestral por el alquiler de un local, no adquiere necesariamente la condición de inquilino de régimen periódico o trimestral.

d) Esta cuarta versión es similar a la anterior con una generalización en plural:

> Quienes siendo inquilinos potenciales paguen una renta trimestral por el alquiler de un local durante la fase de negociaciones de su arrendamiento, no adquieren necesariamente la condición de inquilinos de régimen periódico o trimestral.

Y lo mismo se puede decir de la oración siguiente:[48]

> The restriction of insider trading is widely accepted as a principal enforcement goal under various provisions of the federal securities laws.

a) En una primera versión se tematizaría la pasiva (... *is widely accepted*): «Se acepta...»
b) Otra posibilidad es tematizar la oración restrictiva (*under various provisions of the federal securities laws*): «A tenor de lo dispuesto en diversas disposiciones federales...»
c) En una tercera versión se podría respetar la tematización del texto original inglés: «La limitación de...»

10. La tentación paronímica y las técnicas de traducción oblicua

Después de todo lo dicho, podemos resumir algunas de las recomendaciones que debe seguir todo buen traductor: a) ser fiel a la equivalencia semántica, estilística (connotaciones) y discursiva, incluyendo en esta última la cuestión de la tematización antes citada; b) evitar el uso innecesario de términos calcados o de préstamos, y c) no dejarse arrastrar o seducir por la «tentación paronímica», es decir, por la atracción que se siente ante las palabra homófonas u homógrafas y por las construcciones sintácticas

---

48. Véase la nota 9 del capítulo once.

paralelas de la lengua de partida, sin someterlas previamente a un escrutinio crítico.[49]

Esta inclinación a emplear parónimos se percibe en la traducción de muchos determinantes y adjetivos (*certain, various, particular,* etc.), como en *certain trading opportunities* (determinadas oportunidades comerciales), *various provisions* (diversas disposiciones), *various cargoes* (mercancías diversas), *the particular subparagraph* (el apartado concreto), etc. En la película a la que hemos aludido antes, también es notoria la «tentación paronímica» del traductor. Así, al referirse a la Comisión Warren, el fiscal afirma que ésta aceptó la «teoría presentada» por un determinado señor sobre la muerte del Presidente Kennedy. Esta «teoría» en inglés es *theory of the case*, expresión que en español equivale a «tesis mantenida o expuesta por cualquiera de las partes, posición defendida, base jurídica de la causa, etc.». Más adelante, el mismo fiscal, de forma solemne, acusa a Hoover, entonces director del FBI, de ser «cómplice posterior al hecho», traducción del inglés *accessory after the fact*, que en castellano no es otra cosa que el «encubridor», ya que el *accessory before the fact* es el «inductor». El mismo fiscal, tratando de exculpar a Lee Oswald, presunto asesino de JFK, afirma que, cuando fue detenido por la policía, no recibió «ayuda legal», traducción literal de *legal aid*, que en español es, a todas luces, la «asistencia letrada al detenido».[50]

Consecuentemente, el traductor debe huir, como medida precautoria, de lo lineal o rectilíneo, y adentrarse, dentro de lo posible, en la práctica de las técnicas oblicuas de la traducción, principalmente en la «transposición» y la «modulación», conforme nos recomienda Vázquez-Ayora.[51]

La **transposición** implica el uso de una categoría gramatical por otra; por ejemplo, si en el original inglés se dice *He held that...* (construcción cuyo núcleo es un verbo), y lo traducimos por «*en su opinión*» (cuyo núcleo es un sustantivo), ha habido transposición de la categoría verbo a la categoría nombre, y si para *for late delivery* en la traducción española optamos por «demora en la entrega», ha habido una transposición del adjetivo *late* al sustantivo «demora». Vázquez-Ayora basa la transposición en el principio de que la misma fuerza semántica o densidad sémica puede existir en dos categorías gramaticales diferentes. He aquí otros ejemplos:

49.   Especialmente cuando hemos comprobado que *section* no es «sección» sino «artículo», que *article* es «sección», que *magistrate* no es «magistrado» sino «juez de paz», y que la traducción correcta de *I have been his sole agent since 1932* no es «He sido su agente exclusivo desde 1932» sino «Soy su agente exclusivo desde 1932».

50.   Los términos «teoría del caso», «cómplice posterior al hecho», son calcos traducidos, completamente innecesarios porque no añaden nada al español y lo empobrecen al desalojar las expresiones genuinas.

51.   G. Vázquez-Ayora (1977): *Introducción a la Traductología*. Washington, DC: Georgetown University Press.

a) adjetivo → nombre: *when the invoice is* <u>*overdue*</u> (al <u>vencimiento</u> de la factura).

b) nombre → verbo: *payment* (abonar); *that linguistic schizophrenia* <u>*is not a consequence of*</u> (esa esquizofrenia lingüística *no nace de*).

c) verbo → nombre: *asked for the deposit to be* <u>*returned*</u> (solicitaron la <u>devolución</u> del depósito); *it was* <u>*argued*</u> *that since...* (el <u>argumento</u> utilizado fue que puesto que...).

d) nombre → pronombre: *to* <u>*persons*</u> *with* (a <u>quienes</u> posean).

e) preposición → verbo: *to persons* <u>*with*</u> (a quienes <u>posean</u>).

f) adverbio → sintagma nominal: *the new law prompted thousands of citizens to demonstrate* <u>*repeatedly*</u> *against a...* (varias veces).

En cambio, si, en la expresión anterior, la palabra *demonstrate* se tradujera por la «calle» («esta ley ha volcado a la calle»), habría habido una «modulación del todo por la parte», ya que la «calle» es una parte, un sema o nota conceptual del significado de *demonstrate*. La **modulación**, que es la técnica más importante[52] del sistema oblicuo, aunque también la más delicada, no se efectúa, según defiende también Vázquez Ayora, sobre especies gramaticales sino sobre «categorías del pensamiento» y sobre «categorías semánticas». He aquí algunas: *a)* la parte por el todo, como hemos visto, o el todo por la parte; *b)* lo expresado en forma afirmativa por la negación de lo opuesto: <u>*under £14,000 pounds was outstanding on invoices for records supplied by Ariston*</u> (quedaban pendientes de pago facturas, por un importe <u>no superior</u> a 14.000 libras esterlinas); *c)* una parte por otra: *white* <u>*collar*</u> *offences* (delitos de <u>guante</u> blanco); *d)* modulación de forma: <u>*for late delivery*</u> (en concepto de demora); *e)* modulación de uso: <u>*equal legal status*</u> *for both Spanish and English* (la <u>cooficialidad</u> del español y del inglés); *f)* inversión de términos o del punto de vista: *On the island,* <u>*demonstrators called for a return to «the Spanish*</u> *of Puerto Rico not of Spain»* (En la isla, <u>el español reivindicado en las manifestaciones</u> no es «el de España, queremos hablar el español de Puerto Rico»); *g)* modulación de punto de vista: <u>*the remaining question was*</u> *whether... the court...* (quedaba por ver si... el tribunal...).

---

52. Vinay y Darbelnet (*Stylistique comparée du français et de l'anglais*. París: Didier, 1958) afirman que el traductor que no modula no es traductor.

VI. CONTRATOS (I): EL CONTRATO DE COMPRAVENTA[1]

1. Introducción

Probablemente la mayoría de los pleitos que se plantean ante los tribunales civiles[2] se deban a ilícitos civiles (*torts*), como los llamados *nuisance*[3] y *trespass*,[4] y a incumplimientos de contrato (*breach of contract*). En el mundo actual, una gran parte de las relaciones económicas entre las personas, tanto las físicas (*natural persons*) como las jurídicas (*juristic/artificial persons*), está avalada por contratos (*contracts*), entre los que destacan: *a*) el de compraventa, *b*) el de arrendamiento (*lease*), *c*) el de trabajo (*the contract of employment*), y *d*) el de servicios (*contract for service*).

Todos los contratos son acuerdos vinculantes (*binding agreements*), formalizados entre dos o más partes para hacer (o dejar de hacer) algo lícito, con la intención de crear relaciones jurídicas (*legal relationships*). Los contratos surgen de una situación de oferta (*offer*) y de aceptación (*acceptance*), en la que el oferente (*promisor*) se compromete a hacer algo:

a)   yo le transfiero el título de propiedad de mi casa; o
b)   yo le daré 2000 libras al mes; o
c)   le permito vivir en un piso que tengo en King's Road; o
d)   le indemnizaré si usted tiene un accidente.

Pero para que haya contrato, además de las condiciones antes citadas (acuerdo vinculante, intención de crear relaciones jurídicas entre las partes),

---

1.   *purchase-sale contract*: contrato de compraventa.
2.   Los *County Courts* o *The High Court of Justice*, dependiendo de la cuantía y de la naturaleza del litigio. Véase el capítulo cuatro.
3.   *nuisance*: molestias, acto perjudicial, infracción de las normas de convivencia civilizada; actividades insalubres o molestas, nocivas o peligrosas; infracción del reglamento de actividades molestas, insalubres, nocivas y peligrosas.
4.   *trespass*: intromisión ilegítima, transgresión, agresión ilegítima, agresión a la intimidad, violación de la propiedad o de la intimidad, translimitación.

debe existir una prestación (*consideration*) por cada una de las partes; de lo contrario, no hay contrato, ya que el acuerdo por sí sólo no tiene validez contractual. Expresado con otras palabras, la prestación es el beneficio que recibe cada una de las partes, en detrimento de la otra. He aquí ejemplos de las posibles prestaciones (*consideration*) por parte de los beneficiarios o tenedores de las promesas anteriores:

a', le daré 200.000 dólares si me transfiere el título de propiedad de su casa (contrato de compraventa o *purchase sale contract*); o

b', trabajaré como auxiliar en su oficina si me da 2.000 libras al mes (contrato de trabajo o *employment contract*); o

c', le pagaré 300 libras de renta cada mes si me permite vivir en el piso que tiene en King's Road (contrato de arrendamiento o *lease*); o

d', le pagaré una prima anual (*yearly premium*) de 500 dólares (póliza de seguro o *insurance policy*).

Si yo vendo una casa a alguien, desde mi punto de vista, la prestación (*consideration*) es el dinero que me da el comprador de la casa, que para mí es un beneficio y para él es un detrimento. Pero visto desde el ángulo de quien me compró la casa, la prestación es la casa que recibe, en detrimento del dinero que me dio. La prestación es, por tanto, la pérdida y el beneficio simultáneos que experimenta cada una de las partes contratantes, al hacer una promesa y aceptar la de la otra parte. Consecuentemente, en un contrato hay una doble prestación (*consideration*), un *quid pro quo*, y la suma de las dos prestaciones constituye el trato (*bargain*) del contrato, sin el cual éste no existe.

Ahora bien, la prestación (y la contraprestación), como hemos apuntado antes, debe tener un valor económico, es decir, debe ser «a título oneroso» (*valuable consideration*), o sea, para las dos partes debe representar una carga económica, sin perjuicio de que ambas obtengan, a la vez, un beneficio. A estos efectos, la donación (*gift*) que hace, por ejemplo, un padre (*donor*) a favor de un hijo (*donee*) no es un contrato en el derecho inglés porque no hay prestación o *consideration* por parte de este último. La palabra *consideration*, en este sentido de «pago, prestación», se emplea en el lenguaje corriente en expresiones como *in consideration of* (a cambio de algo de valor), o *for a little consideration* (si me paga algo o un poco), como eufemismo de «dinero».

Los contratos pueden ser verbales o escritos, aunque algunos, como el contrato de compraventa de bienes inmuebles (*purchase-sale of real property*), deben formalizarse necesariamente por medio de escritura pública (*by deed*). Para que no sean nulos (*void*), los contratos deben cumplir (*comply with*) los requisitos jurídicos (*legal requirements*), de los cuales el primero es la capacidad contractual (*capacity to contract*) de las partes contratantes (*the parties to the contract*); carecen de dicha capacidad, entre otros, los menores de edad (*minors*) y los deficientes mentales (*mentally*

disordered people), siendo inejecutables (*unenforceable*) y, ade..
anulables (*voidable*) los contratos firmados por éstos.

Los contratos se extinguen (*are terminated*), entre otras causas, por las siguientes:

a) por cumplimiento del contrato (*the contract has been performed*);

b) por acuerdo de las partes;

c) por novación (*novation*). Una de las partes puede pedir la modificación del contrato con la transacción llamada «oferta y aceptación de modificación» (*accord and satisfaction*). Mediante esta vía, la posible disputa que podría surgir queda resuelta (*the dispute is settled*) al aceptar la parte afectada liberar (*release*) a la otra de sus obligaciones contractuales (*from his contractual obligations*) firmando un nuevo acuerdo (*accord*) con una nueva contraprestación (*consideration*) llamada, en este caso, satisfacción (*satisfaction*), liquidación (*settlement*) o finiquito (*discharge*); y

d) por violación o incumplimiento del contrato (*breach of contract*).

Esta última, el incumplimiento del contrato (*breach of contract*), es probablemente, como ya hemos dicho antes, la causa principal por la que se interponen demandas (*bring action*) ante los tribunales de justicia ingleses; y varios son los «derechos y acciones», también llamados soluciones o remedios jurídicos (*remedies*), que se pueden ejercitar contra aquél, entre los que destacamos la indemnización por daños y perjuicios (*damages*), la resolución (*rescission*) y el cumplimiento específico por sentencia (*specific performance*).

La indemnización por daños y perjuicios (*damages*) en el derecho inglés es el recurso o remedio más corriente en materia de contratos. El objeto del mismo es compensar a la parte perjudicada (*injured party*) por la pérdida sufrida (*loss suffered*) o daño (*damage*) experimentado debido al incumplimiento del contrato (*breach of contract*) de la otra parte.

Como a veces es muy difícil cuantificar los daños y perjuicios en los tribunales, las partes contractuales (*the parties to a contract*) convienen en sus contratos una cláusula concertada de daños y perjuicios (*an agreed damages clause*) en la que se estipulan las cantidades que se han de abonar (*the sum to be payable*) en caso (*in the event of*) de incumplimiento del contrato (*breach of contract*). Este cálculo previo de la indemnización por daños y perjuicios fijada en el contrato (*pre-estimate of damage*) se llama *liquidated damages*[5] y es muy corriente, por ejemplo, en los contratos de la construcción (*building contracts*), en los que se estipula (*it is provided*) la cantidad que el constructor deberá pagar en concepto de daños y perjuicios por cada día de retraso en la finalización de la obra.[6]

5. *liquidated damages*: indemnización por daños y perjuicios prefijada en un contrato; *unliquidated damages*: indemnización por daños y perjuicios que han de fijar los tribunales.

6. Las cláusulas de demora (*demurrage clause*) de las pólizas de fletamento (*charterparties*) son muy parecidas a las anteriores en este punto. Véase el capítulo 13, en especial, los dos últimos párrafos de la *Introducción*.

Pero las cláusulas de demora pueden ser impugnadas (*challenge*) en los tribunales basándose (*on the ground*) en el hecho de que son, más bien, una penalización (*penalty*), una especie de amenaza que fuerza a la otra parte a cumplir el contrato (*perform the contract*). Los tribunales examinan con mucho celo este tipo de cláusulas, y si consideran (*hold*) que se trata de una cláusula de penalización (*penalty clause*) más que de una cláusula concertada de daños y perjuicios (*an agreed damages clause*), no se toman en consideración (*they are disregarded*), es decir, se tienen por no puestas.

El derecho a interponer una demanda (*a right of action*) se extingue (*become extinguished*) por caducidad o prescripción del plazo (*effluxion of time*).

En el **texto** que sigue, la Corte de Apelación (*Court of Appeal*) considera que ciertas cláusulas contractuales en las que se estipulan las cantidades a pagar (*sums to be payable*) como indemnización por daños y perjuicios (*damages*) en caso de incumplimiento de contrato (*breach of contract*) no son más que cláusulas de penalización (*penalty clause*) y, por tanto, son inejecutables o inaplicables (*unenforceable*).

El **documento** comprende los artículos 45 a 50 de la sección tercera, «Derechos y acciones en caso de incumplimiento del contrato por el vendedor» (*Remedies for Breach of Contract by the Seller*) del capítulo II, «Obligaciones del vendedor» (*Obligations of the Seller*), de la parte III «Compraventa de mercaderías» (*Sale of Goods*), de la «Convención de las Naciones Unidas sobre los Contratos de Compraventa Internacional de Mercaderías de 11 de abril de 1980» (*United Nations Convention on Contracts for the International Sale of Goods, 11th April 1980*).

2. **Texto:**[7] Davies, Rachel: "Record Company[8] cannot Apply Penalty Clause against Invoices."[9] *FT Law Reports.*[10] *Financial Times* (March 21, 1990).

---

7   En las notas a pie de página se proponen, entre corchetes, otras opciones de traducción, que pueden ser tan válidas como la primera; entre paréntesis se dan aclaraciones. Los verbos aparecen normalmente en infinitivo. Si se ofrece un tiempo verbal, éste sólo tiene carácter aproximativo y es, por tanto, susceptible de modificación, de acuerdo con la perspectiva temporal adoptada por el traductor. Por ejemplo, en español el llamado «presente histórico» será a veces más conveniente que los tiempos pasados del texto original inglés.

8.   *record Company*: casa [firma] discográfica.

9.   *penalty clause against invoices*: cláusula de penalización por facturas impagadas.

10. Los «Repertorios de Jurisprudencia del Financial Times» (*FT Law Reports*) constan de tres secciones: *a*) la *Introducción*, en donde se hace constar el nombre de las partes (*parties to the suit*) —el demandante (*plaintiff*) y el demandado (*defendant*), separados por *v.*, inicial de *versus*—, el nombre del Tribunal y de sus miembros (véase la nota 12 del capítulo catorce); *b*) el *Precedente* creado, expresado de forma general, como si fuera el artículo de una ley, y sin referencias concretas al proceso en cuestión. (En este texto el precedente creado comienza con *"Sums agreed..."* y termina con *"... to which they are proportionate"*.) El párrafo anterior va seguido de otro, que normalmente comienza con *The Lord of Appeal/His Lordship so held*, en el que se especifica el nombre del Tribunal,

ARISTON SRL *v* CHARLY RECORDS LTD. Court of Appeal.[11] Lord Justice Mustill, Lord Justice Beldam and Lord Justice Leggatt.

"SUMS AGREED between parties to a contract, to be payable[12] in the event of specified breaches,[13] cannot be a genuine pre-estimate of damage[14] if they are to apply equally to serious and minor breaches.[15] They are therefore not[16] liquidated damages[17] but a penalty[18] which is unenforceable[19] for the purpose of the whole contract,[20] including in respect of those breaches[21] to which they are proportionate."[22]

The Court of Appeal so held[23] when dismissing an appeal by the defendant,[24] Charly Records Ltd,[25] from a decision by Judge Hayman[26] on a preliminary issue[27]

---

el del magistrado o el del ponente, con un breve relato de datos y circunstancias; y *c*) la *Exposición de los antecedentes* de hecho y de los fundamentos de derecho, que normalmente empieza con el nombre del magistrado ponente (*Lord Justice...*), en la que se incluye la *ratio decidendi*, la cual está constituida exclusivamente por los principios, doctrinas o reglas legales (*legal doctrine*) en los que el juez ha basado su decisión (véase el punto 9 del capítulo tres), junto con el razonamiento que él ha seguido para llegar a la citada decisión o resolución judicial (véase la nota 21 del capítulo cuatro); los principios, doctrinas o reglas aludidos comprenden los artículos (*sections*) de las leyes (*acts*) y los precedentes (*cases*) pertinentes, o sea, las referencias al derecho jurisprudencial (*case law*) manejadas durante la vista; al aludir a un precedente concreto, generalmente se dice *the rule in "Pawsey v. Scottish Union and National, 1907 was..."*, es decir, «el fallo del tribunal en el proceso de *"Pawsey v. Scottish Union and National, 1907"* [...] fue...»; y, finalmente, la sentencia.

11. La División Civil (*Civil Division*) de la Corte de Apelación (*Court of Appeal*), cuyo presidente es el juez llamado The Master of the Rolls, conoce apelaciones contra sentencias dictadas por el Tribunal Superior de Justicia (*The High Court of Justice*), los Tribunales de Condado (*County Courts*), el Tribunal de Apelación de lo Social (*The Employment Appeal Tribunal*), el Tribunal del Suelo (*Lands Tribunal*) y el Tribunal del Transporte (*Transport Tribunal*).

12. *sums agreed between parties to a contract, to be payable*: las cantidades que las partes contratantes acuerdan satisfacer.

13. *in the event of specified breaches*: si [en el caso de que] se incumplieran determinados pactos contractuales.

14. *cannot be a genuine pre-estimate of damage*: no pueden considerarse verdaderamente [realmente, desde un punto de vista estricto] como una estimación previa de la indemnización por daños y perjuicios.

15. *if they are to apply equally to serious and minor breaches*: si (las citadas cantidades) [se han de aplicar] son de aplicación, por igual, tanto a los incumplimientos graves como a los leves.

16. *they are therefore not*: por tanto, no se pueden considerar como.

17. *liquidated damages*: indemnización por daños y perjuicios cuyo monto ha sido convenido o fijado en un contrato.

18. *but a penalty*: sino como una [sanción] penalización.

19. *which is unenforceable*: que es inejecutable [inaplicable].

20. *for the purpose of the whole contract*: a los efectos globales del contrato [de acuerdo con los fines de todo el contrato; interpretado el contrato globalmente/en su totalidad].

21. *including in respect of those breaches*: incluso respecto de las infracciones.

22. *to which they are proportionate*: a las que aquéllas sean proporcionales.

23. *the Court of Appeal so held*: así lo [estimó] consideró el Tribunal de Apelación.

24. *dismiss an appeal by the defendant*: desestimar un recurso presentado por la parte demandada.

25. *Ltd*: sociedad limitada.

26. *from a decision by Judge Hayman*: contra la resolución del Magistrado Hayman.

27. *on a preliminary issue*: sobre una cuestión previa o preliminar. (Estas cuestiones previas se han de dilucidar antes de entrar en el fondo del asunto, con el fin de ahorrar tiempo y costos a las partes. También se examina una *preliminary issue* en el texto del capítulo diez.)

that[28] a clause in a contract between Charly and the plaintiff, Ariston SRL,[29] was a penalty clause[30] and therefore unenforceable.[31]

LORD JUSTICE BELDAM said[32] that Charly specialised[33] in producing and marketing[34] re-issues[35] of quality popular records of jazz, blues and rock music.[36]

It bought the rights of records released under other labels[37] and re-issued them under its own.[38]

For that purpose[39] it acquired master tapes[40] of the performance[41] and the metal parts[42] and lacquers[43] used for pressing out the records.[44] It also obtained[45] the negatives, films, artwork[46] and labels[47] necessary to produce record sleeves[48] and protective inner envelopes.[49]

It did not have[50] the facilities[51] to manufacture the records but contracted with[52] specialist record-making companies[53] which did.

Ariston was an Italian company in Milan which produced record pressings.[54] On July 1 1982 Ariston and Charly entered into an agreement[55] under which[56] Ariston undertook to manufacture[57] long playing records[58] and to print colour sleeves[59] and plastic coated and printed inlay bags.[60]

28. *that*: en la que se afirmaba que [referida al hecho de que].
29. *a clause in a contract between Charly and the plaintiff, Ariston SRL*: una de las cláusulas contractuales firmadas por Charly y el demandado, Ariston SRL.
30. *was a penalty clause*: constituía una cláusula de penalización.
31. *and therefore unenforceable*: y, por tanto, era inejecutable [inaplicable].
32. *Lord Justice Beldam said*: el magistrado Beldam declaró [hizo constar, manifestó, afirmó].
33. *specialised*: estaba especializado.
34. *in producing and marketing*: en la fabricación y comercialización.
35. *re-issues*: nuevas ediciones.
36. *quality popular records of jazz*: discos populares [conocidos, famosos] de jazz, blues y rock, de alta calidad.
37. *released under other labels*: publicados por otras marcas [otros sellos discográficos].
38. *re-issued them under its own*: y los publicó [reeditó] con la suya propia.
39. *for that purpose*: para ello [a tales efectos, a estos efectos].
40. *master tapes*: cintas maestras [cintas con las grabaciones originales].
41. *performance*: obra [composición musical].
42. *metal parts*: matrices.
43. *lacquers*: lacas (selladoras).
44. *used for pressing out the records*: empleadas en [necesarias para] la impresión de los discos.
45. *obtain*: comprar.
46. *artwork*: material artístico.
47. *labels*: diseños de marcas y títulos.
48. *record sleeves*: fundas [carátulas] de los discos.
49. *protective inner envelopes*: fundas interiores protectoras.
50. *have*: contar con [contar con].
51. *facilities*: medios [recursos; equipo].
52. *contracted with*: firmó un contrato con [contrató a].
53. *specialist record-making companies, which did*: empresas especializadas en la fabricación de discos, que sí los tenían.
54. *which produced record pressings*: que se dedicaba a la impresión de discos.
55. *enter into an agreement*: firmar un convenio [llegar a un acuerdo].
56. *under which*: según el cual [a tenor del cual].
57. *undertook to manufacture*: se comprometía a fabricar.
58. *long playing records*: discos de larga duración [elepés].
59. *and to print colour sleeves*: y a imprimir fundas [carátulas] en color.
60. *and plastic coated and printed inlay bags*: y fundas interiores plastificadas e impresas.

Charly was to[61] entrust[62] Ariston with the necessary metal parts, lacquers, negatives, artworks and label information[63]. All those items[64] were essential[65] to the production of record pressings[66] and of considerable value to Charly.[67]

Accordingly,[68] by clause 7 of the agreement,[69] Ariston undertook to return[70] all the items within 10 working days of Charly's request.[71] The clause provided[72] that "a penalty"[73] of 600 pounds per day will be paid[74] by Ariston for late[75] delivery.[76]

In 1985 Charly transferred its production order from Ariston to another company.[77] Just[78] under £14,000 pounds was outstanding on invoices for records supplied by Ariston.[79]

On February 13 Charly gave notice[80] to Ariston to return[81] the metal parts, lacquers, etc. About half the items were collected on March 18 and, according to[82] Ariston, all were returned by March 28.[83]

On January 3 1986 Ariston issued a writ[84] claiming £13,938 outstanding on

61. *was to*: tenía que.
62. *entrust*: entregar [confiar/dar] en fideicomiso.
63. *label information*: información referente a los diseños de marcas y títulos.
64. *all those items*: todo lo anterior [todo este material]; *items*: material [artículos, elementos, accesorios].
65. *essential*: fundamental [básico].
66. *to the production of record pressings*: para la realización [producción] de las impresiones de discos.
67. *and of considerable value to Charly*: y tenían un valor apreciable para Charly.
68. *accordingly*: consecuentemente.
69. *by clause 7 of the agreement*: de conformidad con la cláusula [pacto, estipulación] 7 del acuerdo.
70. *undertook to return*: se comprometía a devolver.
71. *within 10 working days of Charly's request*: dentro de los diez días laborables [hábiles] subsiguientes a la petición de Charly.
72. *provide*: estipular [disponer].
73. *penalty*: penalización [recargo].
74. *pay*: abonar.
75. *for late delivery*: en concepto de demora.
76. *a penalty of 600 pounds per day will be paid by Ariston for late delivery*: el pago de una sanción [recargo, penalización] de 600 libras diarias por parte de Ariston en caso de demora en la devolución [por concepto de demora].
77. *transferred its production order from Ariston to another company*: pasó a otra empresa los pedidos que hacía a Ariston [dejó de hacer sus pedidos a Ariston y los encargó a otra empresa].
78. *just*: en ese momento. (Debido a que esta oración es muy corta, se puede unir a la anterior por medio de un conector como «con la particularidad de que».)
79. *just under £14,000 pounds was outstanding on invoices for records supplied by Ariston*: (con la particularidad de que) en ese momento quedaban pendientes de pago facturas, por un importe no superior a 14.000 libras esterlinas, correspondientes a discos entregados por Ariston.
80. *give notice*: notificar [avisar] formalmente.
81. *gave notice to Ariston to return*: pidió formalmente a Ariston la devolución de.
82. *and according to Ariston*: según (la versión de) Ariston.
83. *all were returned by March 28*: antes del 28 de marzo todo el material ya había sido devuelto.
84. *issue a writ*: presentar una demanda. (Véase el punto 3 del capítulo cuatro sobre *the writ of summons*.)

invoices.[85] Charly admitted the sum was due[86] but contended[87] it was entitled[88] to set it off and extinguish it against 19,800 pounds counterclaimed[89] for Ariston's alleged failure to return[90] parts, negatives, artwork and so on within 10 days of demand.[91]

Relying on[92] clause 7 of the agreement, Charly counterclaimed[93] £600 pounds for each of the 33 days during which Ariston had allegedly detained[94] some or all of the parts.[95]

Ariston contended that clause 7 was unenforceable[96] because it amounted to[97] a penalty clause.[98] Charly contended 600 pounds per day was a genuine pre-estimate of the damage[99] it would be likely to suffer[100] should the items not be returned,[101] and was therefore recoverable[102] as[103] liquidated damages.[104]

On the evidence[105] Judge Hayman found[106] that clause 7 was a penalty clause and was therefore unenforceable.[107]

He held[108] that 600 pounds was far removed from a pre-estimate of the damage.[109] He found that the prime reason for clause 7 was that Charly wanted its parts back quickly and that its overwhelming purpose was to try to persuade or compel[110] Ariston to return them within the stipulated period.[111]

---

85. *claiming £13,938 outstanding on invoices*: exigiendo el pago de las facturas pendientes por un total de 13.938 libras.

86. *admitted the sum was due*: reconoció que debía dicha cantidad.

87. *contend*: sostener [afirmar, argüir, mantener].

88. *it was entitled to*: tenía derecho a.

89. *set it off and extinguish it against £19,800 pounds counterclaimed*: compensarla y extinguirla con las 19.800 libras exigidas en la reconvención [demanda reconvencional].

90. *Ariston's alleged failure to return*: supuesto incumplimiento de Ariston en la devolución.

91. *within 10 days of demand*: en el plazo de 10 días a contar desde el [a partir del] de la petición.

92. *relying on*: basándose en.

93. *counterclaimed*: interpuso una reconvención [demanda reconvencional].

94. *during which Ariston had allegedly detained*: durante los cuales Ariston, supuestamente, había retenido.

95. *some or all of the parts*: todo o parte del material [todas o algunas de las piezas].

96. *that clause 7 was unenforceable*: que la cláusula 7 era inejecutable [inaplicable].

97. *amount to*: constituir [equivaler a, resultar ser].

98. *it amounted to a penalty clause*: constituía una cláusula penalizadora.

99. *was a genuine pre-estimate of the damage*: era realmente un cálculo previo de la indemnización por daños y perjuicios.

100. *it would be likely to suffer*: que con toda probabilidad sufriría.

101. *should the items not be returned*: en el caso de que no se le devolviera el material.

102. *was therefore recoverable*: y, que se podrían consecuentemente recuperar.

103. *as*: en concepto de.

104. *liquidated damages*: indemnización por daños y perjuicios cuyo monto ha sido convenido o prefijado en un contrato.

105. *on the evidence*: a la vista de [todo lo anterior] los hechos.

106. *find*: apreciar [fallar, determinar].

107. *and was therefore unenforceable*: y, por tanto, no procedía su aplicación.

108. *he held*: en su opinión.

109. *that 600 pounds was far removed from a pre-estimate of the damage*: que 600 libras era una cantidad excesivamente alejada de lo que podía considerarse un cálculo previo de la indemnización por daños y perjuicios.

110. *compel*: obligar a.

111. *stipulated period*: plazo estipulado.

The judge concluded that because the clause provided £600 pounds was payable if any items were detained,[112] and the same sum would be payable if a single item or every item or something in between was detained,[113] the clause would apply though few items were retained, causing no damage to Charly.[114] For that reason he said the clause was to be construed[115] as a penalty.

In *Clydebank Engineering [1905] AC 6* Lord Halsbury emphasised[116] that the court must construe[117] such a clause according to the real nature of the transaction and that the mere use of "penalty" or "damage" would not be conclusive[118] as to the parties' rights.

He said it was an established principle[119] that parties might agree that a particular sum should be payable in damages for breach because sometimes the nature of the damage[120] was such that proof[121] of it was extremely difficult and expensive.

In the same case[122] Lord Davey said if a sum payable for breach of a particular stipulation[123] was proportioned to the amount of non-performance,[124] "for instance if you find that it is so much per acre for ground which has been spoilt by mining operations",[125] then it was inferred[126] that *prima facie* the parties intended the amount to be liquidated damages and not a penalty.[127]

Charly argued that the parts did not all have the same value and that it was exceptionally difficult to make a genuine pre-estimate of damage. It had fixed on a figure which would represent an average of the daily loss likely to be suffered.[128] It argued that in the circumstances of the case, that was a reasonable way of approaching an assessment of damage.[129]

---

112.   *concluded that because the clause provided £600 pounds was payable if any items were detained*: llegó a la conclusión de que, dado que la cláusula disponía que se abonarían 600 libras si se quedaba con [retenía] algunos artículos.

113.   *and the same sum would be payable if a single item or every item or something in between was detained*: y que la misma cantidad se abonaría tanto si se trataba de uno, de todos o de alguna cantidad intermedia.

114.   *causing no damage to Charly*: sin causar perjuicio alguno a Charly.

115.   *was to be construed*: debía interpretarse. (Véase el punto 6 del capítulo dos sobre el concepto de *construction*.)

116.   *emphasise*: poner de relieve [recalcar].

117.   *construe*: interpretar. (Véase el punto 6 del capítulo dos.)

118.   *conclusive*: definitivo [concluyente, conclusivo].

119.   *established principle*: principio asentado [establecido].

120.   *the nature of the damage*: la naturaleza del daño causado.

121.   *proof*: práctica de la prueba [medio de la prueba].

122.   *case*: proceso.

123.   *stipulation*: pacto [estipulación].

124.   *non-performance*: incumplimiento.

125.   *so much per acre for ground which has been spoilt by mining operations*: a un tanto por acre de terreno estropeado por [los trabajos de explotación de la mina] las labores de minería.

126.   *infer*: concluir.

127.   *that prima facie the parties intended the amount to be liquidated damages and not a penalty*: que, en principio [*prima facie*, a primera vista], lo que las partes deseaban era que la cantidad fuera de «indemnización por daños y perjuicios fijada en el contrato» y no una penalización.

128.   *it had fixed on a figure which would represent an average of the daily loss likely to be suffered*: (la cantidad) se había fijado en torno a una cifra que representaba la media de la pérdida diaria que probablemente experimentaría.

129.   *that was a reasonable way of approaching an assessment of damage*: ésa era una forma razonable de aproximarse a la valoración de los daños.

Attractive though the argument was,[130] it was wrong. The judge's conclusion was correct.

In *Wallis v. Smith (1882) 21 Ch D 243* the relevant clause provided that if the defendant were to commit a "substantial breach" of the contract, he should pay £5,000. It was held[131] that the inclusion of "substantial breach" meant that trifling breaches were excluded[132] and the clause could therefore be construed as providing for liquidated damages.[133]

In *Lord Elphinstone v. Monkland (1886) 11 App Cas 332,342* Lord Watson said "when a single lump sum is made payable by way of[134] compensation on the occurrence of one or more or all of several events, some of which may occasion serious and others but trifling damages, the presumption is that be penal".[135]

Clause 7 was therefore construed in the light of the principle that the sum payable for the breaches should be proportionate to the extent of the breach.[136]

It was accepted that it was not unreasonable to take an overall figure of £600 as a suitable basis[137] for a genuine pre-estimate of damage should Ariston fail to return all or a substantial part of the items.[138] But the same sum was also payable if it failed to return even a few comparatively unimportant items.

In that event the sum would clearly be out of proportion to any loss[139] and, as such, would have been a penalty.

It would not have been difficult to have made it proportionate to what was detained[140] by providing for a sum to be paid per item for each day on which it was detained.[141] While that would not necessarily reflect in every case the loss caused by failure to return the particular item, it would produce a result which could reasonably be said to be proportionate to the loss likely to be suffered.

---

130. *Attractive though the argument was*: a pesar de la aparente solidez de la argumentación.

131. *it was held*: se estimó.

132. *trifling breaches were excluded*: se excluían los incumplimientos insignificantes.

133. *and the clause could therefore be construed as providing for liquidated damages*: y, consecuentemente, se podía interpretar dicha cláusula como de «indemnización por daños y perjuicios prefijada en el contrato».

134. *by way of*: en concepto de.

135. *when a single lump sum is made payable by way of compensation on the occurrence of one or more or all of several events, some of which may occasion serious and others but trifling damages, the presumption is that be penal*: siempre que se haya de abonar una suma alzada [una cantidad global única] en concepto de indemnización, porque tengan lugar uno o varios hechos, o todos ellos (previstos en el contrato), algunos de los cuales puedan ocasionar daños graves, y otros sólo daños insignificantes, se ha de presumir que se trata de una penalización.

136. *clause 7 was therefore construed in the light of the principle that the sum payable for the breaches should be proportionate to the extent of the breach*: la cláusula 7 se interpretó, por tanto, a la luz del principio de que las cantidades abonables por incumplimientos (contractuales) deberían ser proporcionales al grado o nivel de incumplimiento.

137. *It was accepted that it was not unreasonable to take an overall figure of £600 as a suitable basis*: se consideró que la cantidad de 600 libras era razonable como base satisfactoria aceptable.

138. *should Ariston fail to return all or a substantial part of the items*: en el caso de que Ariston no devolviera todo el material o una parte importante del mismo.

139. *out of proportion to any loss*: desproporcionada con cualquier tipo de pérdidas.

140. *it would not have been difficult to have made it proportionate to what was detained*: no habría sido difícil haberla establecido en términos proporcionales a lo que había sido retenido.

141. *by providing for a sum to be paid per item for each day on which it was detained*: estipulando la cantidad que se debería abonar por cada día que estuviera retenido un artículo.

The remaining question[142] was whether even for breaches for which the £600 could properly be regarded as a genuine preestimate of damage, the court should regard the clause as unenforceable because for others it amounted to a penalty.[143]

In *Dunlop/1915] AC 79,102* Lord Parmoor said that if the agreed sum applied equally to stipulations of varying importance and was a penalty in respect of any of them,[144] it was a penalty for the purpose of the whole contract, "since it could not in the same contract be construed both as a penalty and as liquidated damages".[145]

Accordingly, clause 7 provided for payment of a penalty and was unenforceable. It lacked any adequate provision[146] which enabled the sum payable to be proportionate to the extent of Ariston's failure to return specific items.[147]

The appeal was dismissed.[148]

Lord Justice Leggatt and Lord Justice Mustill agreed.
For Charly: Hugo Page (Canaar Holmes).
For Ariston: Roger Smith (Lee & Thompson).

3. **Documento**: Articles 45 to 50 (*Remedies for Breach of Contract by the Seller*)[149] of Section III of Chapter II (*Obligations of the Seller*) of the United Nations Convention on Contracts for the International Sale of Goods, 11th April 1980.[150]

---

142. *the remaining question*: el punto restante.

143. *The remaining question was whether even for breaches for which the £600 could properly be regarded as a genuine preestimate of damage, the court should regard the clause as unenforceable because for others it amounted to a penalty*: queda la cuestión de si el tribunal debería considerar la cláusula inaplicable incluso respecto de los incumplimientos para los cuales 600 libras pudiera considerarse adecuadamente como una verdadera estimación previa de la indemnización por daños y perjuicios, por la razón de que para otros (incumplimientos) sí equivalía a una penalización.

144. *and was a penalty in respect of any of them*: y, respecto de alguna de ellas, constituía una penalización.

145. *since it could not in the same contract be construed both as a penalty and as liquidated damages*: dado que en el mismo contrato no se podía interpretar, a la vez, como penalización y como cálculo previo de la indemnización por daños y perjuicios fijada.

146. *it lacked any adequate provision*: le faltaba la previsión oportuna.

147. *which enabled the sum payable to be proportionate to the extent of Ariston's failure to return specific items*: que permitiera que la cantidad estipulada fuera proporcional al grado de incumplimiento de Ariston en su devolución de los artículos específicos.

148. *the appeal was dismissed*: el recurso fue desestimado.

149. *remedies for breach of contract by the seller*: derechos y acciones en caso de incumplimiento del contrato por el vendedor.

150. *United Nations Convention on Contracts for the International Sale of Goods, 11th April 1980*: Convención de las Naciones Unidas sobre los contratos de compraventa internacional de mercaderías de 11 de abril de 1980. (España es parte de este convenio desde agosto de 1991.)

CHAPTER II

Obligations of the Seller[151]

SECTION III

Remedies[152] for[153] breach of contract by the seller[154]

Article 45.   (1)   If the seller fails to perform[155] any of his obligations under the contract[156] or this[157] Convention, the buyer may:
(a)   exercise[158] the rights provided[159] in articles 46 to 52;
(b)   claim damages[160] as provided in[161] articles 74 to 77.
(2)   The buyer is not deprived of any right[162] he may have to claim damages[163] by exercising his right to other remedies.[164]
(3)   No period of grace may be granted[165] to the seller by a court or arbitral tribunal when the buyer resorts to a remedy[166] for breach of contract.[167]

Article 46.   (1)   The buyer may require[168] performance[169] by the seller of his obligations[170] unless the buyer has resorted to a remedy which is inconsistent with this requirement.[171]
(2)   If the goods do not conform with the contract,[172] the buyer may require delivery of substitute goods[173] only if the lack of conformity[174] constitutes a

---

151.   *obligations of the seller*: obligaciones del vendedor.
152.   *remedies*: derechos y acciones.
153.   *for*: en caso de.
154.   *breach of contract by the seller*: incumplimiento del contrato por el vendedor.
155.   *fails to perform*: no cumple.
156.   *under the contract*: que le incumben conforme al contrato.
157.   *this*: la presente.
158.   *exercise*: ejercer.
159.   *provided*: establecidos.
160.   *claim damages*: exigir la indemnización de los daños y perjuicios.
161.   *as provided in*: conforme a.
162.   *be deprived of any right*: perder el derecho.
163.   *claim damages*: exigir la indemnización.
164.   *by exercising his right to other remedies*: aunque ejercite cualquier otra acción conforme a su derecho.
165.   *grant a period of grace*: conceder un plazo de gracia.
166.   *when the buyer resorts to a remedy*: cuando el comprador ejercite una acción.
167.   *for breach of contract*: por incumplimiento de contrato.
168.   *require*: exigir.
169.   *performance*: cumplimiento.
170.   *performance... of his obligations*: cumplimiento de sus obligaciones.
171.   *which is inconsistent with this requirement*: incompatible con esa exigencia.
172.   *If the goods do not conform with the contract*: si las mercaderías no fueren conformes al contrato
173.   *delivery of substitute goods*: la entrega de otras mercaderías en sustitución de aquéllas.
174.   *the lack of conformity*: falta de conformidad.

fundamental breach of contract[175] and a request for substitute goods[176] is made[177] either in conjunction with notice under article 39[178] or within a reasonable time thereafter.[179]

(3)   If the goods do not conform with the contract,[180] the buyer may require the seller to remedy the lack of conformity[181] by repair, unless is unreasonable[182] having regard to all the circumstances.[183] A request for repair[184] must be made either in conjunction with notice[185] given[186] under article 39[187] or within a reasonable time thereafter.[188]

Article 47.   (1)   The buyer may fix an additional period of time[189] of reasonable length[190] for performance by the seller[191] of his obligations.

(2)   Unless the buyer has received notice[192] from the seller that he will not perform within the period so fixed, the buyer may not, during that period, resort to any remedy for breach of contract.[193] However, the buyer is not deprived thereby[194] of any right he may have to claim damages[195] for delay in performance.[196]

Article 48.   (1)   Subject to article 49,[197] the seller may, even after the date for delivery,[198] remedy at his own expense[199] any failure to perform his obligations[200] if he can do so without unreasonable delay[201] and without causing the buyer

175.   *a fundamental breach of contract*: incumplimiento esencial del contrato.
176.   *request for substitute goods*: petición de sustitución de las mercaderías.
177.   *make a request*: formular una petición.
178.   *in conjunction with notice under article 39*: al hacer la comunicación a que se refiere el artículo 39.
179.   *within a reasonable time thereafter*: dentro de un plazo razonable a partir de ese momento.
180.   *if the goods do not conform with the contract*: si las mercaderías no fueren conformes al contrato.
181.   *remedy the lack of conformity*: subsanar la falta de conformidad.
182.   *unless is unreasonable*: a menos que esto no sea razonable.
183.   *having regard to all the circumstances*: habida cuenta de todas las circunstancias.
184.   *a request for repair*: la petición de que se reparen.
185.   *notice given*: hacer la comunicación.
186.   *in conjunction with notice given*: al hacer la comunicación.
187.   *under article 39*: a que se refiere el artículo 39.
188.   *within a reasonable time thereafter*: dentro de un tiempo razonable a partir de ese momento.
189.   *fix an additional period of time*: fijar un plazo suplementario.
190.   *of reasonable length*: de duración razonable.
191.   *for performance by the seller*: para el cumplimiento por el vendedor.
192.   *notice*: comunicación.
193.   *resort to any remedy for breach of contract*: ejercitar acción alguna por incumplimiento de contrato.
194.   *thereby*: por ello.
195.   *claim damages*: exigir la indemnización.
196.   *for delay in performance*: por demora en el cumplimiento.
197.   *subject to article 49*: sin perjuicio de lo dispuesto en el artículo 49.
198.   *even after the date for delivery*: incluso después de la fecha de entrega.
199.   *remedy at his own expense*: subsanar a su propia costa.
200.   *any failure to perform his obligations*: incumplimiento de sus obligaciones.
201.   *without unreasonable delay*: sin una demora excesiva.

unreasonable inconvenience[202] or uncertainty[203] of reimbursement by the seller of expenses advanced by the buyer.[204] However, the buyer retains any right to claim damages as provided for in this Convention.

(2) If the seller requests the buyer to make known[205] whether he will accept performance[206] and the buyer does not comply with the request[207] within a reasonable time,[208] the seller may perform within the time indicated in his request. The buyer may not, during that period of time, resort to any remedy[209] which is inconsistent with performance[210] by the seller.

(3) A notice by the seller that he will perform within a specified period of time is assumed to include a request, under the preceding paragraph, that the buyer make know his decision.

(4) A request or notice by the seller[211] under paragraph 29 or 3) of this article is not effective[212] unless received by the buyer.

Article 49. (1) The buyer may declare the contract avoided:[213]

(a) if the failure[214] by the seller to perform any of his obligations[215] under the contract[216] or this Convention amounts to[217] a fundamental breach of contract; or

(b) in case of non-delivery,[218] if the seller does not deliver the goods within the additional period of time[219] fixed by the buyer in accordance with[220] paragraph 1) of article 47 or declares that he will not deliver[221] within the period so fixed.[222]

(2) However,[223] in cases where the seller has delivered[224] the goods, the buyer loses the right to declare the contract avoided unless he does so:[225]

---

202 *without causing the buyer unreasonable inconvenience*: sin causar al comprador inconvenientes excesivos.

203. *uncertainty*: incertidumbre.

204. *of reimbursement by the seller of expenses advanced by the buyer*: en cuanto al reembolso por el vendedor de gastos adelantados [pagados por adelantado] por el comprador.

205. *make known*: que le haga saber.

206. *performance*: cumplimiento.

207. *comply with the request*: atender la petición.

208. *within a reasonable time*: en un plazo razonable.

209. *resort to any remedy*: ejercitar ningún derecho o acción.

210. *performance*: cumplimiento (de las obligaciones que le incumban).

211. *A request or notice by the seller*: la petición o comunicación.

212. *be effective*: surtir efectos.

213. *declare the contract avoided*: podrá declarar resuelto el contrato.

214. *failure*: incumplimiento.

215. *the failure by the seller to perform any of his obligations*: si el incumplimiento por el vendedor de cualquiera de las obligaciones que le incumban.

216. *under the contract*: conforme al contrato.

217. *amounts to*: constituye.

218. *in case of non-delivery*: en caso de falta de entrega.

219. *within the additional period*: dentro del plazo suplementario.

220. *in accordance with*: conforme a.

221. *deliver*: efectuar la entrega.

222. *within the period so fixed*: dentro del plazo así fijado.

223. *however*: no obstante.

224. *deliver*: entregar.

225. *unless he does so*: si no lo hace [a menos que lo haga].

(a)   in respect of late delivery,[226] within a reasonable time[227] after he has become aware[228] that delivery has been made;[229]

(b)   in respect of any breach other than late delivery,[230] within a reasonable time:

i)   after he knew or ought to have known of the breach;[231]

ii)   after the expiration of any additional period of time[232] fixed by the buyer in accordance with paragraph 1) of article 47, or after the seller has declared that he will not perform his obligations within such an additional period; or

iii)   after the expiration of any additional period of time indicated by the seller in accordance with paragraph[233] 2) of article 48, or after the buyer has declared that he will not accept performance.[234]

Article 50.   If the goods do not conform with the contract[235] and whether or not the price has already been paid,[236] the buyer may reduce[237] the price in the same proportion as[238] the value that the goods actually delivered had at the time of the delivery bears to the value that conforming goods would have had at that time.[239] However, if the seller remedies[240] any failure[241] to perform his obligations in accordance with[242] article 37 or article 48 or if the buyer refuses to accept[243] performance by the seller in accordance with those articles, the buyer may not reduce the price.

226.   *in respect of late delivery*: en caso de entrega tardía.

227.   *within a reasonable time*: dentro de un plazo razonable.

228.   *after he has become aware*: después de que haya tenido conocimiento.

229.   *make a delivery*: efectuar la entrega.

230.   *in respect of any breach other than late delivery*: en caso de incumplimiento distinto a la entrega tardía.

231.   *after he knew or ought to have known of the breach*: después de que haya tenido o debiera haber tenido conocimiento del incumplimiento.

232.   *after the expiration of any additional period of time*: después del vencimiento del plazo suplementario.

233.   *in accordance with paragraph*: conforme al párrafo.

234.   *performance*: cumplimiento.

235.   *do not conform with the contract*: no fueren conforme al contrato [no se ajustan al contrato].

236.   *whether or not the price has already been paid*: háyase pagado o no el precio.

237.   *reduce*: rebajar.

238.   *in the same proportion as*: en la misma proporción.

239.   *as the value that the goods actually delivered had at the time of the delivery bears to the value that conforming goods would have had at that time*: que la que guardara el valor que las mercaderías efectivamente entregadas tenían en el momento de la entrega en relación con el valor que las mercaderías conforme al contrato hubieran tenido en ese mismo momento.

240.   *remedy*: subsanar.

241.   *any failure*: cualquier incumplimiento.

242.   *in accordance with*: conforme a.

243.   *refuses to accept*: negarse a aceptar.

VII.   CONTRATOS (II): EL CONTRATO DE ARRENDAMIENTO

1. Introducción

En el contrato de arrendamiento (*lease* o *leasehold*), el propietario de un inmueble o bien raíz (*real property, real estate*), llamado, a estos efectos, arrendador (*lessor* o *landlord*), a cambio de una cantidad llamada renta (*rent*), cede (*grants*) a otra persona, llamada arrendatario (*lessee* o *tenant*), la posesión (*the possession*), el uso exclusivo (*the exclusive use*) y el goce o disfrute (*enjoyment*) de dicho inmueble durante un período de tiempo «determinado». La posesión exclusiva lleva consigo el derecho a gozar del control de dicho inmueble; cuando el disfrute de la posesión no es exclusivo, se habla más bien de una licencia (*licence*) en vez de arrendamiento, la cual no es más que un simple permiso o arreglo entre el cedente (*licensor*) y el concesionario o autorizado (*licensee*).

Aunque el contrato de arrendamiento (*lease*) es normalmente una escritura (*deed*) o bien un documento protocolizado (*a document under seal*), para los tribunales a veces son suficientes los arrendamientos de palabra (*parol lease*) o los formalizados en un simple escrito, sin que tengan que llevar el refrendo notarial. En la escritura se especifican los derechos y obligaciones en cláusulas llamadas estipulaciones o pactos (*covenants*), entre las que destacan la de los nombres de las partes contratantes (*parties to the contract*), la de duración (*the term/length*), la de descripción del inmueble (*real property*), la de la renta (*rent*), y otras referidas al seguro (*insurance*), las reparaciones y el mantenimiento (*repairs and maintenance*), etc.

El arrendamiento puede ser de plazo fijo (*for a fixed term/period of time*) o periódico[1] (*periodic tenancy*). Cuando sea por un plazo fijo, el arrendatario o inquilino puede traspasar (*assign*) a otra persona su contrato, por el tiempo que le queda (*the remainder of the term of his lease*), siempre que no exista una estipulación o pacto en contra (*a covenant against it*). Frecuentemente en

---

1.   También llamado «por tiempo indefinido».

el contrato existe una cláusula mediante la cual se prevé la autorización del dueño (*the landlord's consent*) en caso de traspaso del arrendamiento, aunque también es posible que uno de los pactos o estipulaciones prohíba todo tipo de traspasos (*prohibits any assignment at all*).

El arrendamiento periódico o por tiempo indefinido (*periodic tenancy*) suele durar hasta que lo denuncien (*give notice*) el arrendador (*lessor or landlord*) o el arrendatario o inquilino (*tenant*). En muchos Estados americanos a esta notificación, cuando la hace el arrendador, se la llama también «notificación de desalojo» (*eviction notice*),[2] y suele estar normalizada en un impreso como el que aparece más abajo, en «Documento».

Cuando el uso y disfrute es anual (*a yearly tenancy*), el plazo de la denuncia no puede ser inferior a medio año (*half a year's notice*). El arrendamiento periódico (*periodic tenancy*) puede establecerse por acuerdo expreso de las partes o, tácitamente, cuando el arrendador acepta el pago periódico de las renta por parte del inquilino, aun después de haber finalizado el plazo inicialmente pactado. En cambio, cuando al inquilino se le permita tener el uso o goce del inmueble mientras se llevan a cabo conversaciones para iniciar un arrendamiento, se dice que hay inquilinato sin plazo fijo (*tenancy at will*). A esta fórmula de arrendamiento sin plazo fijo también se puede llegar, por supuesto, cuando lo acuerdan las partes, y se entiende que el plazo finaliza (*the term is brought to an end*) en el momento en que una de ellas así lo decida (*determine*).[3]

Uno de los puntos más polémicos de los contratos de arrendamiento de locales comerciales (*commercial leases*) es la interpretación (*construing*)[4] de las cláusulas de revisión (*rent review clauses*). El sentido de algunas de estas cláusulas, como la que a continuación presentamos, no es siempre fácil de interpretar, especialmente cuando ha pasado cierto tiempo:

Under[5] the terms of the lease the rent is to be increased[6] to the best market rent obtainable for the property[7] "subject to[8] the provisions of this lease (other than the amount of rent hereby reserved) for a term equal to the unexpired residue".[9]

2. La palabra *eviction* es un falso amigo, es decir, no tiene nada que ver con «evicción» en español. (Véase el punto 8 del capítulo cinco.)

3. En EE. UU. a los arrendamientos cuyas rentas son revisables se les llama *graduated leases*, y *fixed-straight leases* a los que no los son.

4. Véase el punto 6 del capítulo dos.

5. *under*: a tenor de [de acuerdo con].

6. *the rent is to be increased*: la renta se aumentará.

7. *to the best market rent obtainable for the property*: hasta la mejor renta alcanzable por este inmueble en el mercado.

8. *subject to*: teniendo en cuenta.

9. *for a term equal to the unexpired residue*: por un período de tiempo igual al que queda por cumplir.

En sus resoluciones, los jueces se suelen basar en el axioma de que en un contrato las partes contratantes (*that the parties to a contract*) se obligan (*are bound*) no por lo que quisieron decir (*not by what they intended to say*) sino por lo que realmente dijeron (*but by what they actually did say*). Y para entender qué es lo que realmente dijeron, los jueces tienen en cuenta dos principios lingüísticos: la polisemia[10] del lenguaje y el contexto[11] en el que se llevan a cabo las negociaciones, ya que no hay ninguna transacción que se celebre (*take place*) en el vacío (*in a void*).

En el procedimiento seguido en la interpretación (*construction*) se parte del «significado literal» de la cláusula contractual (*covenant*), entendiendo por significado literal el que se había otorgado en la interpretación de resoluciones judiciales de casos similares. Después, si con las palabras polisémicas se llegara a interpretaciones claramente absurdas (*manifestly absurd*), como el que alguien, ya el arrendador (*landlord*) ya el arrendatario (*tenant*), fuera contra sus propios intereses, se aplicaría el sentido común (*common sense*), basándose en el significado que más concordase con el objeto comercial (*commercial purpose*) del contrato de arrendamiento, sin perder nunca de vista el contexto en que se había firmado el mismo.

No obstante, en la búsqueda de un resultado justo (*a fair result*), los tribunales tienen con frecuencia que recurrir a análisis lingüísticos tan alambicados que, en alguna ocasión, se les ha acusado de dar una nueva redacción (*re-write*) a los contratos firmados por las partes (*the contract actually entered by the parties*).

El **texto** que sigue hace referencia al recurso presentado ante el Tribunal de Apelación (*The Court of Appeal*) por un arrendatario que arguye que debe entenderse a su favor la presunción de que existía arrendamiento periódico (*a presumption in favour of periodic tenancy*), porque tenía pruebas que demostraban que estaba en posesión del local (*in possession of the property*), es decir, lo ocupaba bajo su control y responsabilidad con la intención de utilizarlo, y que había satisfecho la renta trimestral (*payment of quarterly rent*). Sin embargo, para el Tribunal de Apelación el hecho de que ocupara el local puede entenderse como una medida provisional (*as an interim measure*) a la espera de que (*in the expectation that*) se regulara la situación en su momento oportuno (*in due course*), cuando terminaran las conversaciones (*discussions*) entre las partes. Por tanto, se debe ser prudente (*caution must be exercised*) antes de inferir o imputar (*inferring or imputing*) que había intención de firmar el tipo de arrendamiento pretendido por el demandante.

El **documento** es un contrato de arrendamiento, seguido de una notificación de desalojo.

---

10.   Véase el punto 5 del capítulo cinco.
11.   Véanse los bloques del contexto en el punto 6 del capítulo dos.

2.   **Texto:**[12] Rachel Davies (Barrister): "Tenant at Will[13] Loses Premises." *FT Law Reports.*[14] Financial Times (May 15, 1990).

JAVID *v.* AQIL. Court of Appeal. Lord Justice Mustill, Lord Justice Ralph Gibson and Lord Justice Nicholls.

A[15] PROSPECTIVE tenant who pays quarterly rent for possession of premises[16] pending negotiation of the lease[17] is not presumed to have acquired a quarterly tenancy,[18] unless circumstances imply[19] that was the parties' intention; and accordingly, where their intention is unascertainable[20] in that[21] they fail to agree terms,[22] he acquires only[23] a tenancy at will[24] terminable[25] without notice.[26]

The Court of Appeal so held[27] when dismissing an appeal[28] by the defendant[29] Mr Aqil, from Judge Stucley's decision in the County Court ordering him[30] to give up possession[31] of business premises[32] to the plaintiff owner, Mr Javid.

12.   En las notas a pie de página se proponen, entre corchetes, otras opciones de traducción, que pueden ser tan válidas como la primera; entre paréntesis se dan aclaraciones. Los verbos aparecen normalmente en infinitivo. Si se ofrece un tiempo verbal, éste sólo tiene carácter aproximativo y es, por tanto, susceptible de modificación, de acuerdo con la perspectiva temporal adoptada por el traductor. Por ejemplo, en español el llamado «presente histórico» será a veces más conveniente que los tiempos pasados del texto original inglés.

13.   *tenant at will*: inquilino sin plazo fijo.

14.   Véase la nota 10 del capítulo seis sobre la organización de los «Repertorios de Jurisprudencia del *Financial Times*».

15.   El párrafo primero de muchos de estos repertorios de jurisprudencia comienza con una generalización, que normalmente se materializa con el artículo *a/an* o con un nombre en plural; en castellano se prefiere el artículo determinado «el», «la», el nombre en plural, o determinantes como «cualquier», «todo», etc.

16.   *premises*: local.

17.   *lease*: contrato de arrendamiento.

18.   No debe suponerse que necesariamente adquiere la condición de inquilino periódico, el que durante la fase de negociaciones del arrendamiento pague una renta trimestral por el alquiler de un local. Véase el punto 9.6 del capítulo cinco sobre diversas traducciones de este fragmento.

19.   *imply*: dar a entender [indicar].

20.   *where their intention is unascertainable*: en los casos en que no se puede determinar cuál era su intención.

21.   *in that*: ya que [teniendo en cuenta que, porque].

22.   *in that they fail to agree terms*: ya que no alcanzan un acuerdo [ya que no se ponen de acuerdo] en cuanto a las condiciones.

23.   *acquires only*: accede [tiene derecho] sólo.

24.   *tenancy at will*: inquilinato sin plazo fijo.

25.   *terminable*: rescindible [extinguible].

26.   *without notice*: sin previo aviso.

27.   *The Court of Appeal so held*: así lo consideró [estimó] el Tribunal de Apelación.

28.   *dismiss an appeal*: desestimar un recurso de apelación.

29.   *appeal by the defendant*: recurso del demandado.

30.   *from Judge Stucley's decision in the County Court ordering him*: contra la resolución del Juez Stucley dictada en el Tribunal de Condado en la que le ordena.

31.   *give up possession to*: devolver [entregar, dejar la tenencia a].

32.   *business premises*: locales [de negocio] comerciales.

LORD JUSTICE NICHOLLS said[33] that Mr Javid owned a property[34] at 188 Brick Lane, London E1.

On June 25 1985 he met Mr Aqil[35] for the first time. Mr Aqil had lost his place of business[36] and had nowhere to continue manufacturing leather goods.[37] The two of them discussed terms[38] for the grant[39] of a lease[40] of 188 Brick Lane.

From the beginning there were difficulties. For instance, there was disagreement on whether Mr Aqil should be free to sublet part of the property.[41]

Mr Aqil was in an awkward[42] situation. He had nowhere to go and he needed somewhere to leave his stock. Mr Javid took pity on him.[43] Mr Aqil paid £2,500 and was given the keys, in anticipation[44] that they would be able to agree terms of a lease[45] in due course.[46] Mr Javid signed a receipt for £2,500 received "as rent for three months in advance".[47]

Mr Aqil moved in[48], but Mr Javid had workmen there carrying out structural repairs.[49] That led to disagreement[50] between the parties and after a fortnight[51] Mr Aqil moved out.[52] His solicitors asked for "the deposit" to be returned.[53]

After a short while[54] the parties composed their differences[55] sufficiently for Mr Aqil to move back.[56] Their solicitors were in communication[57] regarding the proposed terms of the lease.

33. *said*: expuso.

34. *own a property*: ser el dueño de un inmueble.

35. *met Mr Aqil for the first time*: conoció a Mr Aqil.

36. *place of business*: local [de negocio] comercial.

37. *leather goods*: productos de marroquinería.

38. *discuss terms*: hablar de las condiciones.

39. *grant*: concesión.

40. *lease*: alquiler.

41. *Mr Aqil should be free to sublet part of the property*: debería tener libertad para subarrendar parte del inmueble.

42. *awkward*: difícil [embarazosa].

43. *take pity on him*: compadecerse de.

44. *in anticipation*: confiando que [con la esperanza de que].

45. *agree terms of a lease*: ponerse de acuerdo sobre los términos y condiciones del contrato de arrendamiento.

46. *in due course*: en su momento oportuno [oportunamente].

47. *as rent for three months in advance*: en concepto de anticipo de alquiler trimestral.

48. *move in*: instalarse en [comenzar a habitar en].

49. *workmen there carrying out structural repairs*: obreros realizando reparaciones estructurales.

50. *that led to disagreement*: lo anterior fue motivo de desacuerdo.

51. *after a fortnight*: al cabo de dos semanas.

52. *move out*: mudarse [desalojar o dejar una vivienda local].

53. *his solicitors asked for "the deposit" to be returned*: sus abogados solicitaron la devolución del depósito.

54. *after a short while*: pasado cierto tiempo.

55. *compose their differences*: limar sus diferencias/discrepancias.

56. *sufficiently for Mr Aqil to move back*: lo suficiente como para que Mr Aqil volviera [hasta tal punto que Mr Aqil regresó].

57. *be in communication*: mantener conversaciones.

By September 30 matters[58] had progressed to the stage[59] of engrossment of the lease for execution[60] together with a[61] completion statement[62] made up as at October 21.[63] The lease was for 10 years at £10,000 a year payable quarterly in advance of the usual quarter days.[64]

Eventually Mr Javid's workmen left the property.[65] Mr Aqil found it still had many shortcomings.[66] He spent £2,000 installing electric wiring.

Completion did not take place on October 21.[67] Mr Aqil was ordered to pay the rent quarterly in advance,[68] but he objected to paying an additional £2,500[69] as[70] a deposit in respect of potential damage to the property[71] and arrears[72] of rent. On November 11 he made a second payment to Mr Javid, of £1,878, the difference representing insurance.[73]

By mid-December Mr Javid's solicitors were pressing for completion.[74] On January 10 1986 Mr Aqil paid another quarter's rent in advance.[75] Mr Javid pressed again for completion by January 14. The parties were unable to resolve their disagreement about payment of deposit. On July 4 Mr Javid commenced possession proceedings.[76]

Judge Stucley gave judgment[77] in favour of Mr Javid on December 14 1987. Mr Aqil now appealed.[78]

The sole issue[79] was whether Mr Aqil went into occupation as a tenant at will, or as a quarterly tenant.[80]

58.   *matters*: la situación [las cosas].

59.   *stage*: fase [punto].

60.   *engrossment of the lease for execution*: redacción definitiva del borrador de arrendamiento listo para su otorgamiento.

61.   *together with*: que [la cual] incluía.

62.   *completion statement*: compromiso de formalización.

63.   *made up as at October 21*: fijado para el 21 de octubre.

64.   *payable quarterly in advance of the usual quarter days*: pagaderos por trimestres anticipados en los días marcados por la ley. Los *quarter days* son los días de pago del alquiler trimestral; estos días son: 25 de marzo (*Lady Day*), 24 de junio (*Midsummer Day*), 29 de septiembre (*Michaelmas Day*) y 25 de diciembre (*Christmas Day*).

65.   *property*: inmueble.

66.   *shortcomings*: inconvenientes [fallos, faltaban muchas cosas por arreglar].

67.   *completion did not take place on October 21*: la formalización [firma] del contrato no se celebró el 21 de octubre.

68.   *quarterly in advance*: por trimestres anticipados.

69.   *he objected to paying an additional £2,500*: se negó a pagar una cantidad suplementaria de 2.500 libras.

70.   *as*: en concepto.

71.   *in respect of potential damage to the property*: respecto de los posibles daños que podría causar al inmueble.

72.   *arrears*: deudas [atrasos].

73.   *the difference representing insurance*: siendo la diferencia por el importe del seguro.

74.   *were pressing for completion*: insistieron en la firma [formalización] del contrato.

75.   *Mr Aqil paid another quarter's rent in advance*: Mr Aqil pagó otro trimestre por adelantado.

76.   *commence possession proceedings*: instar un juicio de desahucio.

77.   *give judgment in favour of*: dictar sentencia a favor de [dar la razón a].

78.   *Mr Aqil now appealed*: es en este momento cuando recurre Mr Aqil.

79.   *issue*: punto en litigio.

80.   *the sole issue was whether Mr Aqil went into occupation as a tenant at will, or as a quarterly tenant*: la única cuestión que había que determinar era si Mr Aqil ocupaba los locales en calidad de inquilino sin plazo fijo (denunciable por cualquiera de las partes) o como inquilino con contrato periódico.

A tenancy at will existed where either party might determine it at any time.[81] A periodic tenancy was one which continued from period to period[82] indefinitely until determined by proper notice.[83]

Mr Javid asserted[84] that he had allowed Mr Aqil into possession as a tenant at will,[85] pending[86] the outcome of negotiations.

Mr Aqil pleaded that he held a periodic tenancy.[87]

Mr Harvey, for[88] Mr Aqil, submitted[89] that proof of possession and payment of quarterly rent raised[90] a presumption in favour of periodic tenancy[91] which could only be rebutted[92] by express agreement for a tenancy at will.

His submissions were not accepted.[93]

Tenancy sprang[94] from a consensual arrangement between two parties. The extent[95] of the right granted and accepted[96] depended primarily on the intention of the parties.

As with other consensually based arrangements,[97] parties frequently proceeded with[98] an arrangement[99] whereby[100] one person took possession of another's land[101] for payment, without having agreed or directed their minds[102] to one or more fundamental aspects of the transaction.

In such cases[103] the law, where appropriate,[104] had to step in[105] and fill the gaps[106]

---

81. *a tenancy at will existed where either party might determine it at any time*: (se dice que) hay contrato de arrendamiento sin plazo fijo cuando una de las partes puede resolverlo en cualquier momento.

82. *continue from period to period*: renovarse periódicamente.

83. *until determined by proper notice*: hasta que se resuelve con la notificación oportuna.

84. *assert*: afirmar.

85. *he had allowed Mr Aqil into possession as a tenant at will*: había permitido tomar posesión como nquilino sin plazo fijo.

86. *pending*: a la espera de.

87. *Mr Aqil pleaded that he held a periodic tenancy*: Mr Aqil alegó que el suyo era un inquilinato periódico.

88. *for*: en nombre de [abogado de].

89. *submit*: argüir [exponer, alegar].

90. *raise*: suscitar [implicar, dar pie].

91. *raised a presumption in favour of periodic tenancy*: daba pie a la presunción de [suponer] que existía un contrato periódico.

92. *rebut*: refutar [rebatir, desvirtuar].

93. *his submissions were not accepted*: no se aceptaron sus tesis [argumentos, alegaciones].

94. *spring*: surgir.

95. *extent*: extensión [ámbito, límites].

96. *granted and accepted*: otorgado y aceptado.

97. *as with other consensually based arrangements*: como sucede con otros acuerdos consensuados [basados en el consenso].

98. *proceed*: obrar [actuar, proceder, ejecutar, valerse de, recurrir, poner en marcha].

99. *proceeded with an arrangement*: ejecutaban un acuerdo.

100. *whereby*: por el que.

101. *land*: propiedad.

102. *without having agreed or directed their minds*: sin haber acordado o haberse preocupado.

103. *in such cases*: en casos como éstos.

104. *where appropriate*: donde proceda.

105. *law... has to step in*: las leyes tienen que salir al paso.

106. *fill the gaps*: llenar las lagunas.

in a way which was sensible and reasonable.[107] It would imply from what was agreed and all the surrounding circumstances,[108] the terms the parties intended to apply.[109]

Thus, if one party permitted another to go into possession on payment of rent at so much per week or month, failing more[110] the inference sensibly and reasonably to be drawn[111] was that the parties intended there should be a weekly or monthly tenancy.

The qualification[112] "failing more" was emphasised.[113]

Frequently there would be more. Nowadays there normally would be other material[114] surrounding circumstances.[115] The simple situation was unlikely to arise often,[116] not least[117] because of[118] the extent to which statute had intervened in landlord/tenant relationships.[119]

Where there was more than the simple situation the inference sensibly and reasonably to be drawn[120] would depend on a fair consideration of all the circumstances,[121] of which payment of rent on a periodical basis was only one.[122]

Where parties were negotiating the terms of a proposed lease and the prospective tenant[123] was let into possession or permitted to remain in possession in advance of or in anticipation of terms being agreed,[124] the fact that the parties had not yet agreed terms would be a factor to be taken into account in ascertaining[125] their intention. It would often be a weighty[126] factor.

---

107. *in a way which was sensible and reasonable*: de una forma [lógica] razonable y justa.

108. *from what was agreed and all the surrounding circumstances*: a partir de [teniendo en cuenta] lo que se acordó y las circunstancias concomitantes.

109. *it would imply... the terms the parties intended to apply*: (el derecho) inferiría [extraería] los términos [condiciones] que las partes deseaban aplicar.

110. *failing more*: a falta de otras pruebas.

111. *the inference sensibly and reasonably to be drawn*: la conclusión lógica [sensata y razonable] que se puede sacar.

112. *qualification*: limitación [restricción].

113. *the qualification "failing more" was emphasised*: la restricción «a falta de otras pruebas» fue puesta de relieve.

114. *material*: importante.

115. *other material surrounding circumstances*: otras circunstancias concomitantes de peso [significativas].

116. *the simple situation was unlikely to arise often*: era poco probable que con frecuencia se diera [surgiera] una situación simple o clara.

117. *not least*: sobre todo, especialmente.

118. *because of*: habida cuenta.

119. *the extent to which statute had intervened in landlord/tenant relationships*: el grado en que las leyes habían mediatizado las relaciones entre el arrendador y el inquilino.

120. *the inference sensibly and reasonably to be drawn*: la conclusión lógica que se puede sacar.

121. *on a fair consideration of all the circumstances*: de un examen [una ponderación] imparcial de todas las circunstancias.

122. *of which payment of rent on a periodical basis was only one*: de las cuales el régimen del pago del alquiler era sólo una de ellas.

123. *the prospective tenant*: inquilino potencial.

124. *in advance of or in anticipation of terms being agreed*: previendo [por anticipado de] las condiciones que se pactarían.

125. *ascertain*: averiguar [determinar].

126. *weighty*: importante [considerable, de peso].

Frequently in such cases a sum called "rent" was paid in accordance with the terms of the proposed lease. But depending on all the circumstances, parties were not to be supposed thereby to have agreed that[127] the prospective tenant should be a quarterly tenant.

They could not sensibly be taken to have agreed that he should have a periodic tenancy[128] with all the consequences flowing from that,[129] at a time when they were still not agreed about the terms, and when he had been permitted to go into possession as an interim measure[130] in the expectation that all would be regulated and regularised in due course.[131]

When and so long as such parties were in the throes of negotiating larger terms,[132] caution must be exercised[133] before inferring or imposing an intention to give the occupant more than a very limited interest, be it licence or tenancy.[134]

In *Doe v. Crago (1848) 6CB 90* Chief Justice Wilde said that on proof of payment of rent[135] in respect of[136] premises ordinarily let from year to year, "the law will imply[137] that the party making the payment holds under a tenancy from year to year[138] ... But it is competent to either the receiver or the payer of such rent[139] to prove the circumstances under which the payments for rent were so made,[140] and by such circumstances to repel[141] the legal implication which could result from the receipt of rent, unexplained".[142]

---

127.   *parties were not to be supposed thereby to have agreed that*: no hay razón para suponer que las partes acordaron que.

128.   *they could not sensibly be taken to have agreed that he should have a periodic tenancy*: no es lógico pensar que acordaran que él tendría un contrato de arrendamiento periódico.

129.   *with all the consequences flowing from that*: con todas la consecuencias que del mismo dimanar.

130.   *as an interim measure*: como medida provisional.

131.   *in the expectation that all would be regulated and regularised in due course*: con la esperanza de que todo quedaría regulado y regularizado a su debido tiempo [en el momento oportuno].

132.   *when and so long as such parties were in the throes of negotiating larger terms*: cuando las partes se encuentren en pleno proceso de negociar [en medio de la negociación de la] las principales condiciones del contrato, y mientras dure esa situación; *in the throes of*: en las angustias de.

133.   *caution must be exercised*: se debe ser cauto/prudente [se debe actuar con cautela].

134.   *before inferring or imposing an intention to give the occupant more than a very limited interest, be it licence or tenancy*: antes de suponer o de atribuir una intención de otorgar al inquilino un derecho, excepto [a no ser que se trate de] uno muy limitado, ya como licencia (subarriendo) ya como contrato de arrendamiento.

135.   *on proof of payment of rent*: con [basándose en] la prueba del pago de la renta.

136.   *in respect of*: respecto de.

137.   *the law will imply*: la ley entenderá [presumirá].

138.   *that the party making the payment holds under a tenancy from year to year*: que la parte que efectúa el pago lo hace en régimen de arrendamiento periódico [anual] de año a año.

139.   *it is competent to either the receiver or the payer of such rent*: es responsabilidad del que cobra o del que paga la renta.

140.   *to prove the circumstances under which the payments for rent were so made*: demostrar las cicunstancias a tenor de las cuales se hicieron los pagos del alquiler.

141.   *and by such circumstances to repel*: y sirviéndose de dichas circunstancias refutar [impugnar].

142.   *the legal implication which could result from the receipt of rent, unexplained*: la presuncion legal que podría resultar si el recibo de la renta quedara sin explicar.

The case was clear authority[143] for the proposition that regard must be had to the particular circumstances in which the rent payments were made.[144]

So far as could be seen from the authorities, the principle had never been doubted.[145] The decision was inconsistent with Mr Harvey's submissions.[146]

Mr Harvey relied on[147] a brief passage in the judgment in[148] *D'Silva v. Lister House Development (1971) Ch 17,31,* where Mr Justice Buckley, holding that a lease had been executed,[149] considered the position if he were wrong[150] and said with regard to entry into possession on payment of a quarter's rent,[151] "If I... assume that there never has been any effective lease, the effect must be that the plaintiff became a quarterly tenant".[152]

Mr Justice Buckley was doing no more than[153] applying the established principle[154] to the particular facts of the case.

None of the recent authorities supported Mr Harvey's submissions.[155]

Judge Stucley held that no periodic tenancy was created when Mr Aqil moved his stock into 188 Brick Lane, because there were too many outstanding differences between the parties. He gave as an example the disagreement over subletting.[156]

There was no ground for disturbing the judge's conclusion.[157]

---

143. *the case was clear authority*: el proceso (citado) servía de doctrina jurídica clara.

144. *for the proposition that regard must be had to the particular circumstances in which the rent payments were made*: para la regla [enunciado, proposición] de que se han de examinar con atención las circunstancias especiales en que se efectuaban los pagos de la renta.

145. *so far as could be seen from the authorities, the principle had never been doubted*: por lo que se podía deducir de la doctrina jurídica, el principio nunca fue puesto en duda.

146. *the decision was inconsistent with Mr Harvey's submissions*: la resolución no guardaba coherencia con las tesis de Mr Harvey.

147. *relied on*: se basó.

148. *Mr Harvey relied on a brief passage in the judgment in*: Mr Harvey se basaba en un breve pasaje del fallo contenido en el proceso.

149. *holding that a lease had been executed*: considerando que se había otorgado el contrato de arrendamiento.

150. *considered the position if he were wrong*: consideró cuál sería la situación si estuviera equivocado.

151. *entry into possession on payment of a quarter's rent*: toma efectiva de posesión previo pago del alquiler de un trimestre.

152. *if I... assume that there never has been any effective lease, the effect must be that the plaintiff became a quarterly tenant*: si parto del supuesto de que nunca ha existido un contrato de arrendamiento efectivo, la conclusión debe ser que el demandante pasó a ser inquilino en régimen de alquiler trimestral.

153. *was doing no more than*: no hacía otra cosa que.

154. *established principle*: principio asentado.

155. *none of the recent authorities supported Mr Harvey's submissions*: de las doctrinas jurídicas recientes, ninguna respaldaba las tesis de Mr Harvey.

156. *Judge Stucley held that no periodic tenancy was created when Mr Aqil moved his stock into 188 Brick Lane, because there were too many outstanding differences between the parties. He gave as an example the disagreement over subletting*: el juez Stucley estimó que no se creó arrendamiento periódico cuando Mr Aqil trasladó su material al número 188 de Brick Lane, porque quedaban muchas cuestiones por resolver entre las partes y, como ejemplo, citó el desacuerdo sobre el subarriendo.

157. *there was no ground for disturbing the judge's conclusion*: (el tribunal de Apelación estimó que) no había fundamentos para alterar [modificar] la conclusión a la que había llegado el juez (Stucley).

For Mr Javid: Colin Challenger (Hawker and Co).
For Mr Aqil: Peter Harvey (Kumar and Co. Ilford).

3. **Documento**.   Contrato de arrendamiento. Comunicación de desalojo.[158]

THIS[159] LEASE AGREEMENT[160] entered into this 19th day of February A.D.,
1993 by and between Mr John Sullivan, hereinafter referred to as the Lessor and Mr
Peter Stone, hereinafter referred to as the Lessee.

Witnesseth[161] that[162] in consideration of[163] the rental below specified and of the
covenant hereinafter stipulated, the Lessor agrees to lease the following described
premises situated at No. 24 River Avenue, Alexandria, Bel Air County, State of
Oregon, legally described as:

To[164] have and to hold the demised premises[165] unto the lessee, his successors and
assigns for the term of three years, commencing the 14th day of January A.D., 1993
and ending the 13th day of January, A.D., 1996.

The[166] rent for the term of this lease is $36,000, payable without demand or
notice[167] in equal monthly installments[168] of $1,000 on the day of each and every
month of the term hereof beginning on the 14th day of January, A.D., 1993. Receipt
is hereby acknowledged by the Lessor of the first month's rental in advance and
$3,000 as security deposit.[169]

The[170] use of the premises shall be for dwelling[171] and for no other purpose
except with the written consent of the Lessor.

The[172] Lessee may not assign this lease or to sublet any part of said premises
without the written consent of the Lessor.

The[173] Lessor hereby agrees to keep the entire exterior portion of the premises in
good repair and maintenance. The Lessee shall give written notice[174] to the Lessor of
necessary repairs and the Lessor shall have a reasonable time to make same.

---

158.   La mayoría de los párrafos de estos contratos están normalizados.
159.   Párrafo de la fecha y las partes (*date and parties*).
160.   *this lease agreement*: este contrato de arrendamiento.
161.   Párrafo de descripción del inmueble arrendado (*description of the demised premises*).
162.   *witnesseth that*: da fe de [atestigua, testimonia] que.
163.   *in consideration of*: mediante [por] el pago de. Véase la *Introducción* del capítulo seis
164.   Párrafo referido al tiempo del contrato (*term*).
165.   *the demised premises*: el inmueble [local] alquilado.
166.   Párrafo de la renta (*rent paragraph*).
167.   *without demand or notice*: sin que sea preciso exigírselo o notificárselo.
168.   *monthly installments*: mensualidades.
169.   *Receipt is hereby acknowledged by the Lessor of the first month's rental in advance and
$3,000 as security deposit*: por medio de este documento el arrendador reconoce haber recibido la
primera mensualidad por adelantado y un depósito de 3.000 dólares.
170.   Párrafo referido al uso (*use paragraph*).
171.   *dwelling*: vivienda.
172.   Párrafo sobre traspasos (*assignment paragraph*).
173.   Párrafo sobre el mantenimiento correspondiente al arrendador (*lessor's maintenance
responsibilities*).
174.   *shall give written notice*: notificará por escrito.

The[175] Lessee agrees to maintain the interior portion of the premise in good repair at all times. However, alterations, additions or structural improvements made to the premises must have the written consent of the Lessor. Said alterations, additions or structural improvements shall remain a part of the premises at the conclusion of the term of this lease.

The[176] Lessee agrees to carry adequate public liability insurance with a bona fide insurance company[177] maintaining sufficient protection against any injuries or damages sustained by individuals while upon the demised premises for which the Lessor and Lessee may become liable.

The[178] said Lessee hereby covenants and agrees that if a default shall be made in the payment of rent[179] or if the Lessee shall violate any of the covenants of this lease,[180] then said lessee shall become a tenant at sufferance,[181] hereby waiving all right of notice,[182] and the Lessor shall be entitled immediately to re-enter and retake possession[183] of the demised premises.

The[184] lessee agrees to quit and deliver up said premises at the end of said term in good condition as they are now, ordinary wear and tear excepted.[185]

The[186] Lessee has the option to renew this lease for a further term of 3 years beginning the 14th day of January A.D., 1996 and ending the 13th day of January, A.D., 1999 for a total rental of $48,000 payable $4,000 per month. All other terms and conditions of this lease agreement shall remain in full force and effect.[187]

As[188] long as the Lessee performs all of the covenants and conditions of this lease[189] and abides by the rules and regulations[190] he shall have peaceful and quiet enjoyment of the demised premises for the term of this lease.[191]

---

175. Párrafo sobre el mantenimiento correspondiente al arrendatario (*lessee's maintenance responsibilities*).

176. Párrafo referido al seguro (*insurance paragraph*).

177. *agrees to carry adequate public liability insurance with a bona fide insurance company*: acepta contratar el seguro de responsabilidad civil oportuno con una compañía de prestigio [seria, conocida].

178. Párrafo sobre acciones por impago de la renta (*default remedies*).

179. *that if a default shall be made in the payment of rent*: que si incumpliera el pago del alquiler.

180. *or if the Lessee shall violate any of the covenants of this lease*: o si el arrendatario quebrantara alguno de los pactos de este contrato.

181. *tenant at sufferance*: inquilino por tolerancia.

182. *hereby waiving all right of notice*: renunciando a todo derecho de notificación.

183. *the lessor shall be entitled immediately to re-enter and retake possession*: recuperando el arrendador automáticamente el derecho a entrar en dicho local y a recuperar la posesión del mismo.

184. Párrafo referido a la extinción del contrato (*termination*).

185. *ordinary wear and tear excepted*: exceptuado el desgaste lógico debido al uso.

186. Párrafo referido a la opción de renovación (*option*).

187. *all other terms and conditions of this lease agreement shall remain in full force and effect*: conservando su plena vigencia los demás términos y condiciones.

188. Párrafo referido al uso y disfrute (*quiet enjoyment*).

189. *performs all of the covenants and conditions of this lease*: cumpla todos los pactos y condiciones de este contrato.

190. *and abides by the rules and regulations*: y se atiene a las normas y reglamentos.

191. *for the term of this lease*: durante la vigencia de este contrato de arrendamiento.

In[192] witness whereof,[193] the Lessor and Lessee have executed this lease[194] the day and year first[195] above written.

EVICTION NOTICE[196]

Notice date: 12th January, 1933
To: Mr John M. Smith.

Please take notice[197] that your tenancy agreement[198] is hereby terminated[199] for the reason stated below,[200] on the effective date indicated:[201]

REASON

1. Non-payment[202] of rents[203] due[204] on 24th March 1992.
2. Landlord desires to terminate the month to month tenancy agreement.
3. For violation of the following provisions of the Residential Rental Agreement,[205] to wit:[206] causing repeated nuisance[207] through noise and other anti-social behaviour.[208]
4. Violation of the following Health and Safety provisions[209] that constitute a serious threat, namely keeping dangerous animals.[210]

EFFECTIVE DATE

1. If reason Number 1 above (non-payment of rent), the effective date is Seven (7) days after the date of this notice.[211]
2. If reason Number 2 above (Landlord desires to terminate agreeement), the effective date is Thirty Days (7) days after the date of this notice.

192. Párrafo de firmas de las partes y de los testigos (*signatures and witnesses*).
193. *in witness whereof*: en testimonio de lo cual.
194. *have executed this lease*: otorgan este contrato de arrendamiento.
195. *the day and year first above written*: de la fecha *ut supra*.
196. *eviction notice*: notificación de desalojo.
197. *Please take notice*: por la presente le hago saber.
198. *tenancy agreement*: contrato de alquiler.
199. *is hereby terminated*: queda resuelto por la presente.
200. *for the reason stated below*: por el motivo abajo indicado.
201. *on the effective date indicated*: a partir de la fecha efectiva que se señala.
202. *non-payment*: impago.
203. *rent*: alquiler, renta.
204. *due*: vencido, debido.
205. *Residential Rental Agreement*: contrato de alquiler.
206. *to wit*: a saber.
207. *nuisance*: Véase la nota 3 del capítulo seis.
208. Se indicará la disposición que ha violado.
209. *health and safety provisions*: disposiciones sobre salubridad y seguridad.
210. Se indicará la disposición que ha violado.
211. *date of this notice*: día de la notificación.

3. If reason Number 3 above (violation of tenancy agreement), the effective date is Fourteen Days (7) days after the date of this notice, if the violation is not corrected.[212]

4. If reason Number 4 above (violation of health and safety provisions tenancy agreement), the effective date is Fourteen Days (7) days after the date of this notice, if the violation are not corrected within Ten (10) days of said Notice Date.

Dated this 1st day of April 1992.

Landlord or Agent for Landlord

---

212. *correct*: corregir, enmendar, rectificar.

VIII. CONTRATOS (III): EL CONTRATO DE TRABAJO[1]

1. Introducción. Los contratos de trabajo

El derecho laboral (*labour law*), llamado también *employment law*, trata, entre otras cuestiones, de los contratos de trabajo que, hasta hace poco, eran conocidos con el nombre de «relación entre amos y sirvientes» (*master and servant relationship*). En una sentencia reciente, la Cámara de los Lores,[2] en su función de Tribunal Supremo o última instancia de apelación, todavía utiliza el término *servant* para referirse al empleado:[3]

> ... the question is whether the circumstances under which a <u>servant</u> has made the fraudulent misrepresentation[4] which has caused loss to an innocent party [...] Such circumstances exist where the <u>employer</u> by words or conduct has induced the innocent party to believe that the <u>servant</u> was acting in a lawful course [...] They do not exist where such belief [...] has been brought about through misguided reliance on the <u>servant</u> himself, when the <u>servant</u> is not authorised to do what he is purporting to do...[5]

Gran parte del derecho laboral pertenece al *common law*, por ejemplo, el que regula la capacidad que tiene la empresa de despedir en el acto (*at once*) a un empleado por mala conducta (*misconduct*), ya sea negligencia (*neglect*), estado de embriaguez (*drunkenness*) o desobediencia (*disobedience*). No obstante, y como es de suponer, en una sociedad moderna y tecnificada el

---

1. contrato de trabajo: *employment contract* o *contract of employment*.
2. *Armagas Ltd. v. Mundogas S.A.*
3. Curiosamente al patrono no le llama *master* sino *employer*. En los textos jurídicos modernos se prefiere el término «empresario» al de «patrono».
4. *fraudulent misrepresentation*: falsedad fraudulenta.
5. *Master* y *servant* cada vez se usan menos, prefiriéndose, en su lugar, *employer* (empresario, patrono) y *employee* (empleado). La palabra *servant*, no obstante, aún se utiliza en la expresión *civil servant* (funcionario público); también aparece en el texto "Dismissed Director cannot Claim Damages for Lost Share Option" en la pág. 165, al hacer alusión al proceso *Gunton v. Richmond-upon-Thames (1980)*, en el que las relaciones entre la empresa y el empleado se tratan como *relationship of master and servant*.

Parlamento tiene que aprobar leyes que respondan a las necesidades y los problemas actuales, por lo que se puede decir que, cada vez más, el derecho laboral es más «derecho legislado» (*statute law*) que *common law*.

Existe libertad de contratación (*freedom of contract*),[6] es decir, el derecho protege la facultad que tienen las partes interesadas de firmar un contrato (*enter into a contract*) en los términos y condiciones que acuerden (*on whatever terms the parties agree upon*), aunque, con el fin de proteger a la parte más débil (*so as to protect the weaker party*), establece ciertas excepciones (*the law provides certain exceptions*). Los contratos de trabajo, que pueden ser a tiempo completo (*full time*) o a tiempo parcial (*part-time*), normalmente se formalizan por escrito, a pesar de que esta circunstancia no es siempre necesaria para que sean vinculantes (*binding*), ya que, en caso de conflicto entre las partes, se acude (*resort to*) a las obligaciones (*duties*) que impone la ley a (*imposed by the law on*) los empresarios (*employers*)[7] y a los empleados, a las que se derivan de los convenios colectivos (*collective bargaining*) y a las que establecen el uso y las costumbres (*custom and practice*).

La Ley de Relaciones Laborales de 1971 (*The Industrial*[8] *Relations Act 1971*)[9] introdujo varias novedades, que han sido actualizadas con la Ley de Protección al Empleo de 1978 (*Employment Protection Act 1978*) y la Ley del Empleo de 1989 (*The Employment Act 1989*). Esta última, además de poner al día (*update*) muchas cuestiones, deroga (*repeals*) otras por anticuadas (*outdated*); entre las actualizadas merecen ser citadas la edad de jubilación (*retiring age*), el despido improcedente (*unfair dismissal*) y las indemnizaciones (*redundancy payments*) causadas por despidos originados en expedientes de regulación de plantilla o de excedentes laborales (*redundancies*).

De acuerdo con la legislación antes citada, los empleados y las empleadas tienen derecho, entre otros, a seguridad e higiene en el trabajo (*health and safety at work*), al disfrute de vacaciones retribuidas (*paid*

---

6. Al trabajador autónomo se le llama *self-employed* y también *independent contractor*.

7. El calco «empleador» se utiliza a veces, en lugar de «patrono» o «empresario», en algunos medios periodísticos, económicos y laborales.

8. El término *industrial* se aplica en el Reino Unido al mundo de lo socio-laboral de la empresa, como en *industrial accident* (accidente laboral), *industrial action* (medidas reivindicativas, de conflicto colectivo o de fuerza; acciones de reivindicación), *industrial arbitration* (arbitraje entre empresa y obreros), *industrial dispute* (conflicto laboral); en cambio, *corporate* se aplica a lo relacionado con las sociedades mercantiles o *companies*: *corporate assets* (activo social), *corporate body* (persona jurídica), *corporate capital* (capital social), *corporate group* (grupo de empresas), *corporate leader* (dirigente empresarial), *corporate logo* (logotipo social), *corporate name* (denominación social), *corporate stocks* (acciones de sociedades), *corporate tax* (impuesto de sociedades), etc. En Estados Unidos se usa *labor* en vez de *industrial*, como indicamos en la nota siguiente. Véase también el capítulo diez.

9. La ley correspondiente en Estados Unidos es *The National Labor Relations Act 1935*, también conocida con las siglas NLRA o como «Wagner Act».

holiday), así como a la indemnización correspondiente tanto por baja laboral por enfermedad (*statutory sick pay*) como por maternidad (*statutory maternity pay*) y, si tienen algún cargo sindical (*be an official of an independent trade union*), al tiempo necesario (*reasonable time off*) para el desempeño de sus funciones (*for carrying out union duties or activities*). El empresario, por su parte, es responsable subsidiario (*vicarious liable*) de los daños causados por el empleado a terceros en el curso de su trabajo (*in the course of his employment*), y está obligado, cuando le abone su salario o sueldo, a presentarle un estadillo pormenorizado (*itemized pay statement*) en el que se detallen (*specify*) el importe íntegro de su sueldo (*the gross pay*), el líquido (*the net pay*) y las deducciones (*deductions*), las cuales suelen corresponder a estos tres conceptos: el impuesto sobre la renta (*income tax*), de acuerdo con el esquema de «retenciones» (*withholdings arrangement*) llamado *PAYE* (*pay as you earn*), la cuota a la seguridad social (*social security contribution*) y la aportación al plan de pensiones (*pension scheme*).[10]

Los problemas o disputas laborales (*industrial disputes*) que surgen (*arise*) en el marco de las relaciones laborales (*industrial relations*) son resueltos (*are settled*) normalmente en las Magistraturas de Trabajo o Tribunales de lo Social (*Industrial Tribunals*),[11] presentando la correspondiente demanda (*bring a claim for/complaint*).[12] Pero antes de pasar al Tribunal de lo Social, los funcionarios[13] del Instituto de Mediación, Arbitraje y Conciliación (*Advisory, Conciliation and Arbitration Service*),[14] también conocido por su acrónimo ACAS,[15] deben intentar resolver el litigio por medio de la conciliación (*conciliation*). Si ésta no fuera posible y se hiciera necesaria la vista oral (*hearing*) en la Magistratura, las partes no podrán usar como prueba (*evidence*) en este tribunal la información confidencial manejada durante el proceso de conciliación. Una técnica utilizada por el tribunal, siempre con prudencia, para promover la conciliación y la transacción (*compromise*) entre las partes, consiste en anticiparles, en determinado momento de la vista, cuál puede ser su probable decisión sobre el asunto que es objeto del litigio.

---

10. Véase la *Introducción* del capítulo dieciséis sobre el significado del término *PAYE*.

11. Véase el punto 3 del capítulo dos (Los Tribunales Administrativos. Los Tribunales de lo Social).

12. En estos tribunales, a la demanda se la llama *claim* o *complaint*, y el demandante recibe el nombre de *claimant, complainant* o *applicant*. Este último término también significa «recurrente». Véase la nota 33 del capítulo tres; y el capítulo cuatro sobre las demandas en los tribunales ordinarios.

13. Estos funcionarios se llaman *conciliation officers* o «expertos en conciliaciones laborales».

14. En Estados Unidos se le llama *Mediation and Conciliation Service*. Véase también el capítulo trece.

15. *ACAS* se pronuncia *éikas* y es equivalente al SMAC español o Servicio de Mediación, Arbitraje y Conciliación.

Los Tribunales de lo Social nacieron con la ley de Formación Profesional de 1964 (*Industrial Training Act 1964*), que les otorgó, en principio, escasas competencias; poco a poco, y gracias a distintas leyes parlamentarias (*Redundancy Payments Act 1965, Equal Pay Act 1970, Industrial Relations Act 1971, Sex Discrimination Act 1975, Employment Protection (Consolidation) Act 1978*, etc.), se han cargado de las suficientes para resolver con rapidez, agilidad y de forma económica gran parte de los conflictos surgidos en el ámbito de las relaciones laborales. Hay más de cincuenta Tribunales de lo Social en el Reino Unido, organizados de acuerdo con lo que se llama «sistema presidencial», es decir, existe un juez presidente, que es un juez profesional, encargado de su funcionamiento, y dos jueces legos, representantes de cada una de las partes en litigio.

La mayor parte de las disputas a las que hemos aludido están relacionadas con la «extinción» (*termination*) de los contratos laborales, especialmente cuando se produce por despido improcedente (*unfair dismissal*), o por reestructuración de la plantilla o expediente de regulación de empleo (*redundancy*). Tanto en un caso como en el otro, el empresario debe notificar (*give notice*) el despido con el tiempo suficiente. De acuerdo con el *Employment Protection (Consolidation) Act 1978*, el despido por regulación de plantilla (*redundancy*) se debe, entre otras, a las siguientes causas: *a*) cierre de la empresa (*the firm closes*) por el cese de sus actividades comerciales o industriales (*cease carrying on business*), *b*) traspaso de la empresa (*the business is taken over*), *c*) traslado de la empresa a otro lugar distinto al de la residencia del trabajador (*the firm moves*), o *d*) expediente de regulación de empleo por exceso de plantilla (*redundancy*).[16] La norma que se sigue en este tipo de despido es la que coloquialmente se llama *last in, first out (lifo)*, mediante la cual se despide (*are laid off*) en primer lugar a los que entraron en último, con la correspondiente indemnización por despido (*redundancy pay*).

El empleado al que se despide (*dismisssed, fired*) por razones disciplinarias (*disciplinary measures*) tiene tres meses para presentar una demanda por despido improcedente (*bring an unfair dismissal claim*) ante una Magistratura de Trabajo (*Industrial Tribunal*). Si el patrono (*employer*) no puede probar que el despido es procedente (*fair*), debido entre otras razones a la incompetencia o deslealtad del empleado, éste último gana el pleito por despido improcedente (*unfair dismissal*), pudiendo el Tribunal de lo Social dictar (*order*) una de estas tres soluciones (*remedies*):

1. Readmisión (*reinstatement*) en las mismas condiciones en el puesto de trabajo antiguo (*old job*).

---

16. En el «despido procedente», en inglés se usan dos términos distintos según se trate de «despedir por incumplimiento de alguna de las cláusulas contractuales» (*dismiss somebody*) o «despedir por exceso de plantilla» (*make someone redundant*).

2.   Recolocación o reincorporación en la empresa (*reengagement*) con nuevas condiciones (*on different terms*), por ejemplo en un puesto de trabajo distinto (*a different job*).

3.   Indemnización (*compensation*), es decir, pago de una cantidad en efectivo (*a cash sum*).

A veces, y sin que haya despido por parte del empresario, el empleado, por alguna causa grave, deja (*abandon*) la empresa o renuncia a su puesto (*resign*) cuando entiende que el empresario (*employer*) ha incumplido el contrato. Se puede entender que hay incumplimiento contractual (*breach of contract*) por parte del empresario, cuando al empleado se le rebaja en su categoría profesional (*be demoted*), se le recorta o reduce el salario (*cut in his wages*) o es objeto de algún tipo de discriminación, como el acoso sexual (*sexual harassment*). Si hubiera violación del contrato por parte de la empresa, el trabajador tiene derecho (*is eligible*) a presentar demanda por despido improcedente (*claim unfair dismissal*) ante el Tribunal de lo Social, aunque se haya él despedido de la empresa. A este tipo de despido se le llama «despido sobreentendido/inferido» o «despido por interpretación» (*constructive dismissal*).[17]

El acoso sexual es una de las formas más degradantes e inaceptables de discriminación sexual (*degrading and unacceptable form of sex discrimination*), según declaró un tribunal de apelación recientemente al condenar a una empresa a indemnizar a una empleada que abandonó su puesto de trabajo porque algunos compañeros le hacían propuestas obscenas (*lewd suggestions*). En su sentencia el tribunal considera que, dado que el empresario está obligado a proteger a los empleados vulnerables (*protect employees vulnerable*) de cualquier tipo de trato discriminatorio, debe entenderse que ha habido incumplimiento de contrato (*infringement of the contract*) por su parte, de acuerdo con las directrices (*guidelines*) emanadas del Ministerio de Trabajo (*issued by the Department of Employment*), y al ser responsable (*liable*) de las consecuencias de su inacción (*inaction*), debe abonar a la empleada la indemnización (*compensation*) correspondiente a este despido sobreentendido (*constructive dismissal*).

Sin embargo, y conforme hemos dicho antes, no todos estos litigios se ven en los *Industrial Tribunals*. Como una gran parte del derecho laboral pertenece al *common law*, corresponde a los Tribunales de Condado (*County courts*) y, en su caso, al Tribunal Superior de Justicia (*The High Court of Justice*), enjuiciar estos asuntos (*try these matters*), lo cual puede dar lugar a conflictos por roces de competencias entre los Tribunales de Condados y los de lo Social, como el del **texto** que sigue. El demandante alegó que el impago de unas primas era una deducción de su salario y, por tanto, interpuso una demanda en el Tribunal de lo Social, que fue desestimada; recurrió al Tribunal de Apelación de lo Social (*Employment Appeal Tribunal*), el cual

---

17.   Véase la pág. 78 del capítulo cinco.

resolvió que las deducciones practicadas en el salario se refieren a cantidades de la nómina semanal o mensual, que no deben confundirse con cualquier aclaración o arreglo de cuentas entre las partes (*the taking of an account between the parties*), sustanciable ante los tribunales ordinarios.

El **documento** corresponde a un demanda por rescisión de contrato presentada por un profesor ante un tribunal norteamericano. El demandante, que exige (*demands*) juicio con jurado (*trial by jury*), solicita la readmisión (*reinstatement*) en su antiguo puesto de trabajo, que se le conceda la plaza de profesor en propiedad (*tenure*), que se le abonen los atrasos (*back pay*), que se le indemnice por daños y perjuicios (*compensatory and liquidated damages*), al tiempo que se condene al demandado al pago de los honorarios del letrado (*reasonable attorney's fees*) y las costas procesales (*costs*), y que se le conceda cualquier otra forma de desgravio (*relief*) como proceda en derecho (*just and equitable*).

2.   **Texto**:[18] Rachel Davies (Barrister): "Industrial Tribunal cannot Hear Unpaid Bonus Case." *FT Law Reports*.[19] *Financial Times* (January 19, 1990).

BARLOW *v*. AJ WHITTLE T/A MICRO MANAGEMENT. Employment Appeal Tribunal.[20] Mr Justice Wood.

A[21] CLAIM for bonus due[22] under a contract of employment[23] is a County Court matter[24] and does not come within the industrial tribunal's jurisdiction[25] to hear

---

18.   En las notas a pie de página se proponen, entre corchetes, otras opciones de traducción, que pueden ser tan válidas como la primera; entre paréntesis se dan aclaraciones. Los verbos aparecen normalmente en infinitivo. Si se ofrece un tiempo verbal, éste sólo tiene carácter aproximativo y es, por tanto, susceptible de modificación, de acuerdo con la perspectiva temporal adoptada por el traductor. Por ejemplo, en español el llamado «presente histórico» será a veces más conveniente que los tiempos pasados del texto original inglés.

19.   Véase la nota 10 del capítulo seis sobre la organización de los «Repertorios de Jurisprudencia del *Financial Times*».

20.   *Employment Appeal Tribunal*: Tribunal de Apelación de los Tribunales de lo Social o *Industrial Tribunals*, contra las resoluciones adoptadas por los tribunales de lo social (*industrial tribunals*) en lo que afecta a cuestiones de derecho. Por ser un órgano de la jurisdicción ordinaria (*court*), aunque se llame *tribunal*, está presidido por un juez especialista del *High Court of Justice*, pero el procedimiento no sigue las ceremonias y formulismos (por ejemplo, los jueces no llevan togas) de los tribunales ordinarios.

21.   El párrafo primero de muchos de estos repertorios de jurisprudencia comienza con una generalización, que normalmente se materializa con el artículo *a/an* o con un nombre en plural; en castellano se prefiere el artículo determinado «el», «la», el nombre en plural, o determinantes como «cualquier», «todo», etc.

22.   *a claim for bonus due*: las demandas presentadas [cualquier demanda] por primas no pagadas.

23.   *under a contract of employment*: según lo estipulado en un contrato de trabajo.

24.   *is a County Court matter*: es un asunto de Tribunal de Condado.

25.   *and does not come within the industrial tribunal's jurisdiction*: y no corresponde a [cae dentro de la jurisdicción de; es de la competencia de] los Tribunales de lo Social.

complaints[26] of unlawful deduction from wages,[27] unless it raises issues[28] relating[29] to deduction from a gross sum[30] documented or admitted by the employer[31] and payable[32] on a periodical pay day.[33]

The Employment Appeal Tribunal so held[34] when dismissing an appeal by the employee,[35] Mr S Barlow, from an industrial tribunal's decision[36] that[37] it had no jurisdiction to hear his claim[38] for arrears of bonus[39] allegedly withheld by his employers,[40] AJ Whittle T/A Micro Management.

Section 1(1) of the Wages Act 1986 provides:[41] "An[42] employer shall not make any deduction from any wages of a worker[43]... unless (a) it is required or authorised[44]... by... statutory provision[45] or... contract; or (b) the worker has... signified in writing[46] his agreement or consent..."

Section 5(1) (a): "A[47] worker may present a complaint to an industrial tribunal[48] — (a) that his employer has made a deduction from his wages[49] in contravention of section 1(1)..."[50]

Section 8: "(3) Where the total... paid on any occasion... is less than the total... wages. . properly payable... on that occasion... then, except insofar as the deficiency is attributable to an error of computation, the... deficiency shall be treated... as a

26. *hear complaints*: conocer demandas.
27. *of unlawful deduction from wages*: de [sobre] deducciones ilegales practicadas en el salario.
28. *raise issues*: dar pie a [plantear, suscitar] problemas.
29. *relating to*: relacionado con, vinculado a.
30. *deduction from a gross sum*: deducciones practicadas sobre un importe íntegro.
31. *documented or admitted by the employer*: documentadas o recogidas [reconocidas] en algún documento por la empresa [el empresario].
32. *payable*: abonable.
33. *pay day*: día de pago de la nómina.
34. *the Employment Appeal Tribunal so held*: así lo consideró [estimó] el Tribunal de Apelación de lo Social.
35. *when dismissing an appeal by the employee*: al desestimar el recurso presentado por el empleado.
36. *from an industrial tribunal's decision*: contra una resolución de un Tribunal de lo Social.
37. *that*: en la que se afirmaba que.
38. *it had no jurisdiction to hear his claim*: éste no tenía jurisdicción para conocer su demanda.
39. *for arrears of bonus*: por atrasos de primas.
40. *allegedly withheld by his employers*: supuestamente retenidos por la empresa.
41. *section 1(1) of the Wages Act 1986 provides*: el artículo 1(1) de la Ley de Salarios de 1986 dispone.
42. Véase la nota 21.
43. *an employer shall not make any deduction from any wages of a worker*: la empresa no practicará ningún tipo de deducciones en el salario de los trabajadores.
44. *unless it is required or authorised*: a no ser que le sea solicitado o que esté autorizado.
45. *statutory provision*: por disposición de carácter legislativo.
46. *signify in writing*: manifestar por escrito.
47. Véase la nota 21.
48. *a worker may present a complaint to an industrial tribunal*: cualquier trabajador puede presentar una demanda en un Tribunal de lo Social.
49. *that his employer has made a deduction from his wage*: manifestando que su empresa ha practicado una deducción en su salario.
50. *in contravention of section 1(1)...*: contraviniendo lo dispuesto en el artículo 1(1).

deduction... from... wages on that occasion.[51] (4) In subsection (3) the reference to an error of computation is a reference to an error... on the part of the employer[52] affecting the computation by him of the gross amount... payable... on that occasion."[53]

HIS LORDSHIP said[54] that Mr Barlow was employed by Whittle from July 7 1986 to January 19 1988. In a claim under the Wages Act 1986[55] he alleged that £7,434 bonus was owed to him by the employers.[56] The claim was rejected by an industrial tribunal.[57] On appeal[58] Mr Barlow alleged that though his basic salary and commission had been paid, his employers had withheld bonus due.[59] He contended that the withholding of bonus payments was a "deduction" under the Act.[60]

The employers raised issues[61] as to the basis of Mr Barlow's remuneration and interpretation of the terms of the contract. They asserted that Mr Barlow had been paid all that was due to him.[62] There were contractual issues at stake.[63] It was a claim for money due and outstanding under the terms of the contract.[64]

By section 5(1) (a) of the Wages Act Mr Barlow had the right to bring his proceedings before the tribunal,[65] but before he could succeed[66] in his claim he must prove[67] that a wage was due and that there had been a deduction from that wage.[68]

---

51.   *where the total... paid on any occasion... is less than the total... wages... properly payable... on that occasion... then, except insofar as the deficiency is attributable to an error of computation, the... deficiency shall be treated... as a deduction... from... wages on that occasion*: cuando el total abonado en determinada ocasión sea inferior al salario total debidamente [de forma correcta] abonable en dicha ocasión, excepto cuando la diferencia sea imputable [se deba] a un error de cálculo, la aludida diferencia será considerada como deducción salarial practicada en dicha ocasión.

52.   *reference to an error of computation is a reference to an error... on the part of the employer*: la alusión que se hace a un error de cálculo se refiere a un error cometido por la empresa.

53.   *affecting the computation by him of the gross amount... payable... on that occasion*: que afecta al cálculo, efectuado por ésta, del importe íntegro abonable en dicha ocasión.

54.   *his Lordship said*: el magistrado manifestó.

55.   *in a claim under the Wages Act 1986*: en una demanda interpuesta al amparo de lo dispuesto en la Ley de Salarios de 1986.

56.   *he alleged that £7,434 bonus was owed to him by the employers*: alegó que la empresa le adeudadaba una prima de 7,434 libras.

57.   *the claim was rejected by an industrial tribunal*: la demanda fue desestimada por el Tribunal de lo Social.

58.   *on appeal*: en el recurso interpuesto.

59.   *his employers had withheld bonus due*: la empresa le había retenido unas primas que le adeudaba.

60.   *he contended that the withholding of bonus payments was a "deduction" under the Act*: él adujo que, de acuerdo con lo previsto en la ley antes citada, la retención del pago de las primas era una «deducción».

61.   *raise issues*: plantear reparos.

62.   *all that was due to him*: todo lo que se le debía.

63.   *there were contractual issues at stake*: (no obstante) quedaban algunas cuestiones por resolver.

64.   *it was a claim for money due and outstanding under the terms of the contract*: era una reclamación de una cantidad debida y no satisfecha de acuerdo con los términos del contrato.

65.   *by section 5(1) (a) of the Wages Act Mr Barlow had the right to bring his proceedings before the tribunal*: de acuerdo con lo previsto en el artículo 5(1) de la Ley de Salarios, Mr Barlow tenía derecho a interponer una demanda ante el Tribunal de lo Social.

66.   *succeed*: prosperar.

67.   *but before he could succeed in his claim he must prove*: pero para que ésta (la demanda) prosperara debería demostrar.

68.   *that a wage was due and that there had been a deduction from that wage*: que se le debía algún salario (o jornal) y que habían practicado deducciones al mismo.

The tribunal took the view that for section 5 to operate there were certain primary requirements.[69]

First, there must be an initial amount[70] (the wages) which the employer acknowledged was due to the employee. Second, there must be another amount which the employer claimed was due from the employee.[71] Third, the employer must have chosen to recover the amount of his claim by taking it off wages otherwise payable.[72] The question was then, was he entitled to do so?

In Mr Barlow's case the tribunal found[73] that the requirements were not met.[74] They said there was no initial amount which the employer would otherwise be paying and no attempt by the employer to recoup[75] money from Mr Barlow. That meant there was no deduction.

Section 7 of the Act defined "wages" as including "bonus, commission..."[76] Section 8(3) provided that where wages paid were less than the amount properly payable,[77] the deficiency was to be treated as a deduction. Mr Keith for Mr Barlow submitted[78] that there had been a non-payment of wages[79] which must be deemed to be a deduction, and that the tribunal should have found[80] that £7334 was due.

Under the Employment Protection (Consolidation) Act[81] 1978 (EPCA) it was open to an employee[82] to obtain a written statement[83] of his terms of employment (section 1), an itemised pay statement[84] (section 8), and a standing statement[85] of fixed deductions (section 9). The particulars to be contained in a section 8 statement[86] were gross wages or salary;[87] variable and fixed deductions and the purposes for which they were made;[88]

---

69. *the tribunal took the view that for section 5 to operate there were certain primary requirements*: el tribunal adoptó el punto de vista de que para que fuera de aplicación el artículo 5 se debían cumplir ciertos requisitos básicos.

70. *there must be an initial amount*: debía haber una cantidad de partida [inicial].

71. *which the employer claimed was due from the employee*: que la empresa pretendiera que el empleado le debía.

72. *the employer must have chosen to recover the amount of his claim by taking it off wages otherwise payable*: la empresa debería haber decidido recuperar el importe de su reclamación descontándola de su salario que, por lo demás [en todo caso], era abonable.

73. *find*: apreciar.

74. *meet the requirements*: cumplir los requisitos.

75. *recoup*: recuperar [descontar, resarcirse, deducir].

76. *defined "wages" as including "bonus, commission..."*: en su definición de salario, abarca los bonos, las comisiones...

77. *amount properly payable*: importe debidamente abonable.

78. *submit*: alegar.

79. *a non-payment of wages*: impago del salario.

80. *that the tribunal should have found*: que el tribunal debería haber apreciado.

81. *employment Protection (Consolidation) Act*: Ley refundida de protección al empleo.

82. *it was open to an employee*: a un empleado le está permitido [tiene el recurso, cuenta con la salida de].

83. *obtain a written statement*: recabar un informe escrito.

84. *itemised pay statement*: nominilla pormenorizada.

85. *a standing statement*: un estadillo (permanentemente) actualizado.

86. *the particulars to be contained in a section 8 statement*: los datos que deben contener los estadillos extendidos según el artículo 8.

87. *gross wages or salary*: salario o sueldo íntegro.

88. *variable and fixed deductions and the purposes for which they were made*: deducciones fijas y variables y el objeto de las mismas.

net wages or salary;[89] and, where different parts of the net amount were paid in different ways, the amount and method of payment of each part payment.[90]

Although the EPCA was restricted to employees as defined in section 153,[91] and the definition of "worker"[92] in the Wages Act was wider[93] (section 8(1) and (2)), both jurisdictions were available,[94] and anyone thinking of contemplating proceedings under the Wages Act should give consideration to the usefulness of proceeding under both jurisdictions.[95]

The jurisdiction of an industrial tribunal was statutory.[96] It had no jurisdiction in purely common law contractual terms[97] (see section 131 EPCA).

The mischief against which the Wages Act was aimed was the wrongful deduction from a wage which had been earned and which was due on a particular day.[98] It was looking not to the method of payment but to the mechanics of the calculation[99] of the item of wage[100] due to the worker on that occasion, which was likely to be a weekly or monthly date.

If the intention had been to allow breach of contract claims (normally brought in the County Court) to be brought before an industrial tribunal,[101] nothing could have been simpler than to say so.[102] The statutory jurisdiction was to allow a worker to complain about deductions.[103]

89. *net wages or salary*: el salario o sueldo líquido.

90. *part payment*: pago parcial.

91. *although the EPCA was restricted to employees as defined in section 153*: aunque esta ley (Ley refundida de protección al empleo) se limita a los empleados en el sentido que lo define el artículo 153.

92. *worker*: obrero.

93. *wider*: más amplia.

94. *both jurisdictions were available*: a las dos jurisdicciones se podía acudir.

95. *anyone thinking of contemplating proceedings under the Wages Act should give consideration to the usefulness of proceeding under both jurisdictions*: quien pensara interponer una demanda al amparo de la Ley Salarial debería analizar las ventajas de cada una de las jurisdicciones.

96. *was statutory*: está definida por ley parlamentaria.

97. *it had no jurisdiction in purely common law contractual terms*: no tiene jurisdicción sobre las condiciones contractuales exclusivas del derecho consuetudinario.

98. *the mischief against which the Wages Act was aimed was the wrongful deduction from a wage which had been earned and which was due on a particular day*: el perjuicio que la Ley de Salarios pretende corregir/resolver [el mal contra el que la Ley de Salarios pretende ir] es la deducción ilícita practicada sobre el salario devengado y abonable en un día determinado.

99. *it was looking not to the method of payment but to the mechanics of the calculation*: no [se cuidaba de] le importaba la forma de pago sino la mecánica de los cómputos.

100. *item of wage*: concepto salarial.

101. *if the intention had been to allow breach of contract claims (normally brought in the County Court) to be brought before an industrial tribunal*: si su intención era autorizar la interposición de una demanda por incumplimiento de contrato ante un Tribunal de lo Social (normalmente interpuestas en los Tribunales de Condado).

102. *nothing could have been simpler than to say so*: nada le habría sido más sencillo que manifestarlo en ese sentido.

103. *the statutory jurisdiction was to allow a worker to complain about deductions*: la jurisdicción del Tribunal de lo Social era permitir que los obreros pudieran reclamar deducciones practicadas. (En este caso *statutory* se refiere a las competencias otorgadas por ley parlamentaria a los Tribunales de lo Social.)

What then was the meaning to be given to section 8(3)?[104]

Where the employer's case[105] was either "I have already paid the sum claimed" or "under the contractual arrangements the sum claimed is not due", the primary remedy[106] should be in the County Court.[107] There was no issue relating to a deduction.

It was when the employer's case was "although gross sum £A is due, I am entitled to deduct £B", or "I do not agree with the gross amount due but in any event I am entitled to deduct £B", then the applicant's cause of action[108] in the tribunal would have been established.[109]

It might be that the gross sum or the sum to be deducted was in issue,[110] but the fact that the deduction was involved in the calculation[111] of that item of wage[112] on that pay day would give the tribunal jurisdiction to decide whether the deduction of £B was legal.

Section 8(3) must be read with section 8(4).[113]

The first point was that emphasis was placed on[114] "occasion" which occurred four times. The emphasis on a point of time seemed to indicate that the Act was directed towards the mechanics of the calculation of a net sum[115] due on a particular date.

Thus, section 8(3) was to cover a situation[116] where the gross sum for that pay day was shown on a document or admitted,[117] and where less than that gross sum was paid; or where a sum was shown on the document as a net wage which was less than the gross amount. Such cases were intended to come within the provisions of the Wages Act.[118]

Second, section 8(3) aimed at establishing[119] that once a gross figure was shown

104 *What then was the meaning to be given to section 8(3)?*: ¿Cuál era entonces el significado que se podía atribuir al artículo 8(3)?

105 *case*: argumento de la defensa. Véase el apartado *a*) del punto 6 del capítulo cinco.

106 *remedy*: acción [derecho, remedio].

107 *where the employer's case was either "I have already paid the sum claimed" or "under the contractual arrangements the sum claimed is not due", the primary remedy should be in the County Court*: siempre que el argumento del empresario era «yo ya he pagado la cantidad reclamada» o «de acuerdo con los acuerdos del contrato la cantidad no se debe», la acción primera debe ejercitarse en el Tribunal de Condado.

108 *cause of action*: motivo para presentar una demanda.

109 *then the applicant's cause of action in the tribunal would have been established*: es entonces cuando el motivo de la demanda habría quedado fijado ante el Tribunal de lo Social.

110 *it might be that the gross sum or the sum to be deducted was in issue*: probablemente estaba en litigio el importe íntegro o las cantidades que debían deducirse.

111 *the fact that the deduction was involved in the calculation*: pero el que estuviera implicada la deducción en el cálculo.

112 *item of wage*: concepto salarial.

113 *section 8(3) must be read with section 8(4)*: el artículo 8(3) debe interpretarse conjuntamente con el artículo 8(4).

114 *the first point was that emphasis was placed on*: la primera cuestión fue que se recalcó la palabra «ocasión», la cual apareció cuatro veces.

115 *net sum*: importe neto.

116 *section 8(3) was to cover a situation*: el objeto del artículo 8(3) era amparar una situación.

117 *where the gross sum for that pay day was shown on a document or admitted*: en la que se aceptaba o se reconocía en un documento el importe íntegro percibido en esa fecha.

118 *such cases were intended to come within the provisions of the Wages Act*: éstos eran los asuntos pensados para la competencia de los tribunales de lo social.

119 *section 8(3) aimed at establishing*: el artículo 8(3) tenía como objetivo fijar.

or admitted,[120] the only escape for an employer was by proving[121] an error in the calculation of that gross calculation.

Thus, in this case,[122] Mr Barlow could and should have brought his claim[123] in the County Court and could not prove a deduction under section 1(1).

It was for industrial tribunals to deal with deductions[124] and for County Courts to deal with failures to pay.[125]

Mr Keith also relied[126] on section 6(1) of the Wages Act which provided that the remedy[127] of a worker in respect of[128] contravention of section 1(1) or (2) "shall be by way of a complaint under section 5 and not otherwise".[129]

If and insofar as that subsection[130] created a statutory right,[131] it was only enforceable before a tribunal.[132] But it was not intended to prevent the taking of an account between the parties in a County Court action.[133]

The appeal was dismissed.[134]

> For Mr Barlow: BR Keith QC (Vivian Thomas & Jervis).
> For the employers: Richard Greening (Willan & Co).

3. **Documento.** Demanda por despido.

UNITED STATES DISTRICT COURT
DISTRICT OF WEST VIRGINIA

CIVIL ACTION[135] NO. 93-2987-J

120. *that once a gross figure was shown or admitted*: que desde el momento que aparecía o se admitía una cantidad.
121. *the only escape for an employer was by proving*: la única salida que le cabía a la empresa.
122. *in this case*: en esta ocasión.
123. *could and should have brought his claim*: pudo y debió interponer su demanda.
124. *it was for industrial tribunals to deal with deductions*: correspondía a los Tribunales de lo Social conocer las deducciones.
125. *deal with failures to pay*: enjuiciar los impagos.
126. *rely on*: basarse en.
127. *remedy*: acción [remedio].
128. *in respect of*: respecto de.
129. *shall be by way of a complaint under section 5 and not otherwise*: se sustanciará en forma de demanda (ante un tribunal de lo social) y de ninguna otra forma.
130. *if, and insofar as that subsection*: si, y en la medida en que ese subartículo.
131. *statutory right*: derecho legal [derecho reconocido por las leyes].
132. *it was only enforceable before a tribunal*: (este derecho) sólo se podía ejercitar ante un Tribunal de lo Social.
133. *but it was not intended to prevent the taking of an account between the parties in a County Court action*: pero no era su intención impedir que las partes [resolvieran] aclararan sus cuentas por medio de una demanda en un Tribunal de Condado.
134. *the appeal was dismissed*: el recurso fue desestimado.
135. *civil action*: demanda.

John Ramírez, Plaintiff,
v.
New Central College, Defendant

AMENDED COMPLAINT

1.   This action is brought[136] pursuant to[137] Title VII of the Civil Rights Act[138] of 1964, 42 U.S.C.[139] §2000e *et seq.*,[140] the Age Discrimination in Employment Act[141] of 1967, 29 U.S.C. §621 *et seq*, the Civil Rights Act of 1866, 42 U.S.C. §1981, and West Virginia General Laws, chapter 151B §4(1) and (1B). Plaintiff seeks[142] equitable relief[143] and damages[144] on the ground that[145] he was denied tenure[146] and his employment terminated by defendant[147] New Central College on account of[148] his race, color, national origin, age and sex.

2.   The jurisdiction of this Court is invoked[149] pursuant to 28 U.S.C. §1343 and 29 U.S.C. §§626 (c) (1). This Court has pendent jurisdiction[150] over the claims arising under[151] W. Virginia General Laws, chapter 151B, §§4(1) and (1B).

3.   Plaintiff John Ramírez, born on January 13, 1956, is a citizen of the United States and a resident of West Virginia. He is a brown-skinned male of Mexican-American ancestry.[152] Until June, 1987, he was employed as an Assistant Professor of Spanish at New Central College.[153] He obtained his B.A. in 1969 from Southwest Arizona University,[154] his M.A. in Romance Languages in 1971 from the State

---

136.   *this action is brought*: esta demanda se interpone.

137.   *pursuant to*: de conformidad con lo dispuesto en [en virtud de, en aplicación de, de acuerdo con, a tenor de lo dispuesto].

138.   *civil rights act*: ley de derechos civiles.

139.   *U.S.C.*: estas siglas corresponden a *United States Code* o Código de las Leyes de Estados Unidos, el cual contiene todas las leyes no derogadas, aprobadas por el Congreso desde 1873. En este caso se hace referencia al volumen 42. Véase la nota 10 del capítulo uno.

140.   *et seq*: y siguientes.

141.   *age discrimination in employment act*: ley de discriminación en el empleo por la edad.

142.   *plaintiff seeks*: el demandante solicita.

143.   *equitable relief*: justa reparación o desagravio; reposición en el puesto de trabajo. El sentido de este término —remedio de equidad— (véase el punto 4 del capítulo uno) es, a la vez, amplio y polisémico; en el contexto de un contrato laboral equivale a reposición (*restitution, restoration*) en el puesto que tenía (*original position*).

144.   *and damages*: e indemnización de daños y perjuicios.

145.   *on the ground that*: basándose en el hecho de que.

146.   *he was denied tenure*: le fue denegada la plaza en propiedad.

147.   *his employment terminated by defendant*: y su contrato de trabajo fue resuelto por el demandado.

148.   *on account of*: por motivo de [debido a, a causa de].

149.   *the jurisdiction of this Court is invoked*: se invoca la jurisdicción de este tribunal.

150.   *pendent jurisdiction*: jurisdicción preferente.

151.   *over the claims arising under*: en las demandas que surjan de acuerdo con lo previsto en.

152.   *a brown-skinned male of Mexican-American ancestry*: varón de tez morena de origen méjico-americano.

153.   *he was employed as an Assistant Professor of Spanish at New Central College*: desempeñó el puesto [tuvo el cargo] de profesor ayudante de español en el New Central College.

154.   *he obtained his B.A. in 1969 from Southwest Arizona University*: en 1969 se licenció en la Universidad de Southwest de Arizona.

University of New York at Buffalo,[155] and his PhD in Romance Languages in 1981 from Boston University.[156]

4. Defendant New Central College is a non-profit educational corporation[157] duly chartered under the laws of West Virginia[158] and located in Clarksburg. Defendant is an "employer"[159] within the meaning[160] of 42 U.S.C. § 2000e, 29 U.S.C. §630(b), and West Virginia General Laws, chapter 151B, §4(1) and (1B).

5. Plaintiff was on the faculty at New Central College as an instructor[161] in Spanish from Fall 1974 to Spring 1980, and as an Assistant Professor[162] of Spanish from Fall 1980 to Spring 1987.

6. In accordance with the Articles of Government[163] of New Central College, plaintiff was reviewed for tenure during the Summer and Fall of 1985.[164] Despite the fact that he was fully qualified for tenure under the criteria set forth[165] in Article III.L of said Articles of Government, the Reappointments and Promotions Committee of the Spanish Department voted in October 1985,[166] over the dissent of the department chair,[167] to recommend that plaintiff not be granted tenure.[168] On or about December 13, 1985, the Committee on Faculty Appointments[169] voted to accept this recommendation and plaintiff was notified that his appointment at New Central College would terminate[170] at the end of the 1986-87 academic year. Plaintiff met with the Committee on Faculty Appointments pursuant to his request,[171] and on or

---

155. *(obtained) his M.A. in Romance Languages in 1971 from the State University of New York at Buffalo*: obtuvo su *master* de especialización en lenguas románicas en 1971 en la Universidad de Nueva York en Buffalo.

156. *and his PhD in Romance Languages in 1981 from Boston University*: y se doctoró en 1981 en la Universidad de Boston.

157. *a non-profit educational corporation*: sociedad no lucrativa de carácter educativo.

158. *chartered under the laws of West Virginia*: constituida de acuerdo a las leyes de West Virginia.

159. Véase la nota 7 de este capítulo.

160. *defendant is an "employer" within the meaning*: el demandado es un «empresario/patrono» en el sentido dado en.

161. *instructor*: profesor de clases prácticas.

162. *assistant Professor*: profesor ayudante.

163. *in accordance with the Articles of Government*: de acuerdo con las normas de gobierno [reglamentarias].

164. *plaintiff was reviewed for tenure during the Summer and Fall of 1985*: el demandante fue examinado en el verano y el otoño de 1985 para poder acceder a la plaza en propiedad.

165. *despite the fact that he was fully qualified for tenure under the criteria set forth in*: a pesar de que reunía plenamente los requisitos exigidos para el acceso a la plaza en propiedad, a tenor de lo dispuesto en las normas expuestas en.

166. *Reappointments and Promotions Committee of the Spanish Department*: la comisión de renovación de nombramientos y de promoción del departamento de español.

167. *over the dissent of the department chair*: con el voto en contra del catedrático.

168. *to recommend that plaintiff not be granted tenure*: recomendar que no se le concediera la plaza en propiedad.

169. *Committee on Faculty Appointments*: la comisión de nombramientos académicos.

170. *terminate*: concluir.

171. *plaintiff met with the Committee on Faculty Appointments pursuant to his request*: de acuerdo con la petición hecha por el demandante, se celebró una reunión de éste con la Comisión de nombramientos académicos.

about April 2, 1986, the Committee voted not to reverse[172] its recommendation that he not be granted tenure.[173] Accordingly, plaintiff's employment at New Central College terminated at the end of the 1986-87 academic year.

8. Plaintiff was denied tenure and his employment was terminated by New Central College on account of his race, color, national origin, sex and age in violation of Title VII of the Civil Rights Act Or 1964, 42 U.S.C.§ 2000e *et seq.,* the Civil Rights Act of 1866, 42 U.S.C. §1981, the Age Discrimination in Employment Act of 1967, 29 U.S.C. §621 *et seq.,* West Virginia General Laws, chapter 151B, §§4(1) and (1B).

9. On May 9, 1986, plaintiff filed timely charges of discrimination against New Central College with the Equal Employment Opportunity Commission and the West Virginia Commission Against Discrimination.[174]

10. On or about May 30, 1987, plaintiff received a notice of right to sue from the Equal Employment Opportunity Commission informing him that no reasonable cause was found[175] to believe that the allegation in his charge were true[176] and that he had a right to commence suit within 90 days from the receipt of said notice.[177] On the basis of this determination the West Virginia Commission Against Discrimination also issued a lack-of-probable cause finding.[178]

11. As a result of[179] the violations of federal and state law set forth in paragraph 8, above, plaintiff has been denied a tenured position[180] at New Central College, he has lost and will continue to lose salary and benefits,[181] and he has and will continue to suffer emotional and mental distress and humiliation.[182]

WHEREFORE,[183] plaintiff prays[184] that this Court:

172   *reverse*: revocar [anular].
173   *that he not be granted tenure*: en la que se hacía constar que no se le concediera la plaza en propiedad.
174.   *filed timely charges of discrimination against New Central College with the Equal Employment Opportunity Commission and the West Virginia Commission Against Discrimination*: presentó. ante la Comisión para la igualdad de oportunidades en el empleo y ante la Comisión de West Virginia contra la discriminación, las oportunas denuncias de discriminación contra el New Central College.
175.   *plaintiff received a notice of right to sue from the Equal Employment Opportunity Commission informing him that no reasonable cause was found*: la Comisión para la igualdad de oportunidades en el empleo notificó al demandante que podía acudir a los tribunales, al tiempo que le informaba que no había apreciado causa razonable alguna.
176.   *to believe that the allegation in his charge were true*: que le indujera a creer que eran ciertas las alegaciones contenidas en su denuncia.
177   *within 90 days from the receipt of said notice*: en el plazo de 90 días a contar desde el recibo de la citada notificación.
178   *also issued a lack of probable cause finding*: también dictó una sentencia en la que llegaba a la conclusión de que no había una causa probable.
179·   *as a result of*: como consecuencia de.
180·   *a tenured position*: una plaza en propiedad.
181   *he has lost and will continue to lose salary and benefits*: ha perdido, y seguirá perdiendo, su sueldo y complementos.
182.   *he has and will continue to suffer emotional and mental distress and humiliation*: ha sufrido, y seguirá sufriendo, humillación y daños morales y psicológicos.
183   *wherefore*: por todo lo expuesto.
184·   *pray*: suplicar.

(a)   Order New Central College to grant plaintiff tenure[185] and reinstate[186] him as a member of the faculty;

(b)   Award plaintiff[187] back pay,[188] compensatory, and liquidated damages;[189]

(c)   Award plaintiff reasonable attorneys' fees[190] and costs;[191]

(d)   Grant such other relief as may be just and equitable.[192]

PLAINTIFF HEREBY DEMANDS TRIAL BY JURY[193]

Respectfully submitted,[194]
Charles Granger
Granger & Franklin
82 River Street
Clarksburg

Certificate of Service[195]

I, Charles Granger, hereby[196] certify that I have this day served a copy of the Complaint to the defendant[197] by mailing a copy of same postage pre-paid to David Moody, 223 Main Street, Clarksburg.

Dated: September 2, 1987

Charles Granger

185.   *order New Central College to grant plaintiff tenure*: que ordene al *New Central College* la concesión al demandante de la plaza (de profesor) en propiedad.

186.   *reinstate*: readmitir.

187.   *award plaintiff*: que se le abonen al demandante.

188.   *back pay*: atrasos de sueldo.

189.   *compensatory, and liquidated damages*: indemnización de daños y perjuicios por los daños sufridos, de acuerdo con la ley. Véase la nota 5 de la introducción del capítulo seis sobre el significado del término *liquidated*.

190.   *reasonable attorneys' fees*: honorarios razonables de los letrados del demandante.

191.   *costs*: costas procesales.

192.   *such other relief as may be just and equitable*: los desagravios y compensaciones justos y equitativos [como proceda en derecho].

193.   *plaintiff hereby demands trial by jury*: por la presente el demandante solicita juicio con jurado.

194.   *respectfully submitted*: con el respeto debido se eleva este escrito de demanda.

195.   Véanse los puntos 3 y 7 del capítulo cuatro sobre la notificación (*service*).

196.   *hereby*: por la presente.

197.   *serve a copy of the Complaint to the defendant*: presentar una copia de la demanda al demandado.

IX. LAS DEMANDAS ANTE TRIBUNALES EXTRANJEROS

1. Introducción

Como hemos dicho en el capítulo 5, la *demanda* es la forma más habitual de iniciarse un proceso civil. En su acepción principal, desde el punto de vista jurídico, es el escrito mediante el cual el actor (*actor*) o demandante (*plaintiff*) ejercita en juicio civil una o varias acciones; se puede expresar en inglés de muchas formas, siendo *action* o *action-at-law* las más corrientes, aunque también se emplean *suit, lawsuit, petition* y *complaint*, esta última especialmente en inglés americano. «Demandar a alguien» se traduce por *bring an action/a case/proceedings against somebody; sue somebody, proceed against somebody, take somebody to court, lay claim to somebody, file a lawsuit/suit against,* etc. Sin embargo, como las demandas de mayor cuantía ante *The High Court of Justice* de Londres se incoan con la notificación oficial (*service*) que se hace al demandado (*defendant*), igualmente se emplea la expresión «presentar la notificación» (*serve proceedings*) con el significado de «demandar a alguien» o «presentar una demanda contra alguien».[1] Para acudir a los tribunales, al demandante no le basta el «derecho de acción» o «derecho a presentar la demanda» (*right of action*), regulado o reconocido por las leyes o el derecho;[2] debe, además, tener un fundamento de la reclamación (*cause of action*),[3] es decir, «un motivo, causa o base jurídica suficiente reconocidos, asimismo, por alguna norma jurídica» (*cause of action*), para poder incoar una demanda.

En el **texto** que sigue, una empresa inglesa y otra saudí, al firmar un contrato (*enter into a contract*), incluyeron una cláusula según la cual los

---

1. Véase el capítulo cuatro sobre las «las demandas» en los tribunales ordinarios y, en especial, el último párrafo del punto 3 sobre el significado de *serve proceedings*. Sobre las demandas en los Tribunales de lo Social, véanse los términos *plaint* y *complaint* en la nota 12 de la pág. 128.

2. Se refiere a las leyes parlamentarias (*statutes, acts*) y a las normas del *common law* y de la equidad (*equity*).

3. Véanse las notas 71 y 105. Consúltense en el texto "The evolving controversy over insider trading", del capítulo once, los términos *right of action* y *cause of action*, en especial las notas 27 y 75.

tribunales competentes (*choice of forum clause*) y la ley aplicable (*choice of law clause*) serían de Arabía Saudita. Al incumplirse el contrato (*breach of contract*), la parte inglesa tuvo que demandar (*take to court*) a la saudí en Arabia; la primera ganó el pleito, pero la segunda se negó a cumplir la sentencia[4] (*honour the sentence*) y, debido al rango (*position*) que tenían los demandados en su país, los tribunales tampoco pudieron exigir la ejecución de la misma (*enforcement of the judgment*).

Los demandantes recurrieron entonces al Tribunal Superior de Justicia (*The High Court of Justice*) de Londres para solicitar la ejecución de la «deuda por resolución judicial» (*judgment debt*) que se había dictado en un país extranjero, Arabia Saudí, de acuerdo con la ley aplicable (*applicable law*) acordada en el contrato. Mas, al solicitar la admisión a trámite del recurso (*seek leave to proceed*), con el fin de poder presentar una demanda (*serve proceedings*) fuera de la jurisdicción (*out of the jurisdiction*), a tenor de lo previsto en la norma procesal 28 (*under Rule 28*),[5] el letrado del demandante (*counsel for the plaintiff*) cometió un error —equivocarse al citar el apartado (*paragraph*) de la norma procesal (*rule*) en el que se basaba la fundamentación de sus pretensiones (*claims*)—, circunstancia que fue utilizada por la parte demandada (*defendant*) para pedir la inadmisibilidad del recurso. En opinión del tribunal, los errores, tanto los de redacción como los de argumentación de un recurso, no invalidan la petición de admisión a trámite (*invalidate the application for leave*), si el tribunal puede salvar la irregularidad (*the court may waive the irregularity*), siempre que estén claras las pretensiones en el cuerpo de la demanda (*statement of the claim*) y en la declaración jurada o en el acta de manifestaciones ante fedatario público (*affidavit*) que acompaña a la demanda o recurso. De acuerdo con esta resolución, *The High Court of Justice* deja sentado, como la mayoría de los altos tribunales europeos, que no se puede adoptar un criterio interpretativo formalista que lleve a considerar la inadmisión como una sanción a la parte que haya incurrido en un error de procedimiento o de planteamiento del recurso.

El **documento** comprende los artículos 71 a 73 del capítulo V «Disposiciones comunes a las obligaciones del vendedor y del comprador» de la «Convención de las Naciones Unidas sobre los Contratos de

---

4.   Sobre la traducción de la palabra «sentencia» al inglés, véase el punto 5 del capítulo dos.

5.   Las normas procesales del Tribunal Supremo (*Rules of the Supreme Court*) o derecho procesal civil, de aplicación en *The High Court of Justice*, están contenidas en *The Supreme Court Practice*, libro también conocido por los juristas con el nombre de *The White Book*. En este texto, las «normas procesales» (*rules*) se agrupan en grandes «secciones» (*orders*), de las cuales hay 115 en total. Las divisiones numeradas de cada «norma procesal» (*rule*) se llaman respectivamente párrafos (*paragraphs*) y subpárrafos (*subparagraphs*). Esta denominación (*orders/rules*) es sólo válida para el derecho procesal; en las leyes parlamentarias (*acts, statutes*) se habla de artículos (*sections*) y de secciones (*articles*).

Compraventa Internacional de Mercaderías de 11 de Abril de 1980» (*United Nations Convention on Contracts for the International Sale of Goods, 11th April 1980*).

2. **Texto:**[6] Rachel Davies (Barrister): "Saudi Prince must Pay Judgment Debt." *FT Law Reports.*[7] *Financial Times* (April 11, 1990).

MIDLAND INTERNATIONAL TRADE SERVICES LTD AND OTHERS *v.* SUDAIRY AND OTHERS. Queen's Bench Division (Commercial Court).[8] Mr Justice Hobhouse.

"A? defective[10] affidavit sworn[11] in support of[12] an application[13] for leave[14] to serve proceedings[15] out of the jurisdiction,[16] does not necessarily invalidate leave;[17] and where[18] it fails to specify[19] the particular subparagraph[20] of the court rules[21]

---

6. En las notas a pie de página se proponen, entre corchetes, otras opciones de traducción, que pueden ser tan válidas como la primera; entre paréntesis se dan aclaraciones. Los verbos aparecen normalmente en infinitivo. Si se ofrece un tiempo verbal, éste sólo tiene carácter aproximativo y es, por tanto, susceptible de modificación, de acuerdo con la perspectiva temporal adoptada por el traductor. Por ejemplo, en español el llamado «presente histórico» será a veces más conveniente que los tiempos pasados del texto original inglés.

7. Véase la nota 10 del capítulo seis sobre la organización de los «Repertorios de Jurisprudencia del *Financial Times*».

8. *Commercial Court*: Tribunal de Asuntos Comerciales. Dentro de *The Queen's Bench* existen dos tribunales o salas especiales: *The Admiralty Court* y *The Commercial Court*; este último entiende de pleitos relacionados con cuestiones mercantiles. Véase el punto 2 del capítulo dos y los capítulos catorce y quince.

9. El párrafo primero de muchos de estos repertorios de jurisprudencia comienza con una generalización, que normalmente se materializa con el artículo *a/an* o con un nombre en plural; en castellano se prefiere el artículo determinado «el», «la», el nombre en plural, o determinantes como «cualquier», «todo», etc.

10. *defective*: con defecto de forma [defectuoso].

11. *swear an affidavit*: presentar una declaración jurada por escrito [testimonio; acta de manifestaciones ante fedatario público].

12. *in support of*: en apoyo de [respaldando, acompañando a].

13. *application*: súplica [suplicatorio, solicitud, petición].

14. *leave*: autorización [venia, permiso]; *application for leave*: solicitud de admisión a trámite.

15. *serve proceedings*: iniciar acciones judiciales [entablar un proceso judicial, presentar una demanda]. *To serve/service*: presentar [presentación de] una citación (*writ of summons*) o emplazamiento (*summons*), que en el derecho procesal (*rules of the court*) inglés también se conoce con el nombre genérico de *process*.

16. *serve (service) out of the jurisdiction*: iniciar acciones judiciales fuera de la juridicdicción [trasladar el proceso fuera de la jurisdicción].

17. *does not necessarily invalidate leave*: no anula a la fuerza [no siempre invalida; no tienen por qué invalidar] la solicitud de admisión presentada.

18. *where*: en aquellos casos en que [cuando, en donde].

19. *it fails to specify*: no se especifique.

20. *the particular subparagraph*: el subapartado concreto.

21. *court rules*: normas procesales.

under[22] which leave was sought,[23] the court may waive[24] the irregularity if the nature of the claim[25] is clear[26] from the affidavit itself[27] and the statement of claim.[28] And in giving summary judgment[29] for enforcement[30] of a foreign judgment,[31] the court may include interest[32] though the foreign law would not permit interest on a judgment debt,[33] in that[34] the court's discretion to award interest[35] on a judgment debt is procedural,[36] not substantive, and is therefore governed[37] by the law of the court where the case for summary judgment is tried."[38]

Mr Justice Hobhouse so held[39] when[40] refusing an application[41] by the defendant,[42] Prince Ahmed Bin Turki Al Sudairy, to discharge a writ[43] served[44] on him out of the jurisdiction by the plaintiffs, Midland International Trade Services (UK) Ltd, Eurodollar Credit Ltd, and other companies[45] in the same group; and granting[46] the plaintiffs' application for summary judgment[47] on a claim[48] for a judgment debt plus interest.

22. *under which*: al amparo del cual [a tenor del cual].
23. *under which leave was sought*: en el que se basó la solicitud (de admisión a trámite).
24. *waive*: dispensar [pasar por alto, no tomar en consideración, salvar, subsanar, dispensar].
25. *claim*: pretensión [demanda].
26. *is clear*: queda clara.
27. *from the affidavit itself*: en dicha declaración jurada.
28. *statement of claim*: cuerpo de la demanda [pretensiones expuestas; términos o contenido de la demanda; escrito en el que se exponen detalladamente la demanda y las pretensiones].
29. *give summary judgment*: dictar sentencia [el fallo] por procedimiento judicial abreviado. *Summary proceedings*: procedimiento abreviado.
30. *for enforcement*: para ejecutar [para ejecución de; para hacer cumplir].
31. *foreign judgment*: sentencia dictada en el extranjero.
32. *include interest*: ordenar el pago adicional de intereses.
33. *judgment debt*: deuda fallada en un juicio [deuda proveniente de un fallo judicial]. Véase la nota 24 del capítulo cuatro.
34. *in that*: ya que, teniendo en cuenta que.
35. *the court's discretion to award interest on*: la potestad [margen de apreciación] del tribunal de acordar el pago de intereses a; *award*: pronunciar una sentencia [declarar a favor de, juzgar, sentenciar, conceder, adjudicar, otorgar].
36. *procedural*: de carácter procesal.
37. *is governed*: se rige.
38. *law of the court where the case for summary judgment is tried*: normas procesales [derecho procesal] propias del lugar [que sean de aplicación en el lugar] en donde se enjuicia el proceso por procedimiento abreviado. *Try a case*: enjuiciar [conocer, ver, juzgar] un proceso o causa.
39. *Mr Justice Hobhouse so held*: así lo consideró/estimó el magistrado Hobhouse.
40. En este caso, *when* rige dos verbos: *when refusing* (al denegar)..., *(when) granting* (al conceder).
41. *refuse the application*: no admitir a trámite [denegar/desestimar/rechazar] la solicitud. *Grant leave*: admitir a trámite.
42. *defendant*: parte demandada.
43. *discharge a writ served on him*: (que pedía) anular [la anulación de] la demanda interpuesta contra él. Véase el punto 3 del capítulo cuatro sobre el *writ of summons*.
44. *serve a writ on somebody*: demandar a alguien [interponer una demanda contra alguien].
45. *company*: sociedad mercantil [empresa].
46. *and granting the plaintiffs' application:* y al aceptar (por otro lado) la petición de la parte demandante.
47. *summary judgment*: fallo por procedimiento judicial abreviado.
48. *on a claim*: en demanda de.

HIS LORDSHIP said[49] that under three contracts,[50] two of which contained an English proper[51] law and jurisdiction clause,[52] the plaintiffs provided finance[53] to a Saudi Arabian company. They proceeded[54] in Saudi Arabia to enforce[55] Prince Ahmed's liability on promissory notes[56] and guarantees under those contracts.[57]

The Chamber for Settlement of Commercial Paper Disputes[58] in Riyadh found[59] that Prince Ahmed was bound by his signature on[60] the promissory notes and guarantees. It ordered him to pay SR3,888,111[61] to the second plaintiffs and SR 14,045,201 to the third plaintiffs. He appealed to the Minister of Commerce.[62] The appeal was rejected.[63]

The sums had not been paid. The plaintiffs' efforts to enforce the Chamber's orders[64] in Saudi Arabia had proved futile.[65] The available enforcement agencies[66] were not effective against[67] a person in Prince Ahmed's position.[68]

The plaintiffs served proceedings on Prince Ahmed[69] out of the jurisdiction.

By amended points of claim,[70] the cause of action inter alia[71] was for a judgment debt arising out[72] of the Chamber's decision.[73] The affidavit relied[74] on by the plaintiffs to obtain leave to serve out of the jurisdiction[75] stated[76] that Prince Ahmed

49. *said*: hizo constar [expuso, declaró, afirmó].

50. *under three contracts*: de acuerdo con lo estipulado en tres contratos.

51. *proper law*: fuero competente [leyes/derecho de aplicación].

52. *an English proper law and jurisdiction clause*: una cláusula en la que se estipula que la jurisdicción y las leyes de aplicación son las inglesas.

53. *provide finance*: financiar [prestar servicios de financiación].

54. *they proceeded*: iniciaron un proceso [causa].

55. *enforce*: ejecutar [hacer cumplir].

56. *on promissory notes*: con relación a los pagarés.

57. *guarantees under those contracts:* avales estipulados en dichos contratos.

58. *the Chamber for Settlement of Commercial Paper Disputes*: la Cámara de Conciliación de Disputas originadas en efectos mercantiles.

59. *find*: apreciar [fallar].

60. *was bound by his signature on*: estaba obligado por su firma en.

61. *it ordered him to pay SR3,888,111*: le mandó abonar 3.888.111 riales saudíes.

62. *he appealed to the Minister of Commerce*: (el príncipe) recurrió al Ministro de Comercio.

63. *the appeal was rejected*: el recurso fue desestimado.

64. *the plaintiffs' efforts to enforce the Chamber's orders*: los esfuerzos de los demandantes para ejecutar la orden dictada por la Cámara de Comercio.

65. *had proved futile*: habían resultado baldíos.

66. *the available enforcement agencies*: los organismos públicos existentes [de ese país] encargados de velar por el cumplimiento de la ley.

67. *were not effective against*: no tenían poder para actuar contra.

68. *position*: rango [categoría].

69. *served proceedings on Prince Ahmed*: demandaron al príncipe Ahmed fuera de la jurisdicción.

70. *by amended points of claim*: con las pretensiones modificadas [con una demanda corregida].

71. *the cause of action inter alia*: el fundamento de la reclamación [uno de los motivos], entre otros varios, aducido/s para interponer la demanda [entre los motivos aducidos para litigar].

72. *was for a judgment debt arising out of the Chamber's decision*: estaba [destacaba] la deuda derivada [dimanada] de la resolución de la Cámara (antes aludida).

73. *decision*: resolución.

74. *relied on*: en el que se basaban (los demandantes).

75. *obtain leave to serve out of the jurisdiction*: recabar la autorización [conseguir la admisión a trámite] para litigar fuera de la jurisdicción.

76. *state*: declarar [hacer constar].

had "failed to honour the judgment"[77] and that they sought[78] "to sue on the judgment".[79]

In the present proceedings[80] Prince Ahmed applied to discharge the orders giving leave to serve out of the jurisdiction.[81] By cross-summons[82] the plaintiffs sought summary judgment[83] under Order 14.[84]

The plaintiffs had requested leave to serve out of the jurisdiction under Order 11 rule 1(1).[85] The rule stated that leave might be granted[86] if "(d) the claim...(iii) is... governed by English law[87]... (m)... is brought to enforce any judgment".[88]

Under Order 11 rule 4(1)[89] an[90] application for leave under rule 1(1)[91] "must be supported by affidavit[92] stating[93] (a) the grounds on which the application is made".[94]

The plaintiffs' affidavit expressly relied on[95] the fact that certain agreements were governed by English law under subparagraph (d)(iii) of rule 1(1),[96] but did not refer to or rely on sub-paragraph (m).[97]

Prince Ahmed submitted[98] that the proper law of the obligations[99] was Saudi

77. *had failed to honour the judgment*: había incumplido la sentencia.

78. *they sought*: solicitaban.

79. *sue on the judgment:* demandar [pleitear, llevar a los tribunales] basándose en el fallo (de la Cámara).

80. *in the present proceedings:* en este procedimiento.

81. *applied to discharge the orders giving leave to serve out of the jurisdiction*: solicitó la anulación de los autos que autorizaban la incoación de la demanda fuera de la jurisdicción.

82. *by cross-summons*: por reconvención o demanda reconvencional.

83. *the plaintiffs sought summary judgment:* los demandantes solicitaron [exigieron, pidieron] una sentencia [fallo] por procedimiento judicial abreviado.

84. *under Order 14*: a tenor de lo previsto en la sección 14. Sobre el significado del término procesal *Order*, véase la nota 5.

85. *under Order 11 rule 1(1)*: a tenor de lo que dispone la norma procesal civil 1(1) de la sección 11.

86. *the rule stated that leave might be granted*: la norma procesal indicaba que se podía admitir a trámite [conceder la autorización].

87. *is governed by English law*: se rige por el derecho inglés.

88. *the claim... is brought to enforce a judgment:* la demanda es [presentada] interpuesta para hacer cumplir [ejecutar] un fallo judicial.

89. *under Order 11 rule 4(1)*: de acuerdo con lo estipulado en la norma procesal 4(1) de la sección 11.

90. Véase la nota 9 sobre el significado generalizador de *a/an*.

91. *an application for leave under rule 1(1)*: las peticiones de admisión a trámite que se acojan a lo previsto en la norma 1(1).

92. *must be supported by affidavit*: deben estar respaldadas con [venir acompañadas de] una declaración jurada.

93. *state*: hacer constar.

94. *the grounds on which the application is made*: los motivos en los que se basa la petición.

95. *expressly relied on*: se basaba de forma expresa.

96. *on the fact that certain agreements were governed by English law under subparagraph (d)(iii) of rule 1(1)*: en el hecho de que determinados acuerdos se regían por el derecho inglés, según lo previsto en el subapartado (d)(iii) de la norma 1(1).

97. *but did not refer to or rely on sub-paragraph (m)*: pero no mencionaba [aludía, hacía alusión, se remitía] o se basaba en el subapartado (m).

98. *submit*: alegar [exponer; solicitar].

99. *proper law of the obligations*: la ley de aplicación [el fuero] para las obligaciones y responsabilidades contraídas.

Arabian law, and that having regard to rule 4(1)(a),[100] the plaintiffs could not support[101] the order for leave by seeking now[102] to rely on sub-paragraph (m).[103]

The amended points of claim endorsed on the writ adequately[104] pleaded a cause of action based on a judgment debt.[105] The affidavit disclosed[106] a good arguable case[107] of entitlement to enforce the judgment debt,[108] and that good arguable case[109] had not been displaced[110] by further evidence.[111]

The sole point on which Prince Ahmed could rely[112] was the failure to refer to subparagraph (m)[113] in the affidavit.

The affidavit expressly drew attention to the claim[114] to enforce a foreign judgment.[115] It was an inescapable[116] conclusion that leave was granted[117] on the basis of sub-paragraph (m)[118] as well as (d) (iii), though only the latter was expressly identified in the affidavit.[119]

There was a failure fully to comply with rule 4(1).[120] Stating "the grounds on which the application is made" included identifying the subparagraphs relied on[121]. It was a defective affidavit.[122]

---

100. *that having regard to rule 4(1)(a)*: que, vista [habida cuenta de; de acuerdo con lo previsto en] la norma 4(1)(a).

10_. *support:* basar.

102. *seeking now*: pidiendo ahora.

103. *by seeking now to rely on subparagraph (m)*: intentando esta vez acogerse al subapartado (m).

104. *amended points of claim endorsed on the writ adequately*: las pretensiones modificadas debidamente expuestas al dorso del emplazamiento [notificación].

105. *pleaded a cause of action based on a judgment debt:* alegaban como fundamento de la reclamación [motivo para interponer la demanda] la deuda por fallo judicial.

106. *disclose:* sacar a la luz.

107. *case*: razones.

108. *a good arguable case of entitlement to enforce the judgment debt:* razones claras de cuestionable legitimidad para hacer cumplir el pago de la deuda proveniente de fallo judicial.

109. *that good arguable case*: esas buenas razones. Véase el apartado *a*) del punto 6 («La traducción y los contrastes léxicos») del capítulo cinco.

110. *had not been displaced*: no habían sido eliminadas.

11_. *by further evidence*: por la aportación de más datos o pruebas.

112. *the sole point on which Prince Ahmed could rely*: el único punto en el que el príncipe podía basarse.

113. *the failure to refer to subparagraph (m)*: la no referencia al subapartado (m); el que no se hubiera mencionado/alegado.

11_. *expressly drew attention to the claim*: llamó la atención de forma expresa a la pretensión.

115. *the claim to enforce a foreign judgment*: la pretensión de ejecución de una sentencia dictada por un tribunal extranjero.

116. *inescapable conclusion:* conclusión ineludible.

11_. *leave was granted*: se admitió a trámite.

118. *on the basis of sub-paragraph (m)*: amparándose en [al amparo de] el subapartado (m).

119. *though only the latter was expressly identified in the affidavit*: aunque sólo el segundo quedaba de forma expresada identificado [localizado] en la declaración jurada.

120. *there was a failure fully to comply with rule 4(1)*: se incumplió en su totalidad la norma procesal 4(1).

121. *stating… included identifying…*: al expresar los motivos por los que se presentó la petición, debieron exponer con claridad los subapartados en que se basaba la misma.

122. *it was a defective affidavit*: la declaración jurada tenía un defecto de forma.

However, it was no more than an irregularity which did not invalidate leave or give a right to have the order discharged.[123] The court must have taken[124] subparagraph (m) into account,[125] though it was not expressly referred to in the affidavit.[126]

The court clearly did not think it necessary[127] that the plaintiffs should be required to swear a supplementary affidavit referring to (m);[128] it was prepared to waive the irregularity.[129]

For the same reasons the present court[130] also considered that the irregularity should be waived.

In *Metall und Rohstoff (1989) 3 WLR 563,581* Lord Justice Slade said the Order 11 procedure[131] was designed[132] to ensure[133] that court and defendant were "fully and clearly apprised[134] as to the nature of the legal claim".

The documents in the present case[135] satisfied[136] those criteria. It followed[137] that the application to discharge leave in respect of the claim for enforcement of judgment must fail.[138]

The next question was whether there should be Order 14 judgment against Prince Ahmed for enforcement of a foreign judgment. Only two defences[139] were suggested.[140]

The first was that the Chamber's decision was not a judgment of a court —it was merely a decision[141] of some[142] administrative tribunal. The second was the Prince Ahmed's Saudi lawyer had submitted a case[143] to the Grievance Board[144] asking that the plaintiffs should submit accounts.[145]

---

123. *or give the right to have the order discharged*: o confería el derecho [a que se anulara el auto] de anular el auto.

124. *must have taken*: se deduce que [es evidente que, está claro que].

125. *the court must have taken sub-paragraph (m) into account*: parece claro que la sala/el tribunal tomó en consideración.

126. *though it was not expressly referred to in the affidavit*: aunque no se remitiera a ella de forma expresa (estuviera expresamente indicada) en la declaración jurada.

127. *the court clearly did not think it necessary:* se desprende claramente que el tribunal no consideró necesario.

128. *that the plaintiffs should be required to swear a supplementary affidavit referring to (m)*: que se pidiera a los demandantes la presentación de una declaración suplementaria en la que se hiciera alusión al subapartado (m).

129. *it was prepared to waive the irregularity:* estaba dispuesto a dispensar [salvar, pasar por alto] dicha irregularidad.

130. *the present court:* esta sala.

131. *the Order 11 procedure:* el procedimiento previsto en la Sección procesal 11.

132. *was designed*: se creó.

133. *ensure*: garantizar.

134. *fully and clearly apprised:* perfecta y claramente informados.

135. *in the present case*: de este proceso.

136. *satisfy*: cumplir.

137. *follow*: concluir [llegar a la conclusión].

138. *fail an application*: desestimar una petición.

139. *defence*: argumento de defensa.

140. *only two defences were suggested*: la parte demandada sólo adujo [sugirió] dos argumentos en su defensa.

141. *decision*: resolución.

142. *of some*: de cierto

143. *submit a case*: presentar una queja.

144. *the Grievance Board:* el Tribunal de Agravios.

145. *submit accounts:* rendir cuentas, presentar un estado de cuentas.

On the evidence[146] Prince Ahmed had failed to show[147] any credible case[148] that the Chamber's decision did not give rise to a judgment debt which should be recognised by UK courts.[149]

The same applied to the attempt[150] to involve[151] the Grievance Board. On the evidence it could not succeed.[152] It had all the hallmarks[153] of being yet another attempt to avoid manifest liabilities[154] finally determined by a competent court in Saudi Arabia.

The Riyadh judgment was unimpeached[155] and must be recognised as a final decision[156] of a court of competent jurisdiction giving rise[157] to a judgment debt. There was no reason why Order 14 judgment should not be entered.[158]

The next question was whether the present court had a discretion under[159] section[160] 35A of the Supreme Court Act 1981[161] to award interest[162] on the judgment sum. It was argued that since[163] no interest was payable on a judgment[164] under Saudi Law, interest could not be awarded by the UK court.[165]

The point was whether section 35A had a substantive or procedural (remedial)[166] character. If it was procedural the *lex fori* (English law) should apply; if it was substantive, the proper law of the obligation should govern.

The view in *Dicey & Morris* was that section 35A was substantive in character (see rule 199[2]).[167] It was supported[168] in *Miliangos (No 2) [1977] QB 489.*

---

145. *on the evidence*: a la vista de los hechos.

147. *had failed to show:* no pudo demostrar la existencia.

148. *any credible case*: argumentos creíbles [alguna circunstancia razonable] (que demostrara).

149. *that the Chamber's decision did not give rise to a judgment debt which should be recognised by UK courts*: que la resolución de la Cámara no daba pie a una deuda por fallo judicial reconocible por los tribunales del Reino Unido.

150. *attempt*: intento.

151. *involve*: implicar [comprometer].

152. *succeed*: prosperar.

153. *hallmarks*: rasgos típicos.

154. *avoid manifest liabilities*: eludir responsabilidades manifiestas.

155. *unimpeached*: no fue recurrido.

156. *final decision*: resolución definitiva.

157. *give rise to*: ocasionar [causar, dar lugar a, crear].

158. *there was no reason why Order 14 judgment should not be entered*: no había motivo para no dictar la sentencia a tenor de lo previsto en la sección procesal 14.

159. *the present court had a discretion under*: este tribunal actual tenía potestad según lo previsto en.

160. *section*: artículo.

161. *the Supreme Court Act 1981*: la ley del Tribunal Supremo de 1981.

162. *award interest on*: para conceder el pago de intereses sobre.

163. *it was argued that since*: el argumento utilizado fue que puesto que.

164. *no interest was payable on a judgment under Saudi law*: no se permitía el pago de intereses provenientes de sentencia judicial de acuerdo con las leyes saudíes.

165. *interest could not be awarded by the UK court*: los tribunales ingleses no podían dictar el pago de intereses.

166. *procedural (remedial)*: procesal (referido a los recursos).

167. *the view in Dicey & Morris was that section 35A was substantive in character (see rule 199[2])*: el punto de vista adoptado en Dicey & Morris fue que el artículo 35A era de carácter sustantivo (véase la norma procesal 199[2]).

168. *it was supported*: se basaba.

That approach was wrong.[169] The reasons why section 35A should not be characterised as substantive were:

(1)   There was no English law right to general damages[170] by way of interest or otherwise[171] for late payment of money[172] (see *La pintada [1985] AC 104*). The position was the same as in Saudi law.[173] There was no right to interest. Section 35A filled the gap.[174] It was alternative to the substantive right, not a reflection of it.[175]

(2)   The section 35A power[176] only related[177] to legal proceedings. It did not alert the parties' contractual rights.[178] The section's opening words[179] were "subject to Rules of Court in proceedings... before the High Court".[180] The power was an incident of[181] procedure, not substantive law.

(3)   The power was discretionary. It did not have the character of a substantive right.

Section 35A was procedural, not substantive. The view in *Dicey, rule 199* and *Miliangos* could not be supported,[182] unless confined to contractual right to interest.[183] Order 14 judgment was given, together with interest.[184]

For the plaintiffs: Dominic Kendrick (Clyde & Co, Guildford).
For Prince Ahmed: Michael Collins QC and Colin Challenger. (Dunlavey-Rosin.)

3.   **Documento**: Articles 71 a 73 (*Provisions common to the obligations of the seller and of the buyer*)[185] of the United Nations Convention on Contracts for the International Sale of Goods, 11th April 1980.[186]

169.   *that approach was wrong*: ese enfoque estuvo equivocado.

170.   *there was no English law right to general damages*: las leyes inglesas no reconocían el derecho a reclamar indemnización por daños y perjuicios generales.

171.   *by way of interest or otherwise*: en forma de intereses o compensación similar.

172.   *for late payment of money*: por retraso en el pago.

173.   *the position was the same as in Saudi law*: la situación era la misma que en el derecho saudí.

174.   *section 35A filled the gap*: el artículo 35A llenó el vacío legal.

175.   *not a reflection of it*: no un reflejo del mismo.

176.   *power*: facultad.

177.   *relate*: referirse a [ser de aplicación a].

178.   *it did not alert the parties' contractual rights*: no llamaba la atención [advertir, anunciar, poner de relieve] de los derechos contractuales de las partes.

179.   *the section's opening words*: las palabras [introductorias] iniciales del artículo.

180.   *"subject to Rules of Court in proceedings... before the High Court"*: sin perjuicio de lo dispuesto en las Normas procesales de aplicación en el Tribunal Superior de Justicia.

181.   *incident of*: propio de.

182.   *the view in Dicey, rule 199 and Miliangos could not be supported*: no se podría defender el punto de vista adoptado en los procesos Dicey, norma 199 y Miliangos.

183.   *unless confined to contractual right to interest*: a no ser que se limitara al derecho contractual a percibir intereses.

184.   *Order 14 judgment was given, together with interest*: se dictó sentencia de acuerdo con lo previsto en la sección 14 de las normas procesales ordenándose el pago de intereses.

185.   *provisions common to the obligations of the seller and of the buyer*: disposiciones comunes a las obligaciones del vendedor y del comprador.

186.   *United Nations Convention on Contracts for the International Sale of Goods, 11th April 1980*: Convención de las Naciones Unidas sobre los contratos de compraventa internacional de mercaderías de 11 de abril de 1980.

CHAPTER V

*Provisions common to the obligations of the seller
and of the buyer*[187]

SECTION I

Anticipatory breach and instalment contracts[188]

Article 71   (1)   A party may suspend the performance[189] of his obligations if, after the conclusion of the contract,[190] it becomes apparent[191] that the other party will not perform[192] a substantial part of his obligations as a result of:[193]

(a) a serious deficiency[194] in his ability[195] to perform or in his creditworthiness;[196] or

(b) his conduct in preparing to perform[197] or in performing the contract.

(2) If the seller has already dispatched[198] the goods before the grounds[199] described in the preceding paragraph[200] become evident, he may prevent the handing over of the goods to the buyer[201] even though the buyer holds a document[202] which entitles[203] him to obtain them. The present paragraph relates[204] only to the rights in the goods as between the buyer and the seller.[205]

(3) A party suspending performance,[206] whether before or after dispatch of the goods,[207] must immediately give notice[208] of the suspension to the other party and

---

187. *provisions common to the obligations of the seller and of the buyer*: disposiciones comunes a las obligaciones del vendedor y del comprador.

188. *anticipatory breach and instalment contracts*: incumplimiento previsible y contratos con entregas sucesivas.

189. *suspend the performance*: diferir el cumplimiento.

190. *conclusion of the contract*: celebración del contrato.

191. *becomes apparent*: resulta manifiesto [obvio].

192. *perform*: cumplir.

193. *as a result of*: a causa de.

194. *serious deficiency*: grave menoscabo.

195. *ability*: capacidad.

196. *creditworthiness*: solvencia [reputación financiera o crediticia].

197. *in preparing to perform*: al disponerse a cumplir.

198. *dispatch goods*: expedir las mercancías.

199. *grounds*: motivos.

200. *described in the preceding paragraph*: a que se refiere el párrafo anterior.

201. *prevent the handing over of the goods to the buyer*: oponerse a que las mercaderías se pongan en poder del comprador.

202. *hold a document*: ser tenedor de un documento.

203. *entitle*: permitir [dar derecho a].

204. *relate*: concernir.

205. *to the rights in the goods as between the buyer and the seller*: derechos respectivos del comprador y del vendedor sobre las mercancías.

206. *a party suspending performance*: la parte que difiera el cumplimiento. Véase la nota 9.

207. *whether before or after dispatch of the goods*: antes o después de la expedición de las mercaderías.

208. *give notice*: comunicar.

must discontinue with performance[209] if the other party provides adequate assurance of his performance.[210]

Article 72 (1) If prior to the date for performance[211] of the contract it is clear[212] that one of the parties will commit a fundamental breach of contract,[213] the other party may declare the contract avoided.[214]

(2) If time allows,[215] the party intending to declare the contract avoided,[216] must give reasonable notice[217] to the other party in order to permit him to provide adequate assurance of his performance.[218]

(3) The requirement of the preceding paragraph do not apply[219] if the other party has declared that he will not perform his obligations.

Article 73 (1) In the case of a contract for delivery of goods by instalments, [220] if the failure of one party to perform any of his obligation in respect of any instalment constitutes a fundamental breach of contract with respect to that instalment,[221] the other party may declare the contract avoided with respect to that instalment.

(2) If one party's failure to perform any of his obligations[222] in respect of any instalments[223] gives the other party good grounds[224] to conclude that the fundamental breach of contract will occur with respect to future instalment, he may declare the contract avoided for the future, provided that he does so within a reasonable time.[225]

209. *and must discontinue with performance*: y deberá proceder al cumplimiento.

210. *if the other party provides adequate assurance of his performance*: si esa otra parte da seguridades suficientes de que cumplirá sus obligaciones.

211. *if prior to the date for performance*: si antes de la fecha de cumplimiento.

212. *it is clear*: fuera patente.

213. *commit a fundamental breach of contract*: incurrir en incumplimiento esencial del contrato.

214. *may declare the contract avoided*: puede declararlo (el contrato) resuelto.

215. *if time allows*: si hubiere tiempo para ello.

216. *the party intending to declare the contract avoided*: la parte que tuviera la intención de declarar resuelto el contrato.

217. *must give reasonable notice*: deberá comunicar con antelación razonable.

218. *in order to permit him to provide adequate assurance of his performance*: para que ésta pueda dar seguridades suficientes de que cumplirá sus obligaciones.

219. *do not apply*: no se aplicarán.

220. *In the case of a contract for delibery of goods by instalments*: en los contratos que estipulen entregas sucesivas de mercaderías.

221. *if the failure of one party to perform any of his obligations in respect of any instalments constitutes a fundamental breach of contract with respect to that instalment*: si el incumplimiento por una de las partes de cualquiera de sus obligaciones relativas a cualquiera de las entregas constituye un incumplimiento del contrato en relación con esa entrega.

222. *if one party's failure to perform any of his obligations*: si el incumplimiento por una de las partes de cualquiera de sus obligaciones.

223. *in respect of any instalments*: relativa a cualquiera de las entregas.

224. *good grounds*: motivos fundados.

225. *provided that he does so within a reasonable time*: siempre que lo haga dentro de un plazo razonable.

(3)   A buyer who declares the contract avoided[226] in respect of any delivery may, at the same time, declare it avoided in respect of delivery already made or of future deliveries if, by reason of their interdependence,[227] those deliveries could not be used for the purpose contemplated by the parties[228] at the time of the conclusion of the contract.

226.   *a buyer who declares the contract avoided*: el comprador que declare resuelto el contrato. Véase nota 9 sobre el uso de *a*.
227.   *by reason of their interdependence*: por razón de su interdependencia.
228.   *could not be used for the purpose contemplated by the parties*: no se podrían destinar al uso previsto por las partes.

X. LAS SOCIEDADES MERCANTILES

1. Introducción

Las empresas dedicadas a la industria, al comercio y a los servicios, en suma, al mundo de los negocios, pueden adoptar diversas formas organizativas, reguladas por el derecho de sociedades (*Company Law*), las cuales dependen de varias circunstancias de índole financiera, personal o jurídica. Las tres formas más conocidas son el empresario individual (*sole trader*), la sociedad colectiva (*partnership*) y la sociedad mercantil (*company* o *corporation*), las cuales tienen en común la obtención de un lucro o beneficio empresarial.

El empresario individual o *sole trader*, con tal de que se inscriba en el registro (*register*) del impuesto del IVA (*Value Added Tax*) y se atenga a lo previsto en la Ley de Nombres Comerciales (*Business Names Act 1985*), puede abrir las puertas de su negocio sin mayor dificultad; no obstante, si su nombre mercantil (*business/trade/firm name*) induce a confusión o desorientación, se expone a (*he is liable to*) una demanda civil (*a civil action*) por el ilícito civil (*tort*) de imitación o engaño (*passing off*).

La *partnership*[1] es la entidad empresarial formada por dos o más socios (*partners*), hasta un máximo de veinte, y formalizada por medio de convenio (*agreement*), en forma de contrato o escritura de constitución, para llevar a cabo actividades comerciales, industriales o profesionales con fines lucrativos (*with a view of profit*). Estas organizaciones se basan en *The Partnership Act* de 1890, y son distintas de las sociedades de capital, llamadas *companies* o *corporations*. Desde el punto de vista empresarial, también se las puede llamar empresas (*firms*) y, como tales, poseen una denominación o razón social (*firm name*). Por otra parte, la Ley de Sociedades Mercantiles de 1985 (*Companies Act 1985*) autoriza a que, en su nombre comercial, las *partnerships* utilicen el término *Company* o "*and*

---

1. La *partnership* es una organización comercial típica del mundo anglosajón; equivale parcialmente, en algunas ocasiones, a una sociedad colectiva, a una sociedad civil o a una comunidad de bienes en el derecho español.

Company" (a pesar de no ser sociedades mercantiles propiamente dichas), especialmente cuando el número de socios es elevado; por ejemplo, la empresa *Johnson, Stuart & Co.* puede no ser una sociedad mercantil (*company*) sino una asociación o sociedad colectiva (*partnership*); en cambio, les está completamente prohibido emplear las palabras *Limited* o *Ltd*, términos que sólo pueden ostentar las sociedades mercantiles (*companies* o *corporations*).

Las características básicas de estas entidades empresariales son: *a*) no tienen personalidad jurídica propia, distinta a (*legal existence separate from*) la de sus propietarios o socios; *b*) los miembros de las mismas se llaman socios (*partners*), mientras que los de las mercantiles (*companies*) son accionistas (*shareholders*);[2] *c*) los socios tienen responsabilidad ilimitada, llegando esta responsabilidad a los bienes privados (*private assets*), ya que cada socio es agente de sus cosocios y, por tanto, responsable solidario (*jointly and severally liable*) de las deudas de la empresa, por lo que se les puede demandar conjunta (*jointly*) e individualmente (*severally*),[3] y *d*) al no tener entidad jurídica propia, quedar extinguidas cuando se retira o fallece alguno de los socios.

El documento básico que se usa para la constitución de una *partnership* es un contrato (*partnership contract/agreement*) o una escritura de constitución (*partnership deed* o *articles of partnership*), en la que se especifican los acuerdos (*arrangements*) para la marcha y funcionamiento de la misma, tales como las aportaciones de capital (*capital contributions*), el nombre de la empresa (*name of the enterprise*), la duración de la misma (*duration of relationship*), las obligaciones de sus miembros (*invidual duties*), etc. Si no se entra en muchos acuerdos de detalle, se estará a lo previsto en la ley de *partnerships* de 1890, que define este tipo de organización empresarial como la relación existente entre quienes llevan a cabo un negocio con el fin de conseguir un beneficio.

Las *companies*, a diferencia de las *partnerships*, sí poseen una entidad jurídica propia (*separate legal entity*), con obligaciones y derechos distintos a los de sus accionistas y promotores. Por esta razón a las *companies* se las llama también *corporations*, en especial en Estados Unidos, y al proceso de creación, constitución o fundación de las mismas se le llama *incorporation*, término que sugiere que un nuevo «cuerpo» jurídico se ha creado. También con frecuencia se utiliza el adjetivo *corporate*[4] aplicado a lo relacionado con

---

2.   Los socios o *partners* no reciben dividendos aunque sí se pueden repartir beneficios o *distributions*. Véase el apartado 3 del *Documento* del capítulo dieciséis.

3.   A estos socios se les llama *general partners*. Sin embargo, en algunos Estados de Norteamérica, y también en el Reino Unido en determinadas circunstancias, se permiten los *limited partners*, cuya responsabilidad queda limitada a los bienes aportados.

4.   En cambio, el término *industrial* se aplica al mundo de lo sociolaboral de la empresa, como en *industrial accident* (accidente laboral), *industrial action* (medidas reivindicativas, de conflicto colectivo o de fuerza; acciones de reivindicación), *industrial arbitration* (arbitraje entre empresa y obreros), *industrial dispute* (conflicto laboral). Véase el capítulo ocho.

las sociedades mercantiles: *corporate assets* (activo social), *corporate body* (persona jurídica), *corporate capital* (capital social), *corporate domicile* (domicilio social),[5] *corporate group* (grupo de empresas), *corporate leader* (dirigente empresarial), *corporate logo* (logotipo social), *corporate name* (denominación social), *corporate stocks* (acciones de sociedades), *corporate tax* (impuesto de sociedades) y *corporate year* (ejercicio social).[6]

El que una *company* o *corporation* tenga personalidad jurídica propia le permite ser titular de bienes (*own property*), formalizar contratos (*make contracts*), demandar (*sue*) y ser demandada, e incluso cometer actos ilícitos[7] (*commit crimes*), por ejemplo, daños ecológicos, y sobre todo, tener vida con independencia de la suerte de sus accionistas (*shareholders*), que son los propietarios de la mercantil. No hay número máximo de accionistas, siendo dos el mínimo, y su responsabilidad (*liability*) queda limitada al valor nominal de sus acciones (*nominal value of their shares*).

Aunque en el pasado la fundación de las sociedades mercantiles se hacía por medio de cédula real (*Royal Charter*), desde el año 1984, en que se promulgó la «Ley de Sociedades de Capital» (*Joint Stock Companies Act 1984*), se efectúa por medio de inscripción (*registration*) ante el Registro de Sociedades (*Registrar of Companies*).[8]

La mayor parte de las mercantiles del Reino Unido son sociedades anónimas (*companies limited by shares*), las cuales pueden ser públicas[9] y privadas; las primeras deben poseer un capital mínimo de 50.000 libras en acciones, de las cuales, al menos la cuarta parte debe haber sido desembolsada (*fully paid-up*) por los accionistas en el momento de la suscripción. En las mercantiles públicas, detrás de su nombre comercial figura la sigla *plc* (*public limited company*), mientras que en Estados Unidos la abreviatura usada es *Inc*, que corresponde a *incorporated*; y, muchas de ellas, aunque no todas, cotizan en Bolsa (*are listed on the Stock Exchange*). Las sociedades mercantiles privadas no pueden ofrecer sus acciones al público en general, ya que ejercen control sobre quienes pueden ser accionistas de la misma y muchas de estas sociedades están controladas por una determinada familia.

Para la «constitución» (*incorporation*) de una sociedad mercantil se necesitan, al menos, dos documentos básicos (*incorporation papers*): la Escritura o Memoria de Constitución (*The Memorandum*) y los Estatutos Sociales (*Articles of Association*), que se deben presentar, junto con la

---

5. También llamado, a veces, *registered address*.
6. Normalmente este adjetivo precede al sustantivo, aunque en ocasiones también puede ir detrás de él, como en *body corporate*.
7. Véase el capítulo once sobre los llamados «delitos empresariales» (*corporate crime*).
8. En realidad, el término *registrar* quiere decir «registrador».
9. El término «público» no tiene aquí el significado que se le da a las *sociedades públicas* españolas.

declaración de que se cumplen todos los requisitos exigidos por la ley (*declaration of compliance*), en el Registro de Sociedades. Éste, si todo se ajusta (*comply with*) a las disposiciones legales, extiende (*issue*) el Certificado de Constitución de la Sociedad (*Certificate of Incorporation*). En la Memoria de Constitución (*The Memorandum*) constan el objeto social de la sociedad (*purpose*) —reflejado en la cláusula destinada a este fin (*object clause*)—, el capital social (*share capital*), el domicilio social (*business address*), etc. Los *Articles of Association*[10] o Estatutos Sociales es un acta levantada por los fundadores de una sociedad, al margen de la Escritura de Constitución de la misma, en la que se detallan las normas internas, la distribución pormenorizada y estructura del capital, los derechos de los accionistas, el proceso de capitalización, el procedimiento a seguir en caso de quiebra, etc.; como se ve, es un documento muchísimo más preciso que el escueto *Memorandum of Association*.[11]

El Consejo de Administración (*Board of Directors/Governors*), órgano de gobierno de las sociedades, está formado por un número de consejeros (*directors*); a él le corresponde nombrar al consejero delegado (*managing director*) y a los cargos directivos (*officers*) de la sociedad que, normalmente, son el presidente, el vicepresidente, el secretario y el tesorero.

El presidente, como cargo directivo principal y primero, vela por la buena marcha de la sociedad (*supervise and control all of the business and affairs of the corporation*), siempre bajo la autoridad y control del (*subject to the control of*) Consejo. El vicepresidente desempeña las funciones (*performs the duties*) en su ausencia (*in his absence*) o en caso de muerte o incapacidad (*in the event of his death or inability*). Entre las funciones del secretario destacan la de ser el depositario de los libros oficiales (*custodian of the corporate records*), la de llevar las actas de las distintas sesiones (*keep the minutes of the proceedings*) en uno o varios libros de actas (*minute books*) previstos a tal efecto (*provided for that purpose*) y la de cuidar de que (*see to*) se lleven a cabo todas las notificaciones (*all notices*) previstas en los Estatutos (*in accordance with the provisions of these By-Laws*) o exigidas por la ley (*as required by law*). El tesorero (*treasurer*) tiene a su cargo la custodia de los fondos y valores (*funds and securities*) de la mercantil.

El Consejo puede cesar (*remove*) a cualquiera de los cargos directivos (*officers*), siempre que a su juicio (*in its judgment*) lo exijan los intereses de la sociedad (*the best interests of the Corporation*). Y en caso de vacante (*a*

10. En Estados Unidos recibe el nombre de *Charter* o *Articles of Incorporation*.

11. Estos documentos constituyen la carta fundacional (*corporate charter*). En Estados Unidos la carta fundacional está formada por The Articles of Incorporation (Memoria de Constitución) y el *Certificate of Incorporation*, extendido por el Registro de Sociedades. A los Estatutos de funcionamiento interno se les llama *bye-laws*.

vacancy in any office) por muerte (*because of death*), dimisión (*resignation*), cese (*removal*), inhabilitación (*disqualification*) o cualquier otra causa (*or otherwise*), el puesto se cubre (*fill*) durante el tiempo que reste de mandato (*for the unexpired portion of the term*) por la persona que nombre el Consejo.

Las sociedades mercantiles constituidas (*incorporate*) en el extranjero que operen en el Reino Unido, de acuerdo con la Ley de Sociedades Mercantiles de 1985 (*Companies Act 1985*), deben remitir al Registro Mercantil (*Registrar of Companies*) un impreso (*a return*) que contenga (*including*) los nombres y direcciones de las personas residentes en el Reino Unido que han sido autorizadas para acusar recibo (*accept service of process*),[12] en nombre de la sociedad mercantil (*on behalf of the company*), de las demandas contra ella interpuestas, así como de los avisos o notificaciones (*notices*) oficiales.

Muchos estatutos, en su título preliminar (*preliminary*), contienen restricciones o matizaciones[13] de tipo legal (por ejemplo, *The regulations contained in Table*[14] *B in the Schedule*[15] *to the Companies Regulations 1985 shall not apply to this company*)[16] y precisiones de tipo lingüístico (por ejemplo, "*Words importing*[17] *the singular number only shall include the plural, and the converse shall also apply*" o "*Words importing males shall include females*" o "*Words importing individuals shall include corporations*").

Las sociedades anónimas se «extinguen» cuando se efectúa la liquidación (*winding-up*) de la misma, tras haber acordado antes su disolución la junta general de accionistas (*shareholders' general meeting*). Los liquidadores (*liquidators*) son las personas nombradas por dicha junta general para repartir, en su caso, el patrimonio social resultante entre los accionistas.

También se extingue una sociedad, tras la liquidación llevada a cabo por el síndico (*trustee in bankruptcy*), después de que el juez haya dictado el auto judicial declarativo de quiebra (*a bankrutpcy order*).[18] Las quiebras pueden ser voluntarias o impuestas. En el primer caso, al no poder hacer frente a sus deudas (*meet debts*), el deudor solicita, de forma voluntaria, la declaración de quiebra (*file a petition of bankruptcy*) ante el *High Court*

---

12. Sobre el uso de los términos *service, process* y *deliver an acknowledgment of service*, véase el punto 3 del capítulo cuatro.

13. Estas anotaciones de carácter lingüístico son, en cierto sentido, similares a las de las leyes parlamentarias, comentadas en el punto 6 del capítulo uno.

14. *the regulations contained in Table B*: las normas contenidas en el cuadro [la tabla] B.

15. *schedule*: anexo.

16. *shall not apply to this company*: no serán de aplicación a esta sociedad.

17. *import*: tener el significado, significar.

18. El *bankruptcy order* sustituye a dos autos judiciales de la legislación anterior llamados *receiving order* y *adjudication order*.

of Justice o el *County Court*, dependiendo de las cuantías. En el segundo, son los acreedores (*creditors*) los que presentan la petición de declaración de quiebra contra (*file the bankruptcy petition against*) la sociedad mercantil (*company*),[19] cuando no han podido hacer efectivo el cobro (*enforce the payment*) de la deuda procedente de un fallo o sentencia judicial (*judgment debt*). Normalmente, en su solicitud los acreedores piden al tribunal que nombre un síndico (*a receiver of the debtor's property*) hasta que se resuelva la solicitud o se nombre el liquidador o síndico definitivo (*trustee in bankruptcy*). El afectado por la quiebra involuntaria, si cree que es solvente y no está dispuesto a ser declarado quebrado (*bankrupt*), tiene derecho a defenderse en un juicio con jurado (*trial with jury*).

Si el tribunal admite la solicitud (*admit the application*) por considerar que el deudor es insolvente, dictará un auto judicial declarativo de quiebra (*a bankruptcy order*),[20] con lo que el patrimonio del quebrado (*the bankrupt's estate*) pasará a manos del citado síndico o administrador judicial (*official receiver*). El síndico deberá convocar una junta de acreedores (*call a creditors' meeting*) con el fin de presentarles el estado de cuentas (*statement of affairs*) para su examen y nombrar al liquidador o síndico definitivo (*trustee in bankruptcy*), encargado de administrar la empresa en quiebra (*bankrupt firm*) y de distribuir el patrimonio del quebrado entre sus acreedores, de acuerdo con las normas legales. El mismo administrador judicial o síndico (*official receiver*) puede convertirse en liquidador o síndico definitivo (*trustee in bankruptcy*) siempre y cuando se dedique habitualmente a resolver insolvencias (*insolvency practitioner*) y pertenezca a algún colegio profesional reconocido legalmente (*approved professional body*), como censor jurado de cuentas (*chartered accountant*),[21] técnico en liquidación de insolvencias (*insolvency practitioner*), etc.

Tanto en la quiebra voluntaria como en la impuesta, el deudor debe presentar (*file*) relaciones inventariales (*schedules*) con los nombres de los acreedores, un detalle del activo y del pasivo de la empresa (*the firm's assets and liabilities*), así como el estado de cuentas (*statement of affairs*) con la información financiera pertinente, siendo un delito (*a criminal offence*) la ocultación de activos (*concealment of assets*).

En Estados Unidos el procedimiento concursal o de quiebra (*bankruptcy proceedings*) se inicia presentando (*file*) una solicitud de

---

19.   También se puede presentar contra una sociedad colectiva (*a partnership*) o contra el propietario individual (*individual/sole proprietor*).

20.   En la legislación moderna sobre procedimientos concursales o de quiebra (*bankruptcy proceedings*), dos decretos judiciales, el de declaración de quiebra (*adjudication order*) y el que nombra al síndico (*receiving order*), han quedado refundidos en otro llamado auto judicial declarativo de la quiebra (*bankruptcy order*).

21.   En Estados Unidos se llama *Certified Public Accountant, CPA*.

quiebra (*bank-ruptcy petition*) en la secretaría (*the office of the clerk*) del tribunal federal de distrito (*the U.S. district court*) donde resida el deudor, y son jueces especializados en quiebras (*bankruptcy judges*), que actúan bajo la autoridad de los mencionados tribunales, los que resuelven estos asuntos.

En el **texto** que sigue, la *Chancery Division* del Tribunal Superior de Justicia, en el enjuiciamiento de una cuestión previa (*a preliminary issue*),[22] desestima la demanda de indemnización por daños y perjuicios (*action for damages*) presentada por el ejecutivo despedido (*dismissed director*), que perdió la opción a adquirir acciones de su empresa; aunque indirectamente trata de un despido, es un pleito relacionado con la adquisición de valores (*securities*) y, por tanto, debe ser enjuiciado en *The Chancery Division*, como la mayoría de los litigios relacionados con asuntos de las sociedades mercantiles.

The Chancery Division —División de la Cancillería— es la Sala de *The High Court of Justice* que, presidida por el Lord Canciller, o por el juez en quien él delegue, conoce los pleitos de mayor cuantía relacionados con quiebras, hipotecas, escrituras, testamentarías contenciosas, administración de patrimonios, etc., en especial cuando lo que se pide (*seeking*) es sólo la interpretación judicial de un documento, una cláusula, etc. (*court construction of a document, clause, etc.*), como es el asunto del que trata el texto que sigue. Tiene dos tribunales especiales: uno, el tribunal de sociedades mercantiles (*Company Court*), que entiende de los pleitos y de los asuntos (*cases*) relacionados con estas sociedades, y otro, el tribunal de patentes (*Patents Court*), que resuelve las cuestiones relacionadas con las patentes y la propiedad industrial. Como se dijo en el punto 3 del capítulo cuatro, en los procesos (*cases*) incoados ante *The Chancery Division*, en los que se solicita (*seeking*) sólo la interpretación judicial de un documento, una cláusula, un testamento, etc. (*court construction of a document, clause, etc.*), el mecanismo procesal empleado es la «citación para la incoación de un proceso» (*originating summons*) en vez del «emplazamiento» (*writ of summons*). En esta citación, el demandante hace constar el punto o los puntos de derecho de los que pide aclaración, y expone el fundamento de la reclamación (*cause of action*), es decir, el motivo o causa de la demanda que presenta, y la acción o remedio (*remedy*) que pide a los tribunales.

El **documento** comprende algunos artículos de los estatutos de una mercantil.

---

22. *preliminary issue*: cuestión preliminar o previa.

2. **Texto:**[23] Rachel Davies (Barrister): "Dismissed Director[24] cannot Claim Damages[25] for Lost Share Option."[26] *FT Law Reports*.[27] *Financial Times* (May 8, 1990).

MICKLEFIELD *v.* S. A. C TECHNOLOGY LTD. Chancery Division (Bristol). Mr J. W. Mowbray QC[28] sitting[29] as a deputy High Court Judge.[30]

AN[31] EMPLOYEE who is wrongfully dismissed[32] shortly before[33] becoming entitled,[34] under[35] his contract of employment, to exercise[36] an option to subscribe for shares[37] in the employer's parent company,[38] cannot sue for damages[39] for loss of the option[40] if the scheme[41] under which it was granted[42] expressly stated[43] it should lapse[44] if employment ceased, and expressly exempted[45] the employer from that part of its liability[46] for wrongful dismissal[47] which related to loss of option rights.

23. En las notas a pie de página se proponen, entre corchetes, otras opciones de traducción, que pueden ser tan válidas como la primera; entre paréntesis se dan aclaraciones. Los verbos aparecen normalmente en infinitivo. Si se ofrece un tiempo verbal, éste sólo tiene carácter aproximativo y es, por tanto, susceptible de modificación, de acuerdo con la perspectiva temporal adoptada por el traductor. Por ejemplo, en español el llamado «presente histórico» será a veces más conveniente que los tiempos pasados del texto original inglés.

24. *director*: directivo.

25. *claim damages*: exigir indemnización por daños y perjuicios.

26. *for lost share option*: por perder la opción a adquirir acciones de la empresa.

27. Véase la nota 10 del capítulo seis sobre la organización de los «Repertorios de Jurisprudencia del *Financial Times*».

28. Véase el capítulo dieciocho sobre los *Queen's Counsel* o *QC*.

29. *sit*: ser miembro de un tribunal [celebrar una sesión].

30. *sitting as a deputy High Court Judge*: en su calidad de [actuando como] magistrado suplente del Tribunal Superior de Justicia (el magistrado suplente es un *Queen's Counsel* o *barrister* de reconocido prestigio; véase la *Introducción* del capítulo dieciocho).

31. La generalización en inglés se suele hacer por medio del artículo indefinido *a/an* o con el nombre en plural; en castellano se prefiere el artículo determinado «el», «la», el nombre en plural, o determinantes como «cualquier», «todo», etc.

32. *wrongfully dismissed*: despedido injustamente.

33. *shortly before*: poco antes.

34. *become entitled*: acceder al derecho.

35. *under*: a tenor de lo previsto.

36. *exercise*: ejercer (un derecho, una opción, etc.).

37. *subscribe for shares*: suscribir acciones.

38. *parent company*: compañía matriz [casa principal].

39. *sue for damages:* presentar una demanda de daños y perjuicios.

40. *for loss of the option:* por la pérdida de la opción.

41. *scheme*: plan.

42. *under which it was granted*: al amparo del cual fue concedido.

43. *expressly stated*: expresaba con claridad [expresamente indicaba].

44. *lapse:* prescribir [caducar].

45. *exempt*: eximir.

46. *liability*: obligación [responsabilidad].

47. *wrongful dismissal:* despido injustificado.

Mr WJ Mowbray QC, sitting as a deputy High court judge[48] so held[49] on a preliminary issue[50] in an action[51] by dismissed[52] director, Mr Neil Anthony Micklefield, against his previous employer, SAC Technology Ltd. The issue was whether Mr Micklefield would be entitled to damages[53] for loss of a share option which lapsed on his dismissal.[54]

It was assumed for the purposes of[55] the preliminary issue only that Mr Micklefield had been wrongfully dismissed[56] in breach of contract.[57]

HIS LORDSHIP said that Mr Micklefield was employed by SAC Technology, and obtained an option[58] to subscribe for shares in its parent company.

The service agreement provided[59] that he should serve[60] as a director until the agreement was determined[61] by either party:[62] giving six months' notice.[63] The share option scheme[64] was run[65] by the parent company for employees in the group.

It provided that the board[66] might "in its absolute discretion"[67] invite executives to apply for options at the subscription price,[68] and that the option granted should be exercisable[69] only after[70] the third anniversary of the date of grant.

Clause 4.3B of the scheme read: "If an option holder[71] ceases to be employed[72] within the group for any reason whatsoever[73] then the option granted to him shall... lapse and not be exercisable."

---

48. *sitting as a deputy High Court judge*: en su calidad de magistrado suplente del Tribunal Superior de Justicia.

49. *Mr W. J. Mowbray QC... so held*: así lo consideró el magistrado Mr W. J. Mowbray.

50. *preliminary issue*: cuestión preliminar o previa. (Estas cuestiones previas se han de dilucidar antes de entrar en el fondo del asunto, con el fin ahorrar tiempo y costos a las partes. También se examina una *preliminary issue* en el texto del capítulo seis.)

51. *action*: demanda (presentada por...).

52. *dismiss*: despedir.

53. *be entitled to damages*: tener derecho a indemnización de daños y perjuicios.

54. *lapsed on his dismissal*: prescribía [caducaba] con su despido.

55. *for the purposes of*: a los efectos de.

56. *dismiss wrongfully*: despedir injustificadamente.

57. *in breach of contract*: con incumplimiento [violación/contravención del contrato].

58. *obtain an option*: adquirir [conseguir, ganar, alcanzar, obtener] la opción.

59. *the service agreement provided*: el contrato de servicios disponía.

60. *serve*: desempeñar las funciones de.

61. *determine an agreement*: resolver [denunciar, concluir] un acuerdo.

62. *party*: parte (de un contrato, pleito, etc.).

63. *give notice*: avisar, notificar; *giving six months' notice*: notificándolo con una antelación de seis meses.

64. *share option scheme*: plan de oferta de opciones para adquirir acciones.

65. *run*: organizar.

66. *board*: el consejo de administración.

67. *in its absolute discretion*: dentro de su margen de discrecionalidad [dentro de los márgenes de su apreciación; a su juicio; a su único y exclusivo criterio].

68. *apply for options at the subscription price*: solicitar opciones al precio de suscripción.

69. *be exercisable*: se podía ejercer.

70. *only after*: únicamente a partir.

71. *holder*: titular.

72. *ceases to be employed*: cesa como empleado (del grupo).

73. *for any reason whatsoever*: por la causa que fuera.

Paragraph[74] 9, headed[75] "loss of office",[76] provided that "by applying for an option an executive shall be deemed irrevocably[77] to have waived[78] any entitlement[79] by way of[80] compensation[81] for loss of office[82] or... to any sum or other benefit to compensate him for the loss of any rights under the scheme".[83]

On February 19 1985 Mr Micklefield was granted an option to subscribe for 6,500 A shares at 25 pence at 12.50 per share. On February 3 1988 he wrote to the directors[84] stating[85] that he wished[86] to exercise his option on February 19, the third anniversary[87] of the grant of the option.

On February 11 there was a meeting at the offices of the chairman and managing director.[88] On February 12 he wrote to Mr Micklefield to confirm that his employment had been terminated[89] at that meeting, with six months' pay in lieu of notice.[90]

The parent company wrote to Mr Micklefield on February 29 after the third anniversary of grant of the option and after exercise of the option, stating that the option lapsed[91] on termination of his employment, and ceased to be exercisable.[92]

For the purposes of the preliminary issue only,[93] it was assumed that Mr Micklefield was dismissed wrongfully and in breach of contract.[94]

The question was whether on the true construction[95] of the contract of employment and the share option scheme, he was entitled to recover damages[96] for loss of his option.

The first point made by[97] Mr Cotterill for[98] Mr Micklefield was based on [99] *Gunton v. Richmond-upon-Thames (1980) 3 WLR 714.*

---

74. *paragraph*: apartado.
75. *headed*: titulado.
76. *loss of office*: pérdida de empleo.
77. *shall be deemed irrevocably*: se considerará de forma irrevocable.
78. *waive*: renunciar.
79. *entitlement*: derecho, legitimidad.
80. *by way of*: en forma de.
81. *compensation*: indemnización.
82. *loss of office*: pérdida del cargo o empleo.
83. *under the scheme*: previstos en el plan (de la empresa).
84. *(board of) directors*: consejo de administración.
85. *state*: hacer constar.
86. *stating that he wished*: manifestando su deseo.
87. *the third anniversary*: fecha del tercer aniversario.
88. *managing director*: consejero delegado.
89. *terminate*: resolver [extinguir, finalizar].
90. *with six months' pay in lieu of notice*: con una indemnización de seis mensualidades en vez de la notificación.
91. *lapse:* prescribir, caducar.
92. *exercisable*: ejercitable.
93. *for the purposes of the preliminary issue only:* a los solos efectos de la cuestión preliminar.
94. *Mr Micklefield was dismissed wrongfully and in breach of contract*: había sido despedido injustificadamente y con violación de contrato.
95. *true construction*: fiel interpretación.
96. *recover damages*: cobrar daños y perjuicios.
97. *the first point made by*: el primer argumento/razonamiento introducido por.
98. *for*: en representación de (abogado representante de).
99. *the first point made by Mr Cotterill for Mr Micklefield was based on...*: el primer argumento presentado por Mr Coterill, abogado de Mr Micklefield, se basaba en el proceso...

In that case[100] Lord Justice Brightman said that a wrongfully dismissed employee[101] could only sue for damages,[102] not salary, as the relationship of master and servant had been broken, but that "it does not follow[103] that every right and obligation under the contract is extinguished".[104]

It was clear[105] from the paragraph as a whole[106] that Lord Justice Brightman was drawing a distinction[107] between the contract on the one hand and the status or relationship of employment on the other, and was saying that the relationship ceased.[108]

In the option scheme paragraph 4.3B referred to the status or relationship not to the contract. It began: "If an option holder[109] ceased to be employed within the group."

Mr Micklefield ceased to be employed when he was wrongfully dismissed, even if some other aspect of his contract continued in force.

The first submission[110] failed.

Mr Cotterill's second point was that the company was relying on its own wrong and seeking to take a benefit from its own wrong,[111] contrary to some authorities.[112]

By wrongfully dismissing Mr Micklefield a week or so before he became entitled to exercise his option, the company escaped exercise of the option[113] and, if paragraph 9 of the scheme applied, it also escaped liability in damages for his loss.[114]

Mr Cotterill relied on authorities which explained the principle that a man could not be permitted[115] to take advantage of his own wrong.

One was *Alghussein Establishment v. Eton College* (1988) 1 WLR 587, a House of Lords decision (which held there was a presumption that a party to a contract could not be permitted to take advantage of his own wrong, in the absence of express provision to the contrary).[116]

---

100. *in that case*: en el citado proceso.

101. *Lord Justice Brightman said that a wrongfully dismissed employee*: el magistrado Lord Brightman afirmó que el empleado que ha sido despedido injustificadamente.

102. *sue for damages*: demandar por indemnización de daños y perjuicios.

103. *it does not follow*: de lo que no se deduce; lo cual no quiere decir.

104. *that every right and obligation under the contract is extinguished*: que todos los derechos y obligaciones se hayan extinguido.

105. *it was clear*: quedaba claro.

106. *as a whole*: en su integridad.

107. *draw a distinction*: diferenciar [matizar].

108. *cease*: finalizar [concluir, cesar].

109. *option holder*: titular de una opción.

110. *submission*: tesis [interpretación, teoría].

111. *take a benefit from its own wrong*: sacar partido al agravio por ellos cometido.

112. *contrary to some authorities*: en contra de la doctrina jurídica.

113. *company escaped exercise of the option*: eludir el ejercicio de la opción.

114. *escape liability in damages for his loss*: eludir la responsabilidad de indemnizar por daños y perjuicios por la pérdida causada.

115. *relied on authorities which explained the principle that a man could not be permitted*: basó su argumentación en la doctrina jurídica que explicaba el principio de que a nadie se le puede permitir.

116. *in the absence of express provision to the contrary*: en ausencia de disposición expresa en contra.

Paragraph 9 was an exemption clause[117] and differed from the kind of clause considered in the authorities.[118] It did not purport[119] to entitle the company to benefit from its wrong in the relevant sense.[120] It exempted[121] the company from that part of the damages that it would otherwise have had to pay for wrongful dismissal, referable to loss of option rights.

If that were wrong, the principle that a man could not be permitted to take advantage of his own wrong, was subject to exemption.[122]

In *Alghussein* Lord Jauncey said that "in general the principle is embodied[123] in a rule of construction rather than an absolute rule of law".[124]

If the rule was only one of construction,[125] it could be excluded by a sufficiently clear contrary provision in the contract.[126]

In *Cheall v. APECS (1983) 2 AC 180* Lord Diplock referred[127] to "the well-known rule of construction that,[128] except in the unlikely case[129] that the contract contained clear express provisions to the contrary,[130] it is to be presumed that there was not the intention... that either party should be entitled to rely on his own breaches of his primary obligations[131] as bringing the contract to an end".

Paragraph 9 was clear and decisive enough[132] to exclude the principle as well as to operate[133] as an exemption clause.

It expressly applied if an option holder ceased to be an executive for any reason.[134] That included his being wrongfully dismissed.

The clause was intended and was sufficient to enable the company to escape part of its liability.[135]

The final point was under the Unfair Contract Terms Act 1977.[136]

117. *exemption clause*: cláusula de excepción.
118. *authorities*: textos de autoridad jurídica.
119. *purport*: pretender [dar a entender, tener como fin, significar].
120. *in the relevant sense*: en el sentido pertinente.
121. *exempt*: eximir.
122. *was subject to exemption*: tenía excepciones.
123. *embody*: incorporar.
124. *rule of law*: norma [regla] jurídica.
125. *if the rule was only one of construction*: si se trata sólo de una regla [norma] de interpretación.
126. *by a sufficiently clear contrary provision in the contract*: por medio de una disposición en contra claramente expuesta en el contrato.
127. *refer to*: aludir a.
128. *the well-known rule of construction that*: la bien conocida regla de interpretación que dice que.
129. *in the unlikely case*: en el caso improbable.
130. *clear express provisions to the contrary*: disposiciones claras en contra.
131. *rely on his own breaches of his primary obligations*: aprovecharse de sus propias infracciones de las obligaciones básicas que le comprometen.
132. *was clear and decisive enough*: estaba lo suficientemente claro y definitivo.
133. *operate*: funcionar.
134. *for any reason*: por la razón que fuese.
135. *enable the company to escape part of its liability*: para facilitar que la empresa eludiera una parte de su responsabilidad.
136. *the final point was under the Unfair Contract Terms Act 1977*: el punto final se remitía a la Ley de términos contractuales abusivos.

Section 3, which applied between contracting parties where one dealt as a customer on the other's written standard terms of business,[137] prevented that other from excluding for breach of contract.

The court assumed that section 3 would apply in the present case,[138] were it not for Schedule[139] 1 to the Act.

Paragraph 1 of Schedule 1 provided that sections 1 to 4 did not extend to[140] "... (e) any contract so far as[141] it related to[142] the creation or transfer of securities".

Mr Cotterill argued that the present contract was a contract of employment, not a contract for creation or transfer of securities.[143]

Paragraph 1(e) was not worded[144] so as to apply merely to contracts for the creation or transfer of securities. It was worded to apply to any contract so far as it related to the creation or transfer of securities.

So far as Mr Micklefield's contract of employment related to his option to acquire shares, it was excluded[145] from the Act by paragraph 1(e) of the Schedule.[146] Accordingly,[147] on the assumption that[148] Mr Micklefield was dismissed wrongfully[149] and in breach of contract,[150] he was none the less not entitled[151] to recover damages for loss of his option.[152]

For Mr Micklefield: Malcolm Cotterill (Trump & Partners, Bristol).
For the company: Michael Brindle (Freshfields).

3. **Documento**. En este documento se recogen algunos artículos del Estatuto de una Sociedad Mercantil, en especial los referidos a los accionistas y las acciones.

137. *where one dealt as a customer on the other's written standard terms of business*: en el que una de las partes actuaba como cliente, de acuerdo con los términos de comercio, escritos y normalizados, de la otra.
138. *section 3 would apply in the present case*: que el artículo 3 sería de aplicación a este proceso.
139. *were it not for schedule*: si no fuera por el anexo.
140. *did not extend to*: no eran de aplicación.
141. *so far as*: en tanto que.
142. *it related to the creation or transfer of securities*: estaba vinculado a la creación o traspaso de valores.
143. *argued that the present contract was a contract of employment, not a contract for creation or transfer of securities*: razonó que este contrato era un contrato de empleo y no un contrato para la creación o traspaso de valores.
144. *word*: redactar.
145. *it was excluded*: quedaba excluido del ámbito de aplicación de la ley.
146. *schedule*: anexo.
147. *accordingly*: consecuentemente.
148. *on the assumption that*: asumiendo que [aceptando que].
149. *was dismissed wrongfully*: fue despedido improcedentemente.
150. *in breach of contract*: con incumplimiento de contrato.
151. *be entitled*: tener derecho.
152. *recover damages for loss of his option*: a la indemnización de daños y perjuicios por la pérdida de su opción.

ARTICLE I

Offices

The principal office of the Corporation in the State of California shall be located in Sacramento. The Corporation may have such other offices, either within or without the State of California, as the Board of Directors may designate or as the business of the Corporation may require from time to time.

ARTICLE II

Shareholders

Section 1.   Annual meeting

The annual meeting of the shareholders[153] shall be held[154] on the 20th day in the month of April in each year, at the hour of two o´clock p.m. at the principal office of the Corporation. If the day fixed for the annual meeting shall be a legal holiday in the State of California, such meeting shall be held on the next succeeding business day.[155]

Section 2.   Notice of meeting

Written notice stating[156] the place, day and hour of the meeting, shall be delivered not less than ten days nor more than thirty days before the date of the meeting, to each shareholder of record entitled to vote at such meeting.[157]

Section 3.   Quorum

A majority of the outstanding shares[158] of the Corporation entitled to vote, represented in person or by proxy, shall constitute a quorum at a meeting of shareholders. [159]

At all meetings of shareholders, a shareholder may vote in person or by proxy executed in writing[160] by the shareholder or by his duly authorized attorney-in-fact.[161]

---

153   *the annual meeting of the shareholders*: junta anual de accionistas.
154   *shall be held*: se celebrará.
155   *business day*: día hábil.
156   *written notice stating*: la convocatoria, por escrito, en la que se indique.
157   *shall be delivered not less than ten days nor more than thirty days before the date of the meeting, to each shareholder of record entitled to vote at such meeting*: se hará llegar a los accionistas registrados con derecho a voto en la citada junta, en un plazo no inferior a diez días y superior a treinta respecto del día de la junta.
158   *outstanding shares*: acciones emitidas.
159   *a majority of the outstanding shares of the Corporation entitled to vote, represented in person or by proxy, shall constitute a quorum at a meeting of shareholders*: el *quorum* está constituido por la mayoría de de las acciones de la sociedad con derecho a voto, representadas en persona o por poderes.
160   *executed in writing*: otorgado por escrito.
161   *duly authorized attorney-in-fact*: apoderado debidamente autorizado.

Such proxy shall be filed with the secretary of the Corporation before or at the time of the meeting.[162]

Section 4. Calls on shares

The directors may from time to time make calls upon the members in respect of any moneys unpaid on their shares.[163]

The joint holders of a share[164] shall be jointly and severally[165] liable[166] to pay all calls in respect thereof.

If a sum called in respect of a share[167] is not paid before or on the day appointed for payment thereof,[168] the person from whom the sum is due shall pay interest upon the sum[169] at the rate of £5 per centum per annum[170] from the day apppointed for the payment thereof to the time of the actual payment, but the directors shall be at liberty to waive payment[171] of that interest wholly or in part.

The provisions of these regulations as to[172] the liability of joint holders and as to payment of interest shall apply in the case of non-payment of any sum[173] which, by the terms of issue of a share,[174] becomes payable at a fixed time,[175] whether on account of the amount of the share,[176] or by way of premium,[177] as if the same[178] had become payable by virtue of[179] a call duly made and notified.[180]

The directors may make arrangements[181] on the issue of shares[182] for a difference between the holders in the amount of calls to be paid and in the times of payment.[183]

---

162. *such proxy shall be filed with the secretary of the Corporation before or at the time of the meeting*: la citada autorización deberá registrarse en secretaría antes de la junta o en el momento de la misma.

163. *make calls upon the members in respect of any moneys unpaid on their shares*: requerir de los accionistas el pago de los importes no desembolsados [dividendos pasivos] de sus acciones suscritas.

164. *joint holders of a share*: cotitulares de una acción.

165. *jointly and severally*: mancomunada y solidariamente.

166. *be... liable*: estar obligado [tener la obligación de].

167. *if a sum called in respect of a share*: si el importe requerido respecto del total de la acción.

168. *the day appointed for payment thereof*: el día fijado para el desembolso de la misma.

169. *the person from whom the sum is due shall pay interest upon the sum*: la persona deudora pagará los intereses correspondientes a la cantidad adeudada

170. *at the rate of £5 per centum per annum*: a razón del 5 por ciento anual.

171. *waive payment*: eximir el pago.

172. *as to*: referidas [relativas].

173. *any sum*: el importe.

174. *by the terms of issue of a share*: de acuerdo con las condiciones de la emisión de las acciones.

175. *which... becomes payable at a fixed time*: que... se deba abonar en una fecha determinada.

176. *on account of the amount of the share*: a cuenta [como adelanto] del importe de la acción.

177. *by way of premium*: en forma de prima.

178. *same*: la citada cantidad.

179. *by virtue of*: en virtud de.

180. *a call duly made and notified*: del requerimiento hecho y notificado conforme a derecho.

181. *make arrangements*: disponer [tomar las medidas necesarias].

182. *on the issue of shares*: al emitir las acciones.

183. *in the amount of calls to be paid and in the times of payment*: en las cantidades de los desembolsos y en los plazos de los mismos.

Section 5.   Lien[184]

The company shall have a lien[185] on every share[186] (not being a fully-paid share)[187] for all moneys[188] (whether presently[189] payable or not)[190] called[191] or payable[192] at a fixed time in respect of total share,[193] and the company shall also have a lien on all shares (other than fully-paid shares)[194] standing registered[195] in the name[196] of a single person[197] for all moneys presently payable by him or his estate to the company;[198] but the directors may at any time[199] declare any share to be wholly or in part[200] exempt from the provisions of this regulation.[201] The company's lien (if any)[202] on a share shall extend to[203] all dividends payable thereon.[204]

The corporation may sell, in such manner as the directors think fit,[205] any shares on which the corporation has a lien, but no sale shall be made unless some sum in respect of which the lien exists is presently payable,[206] nor until the expiration of fourteen days after a notice in writing,[207] stating and demanding payment of such part of the amount in respect of which the lien exists as is

---

184.   *lien*: derecho prendario o de retención. (Derecho de disposición que tienen las sociedades mercantiles sobre las acciones suscritas y no desembolsadas en parte o en su totalidad.)

185.   *the company shall have a lien*: la sociedad tendrá el [gozará del] derecho de disposición [prendario o de retención].

186.   *on every share*: sobre todas las acciones.

187.   *not being fully paid*: que no hayan sido plenamente desembolsadas o desembolsadas en su totalidad.

188.   *for all moneys*: por el importe.

189.   *presently*: en ese momento.

190.   *whether presently payable or not*: tanto si son abonables, como si no lo son, en ese momento.

191.   *called*: solicitado [requerido].

192.   *payable*: desembolsable [abonable].

193.   *in respect of total share*: respecto del total de la acción.

194.   *other than fully-paid shares*: salvo las que hayan sido desembolsadas en su totalidad.

195.   *shares... standing registered*: acciones registradas.

196.   *in the name of a single person*: a nombre de un particular.

197.   *standing registered in the name of a single person for*: registradas a nombre de un particular.

198.   *all moneys presently payable by him or his estate to the company*: por el importe que él o sus herederos (los herederos de su patrimonio) adeuden a la sociedad en dicho momento.

199.   *at any time*: en cualquier momento.

200.   *wholly or in part*: total o parcialmente.

201.   *the directors may at any time declare any share to be wholly or in part exempt from the provisions of this regulation*: pero el consejo puede eximir a cualquier acción, total o parcialmente, en cualquier momento, de lo dispuesto en esta norma.

202.   *if any*: en su caso.

203.   *shall extend to*: será de aplicación a.

204.   *thereon*: a la misma.

205.   *in such manner as the directors think fit*: en la forma que establezca el consejo.

206.   *unless some sum in respect of which the lien exists is: presently payable*: a menos que quede por desembolsar en dicho momento la cantidad por la que se creó el derecho prendario o de retención.

207.   *nor until the expiration of fourteen days after a notice in writing... has been given:* ni hasta pasado el plazo de quince días desde que se notificó por escrito.

presently payable,[208] has been given to the registered holder[209] for the time being[210] of the share, or the person entitled thereto[211] by reason of his death or bankruptcy.

The proceeds of the sale[212] shall be received[213] by the company and applied in payment of such part of the amount in respect of which the lien exists as is presently payable and the residue shall (subject to a like lien for sums not presently payable as existed upon the shares prior to the sale) be paid to the person entitled to the shares at the date of the sale.

208.   *stating and demanding payment of such part of the amount in respect of which the lien exists as is presently payable*: en la que se indique y se exija el desembolso del importe por el que se creó el derecho prendario por el importe correspondiente.

209.   *registered holder... of the share*: titular de la acción.

210.   *for the time being*: en ese momento.

211.   *the person entitled thereto*: el titular de la misma.

212.   *proceeds of the sale*: ingresos por la venta.

213.   *receive*: percibir.

XI. DELITOS DE GUANTE BLANCO

1. Introducción

No son raros en las sociedades avanzadas los delitos llamados de «guante blanco» (*white collar offences*). Algunos de ellos están relacionados, en líneas generales, con la llamada «propiedad industrial e intelectual» (*industrial and intellectual property*), como la piratería (*piracy*) que representa el plagio (*plagiarism*) de patentes (*patents*) y marcas registradas (*trade marks*), y la violación de los derechos de autor (*breach of copyright*), en especial, los de programas informáticos (*software*), películas (*movies*), libros, etc.

En una economía basada cada vez más en la información y la tecnología (*information and technology*), la creatividad y las ideas constituyen, muchas veces, el activo principal de la empresa (*the company's wealth*). Ésta es la razón por la que las grandes firmas cuentan con abogados especializados en el Derecho de propiedad intelectual e industrial (*attorneys specializing in intellectual-property practice*). Por poner un ejemplo, en el año 1990, en Estados Unidos se presentaron (*file*) más de 5.700 querellas relacionadas con la propiedad intelectual e industrial (*intellectual-property lawsuits*), muchas de ellas por violación de patentes (*patent-infringement*).

Otros delitos, como las «prácticas colusorias», es decir, las que tienden a restringir la libre competencia entre empresas (*conspiracy in restraint of trade*) o el «acuerdo monopolista o de limitación de la competencia» (*combination in restraint of commerce/trade, price-fixing*), se encuadran en el campo de las relaciones comerciales y empresariales; a estos delitos citados, junto con el soborno (*bribery*), la violación de la normativa medioambiental (*violation of environmental regulations*), la estafa (*fraud*) y otros se les llama «delitos empresariales» (*corporate crime*). Sin embargo, no todas las conductas ilícitas en ese marco son totalmente delictivas, aunque sí sancionables. Una de ellas, las prácticas colusorias, es decir, la limitación al legítimo derecho de la lucha concurrencial (*keen competition*) de empresas o comercios, es seguida muy de cerca por el Director General de Defensa de la Competencia (*Director General of Fair Trading* en el Reino Unido y *Federal Trade Commission* en EE.UU.), debido a las consecuencias tan perjudiciales (*detrimental*) que puede acarrear a los intereses colectivos de los consumidores (*to the interests of consumers*). La Ley de Prácticas Comerciales Restrictivas (*The Restrictive Trade Practices Act 1976*) es un instrumento de ordenación y de control de conductas en el mercado de bienes y servicios (*market of goods and services*) y, de acuerdo con ella, el Director General de Defensa de la Competencia tiene la obligación de demandar (*bring proceedings*) ante el Tribunal de Defensa de la Competencia (*Restrictive Practices Court*) a quienes (*against the persons*) lleven a cabo prácticas comerciales aprobadas en «acuerdos no registrables», generalmente tendentes a manipular precios e imponer condiciones en el mercado. Se dice que un acuerdo es registrable (*registrable agreement*) cuando se inscribe (*register*), antes de su entrada en vigor (*before it comes into operation*), en la Dirección General de Defensa de la Competencia. El Director General, tras examinar las restricciones que las empresas han acordado en lo que afecta a (*concerning*) su libertad de tomar decisiones en cuestiones de (*relating to*) precios, plazos y condiciones de venta (*terms and conditions of sales*), cantidades y clases (*quantities and kinds*) de bienes o servicios (*of goods or services*) que se compren o que se vendan (*to be bought or sold*), etc., inscribe dicho acuerdo si no encuentra ningún reparo en el mismo, el cual automáticamente se convierte en legal. Pero si el Director General estima que algunas de las cláusulas del acuerdo pueden afectar a la libre competencia, lo elevará (*refer to*) al Tribunal de Defensa de la Competencia para que emita el fallo (*ruling*) correspondiente, siempre teniendo en cuenta el interés privado de las empresas, el público del Estado y el colectivo de los consumidores.

En 1979, el Director General de Defensa de la Competencia denunció ante el Tribunal de Defensa de la Competencia el Reglamento de la Bolsa de Comercio (*The rules of The Stock Exchange*) porque, en su opinión, la Bolsa no estaba dispuesta a renunciar a tres artículos del mismo que iban contra la libre competencia. Y la simple denuncia sirvió para que la Bolsa adecuara su reglamento a las normas de libre competencia, ganando eficiencia el mercado inmediatamente. Y vinculado al mundo de la Bolsa (*Stock Exchange*) y de las finanzas, en los últimos años ha saltado a los titulares de prensa, por los escándalos financieros generados, el llamado «delito del iniciado» o «utilización abusiva de información privilegiada» (*insider trading*),[1] entendiendo por información privilegiada la «información no publicada, susceptible de afectar al precio de las cosas» (*unpublished price-sensitive information*).

---

1. *Insider*: enterado, «iniciado»; el que participa de un secreto, el de dentro; el que posee información privilegiada. *Trade*: comerciar, llevar a cabo transacciones comerciales; *trading*: contratación (en Bolsa). *Insider trading*: este término, también llamado *insider dealing* en el inglés británico, tiene doble sentido; en principio, se refiere sólo a las *transacciones comerciales* (normalmente contratación en Bolsa) efectuadas por quienes, debido a su cargo o posición, poseen información privilegiada, y en segundo lugar, alude al *delito* cometido por el uso indebido de la información privilegiada, que se conoce también con el nombre de «delito del iniciado». Hoy se aplica esta expresión no sólo al mundo de la Bolsa sino también al de cualquier negocio en el que la información de la que disponen las partes es *asimétrica* o injusta.

Aunque parezca sorprendente, ha habido, y hay, voces expertas que han pedido que estas «transacciones bursátiles con información privilegiada» (*insider trading*)[2] no sean objeto de regularización alguna por parte del Gobierno o del Parlamento, y que, en su caso, se deroguen las normas existentes. Las razones que aducen en su defensa son, por una parte, la dificultad de distinguir entre una buena documentación y la llamada «información privilegiada» (*privileged information*), y, por otra, los efectos positivos que reportan estas prácticas. En efecto, en opinión de sus defensores, uno de los beneficios es la mejora de la eficiencia del mercado (*market efficiency*), entendida ésta como la capacidad del mismo para asignar los recursos (*allot resources*) a las empresas más productivas, es decir, la «eficiencia alocativa» (*allocative efficiency*).

No obstante, hay muchas razones económicas o deontológicas que aconsejan la regularización gubernamental o legislativa de esta práctica bursátil. Por una parte, la confianza del inversor en el mercado de capitales (*investors' confidence in the capital markets*), que espera limpieza, claridad e imparcialidad (*fairness*), no debe ser socavada (*undermine*) por nada; y, por otra, poseer poderosa información frente a quien carece de ella es, sin duda alguna, un abuso flagrante (*blatant injustice*). Fue en Estados Unidos donde se reguló por primera vez la limitación de la práctica del *insider trading*; las primeras leyes federales que abordan esta práctica bursátil se remontan al principio de la década de los años treinta, cuando la recién creada Comisión de Valores y Bolsa (*Securities and Exchange Commission, SEC*) comenzó a vigilar la limpieza (*fairness*) de la intermediación bursátil (*trading*). A partir de entonces se progresó mucho, en parte gracias a los códigos deontológicos (*practice codes*) y, sobre todo, a la actuación de los tribunales de lo penal, que dictaron sanciones multimillonarias (*multi-million dollars penalties*), y de lo civil, que ofrecieron remedios o soluciones jurídicas (*remedies*), como la devolución de beneficios (*disgorging of profits*). Tampoco ha sido infrecuente, para dar la nota de color delictivo a las citadas conductas, la aparición de policías federales con arma al cinto (*gun-totting US marshalls*) en los parqués de la bolsa (*stock exchange trading floors*) para arrestar a los profesionales de la intermediación bursátil (*traders*) que presuntamente (*allegedly*) habían cometido el delito de iniciados. Aunque parezca paradójico, la mayoría de los litigantes por este tipo de delito acuden a la vía civil (*civil proceedings*) en vez de a la penal, porque en un proceso civil (*lawsuit*) la carga de la prueba (*burden of proof*) se resuelve sobre un cálculo de probabilidades (*on the balance of probabilities*), mientras que en la penal hay que demostrarla ante un jurado, a quien, para dar un veredicto, no le

---

2. Como hemos dicho en la nota anterior, el término *insider trading* alude, en principio, a las transacciones efectuadas por el que tiene información privilegiada, no al delito, cuya expresión es *insider trading offence* y, sólo de forma elíptica, *insider trading*.

debe quedar la menor duda razonable (*beyond any reasonable doubt*) de la existencia del delito.

En el Reino Unido, hasta que hubo legislación al respecto, los códigos deontológicos (*codes of practice*) o de autorregulación profesional (*non-statutory self-regulatory codes*) llenaron el vacío existente. Hoy, la contratación por el que tiene información privilegiada (*insider trading*) está regulada en la «Ley de Valores de Sociedades de 1985» (*Company Securities (Insider Dealing) Act 1985*). Esta ley, que consta de 19 artículos (*19 sections*), prohíbe a las personas (*individuals*) que tengan relaciones con una mercantil (*connected with a company*), es decir, los consejeros (*directors*), los cargos directivos (*officers*) y los altos cargos (*senior managers*) a: *a*) operar (*deal*) en la Bolsa con los valores de sus empresas (*securities of the company*) si poseen (*while in possession*) información privilegiada (*insider information*); *b*) instigar (*procure*) o aconsejar (*counsel*) la ejecución de transacciones con los mencionados títulos, y *c*) facilitar información privilegiada a quienes pudieran operar con los citados valores. En esta misma lista de iniciados o «personas de dentro» (*insiders*) quedan incluidos, excepcionalmente, unos pocos «de fuera» (*outsiders*), los funcionarios públicos (*Crown officers*) que, por razón de su cargo, accedan a dicha información. Hay también otro tipo de «iniciado», el iniciado secundario (*secondary insider*), llamado también *tippee*, que es el que obtiene la información de forma indirecta y hace uso de la misma. De acuerdo con una sentencia reciente de la Cámara de los Lores, cometen el delito de iniciados quienes operan con información confidencial interna (*inside information*), con independencia de la procedencia o la fuente, y sin tener en cuenta si dicha información fue solicitada u obtenida involuntariamente; de esta manera, es delictiva la conducta de los operadores de información privilegiada primaria (*insiders*) y los de secundaria (*tippee*).

En el **texto** que sigue se analizan algunas cuestiones básicas de la controversia generada por la contratación en Bolsa con información privilegiada (*insider trading*).

Los dos **documentos** son escrituras de cesión de derechos de autor (*copyright*) y de marca comercial (*trademark*).

2. **Texto**:[3] John W. Bagby: "The Evolving Controversy over Insider Trading."[4] *American Business Law Journal* 24: 571-587, 1986.

---

3. En las notas a pie de página se proponen, entre corchetes, otras opciones de traducción, que pueden ser tan válidas como la primera; entre paréntesis se dan aclaraciones. Los verbos aparecen normalmente en infinitivo. Si se ofrece un tiempo verbal, éste sólo tiene carácter aproximativo y es, por tanto, susceptible de modificación, de acuerdo con la perspectiva temporal adoptada por el traductor. Por ejemplo, en español el llamado «presente histórico» será a veces más conveniente que los tiempos pasados del texto original inglés.

4. *the evolving controversy over insider trading*: la creciente polémica desencadenada en torno a la contratación bursátil por quienes poseen información privilegiada.

The restriction of insider trading[5] is widely accepted as a principal enforcement goal[6] under[7] various provisions[8] of the federal securities laws.[9] These provisions deny certain[10] trading opportunities[11] to persons with[12] knowledge of material,[13] non-public, confidential information about an issuer,[14] its business prospects,[15] or external events that may affect the market for the issuer's securities. This trading restriction is often termed[16] the "disclose or abstain" rule,[17] since the "insider"[18] usually has a choice either to trade after disclosing the confidential information or to refrain from trading altogether until the information becomes public.[19]

The insider trading restriction[20] originated[21] in state common law.[22] The first congressional restriction[23] of insider trading was imposed[24] by section[25] 16(b) of the Securities Exchange Act[26] of 1934 (1934 Act). This provision gives the issuer

5. *the restriction of insider trading*: la prohibición/restricción de participar en operaciones de contratación bursátil al que posee información privilegiada.

6. *enforcement goal*: objetivo de obligado cumplimiento [de aplicación forzosa].

7. *under*: a tenor de lo que dispone, de acuerdo con.

8 *various provisions*: diversas disposiciones. Véase el punto 10 del capítulo cinco («La tentación paronímica...»).

9 *the restriction of... laws*: Se acepta de forma general [Cuenta con un amplio respaldo] en diversas disposiciones de las leyes federales de valores, como objetivo de obligado cumplimiento, que al que posee información privilegiada el sea prohibido participar en la contratación bursátil.

De acuerdo con lo que se dice en el punto 9.6 del capítulo cinco sobre «El orden privativo de cada lengua», también se podría haber empezado la traducción del párrafo con la oración restrictiva: *a)* «A tenor de lo que disponen diversas normas de las leyes federales de valores, se acepta, como objetivo de obligado cumplimiento, la prohibición de participar en operaciones de contratación bursátil al que posee información privilegiada»; *b)* «La prohibición de participar en operaciones de contratación bursátil al que posee información privilegiada cuenta con un amplio respaldo en diversas disposiciones de las leyes federales de valores, como objetivo de obligado cumplimiento.»

10. *certain*: determinados. Véase el punto 10 del capítulo cinco («La tentación paronímica...»).

11. *trading opportunities*: posibilidades de contratación bursátil.

12. *to persons with*: a quienes posean.

13. *material*: importante [significativo, de peso, sustancioso].

14. *issuer*: sociedad emisora de valores.

15. *business prospects*: perspectivas empresariales.

16. *this trading restriction is often termed*: a esta prohibición/limitación con frecuencia se la llama [conoce con el nombre de].

17. *«disclose or abstain» rule*: la regla de «descubre [revela/informa] o abstente».

18. *since the "insider"*: ya que «el de dentro».

19. *usually has a choice either to trade after disclosing the confidential information or to refrain from trading altogether until the information becomes public*: normalmente tiene la opción de participar en la contratación, tras revelar la información confidencial, o de abstenerse por completo hasta que se haya hecho pública la información.

20. *the insider trading restriction*: la limitación/prohibición de participar en la contratación bursátil.

21. *originated*: nació.

22. *state common law*: derecho consuetudinario estatal.

23. *the first congressional restriction*: la primera limitación impuesta por el Congreso.

24. *was imposed*: vino impuesta.

25. *section*: artículo.

26. *Securities Exchange Act*: Ley de contratación bursátil.

a right of action[27] for all profits made by officers,[28] directors,[29] and ten percent shareholders[30] of the issuer in purchase and sale of the issuer's equities within any six-month period.[31] However, a considerable insider trading jurisprudence has also developed[32] around[33] the separate anti-fraud provisions in section 10(b)[34] of the 1934 Act and Rule 10b-5 of the Securities and Exchange Commission (SEC).[35] These anti-fraud provisions have precipitated more litigations and uncertainty than any other part of the securities laws.[36] The SEC has reinforced[37] the insider trading restrictions with promulgation of Rule 14e-3 of the SEC, an independent provision prohibiting insider trading in connection with tender offers[38]. Congress has further[39] reinforced these trading restrictions[40] by providing the SEC with the power[41] to seek a treble penalty[42] under the Insider Trading Sanctions Act of 1984 (ITSA). This legislation empowers[43] the SEC to base[44] enforcement actions[45] on any recognized theory of insider trading restriction.[46] In addition, the courts are

27. *this provision gives the issuer a right of action*: esta disposición otorga a la sociedad emisora de acciones el derecho de interponer una demanda; *right of action*: derecho de acción; derecho a presentar una demanda, regulado por las leyes. Consúltese el primer párrafo del capítulo nueve, sobre el significado de los términos *cause of action* y *right of action*. Véase también la nota 75 de este capítulo.

28. *officers*: cargos directivos [ejecutivos, administradores].

29. *directors*: consejero [vocal del consejo de administración].

30. *ten percent shareholders*: accionistas con un diez por ciento del capital de acciones.

31. *this provision gives the issuer a right of action for all profits made by officers, directors, and ten percent shareholders of the issuer in purchase and sale of the issuer's equities within any six-month period*: esta disposición otorga a la sociedad emisora de acciones el derecho a demandar, en el plazo de seis meses, a los cargos directivos, consejeros y accionistas que posean un diez por ciento de acciones, por los beneficios obtenidos en la compraventa de valores de la sociedad.

32. *develop*: crecer [desarrollarse, madurar, elaborar].

33. *around*: en torno a.

34. *the separate anti-fraud provisions in section 10(b)*: las disposiciones específicas contra la estafa contenidas en el artículo 10(b). El término *section* significa «artículo de una ley», mientras que *rule* es «artículo o norma procesal».

35. *Securities and Exchange Commission (SEC)*: Comisión de Valores y Bolsa.

36. *these anti-fraud provisions have precipitated more litigations and uncertainty than any other part of the securities laws*: las aludidas disposiciones anti-fraude han dado lugar a más litigios e inseguridad que ninguna otra sección de la legislación de valores.

37. *reinforce*: reforzar [fortalecer; animar].

38. *tender offers*: ofertas públicas de valores por subasta.

39. *further*: además [adicional(mente)].

40. *Congress has further reinforced these trading restriction*: además, el Congreso ha reforzado esta prohibición de contratación en Bolsa a los que tienen información privilegiada.

41. *by providing the SEC with the power*: otorgando a la CNMV la facultad.

42. *seek a treble penalty*: imponer una multa triple.

43. *empower*: facultar [dar poder, autorizar].

44. *base*: fundamentar [apoyar, basar].

45. *enforcement actions*: demandas de ejecución forzosa [demandas en las que se exige el cumplimiento de una sentencia].

46. *on any recognized theory of insider trading restriction*: en cualquiera de las doctrinas [tesis, bases jurídicas] aceptadas sobre la aludida restricción/prohibición. En el punto 9.4 hemos indicado que la sintaxis inglesa admite, o soporta sin grandes problemas (casi se puede decir que exige), la repetición léxica en un mismo párrafo u oración; en la española, sin embargo, hay que utilizar adjetivos como «aludido», «mencionado» u otros recursos para evitar la insufrible carga de la repetición léxica.

aggress.vely[47] applying[48] the civil treble damage remedy[49] found[50] in the Racketeer[51] Influenced and Corrupt Organizations (RICO) provisions[52] of the 1970 Organized Crime Congress Act[53] to cases of securities fraud,[54] including[55] insider trading.

This article traces the development of the public policy debate[56] surrounding these insider trading provisions. To facilitate an evaluation of the restriction, it relates this philosophical evolution to prevailing[57] economic theory. After a brief introduction summarizing[58] the case law history[59] of Rule 10b-5 and insider trading, the theoretical and economic arguments are explored. Next the article analyzes recent legislation and the emergence[60] of the expansive misappropriation[61] theory, and makes some observations[62] about the ironies recreated by the disjunction[63] between the theory and the practice of the trading provisions. Finally, the article offers some new perspectives on insider trading analysis that avoid the pitfalls[64] of past analysis and of the contemporary approach,[65] and provides insight[66] into the costs and benefits of the trading restrictions.

A fundamental problem for the courts[67] confronting[68] insider trading cases[69] has been the relationship between Rule 10-b-5 and the common law of fraud.[70] Proof of the elements of securities fraud[71] is somewhat less stringent[72] than proof of common law

---

47. *aggressively*: de forma beligerante.

48. *applying*: aplicar, hacer uso de, recurrir a.

49. *the courts are aggressively applying the civil treble damage remedy*: los tribunales, de forma beligerante, aplican el remedio [recurso, solución judicial, mecanismo legal] de (indemnización de) daños civiles triples.

50. *found*: que se encuentra [ofrecido por].

51. *racketeer*: extorsionador.

52. *Racketeer Influenced and Corrupt Organizations (RICO) provisions*: disposiciones sobre organizaciones corruptas e influidas por extorsionadores.

53. *of the 1970 Organized Crime Congress Act*: de la ley federal de 1970 sobre crimen organizado.

54. *cases of securities fraud*: procesos penales por estafas de valores.

55. *including*: entre los que destaca [entre ellos].

55. *this article traces the development of the public policy debate*: este artículo investiga el desarrollo del debate sobre la política gubernamental/pública.

57. *prevailing*: corriente [extendido, preponderante, predominante, común, generalizado, imperante, reinante].

58. *summarize*: resumir.

59. *case law history*: precedentes [jurisprudencia; historia jurisprudencial]. Véase el punto 5 del capítulo uno.

60. *emergence*: aparición [nacimiento].

61. *misappropriation*: apropiación indebida [malversación de fondos, distracción de fondos].

62. *make some observations*: puntualizar, llamar nuestra atención.

63. *disjunction*: separación [distancia, alejamiento, disyunción, diferencia].

64. *pitfalls*: fallos [escollos, trampas].

65. *contemporary approach*: enfoques que recientemente se le han dado.

66. *provide insight*: arrojar luz [ofrecer una percepción clara, hacer un análisis profundo].

67. *courts*: tribunales.

68. *confront*: que tienen que ver.

69. *confronting insider trading cases*: que han enjuiciado [se han enfrentado a] procesos por delitos de iniciados.

70. *the common law of fraud*: la estafa según el derecho consuetudinario.

71. *proof of the elements of securities fraud*: la práctica [los medios] de la prueba de los elementos constitutivos del delito de estafa de valores.

72. *stringent*: riguroso [estricto, severo].

fraud. This is consistent with[73] the view that the federal regulatory scheme[74] supplements the state cause of action[75] to better protect the securities market's integrity.

Most of the 10-b-5 litigation has refined[76] the elements of duty,[77] scienter,[78] reliance,[79] and remedies.[80] The courts treatment of the scienter question[81] displays the greatest consistency between 10b-5 and the common law.[82] In private rights of action,[83] scienter was required[84] in *Ernst v. Hochfelder*, and in SEC administrative prosecutions[85] the scienter element was adopted[86] in *Aaron v. SEC*. This reaffirmation of the strict common law exclusion[87] of ordinary negligence suits[88] is the most fundamental similarity between the two actions.[89] However, liberalization of the other elements makes the federal cause of action[90] more preventive[91] than remedial,[92] as under the common law.[93]

At common law, a[94] defrauded plaintiff is required[95] to prove a form of

73. *be consistent with*: ser coherente con, guardar relación con.
74. *regulatory scheme*: el marco normativo.
75. *the state cause of action*: el fundamento de la demanda [motivo, causa o base legal suficiente para incoar una demanda], reconocido en el derecho estatal (norteamericano). Consúltese también el primer párrafo del capítulo nueve, sobre los términos *cause of action* y *right of action* y la nota 27 de este capítulo.
76. *most of the 10b-5 litigation has refined*: la mayor parte de los pleitos celebrados a tenor de lo que dispone la norma procesal 10b-5 ha servido para precisar [definir con mayor precisión].
77. *duty*: obligación.
78. *scienter*: conocimiento doloso [a sabiendas].
79. *reliance*: confianza.
80. *remedies*: recursos.
81. *the courts treatment of the scienter question*: el tratamiento dado por los tribunales a la cuestión del conocimiento doloso.
82. *displays the greatest consistency between 10b-5 and the common law*: muestra la gran coherencia existente entre la norma procesal 10b-5 y el derecho consuetudinario.
83. *private rights of action*: acciones civiles privadas [querellas]. Véase la nota 75.
84. *scienter was required*: se exigió el elemento de conocimiento doloso.
85. *in SEC administrative prosecutions*: en procedimientos administrativos incoados por la Comisión de Valores y Bolsa.
86. *the scienter element was adopted*: se pidió [invocó, adoptó] el elemento de conocimiento doloso.
87. *the strict common law exclusion*: de la tajante/clara exclusión en el derecho consuetudinario.
88. *of ordinary negligence suits*: de pleitos por negligencia simple.
89. *this reaffirmation of the strict common law exclusion of ordinary negligence suits is the most fundamental similarity between the two actions*: esta reafirmación de la tajante exclusión, que hace el *common law*, de los pleitos por negligencia simple es la nota básica que más asemeja las dos acciones [los dos procesos] antes citadas.
90. *the federal cause of action*: motivo, causa o base legal suficiente reconocido en el derecho federal (norteamericano). Véase la nota 75. Consúltese también el primer párrafo del capítulo nueve, sobre los términos *cause of action* y *right of action*.
91. *preventive action*: acción cautelar o preventiva.
92. *remedial action*: acción reparadora o compensadora.
93. *as under common law*: como las normas del derecho consuetudinario.
94. *a*: todo. Las generalizaciones se pueden hacer en inglés por medio del artículo *a/an* o con un nombre en plural; en castellano se prefiere el artículo determinado «el», «la», el nombre en plural, o determinantes como «cualquier», «todo», etc.
95. *at common law, a defrauded plaintiff is required to...*: en el *common law*, al demandante estafado se le exige que...

causation[96] by showing that the defrauder's misstatement or omission led to justifiable reliance that induced the plaintiff's action or inaction.[97] However, since[98] the impersonal nature of the public securities markets effectively precludes[99] such proof in securities litigation, an alternate form of proof of causation has become acceptable.[100] The securities fraud victim[101] must demonstrate that misstatements or omissions were made "in connection with" a "purchase or sale" of securities. The victim's reliance is inferred[102] if transactions are executed[103] at prevailing market prices, since prices set by the efficient market incorporate[104] information, resulting in[105] deception[106] and a general "fraud on the market". In enforcement actions brought by the SEC or the Department of Justice,[107] the burden of proving causation[108] is even lighter. Questions of the proof of injury and the availability of remedies are often mixed with the issue of standing.[109] Some of these concerns[110] have been modified in SEC enforcement actions under the ITSA. However, the predominant focus in recent years has been on the scope[111] of responsibility for the trading restriction. [...]

The Insider Trading Theoretical Controversy. There is considerable debate among[112] economists, lawyers, and securities professionals over the efficacy of restricting insider trading.[113] Those opposing[114] the restriction argue that the incentives and results from certain insider trading[115] are beneficial. The theorists

---

96. *prove a form of causation*: que pruebe [la existencia de una circunstancia causante] la relación de causalidad.

97. *by showing that the defrauder's misstatement or omission led to justifiable reliance that induced the plaintiff's action or inaction*: demostrando que la omisión o tergiversación [error, engaño, información falsa equivocada o errónea] dada por el defraudador indujo a una confianza razonable [justificable] que provocó la acción o inacción del demandante.

98. *since*: dado que, puesto que.

99. *effectively preclude*: imposibilitan de forma clara y tajante; *preclude*: imposibilitar [impedir, excluir].

100. *an alternate form of proof of causation has become acceptable*: se ha admitido otra forma de demostrar la existencia de la circunstancia causante.

101. *securities fraud victim*: perjudicado por estafa de valores.

102. *infer*: deducir [inferir].

103. *execute*: llevar a cabo.

104. *incorporate*: contener.

105. *resulting*: que provoca.

106. *deception*: engaño.

107. *in enforcement actions brought by the SEC or the Department of Justice*: en las demandas interpuestas para la aplicación de la legislación por la Comisión de Valores y Bolsa.

108. *burden of proving causation*: la carga de probar la circunstancia causante.

109. *questions of the proof of injury and the availability of remedies are often mixed with the issue of standing*: con frecuencia se mezclan la cuestión de [la práctica de] los medios de las pruebas referidos a los daños y la de la disponibilidad [existencia] de soluciones o recursos legales con el asunto de la reputación [credibilidad, prestigio] (comercial de la empresa).

110. *concern*: asunto [consideración].

111. *scope*: ámbito.

112. *there is considerable debate among...*: se ha suscitado una polémica importante entre...

113. *restrict insider trading*: limitar la participación en el mercado de valores a los que tienen información privilegiada.

114. *those opposing*: quienes se oponen a.

115. *the incentives and results from certain insider trading*: los incentivos y los resultados de determinadas operaciones [prácticas] bursátiles hechas por los que tienen información privilegiada.

supporting the restriction[116] allege that the practice is unfair,[117] contravenes[118] basic fiduciary standard,[119] and undermines[120] investors' confidence in the capital markets. The recent trading restriction legislation and early court opinions[121] argue principally that insider trading is unfair. Indeed, Congress's original trading restriction in section 16(b) was designed[122] to prevent "the most vicious[123] practices..." [in] the flagrant betrayal[124] of their fiduciary duties[125] by officers and directors. Although investors expect fairness[126] in the markets, proponents of this view claim, insiders' informational advantages cannot be overcome[127] through competition. As the public perceives unfairness in the capital market, investors will retreat and invest in alternatives to securities, thereby impeding the formation of capital. Confidence in the capital markets is fragile, so the trading restrictions is necessary to maintain investors' confidence and ultimately,[128] the integrity of the securities markets.

3. **Documento.** Escritura de cesión de derechos de autor (*copyright*) y de marca (*trademark*).

ASSIGNMENT[129] OF COPYRIGHT[130]

FOR VALUE RECEIVED, the undersigned hereby sells, transfers and assigns[131] unto Whitewings Books, Inc, and its successors, assigns,[132] and personal representatives, all right, title and interest in and to the following described copyright and material subject to said copyright.

The undersigned warrants[133] that it has good title to said copyright, that it is free of all liens, encumbrances[134] or any known claims[135] against said copyright, including

---

116. *the theorists supporting the restriction*: los teóricos que defienden la limitación/prohibición.
117. *unfair*: desleal.
118. *contravenes*: contravenir, ir en contra de.
119. *basic fiduciary standard*: norma fiduciaria [o de confianza] básica.
120. *undermine*: minar [socabar, erosionar].
121. *early court opinions*: las primeras resoluciones de los tribunales.
122. *Congress's original trading restriction in section 16(b) was intended*: la primera limitación de participación en operaciones bursátiles contenida en el artículo 16(b), aprobada por el Congreso, tenía como objetivo.
123. *vicious*: pernicioso.
124. *betrayal*: traición, engaño.
125. *fiduciary duties*: deberes fiduciarios [de confianza].
126. *fairness*: imparcialidad.
127. *overcome*: superar, vencer.
128. *ultimately*: en última instancia.
129. *assignment*: escritura de cesión.
130. *assignment of copyright*: escritura de cesión de derechos de autor; si se trata de propiedad intelectual, se dice «licencia de patente».
131. *assign*: ceder.
132. *assign*: cesionario.
133. *warrant*: asegurar, garantizar.
134. *encumbrances*: cargas.
135. *claim*: reclamación.

infringement[136] by or against said copyright. This assignment shall be binding upon and inure[137] to the benefit of the parties, their successors, assigns, and personal representatives.

Signed under seal this 12 day of May, 1992.

Jane Doe

In the presence of John Smith.

ASSIGNMENT OF TRADEMARK[138]

The undersigned,[139] of Arizona, County of Pima, being the lawful Owner[140] of a certain trademark registered in the United States Patent Office under[141] registration number 247/91, dated 15 June 1990, for good consideration[142] does hereby sell, transfer and convey[143] all right, title and interest in said Trademark[144] and all rights and goodwill attaching thereto,[145] unto Travel 2000-Rose Marie Arnes (buyer).

The Owner warrants that said Trademark is in full force[146] and good standing[147] and there are no other assignment of rights or licenses granted under said Trademark,[148] or known infringements by or against said Trademark.[149]

Owner further warrants that he is the lawful Owner of said Trademark, that he has full right and authority to transfer said Trademark and that said Trademark is transferred free and clear of all liens, encumbrances and adverse claims.[150]

This agreement shall be binding upon and inure[151] to the benefit of the parties, their successors, assigns and personal representatives.

---

136. *infringement*: violación.
137. *inure*: ser de aplicación.
138. *assignment of trademark*: cesión de marca/marca registrada.
139. *undersigned*: abajo firmante.
140. *being the lawful owner*: propietario legítimo.
141. *under*: con.
142. *for good consideration*: por un precio justo.
143. *sell, transfer and convey*: vende, traspasa y transmite. Véase la pág. 76 del capítulo cinco.
144. *all right, title and interest in said Trademark*: todos los derechos, títulos e intereses en la citada marca registrada.
145. *attaching thereto*: al mismo vinculado.
146. *in full force*: en vigor.
147. *is in good standing*: goza de buena reputación.
148. *and there are no other assignment of rights or licenses granted under said Trademark*: y de que no existen otros traspasos de derechos o licencias con la citada marca registrada.
149. *or known infringements by or against said Trademark*: y que no se conocen infracciones hechas por la aludida marca o contra ella.
150. *that he has full right and authority to transfer said Trademark and that said Trademark is transferred free and clear of all liens, encumbrances and adverse claims*: que posee el derecho y la autoridad para traspasar la citada marca, la cual se transfiere libre de derechos de retención, de cargas o de reclamaciones en contra.
151. *inure*: ser de aplicación.

Signed under seal this day of 16 November, 1993.

By Charles Taylor

State of Arizona, County of Pima.

Then personally appeared John Doe, who acknowledged the foregoing, before me.

(Notary Seal) Alice Johnson, Notary Public

XII. LAS SUCESIONES. EL DIVORCIO

1. Introducción

Desde 1975 el **derecho de sucesiones** inglés se rige, entre otras, por la «Ley de Sucesiones de Protección de la Familia y Tuición de 1975» (*Inheritance.*[1] *Provision for Family and Dependants Act 1975*), la cual impide que un testador deje desatendidos (*abandoned*) al cónyuge supérstite (*the surviving spouse*) y a sus hijos, así como a quienes, en vida, estuvieron a su cargo (*dependants*). Esta ley establece tres tipos de derecho-habientes (*claimants*) con relación al patrimonio familiar: el cónyuge supérstite, los descendientes (*issue*), y las personas que el fallecido tuvo a su cargo (*other dependants*), sean o no miembros de la familia, siempre que vivieran a expensas del causante (*deceased*); este último grupo comprende el servicio en general (los criados, el ama de llaves, el mayordomo, etc.).[2]

Antes de 1938, año en que se promulgó (*enact*) la primera ley de protección familiar (*The Family-Provision Legislation 1938*), en Inglaterra, al contrario de lo que ocurría en la mayoría de los países europeos, cualquier persona podía disponer libremente de su patrimonio (*estate*) dejando a sus descendientes y allegados en el mayor de los desamparos (*destitution*). En el *common law* había, sin embargo, varias doctrinas, como el *dower* (propiedad vitalicia de la viuda de los bienes muebles del marido), *escheat* (reversión al Estado) y *curtesy* (favor), que a veces permitían a la esposa o a los hijos del fallecido acudir a los tribunales para reclamar parte del patrimonio. Sin embargo, estas normas del *common law* fueron derogadas (*repealed*) por leyes parlamentarias (*statutes*) promulgadas (*enacted*) en el siglo XIX, dentro del más radical espíritu librecambista victoriano.

1. Las palabras *inheritance, devise, bequest* y *legacy* son sinónimas en cierto sentido. De todas ellas *inheritance* es la que se usa, con mayor frecuencia, en sentido general, para designar la «herencia», es decir, el conjunto de bienes que se transmite por voluntad del testador. *Legacy* (legado), en sentido estricto, se refiere a la disposición por medio de testamento de un bien concreto a título personal. *Bequest* —el verbo es *bequeath*— es la herencia formada por bienes muebles; *devise* (el verbo tiene la misma forma) es la herencia formada por bienes inmuebles.

2. También se puede incluir aquí a la amante (*mistress*), si la hubiera habido, y siempre que se demuestre que cohabitó con el finado (*was his cohabitee*) hasta el momento de la muerte.

El testamento (*will*) es el documento jurídico (*legal document*) mediante el cual una persona, el testador o la testadora, nombra (*appoint*) a otra, el albacea (*the executor*), para que, a su muerte, administre sus bienes y propiedades (*possessions*), distribuyéndolos entre sus herederos (*inheritors*) o beneficiarios (*beneficiaries*), de acuerdo con sus instrucciones. Al conjunto de bienes y propiedades se le llama «caudal hereditario o masa hereditaria» (*estate*); al acto jurídico que hace una persona para manifestar su voluntad cuando haya fallecido, «testamento o testamento y últimas voluntades» (*last will and testament*);[3] al autor del testamento, «testador o testadora» (*the testator, testatrix*), y al acto de disponer por medio de un testamento válido, «testar» (*testate*). Cuando el difunto dejó bienes sin hacer testamento se produce lo que se llama la sucesión «abintestato» o sucesión intestada (*intestacy*).

Aunque los testamentos son documentos personalizados, todos tienen varias cláusulas comunes: la de liquidación o pago de las deudas del testador (*debt clause*), la de nombramiento del albacea (*executor appointment clause*), la del reparto del patrimonio del testador (*distribution clause*), la de nombramiento de tutores (*guardians appointment clause*), la testifical (*attestation clause*), la de pre-moriencia y co-moriencia (*common disaster clause*), etc. Esta última cláusula a veces se distribuye en otras dos: la de muerte de testador y beneficiario por siniestro simultáneo (*Common Disaster Clause*) y la de supervivencia (*Survivorship Clause*):

> *Common Disaster Clause*: If my spouse, or any other person named in this Last Will and Testament shall die as a result of a common disaster with me,[4] then my spouse or such other persons shall be deemed to have predeceased me.
> *Survivorship Clause*: If any heir named in this Last Will and Testament (other than my spouse)[5] shall not survive me, then that share of my estate which would be distributed to such heir had he survived me, shall be distributed to the survivors of them.

Las herencias (*legacies*) pueden sufrir disminuciones (*abatements*) o experimentar incrementos (*accretions*); cuando hay deudas que pagar, la parte asignada a cada uno de los herederos queda reducida proporcionalmente (*legacies abate in proportion when there are debts to be paid*); en cambio, pueden aumentar en proporción (*accrue*), si uno de los co-

---

3. Los términos *will* y *testament* son sinónimos en inglés; en cambio, este último se usa menos y, cuando se aplica en sentido estricto, se refiere, de acuerdo con la terminología del *common law*, sólo a los bienes personales (*personal belongings*), no a los bienes raíces (*property*); no obstante, esta distinción ha caído en desuso. A los bienes personales también se les llama *personalty* y a los bienes inmuebles, *realty*.

4. *shall die as a result of a common disaster with me*: co-muriera, a consecuencia de un accidente o desgracia.

5. *other than my spouse*: a excepción de mi cónyuge.

herederos (*co-inheritors*) fallece junto con el testador o inmediatamente después, con el aumento correspondiente de la parte de aquél de acuerdo con el llamado «derecho de acrecer» (*accretion of the share*).

El derecho testamentario (*probate law*) trata de las cuestiones relacionadas con los testamentos, entre ellas las sucesiones (*succession*), las herencias (*inheritance*), la administración (*administration*) del caudal hereditario (*estate*) y las demandas de testamentaría (*probate actions*) que las partes interesadas puedan interponer (*bring*) ante los tribunales. El objeto del derecho testamentario es triple: *a*) cumplir la voluntad del testador en lo que se refiere al destino de su patrimonio; *b*) garantizar (*secure*) los derechos de los acreedores del fallecido, y *c*) asegurarse de que sus derecho-habientes (*family and dependants*) no quedan desamparados (*destitute*).

El albacea o albaceas del testador solicitarán del (*apply to... for*) Registro Principal[6] (*Principal Registry*) de la División de Familia del Tribunal Superior de Justicia (*the Family Division of the High Court of Justice*) un acta probatoria del testamento (*a grant of probate*), y a su petición acompañará, entre otros documentos, una copia del testamento (*will*) y una declaración jurada (*affidavit*)[7] suya en la que se comprometa (*undertake*) a administrar (*administer*) el patrimonio del causante (*the deceased's estate*).

El acta probatoria de un testamento (*grant of probate*) es un certificado de testamentaría extendido (*issue*) por *The Family Division of the High Court*, a instancias (*on the application*) del albacea o albaceas nombrados en el testamento, como hemos dicho antes. En dicho documento o certificado se declara expresamente que el testamento es válido y que los albaceas están debidamente autorizados (*duly authorized*) para administrar el patrimonio del testador (*the deceased's estate*). Estas actas pueden ser ordinarias (*probate in common form*) o solemnes (*probate in solemn form*); las primeras se otorgan (*are granted*) a petición (*on the request*) de los albaceas, cuando no exista el menor indicio en cuanto a la invalidez del testamento, aunque pueden ser revocadas (*revoked*) por los tribunales (*by court*) en cualquier momento a instancias de parte interesada (*on the application of an interested party*).

En la mayoría de los casos, es decir, en las actas probatorias ordinarias (*probate in common form*), su concesión es un mero trámite (*formality*). Sin embargo, si el testamento es impugnado (*the will is disputed*), es decir, si alguien formula (*enter*) ante el mencionado Registro Principal algún reparo formal (*a caveat*) al testamento respecto del cual se ha solicitado el acta probatoria (*seek a grant of probate*), el procedimiento se convierte en contencioso (*contentious proceedings*) y deberá ser sustanciado en una demanda de testamentaría (*in a probate action*) ante un Tribunal de Condado (*County Court*) o en *The Chancery Division*, de acuerdo con la cuantía del

6. En cierto sentido es equivalente al Registro de Últimas Voluntades de España.
7. Véase el Documento B de este capítulo.

mismo. El Registro Principal expedirá el acta probatoria solemne (*probate in solemn form*), siempre y cuando el tribunal haya declarado (*decide*) la validez del testamento (*that the will is valid*), tras examinar las pruebas (*after hearing the evidence*) referidas a los puntos impugnados (*disputed issues*).

En el caso de que el difunto hubiera fallecido sin testar (*intestate*), el tribunal nombrará, a instancia de parte (*on the request of an interested party*), un administrador del caudal hereditario (*administrator of the decedent's estate*) otorgándole (*grant*) el nombramiento por medio de una «carta de administración» (*letter of administration*) del caudal hereditario, cuyos efectos son similares a los del acta probativa de testamento (*grant of probate*).

No son pocos los procesos judiciales civiles[8] interpuestos por el cónyuge supérstite, por los hijos o por otros derecho-habientes (*claimants*) del fallecido. Estos procesos, que se incoan en *The Chancery Division* de *The High Court of Justice* o en un *County Court*, dependiendo de la cuantía (*the amount involved*) del patrimonio (*estate*), pueden ser por sucesiones intestadas (*intestacies*), cuando no conste el testamento del difunto, o por testamentarías (*probate actions*), si se impugna el testamento, como hemos dicho antes, alegando que (*on the grounds*) *a*) había sido revocado (*revoke a will*) previamente, *b*) la incapacidad mental del testador (*testator's mental incapacity*), *c*) el cumplimiento (*enforcement*) defectuoso de las dis-posiciones testamentarias, etc. En los fallos (*judgments*)[9] de los tribunales, los cónyuges supérstites (*surviving spouses*) suelen salir más favorecidos que los hijos, dado que, de acuerdo con la ley, éstos sólo tienen derecho a los alimentos (*maintenance*), mientras que los primeros pueden reclamar una parte equitativa del patrimonio familiar (*a fair share of the family assets*). A las otras «personas a su cargo» (*dependants*) la ley les concede también el derecho a solicitar alimentos (*a reasonable provision for maintenance*).

Ya en otro orden de cosas, el procedimiento de **divorcio** (*divorce proceedings*) comienza cuando uno de los cónyuges (*spouses*) presenta (*file*) la correspondiente demanda (*petition*)[10] de divorcio (*of divorce*) en un

---

8.   Los albaceas, por ejemplo, con frecuencia se dirigen a *The Court of Chancery* y a *The Family Division* solicitando (*seeking*) el pronunciamiento (*determination*) de los tribunales (*the determination of the court*) sobre algunos puntos concretos de los testamentos, por ejemplo, si con una interpretación correcta del testamento en cuestión (*whether upon a true construction of the said Will*), su cliente continúa como titular (*hold*) del patrimonio residual (*the residuary estate*). En estos casos los procesos se incoan con el documento llamado «citación para la incoación de un proceso» (*originating summons*). Véase el último párrafo del punto 3 del capítulo cuatro.

9.   Véase la nota 13 de este capítulo sobre los términos *judgment* y *decree*.

10.   Aunque se puede emplear el nombre genérico de *action* o *civil action* para estas demandas, en muchos países de habla inglesa se prefiere el nombre clásico de *petition*, que es el utilizado en la equidad, ya que el demandante se dirigía directamente al rey (*petition the king*), en súplica o amparo. Véase el punto 4 del capítulo uno.

Tribunal de Condado, manifestando por escrito los hechos (*stating the facts*) que han llevado a la ruptura matrimonial (*breakdown of marriage*) y exponiendo los acuerdos (*arrangements*) que el demandante (*petitioner*)[11] propone (*propose*) en cuanto a la educación, la residencia, etc. de los hijos; estos acuerdos reciben el nombre de «convenio regulador» (*settlement*) del divorcio. A través del juzgado (*through the court*), el demandante notificará (*serve*) por correo (*by post*) a su cónyuge (*spouse*) la demanda interpuesta. Si la petición la hiciera en su nombre (*on his/her behalf*) un abogado, junto a la petición de divorcio deberá presentar un certificado (*file a certificate*) en el que hará constar que intentó la reconciliación (*reconciliation*) de los cónyuges.

Si el divorcio es por mutuo/común acuerdo (*divorce by mutual consent*),[12] es decir, sin que se tenga que declarar que ha habido una ofensa o falta marital (*marital offence*), como el adulterio (*adultery*), el abandono de familia o deserción (*desertion*), etc., los cónyuges tienen que demostrar que han vivido separados (*have lived apart*) durante más de dos años.

Las sentencias de divorcio (*divorce decree*)[13] se sustancian en los Tribunales de Condado, en dos fases: «sentencia de divorcio condicional» (*decree nisi*) y «divorcio en firme» (*absolute/final divorce*). La primera se dicta automáticamente (*decrees are automaticaly pronounced*) si el demandado (*respondent*) no contesta a la demanda (*file an answer*), con lo que se entiende que no tiene intención de ir contra ella (*intention to defend*), pero, si notifica (*give notice*) en el plazo de ocho días, a partir del de la recepción de la demanda, su intención de defenderse (*intention to defend*), y si antes de veintiún días formaliza esa intención contestando la demanda (*file an answer*), el proceso pasa a la *Family Division* de *The High Court of Justice*.

Como hemos apuntado antes, las leyes, en sus disposiciones, y los tribunales, en sus actuaciones y sentencias (*decrees/judgments*), vigilan que el convenio regulador del divorcio (*settlement*) contenga no sólo las

---

11.   En las demandas de divorcio, como en las que proceden de los tribunales de equidad, al demandante se le llama *petitioner* y al demandado *respondent*. Véase el capítulo cuatro sobre las demandas en los tribunales ordinarios y la nota 11 del capítulo ocho.

12.   También se le suele llamar «demanda de divorcio sin pleito» (*undefended divorce*).

13.   *Decree* es el nombre técnico de las sentencias dictadas por los tribunales de equidad. Sin embargo, desde la fusión de los tribunales de equidad (*court of equity*) y de los de *common law*, se usa con mayor frecuencia el término *judgment*, que es más general. Cuando se emplea *decree*, se está aludiendo a los autos, fallos o sentencias de los tribunales de equidad (*courts of equity*) y del Tribunal de la Cancillería (*Chancery Division*), es decir, testamentarías (*Probates*), derecho marítimo (*Admiralty*) y derecho de familia (*Family Division*). No obstante, el término *decree* es aún muy corriente en Inglaterra en expresiones como *decree absolute* (sentencia de divorcio firme o definitivo), *decree nisi* (fallo de divorcio condicional), *decree of bankruptcy* (declaración judicial de quiebra), *decree of insolvency* (declaración de insolvencia), *decree of nullity* (auto de nulidad, declaración de nulidad). etc. (Véase el punto 4 del capítulo dos.)

previsiones necesarias para el cuidado y atención de los hijos, sino también un «acuerdo económico definitivo entre los cónyuges» (*a clean break*), en el que se estipule la disolución de la sociedad marital y la pensión compensatoria entre cónyuges separados o divorciados (*financial provision* o *maintenance order*).[14] En estos casos, como en otros, los tribunales no toman parte en la redacción del convenio regulador (*settlement*) y, cuando intervienen lo hacen para intentar llegar a un convenio regulador amistoso (*friendly settlement*); pero si no se ponen de acuerdo los cónyuges en la liquidación de los bienes de la sociedad conyugal, tendrán que intervenir dictando la correspondiente orden judicial de liquidación de la misma (*property adjustment order*). Cuando uno de los cónyuges no estuviera de acuerdo con la pensión compensatoria hará una declaración de los bienes del otro (*allegation of faculties*) para que sea tenida en cuenta por el tribunal.

Un problema que surge con frecuencia en el convenio regulador es el concerniente al cuidado (*care and control*) de los hijos menores. La custodia (*custody*) puede otorgarse a uno solo de los cónyuges o a ambos conjuntamente (*an order for joint-custody*); en este último caso, el tribunal declarará de forma expresa cuál de los dos tiene a su cargo el cuidado (*care and control*) del menor, llamado también guarda o custodia efectiva (*actual custody*). Pero, cuando esto no es posible, los tribunales dictan «autos de ejercicio separado de la patria potestad» (*a split order*); con este tipo de auto se otorga la representación legal a uno de los padres, y el otro se encarga del cuidado (*care and control*).

Este capítulo contiene varios **documentos**:

a)   un testamento (*will*);

b)   un *affidavit* o acta notarial o de manifestaciones ante fedatario público (*before a comissioner for oaths/public notary/person authorized to take oaths*), firmado por un letrado para poder solicitar un acta de testamentaría (*probate*) en una sucesión intestada en el Estado de Nueva York. Este documento es una declaración por escrito (*written statement*) en la que se jura (*swear*) o promete (*affirm*) que su contenido es cierto. Esta declaración jurada es imprescindible en la mayoría de las peticiones (*applications*) que se hacen ante los tribunales de justicia (*courts of justice*), por ejemplo, cuando se solicita un acta de testamentaría (*probate*) (véase la pág. 186), cuando una de las partes pide a la otra relación de las pruebas documentales en las diligencias interlocutorias (véase el punto 6 del capítulo cuatro), cuando se solicita autorización (*seek leave*) para iniciar acciones

---

14.   El nombre clásico de esta «pensión compensatoria entre cónyuges» es *alimony* (alimentos o pensión alimenticia), el cual aún se conserva en muchos países de habla inglesa. El término *palimony* es una palabra coloquial, basada en el juego de palabras entre *pal* (amiguito/amiguita) y *alimony* (pensión alimenticia pagadera tras el divorcio).

judiciales (*serve proceedings*) fuera de la jurisdicción (*out of the jurisdiction*), etc.;

c) una sentencia de divorcio. La sentencia es muy escueta, y el juez se limita a declarar que se disuelve el matrimonio (*that a dissolution of marriage, a vinculo, be and the same is hereby granted to...*) porque está irreparablemente roto (*such marriage is irretrievably broken*). Sin embargo, otras sentencias son más descriptivas, dándose las razones que motivan el fallo. como pueden ser: *a*) «serias divergencias de carácter» (*deep-seated incompatibility of temperaments*); *b*) «divergencias de convivencia» (*conflicts affecting their life together*); *c*) relaciones que llegan a enfriarse (*relations that began to cool*); *d*) incumplimiento de las obligaciones conyugales (*failure to perform their conjugal duties*), etc.;

a) un acuerdo de separación matrimonial.

2. **Documento A**: Last Will and Testament of Joan MacCawley.[15]

I, JOAN MACCAWLEY, a resident of Brighton,[16] England, which I declare to be my place of domicile, being of sound and disposing mind and memory[17] and not being actuated[18] by any menace, fraud,[19] or undue influence,[20] do hereby make, publish and declare[21] this to be my *Last Will and Testament*, and I hereby revoke all former Wills or Codicils thereto,[22] heretofore made by me.[23]

First: I declare[24] that I am married and that my husband's name is James MacCawley. We have two children whose names are Mary and George.

Second: I hereby appoint my husband James MacCawley to serve[25] as executor of this Will. If he shall fail or cease to serve for any reason,[26] I appoint SHINE HOME TRUST to serve as executor.

Third: I direct[27] my executor[28] to pay as soon after my death (as soon after my death as practical) my expenses of last illness, funeral expenses and just debts except

15. También podría encabezarse el documento de esta forma: THIS IS THE LAST WILL OF ME, JOAN MACCAWLEY, a resident of Brighton, England, which I declare to be my place of domicile. Being of sound and disposing mind and memory and not being actuated by any menace, fraud, or undue influence, I do hereby make, publish and declare this to be my *Last Will and Testament*, and I hereby revoke all former Wills or Codicils thereto, etc.

16. *a resident of Brighton*: domiciliada en Brighton.

17. *being of sound and disposing mind and memory*: en pleno uso de mis facultades mentales.

18. *be actuated*: estar mediatizado [accionado, influido].

19. *fraud*: engaño [fraude, dolo].

20. *undue influence*: injerencias o presiones indebidas [injustas, impertinentes o ilegales].

21. *do hereby make, publish and declare*: por la presente otorgo, publico y declaro.

22. *thereto*: a él anexo.

23. *heretofore made by me*: otorgados por mí hasta el día de la fecha [con anterioridad].

24. *declare*: manifestar [declarar].

25. *serve*: actuar.

26. *if he shall fail or cease to serve for any reason*: si le fuera imposible, por cualquier causa, actuar o proseguir.

27. *direct*: disponer [pedir, ordenar, dictar].

28. *executor*: albacea.

as may hereinafter specifically be provided to the contrary.[29] This provision, however, shall not require the acceleration[30] of any debts secured[31] by a mortgage[32] or deed of trust.[33]

Fourth: I give, devise and bequeath[34] all of my property and estate[35] which I have the right to dispose of by Will, real and personal,[36] tangible and intangible, and wheresoever situated[37] including[38] my property over which I have a power of appointment,[39] to my husband James MacCawley if he shall survive me.

Fifth: In the event that my said husband shall fail to survive me[40] or if we should die in a common accident or under circumstances which make it difficult to determine which of us has died first,[41] then I give, devise and bequeath all of my property and estate to my children Mary MacCawley and George MacCawley, share and share alike,[42] and if either of them shall fail to survive me,[43] then to the survivor of them.[44]

Sixth: Except as otherwise provided in this Will,[45] I have intentionally and with full knowledge[46] omitted to provide for[47] my heirs who may be living at the time of my death.[48]

Seventh: If any devisee, legatee[49] or beneficiary[50] under this Will,[51] or any legal heir of mine or person claiming[52] under any of them shall contest[53] this Will or attack

---

29. *except as may hereinafter specifically be provided to the contrary:* excepto en lo que se disponga en sentido contrario a partir de aquí [de aquí en adelante].

30. *acceleration:* pago anticipado [anticipo, adelantamiento, anticipación, vencimiento anticipado].

31. *secure:* garantizar [avalar].

32. *mortgages:* hipotecas.

33. *deed of trust:* escritura de fideicomiso.

34. *devise and to bequeath:* legar. (En sentido estricto, *bequeath* quiere decir «legar bienes muebles», en tanto que *devise* significaría «legar bienes inmuebles o raíces».)

35. *my property and estate:* mis bienes y patrimonio.

36. *real and personal (estate):* bienes inmuebles y personales.

37. *wheresoever situated:* en dondequiera que se encuentre.

38. *including:* incluso [entre ellos].

39. *power of appointment:* facultad de nombramiento.

40. *In the event that my said husband shall fail to survive me:* en el caso de que mi mencionado esposo me premuriera.

41. *under circumstances which make it difficult to determine which of us has died first:* en circunstancias en las que resultara difícil determinar cuál de los dos falleció en primer lugar.

42. *share and share alike:* por partes iguales.

43. *and if either of them shall fail to survive me:* y en caso de premoriencia de alguno de ellos.

44. *then to the survivor of them:* en este caso, pasaría todo al que me sobreviviera.

45. *except as otherwise provided in this Will:* excepto en donde se disponga lo contrario en este testamento.

46. *intentionaly and with full knowledge:* intencionadamente y con pleno conocimiento.

47. *I have omitted to provide for:* no he dispuesto nada.

48. *for my heirs who may be living at the time of my death:* a favor de herederos míos que puedan vivir en el momento de mi muerte.

49. *if any devisee, legatee:* si cualquier legatario de bienes inmuebles o muebles; *devisee:* legatario de bienes inmuebles; *legatee:* legatario de bienes muebles.

50. *beneficiary:* beneficiario, asignatario. [Los términos *devisee*, *legatee* y *beneficiary* podrían traducirse por los «asignatario».]

51. *under this Will:* según lo dispuesto en este testamento.

52. *claiming:* que tenga derecho.

53. *contest:* impugnar

or seek to impair[54] or invalidate any of its provisions, or conspire with or voluntarily assist anyone attempting to do any of these things, in that event I specifically disinherit each such person,[55] and all legacies, bequests, devises and interests given under this Will to that person shall be forfeited[56] and shall augment proportionately the shares of my estate going under this Will to or in trust for such of my devisees, legatees and beneficiaries as shall not have participated in such acts or proceedings.[57] If all my devisees, legatees and beneficiaries shall participate in such proceedings, I give, devise and bequeath the whole of my estate to my heirs at law[58] according to the laws of succesion in force,[59] excluding all contestants[60] and all persons conspiring with or voluntarily assisting them.

Eighth: I declare that during the minority of any person entitled to benefit under this my Will my Executors shall have full power at their discretion and without being liable for loss[61] to invest funds in such investments as they shall think fit.

Ninth: I further declare that any beneficiary under this will shall be at liberty to disclaim[62] the whole or any part of the property or benefits hereby given, in which event[63] the person disclaiming shall be treated as having predeceased me but to so far only as the disclaimer extends.[64]

Tenth: No interest shall be paid on any gift or legacy under[65] this Will or any Codicil[66] to it.

Eleventh: If any provision of this Will is unenforceable,[67] the remaining provisions[68] shall nevertheless be carried into effect.

IN WITNESS WHEREOF,[69] I hereunto have set my hand to this my Will[70] on the twenty-eighth day of June one thousand nine hundred and ninety-two in the city of Brighton.

---

54. *impair*: deteriorar.

55. *each such person*: cada una de esas personas.

56. *forfeit*: perder algo como castigo [decaer en el derecho de algo].

57. *as shall not have participated in such acts or proceedings*: que no hayan participado en dichos actos o procedimientos judiciales.

58. *heirs at law*: herederos legales.

59. *in force*: en vigor.

60. *excluding all contestants*: quedando excluidos todos los que la impugnaron.

61. *without being liable for loss*: y sin responsabilidad por las pérdidas (posibles).

62. *disclaim*: renunciar.

63. *in which event*: en cuyo caso.

64. *the person disclaiming shall be treated as having predeceased me but to so far only as the disclaimer extends*: se considerará que el que renuncie me ha premuerto, pero sólo a los efectos comprendidos en la renuncia.

65. *under*: a tenor de lo dispuesto en [en virtud de, de conformidad con, de acuerdo con, al amparo de, según, comprendido en].

66. *postscript to a will*: codicilio (escrito auténtico por medio del cual se modifica un testamento añadiendo o quitando algo).

67. *If any provision of this Will is unenforceable*: en el caso de que alguna de las cláusulas de este testamento no se pudiera aplicar.

68. *the remaining provisions*: las restantes disposiciones.

69. *in witness whereof*: en testimonio de lo cual.

70. *I hereunto have set my hand to this my Will*: con mi puño y letra firmo este testamento.

ATTESTATION CLAUSE[71]

The foregoing instrument, consisting of three pages, including the page signed by us witnesses, was on the above date, subscribed, sealed, published and declared by the Testatrix, above named, as her Last Will and Testament in the presence of each of us below named Witnesses, and at the same time, we at her request in her presence and in the presence of each other who hereunto subscribed our names as witnesses hereto; this Attestation Clause having been first read aloud and we hereby certify that at the time of the execution hereof,[72] we believe the Testator Testatrix to be of sound and disposing mind and memory[73] and not acting under duress, mance, fraud, misrepresentation, or undue influence. We declare under the penalty of perjury[74] that the foregoing is true and correct.[75]

3. **Documento B**: Affidavit.

GEORGE R. SULLIVAN
Attorney and Counsellor at Law
23 East Avenue
Albany, New York

STATE OF NEW YORK. COUNTY OF SPRINGWATER

AFFIDAVIT. CERTIFICATION AT LAW

In the matter[76] of the Heirship
of John Illdale,
Late of Springwater County

I, GEORGE R. SULLIVAN, being duly sworn, say:[77]
I am an attorney-at-law, licenseed to practise[78] in the State of New York.
I am over the age of eighteen[79] (18) years and reside at 23 East Avenue, Albany, New York.
JOHN ILLDALE, died, intestate, on December 15, 1990, while residing at 1243 Long Avenue, Albany, New York. I knew the decedent[80] socially and as a client of this office for a period in excess of 20 years.[81]

---

71. *attestation clause*: cláusula testifical.
72. *at the time of the execution hereof*: en el momento de ejecución (del testamento).
73. *to be of sound and disposing mind and memory*: estaba en pleno uso de sus facultades mentales.
74. *under the penalty of perjury*: bajo pena de perjurio.
75. *that the foregoing is true and correct*: que lo que precede es cierto y correcto.
76. *matter*: asunto.
77. *being duly sworn, say*: tras prestar el oportuno juramento declaro que.
78. *licenseed to practise*: con la licencia legal necesaria para ejercer la profesión.
79. *I am over the age of eighteen*: soy mayor de edad.
80. *decedent*: causante.
81. *for a period in excess of 20 years*: por un período superior a 20 años.

JOHN ILLDALE was survived by a spouse, PATRICIA ILLDALE. He did not have any children or adopted children and both his father and mother had predeceased[82] him several years before.

Pursuant[83] to Article Fourth, Section 4-1.1 of the New York State Estates, Powers and Trusts Law, Part I, rules governing Intestates succession;[84] "the property of a decendent not disposed of by will... shall be distributed as follows: (a) if a decedent is survived by... (5) a Spouse, and no issue or parent, the whole to the spouse...".[85]

Since JOHN ILLDALE died without a Last Will and Testament[86] and without issue or parent surviving him, then his surviving spouse PATRICIA ILLDALE is the only person entitled to JOHN ILLDALE's inheritance.[87]

George R. Sullivan

Sworn to before me[88] this 17th this day of December 1992

Notary
Louise Bastrack
No. 34-345678
My commission expires March 30, 1995

4. **Documento C**: Final Judgment[89] of Dissolution of Marriage.

IN THE CIRCUIT COURT OF THE
11TH JUDICIAL CIRCUIT IN AND FOR
COUNTY OF QUEENS
STATE OF NEW YORK

FAMILY DIVISION
CASE NO: 1245/B

IN RE: THE MARRIAGE OF
Dawn Martin, Wife-petitioner
and
John Martin, Husband-respondent

82. *predecease*: premorir.
83. *pursuant*: a tenor de lo que dispone.
84. *rules governing intestates succession*: las normas que rigen las sucesiones intestadas.
85. *if a decedent is survived by... (5) a Spouse, and no issue or parent, the whole to the spouse...*: si al fallecido le sobrevive su esposa, sin tener descendientes o ascendientes, todo pasará a la esposa.
86. *died without a Last Will*: murió sin testar.
87. *the only person entitled to John Illdale's inheritance*: la única persona con derecho a recibir la herencia de John Illdale.
88. *sworn to before me*: prestó juramento ante mí.
89. *final judgment*: sentencia (fallo) definitivo. Véase la pág. 77 del capítulo cinco sobre los significados de los adjetivos *absolute* y *final*.

THIS CAUSE[90] coming on to be heard before me upon application of the Petitioner[91] for Final Judgment of Dissolution of Marriage,[92] upon Default being filed against Respondent,[93] a property settlement agreement executed by both of the parties herein[94] prior to the Default against the Respondent,[95] and the Court having heard testimony[96] and being fully advised in the premises,[97] it is upon consideration,

ORDERED AND ADJUDGED:[98]

1. That this Court finds[99] that it has jurisdiction of the subject matter hereof and the parties hereto.[100]

2. That the petitioner, Dawn MARTIN is a bona fide resident of the State of New York for more than the required statutory[101] period of time.

3. That a dissolution of marriage, a vinculo, be and the same is hereby granted to the Petitioner Dawn MARTIN, and to the Respondent, John MARTIN,[102] forever dissolving the bonds of matrimony heretofore and now existing between the parties hereto, and restoring unto each of the said parties all of the rights and privileges of a single person,[103] because the marriage is irretrievably[104] broken.

4. That the Petitioner, Dawn Martin, is the proper person to have permanent custody and control of the minor children of the parties, to wit:[105] Helen MARTIN

---

90. *this cause... for Final Judgment of Dissolution of Marriage*: esta demanda de sentencia definitiva de disolución de matrimonio.

91. *this cause coming on to be heard before me upon application of the Petitioner*: habiéndose presentado a mi consideración la causa arriba indicada [tras haber sido asignada a mi consideración esta demanda de disolución de matrimonio; habiéndose presentado ante mí para ser vista la causa arriba citada; habiendo examinado los autos de la causa arriba indicada], a petición de la demandante.

92. *for Final Judgment of Dissolution of Marriage*: sentencia definitiva de disolución de matrimonio.

93. *upon Default being filed against Respondent*: tras haberse declarado la incomparecencia del demandado [habiendo registrado la incomparecencia del demandado]; *enter/file a default*: registrar la incomparecencia de una de las partes.

94. *a property settlement agreement executed by both of the parties herein*: habiéndose otorgado el convenio regulador de bienes por las dos partes implicadas.

95. *prior to the Default against the Respondent*: con anterioridad a la declaración de incomparecencia del demandado.

96. *the Court having heard testimony*: tras haber oído los testimonios correspondientes.

97. *and being fully advised in the premises*: y con el debido asesoramiento.

98. *it is upon consideration, ordered and adjudged*: tras la debida deliberación se dicta y decreta la siguiente sentencia.

99. *find*: apreciar.

100. *jurisdiction over the parties and the subject matter*: competencia en el asunto y sobre las partes en cuestión.

101. *statutory*: legal, establecido por la ley, de acuerdo con las leyes.

102. *That a dissolution of marriage, a vinculo, be and the same is hereby granted to the Petitioner Dawn MARTIN, and to the Respondent*: que se practique la disolución del vínculo matrimonial y, por medio de este acto, se conceda esta disolución a la demandante Dawn Martin y al demandado John Martin.

103. *restoring unto each of the said parties all of the rights and privileges of a single person*: devolviendo a cada una de las partes todos los derechos y privilegios de la persona soltera.

104. *irretrievably*: irreparablemente [irreversiblemente].

105. *to wit*: a saber.

and Eileen MARTIN, with reasonable rights of visitation to the Respondent, provided that the Respondent gives the Petitioner twenty-four hours prior notice of said visitation.[106]

5. That the Property Settlement Agreement executed between the parties hereto on December 16, 1993, be and the same is hereby ratified, approved and adopted and is hereby made a part of this Final Judgment[107] of Dissolution of marriage as though said Agreement had been incorporated verbatim.[108]

6. The Court retains jurisdiction of the cause[109] for the purpose of entering such other and further orders and judgements[110] as shall be necessary to effectuate and enforce this judgment.[111]

DONE[112] AND ORDERED in Maspeth, County of Queens, State of New York this 12 day of June, 1993.

Circuit Judge

5. **Documento D:** Separation agreement.

THIS DEED is made the thirty-first day of September of one thousand nine hundred and ninety-two in the city of Albany BETWEEN Peter Barnes (hereinafter called the husband) of the one part and Sheila Barnes (hereinafter called the wife) of the other part.

WHEREAS[113] the husband and the wife have agreed to live apart from each other[114] and the husband has agreed to make provision for the wife on the terms and conditions herein contained.

NOW THIS DEED WITNESSETH as follows:

1. The husband covenants[115] with the wife that as from the date hereof[116] until the happening of the first to occur of the events set out in clause 5 hereof[117] he will

---

106. *provided that the Respondent gives the Petitioner twenty-four hours prior notice of said visitation*: con tal de que el demandado notifique con veinticuatro horas de antelación al demandante la mencionada visita.

107. *is hereby made a part of this Final Judgment*: por la presente se integra en esta sentencia definitiva.

108. *as though said Agreement had been incorporated verbatim*: como si hubiera sido incorporado literalmente a la misma.

109. *the Court retains jurisdiction of the cause*: el tribunal se reserva la jurisdicción sobre esta causa.

110. *for the purpose of entering such other and further orders and judgments*: con el fin de dictar los autos y sentencias ulteriores.

111. *as shall be necessary to effectuate and enforce this judgment*: que sean necesarias para ejecutar y aplicar esta sentencia. Véase la pág. 76 en el capítulo cinco sobre la redundancia expresiva, en lo que afecta a *to effectuate and enforce*.

112. *done*: ejecutado, concluido, despachado.

113. *whereas*: considerando que.

114. *live apart from each other*: vivir separados.

115. *covenant*: convenir [pactar, concertar].

116. *as from the date hereof*: a partir del día de la fecha.

117. *until the happening of the first to occur of the events set out in clause 5 hereof*: hasta que tenga lugar, en el orden que sea, cualquiera de los hechos expuestos en la cláusula 5 del mismo.

in each fiscal year pay or cause to be paid[118] to the wife such sum as after deduction of income tax at the basic rate for the time being in force[119] amounts to thirty per cent of the husband's total income for that year as completed for income tax purposes before deduction of the payments for which this clause provides.[120]

2. The sum for the payment of which clause 1 hereof provides shall be paid by eleven monthly instalments[121] on the first day of each calendar month commencing on the first day of May in each fiscal year[122] and by one final instalment[123] (being the balance of the said sum) due on the first day of April in each such year. Provided[124] that (i) the final instalment due on the first day of April in each year may be delayed for three weeks[125] from the said first day of April to enable the husband's total income for income tax purposes for that year to be computed[126] in accordance with clause 1 hereof and (ii) each of the said eleven monthly instalments shall be equal to one twelfth of the said sum so far as the same can be ascertained at the due date of payment.

3. The first of the monthly instalments under clause 2 hereof shall be paid on the execution hereof[127] and shall consist of an apportioned sum for the period from that date to the next date of payment.[128]

4. The events referred to in clause 1 hereof are the following events:[129]

(a) the death of the husband;
(b) the death of the wife;
(c) the husband's ceasing to be employed;[130]
(d) the retirement on pension of the husband;[131]
(e) an increase in the wife's income in any year of assessment[132] such as will raise her total income for income tax purposes in that year,[133] excluding any payments made under clause 1 hereof, to more than £ 1,000;

118. *pay or cause to be paid*: abonar o hacer llegar.
119. *for the time being in force*: durante el tiempo que esté en vigor.
120. *before deduction of the payments for which this clause provides*: antes de que se hubiese practicado la deducción prevista en esta cláusula.
121. *shall be paid by eleven monthly instalments*: se abonará en once mensualidades.
122. *on the first day of each calendar month commencing on the first day of May in each fiscal year*: el día uno de cada mes a partir del día uno de mayo de cada año fiscal.
123. *and by one final instalment*: más una mensualidad adicional.
124. *provided*: se acepta que.
125. *the final instalment due on the first day of April in each year may be delayed for three weeks*: que se demore durante tres semanas el pago de la mensualidad complementaria abonable el día uno de abril.
126. *to enable the husband's total income for income tax purposes for that year to be computed*: para facilitar al marido el cálculo de la renta total de ese año a efectos del impuesto sobre la renta.
127. *the first of the monthly instalments under clause 2 hereof shall be paid on the execution hereof*: la primera de las mensualidades prevista en la cláusula 2 de este documento se abonará al otorgamiento del mismo.
128. *and shall consist of an apportioned sum for the period from that date to the next date of payment*: y consistirá en la parte proporcional correspondiente al período comprendido desde el día de hoy hasta la fecha siguiente de abono de la mensualidad.
129. *the events referred to in clause 1 hereof are the following events*: los hechos a que hace mención la cláusula 1 de este documento son.
130. *ceasing to be employed*: cese en el empleo.
131. *the retirement on pension of the husband*: la jubilación del marido.
132. *year of assessment*: año fiscal.
133. *for income tax purposes in that year*: a los efectos del impuesto sobre la renta de dicho año.

(f)   the resumption[134] of cohabitation by husband and wife or the judicial separation of husband and wife or the dissolution or annulment of their marriage or the unchastity[135] of the wife;

(g)   such change in taxation law that the amount of the payments under clause 1 hereof is no longer deductible from the husband's income for the purposes of all income tax (whether at the basic or at any higher rate).

5.   The husband hereby covenants with the wife that he will at his own expense[136] make such arrangements as may be convenient to the wife for a solicitor or accountant or other properly qualified person or corporation (hereinafter called the agent) to act as agent[137] for the wife for the purpose of recovering from the Inland Revenue the tax deducted by the husband from the sum for the payment of which clause 1 hereof provides (or so much thereof as she may be entitled to) and the wife hereby covenants with the husband that she will furnish to the agent all such information as may reasonably be required to enable such recovery to be made.

6.   Both the husband and the wife will at the request of the other of them[138] provide her or him with an accountant's certificate of his or her total income for income tax purposes[139] in any relevant fiscal year.

IN WITNESS WHEREOF,[140] I hereunto have set my hand to agreement on the thirty-first day of September one thousand nine hundred and ninety-two in the city of Albany.

---

134.   *resumption*: reanudación.
135.   *unchastity*: infidelidad.
136.   *at his own expense*: por su propia cuenta.
137.   *make such arrangements as may be convenient to the wife for a solicitor or accountant or other properly qualified person or corporation (hereinafter called the agent) to act as agent*: llevar a cabo las gestiones que convengan a la esposa con el fin de que un abogado, contable, persona con la titulación apropiada o entidad correspondiente (que en adelante llamaremos el agente) actúe como agente o representante.
138.   *at the request of the other of them*: a petición de cualquiera de ellos.
139.   *for income tax purposes*: a los efectos de declaración de la renta.
140.   *in witness whereof*: en testimonio de lo cual.

XIII.   EL ARBITRAJE

1. Introducción

Como hemos dicho en el capítulo primero, la justicia inglesa la administran los tribunales ordinarios (*ordinary courts*, *courts of law* o *courts of justice*), los cuales dictan sentencias[1] basadas, por una parte, en el derecho consuetudinario (*common law*) y la equidad (*equity*), y por otra, en el derecho legislado (*statutory law*).[2] Y en el punto 3 del capítulo dos hemos puesto de relieve la importante función desempeñada por los *tribunales administrativos* (*administrative tribunals*) como órganos complementarios de la administración de la justicia inglesa (*English justice*).

Pero no todas las cuestiones litigiosas (*litigious issues*) dimanantes de (*arising out of*) un contrato o de un acto jurídico (*act at law*) se dirimen (*are settled*) siempre en los tribunales ordinarios o en los administrativos. Muchas veces, si los interesados así lo acuerdan, los litigios encuentran su cauce en el arbitraje (*arbitration*). Éste se puede definir como la justicia dictada por árbitros (*arbitrators*) o «jueces sin toga», y consiste en la resolución de una disputa jurídica (*determination of a dispute*) entre dos partes (*parties*) por medio de su fallo (*ruling*), llamado laudo arbitral (*award* o *arbitration award*).

Es muy corriente recoger en los contratos una cláusula por la que se acuerda que las diferencias que puedan surgir entre las partes sean sometidas a arbitraje (*refer a dispute to arbitration*) antes de (*precedent to*) acudir a la vía judicial (*a right of action*). Este acuerdo contenido en la llamada cláusula de arbitraje (*arbitration clause*) de muchos contratos es, en realidad, un contrato y, como tal, está sometido (*is subject to*) al derecho ordinario en materia de contratos (*ordinary law of contract*); por esa razón, carece de valor (*is void*) cualquier disposición (*provision*) o acuerdo contractual que

---

1.   «Dictar sentencia» (*give judgment*). Sobre la traducción al inglés del término «sentencia», véase el punto 5 del capítulo dos «Las resoluciones de los jueces».

2.   A todo el derecho inglés también se le llama derecho jurisprudencial o *case law*. Véase el punto 5 del capítulo uno.

tienda a desplazar (*oust*) o excluir totalmente los contratos de la jurisdicción de los tribunales (*the jurisdiction of the courts*).

A menos que se estipule lo contrario (*unless otherwise stated*), cuando se habla de «arbitraje» en un convenio o contrato, se entiende que habrá un solo árbitro; si hay más de uno, estamos ante «tribunales arbitrales» (*arbitration boards*); en el caso de que sean dos los árbitros, éstos, tras su designación, deberán nombrar un compromisario o tercero (*umpire*) para que, con su voto de calidad (*casting vote*), resuelva el asunto que es objeto de la disputa (*the matter in dispute*) si ellos no llegaran a ponerse de acuerdo (*fail to agree*).

El arbitraje juega un papel muy destacado en todo el sistema jurídico inglés (*English legal system*). Los tribunales ingleses ordinarios (*English courts*) conceden gran importancia (*attach great importance*) al arbitraje como fórmula rápida de resolución de los litigios. Como hemos indicado en el punto 4 del capítulo cuatro, los *Registrars* de los *County Courts*, con el permiso de las partes, pueden actuar de árbitros cuando la cuantía de la demanda sea inferior a £500 y también en las ocasiones en que lo decida el juez. En estos casos, el laudo arbitral se registra como la sentencia o fallo del proceso (*the award of the arbitration is entered as the judgment in the proceedings*). De esta forma, muchos pleitos que por la vía ordinaria tardarían más de un año en ver la luz pueden quedar sustanciados en cuestión de semanas, ahorrando tiempo y dinero a las partes, al no tener que entrar en los mecanismos (*procedure*) y trámites (*formalities*) de los tribunales de justicia ordinarios.

También pueden ser útiles los tribunales arbitrales en la resolución de muchas disputas laborales[3] (*industrial disputes*), como las que pueden surgir en torno a las faltas disciplinarias (*disciplinary offences*), las horas extraordinarias (*overtime*), los cambios en el puesto de trabajo (*job changes*), etc. En muchas ocasiones, los sindicatos (*unions*) y la patronal (*management*) acuerdan que los arbitrajes sean vinculantes (*binding arbitration*) cuando se agotan (*exhaust*) los trámites negociadores normales (*normal negotiating procedures*). En estos casos, las partes someten (*submit*) sus posturas finales (*final positions*) en el conflicto (*in the dispute*) a un tribunal arbitral independiente (*independent panel/board*) formado por tres árbitros (*arbitrators*), y aceptan sus fallos (*findings*). El presidente (*chairman*) lo designa (*is nominated by*) el Servicio Asesor para la Conciliación y el Arbitraje (*The Advisory Conciliation and Arbitration Service*), conocido por las siglas ACAS,[4] y los otros dos vocales (*members*) por los sindicatos (*unions*) y por la patronal (*management*), respectivamente.

---

3. Estas disputas son normalmente sustanciadas en las magistraturas de trabajo. (Véase el capítulo seis.)

4. Véase el capítulo ocho.

En su actuación, los árbitros vienen obligados (*are bound*) a aplicar la ley escrupulosamente (*apply the law accurately*), aunque puedan seguir las formas procesales que estimen más convenientes, siempre que se basen en las normas (*rules*) de la justicia natural (*natural justice*) que, desarrolladas por los tribunales de equidad (*courts of equity*), se sustentan en los principios de justicia y equidad (*fair play*). Entre éstas destacan, por ejemplo, la de que nadie puede ser, a la vez, juez y parte (*a judge in his own cause*) o la de que todas las partes deben ser oídas antes de resolver una cuestión. El procedimiento que siguen los árbitros es el mismo que el de los tribunales, es decir, el procedimiento judicial ordinario (*normal judicial procedure*), y los árbitros tienen, prácticamente, las mismas atribuciones que los jueces en los procedimientos civiles. Si las partes lo acuerdan, el árbitro dictará el laudo (*make the award*) basándose en las declaraciones (*on the statements*) y en los documentos presentados (*documents submitted*); en caso contrario, se celebrará una vista (*hearing*), aunque sin los trámites (*formalities*) y las ceremonias de los pleitos ordinarios. Si una de las partes no comparece en el arbitraje (*if any party does not appear at the arbitration*), el árbitro puede dictar laudo (*make an award*) a favor de la parte que esté presente. Con el consentimiento de las partes (*with the consent of the parties*), el árbitro puede solicitar dictámenes (*expert reports/opinions*) sobre cualquiera de los puntos en litigio (*any matter in dispute*), y, cuando se necesiten conocimientos técnicos especializados (*specialized technical knowledge*), puede invitar a expertos (*experts*) a participar en la vista como asesores (*assessors*). En su laudo, el árbitro puede disponer la indemnización a una de las partes, el pago de costas (*judgment costs*) y el cumplimiento o ejecución exacta del contrato tal como se estipuló (*specific performance*).

Los laudos arbitrales están sometidos (*subject to*) a la posible revisión de los tribunales ordinarios, tanto en lo que afecta a (*with respect to both*) la forma (*the manner*) en que se lleva el arbitraje (*the arbitration is conducted*) como en lo que se refiere a la pertinencia de la ley aplicada (*the correctness of the law applied*). En este sentido, tanto los arbitrajes vinculantes como los que no lo son pueden ser recurridos ante (*can be appealed to*) el Tribunal Superior de Justicia (*The High Court of Justice*), por una cuestión de derecho (*on a question of law*), o cuando no están motivados (*reasoned*) de acuerdo con las disposiciones (*provisions*) de la ley de arbitraje de 1979 (*Arbitration Act 1979*). No obstante, los árbitros no están obligados a guardar acta del procedimiento seguido (*keep a record of the proceedings*)[5] ni a pormenorizar (*state in sufficient detail*) las razones (*reasons*) del laudo, a menos que una de las partes (*parties to the reference*), de acuerdo con lo previsto en el artículo 1.6 (*section 1(6)*) de la Ley de Arbitrajes de 1979 (*Arbitration Act*

---

5. *proceedings*: actuaciones, autos.

1979), notifique (*give notice*) al árbitro, antes de que se dicte el laudo (*before the award is made*), que solicita que éste sea motivado (*a reasoned award*).

Además de ser el instrumento para resolver muchas de las disputas de orden laboral, a la fórmula del arbitraje se acude, con frecuencia, en los litigios por incumplimiento de contrato (*breach of contract*), sobre todo en las pólizas de fletamento (*charterparty*), que son los documentos en los que se formalizan los contratos de fletamento (*contract of affreightment*). En la póliza, entre otros datos, se incluyen los del armador (*shipowner*), que lo alquila (*charter*) al fletador (*charterer*), y los del buque. También se expresa si el flete es de ida y vuelta (*round trip*), los puertos de carga y descarga (*loading and unloading ports*) etc.; igualmente se acuerda el tiempo de plancha (*laytime*), que es el plazo previsto en el contrato para cargar y descargar, así como las estadías (*demurrage*), penalizadas con el pago al armador, por parte del fletador, de una indemnización fijada en el contrato (*liquidated sum*)[6] a un tanto por día (*at a daily rate*) y/o fracción de día, cuando se sobrepasa el tiempo de plancha acordado. Igualmente se suele estipular en las pólizas de fletamento el premio por despacho adelantado (*dispatch/despatch money*), debido al ahorro de tiempo (*time saving*) en las tareas de carga y descarga.

En el **texto** que sigue, el Tribunal de Apelación (*Court of Appeal*) estima el recurso (*allow an appeal*) presentado por *Transgrain Shipping SA* contra la sentencia dictada por el juez Evans (*Mr Justice Evans*), la cual, a su vez, confirmaba (*upheld*), aunque con razonamientos distintos, la resolución contenida en un laudo arbitral (*arbitration award*).

En el **documento** se transcriben las cláusulas referidas al tiempo de plancha (*laytime*), a las demoras (*demurrage*) y al derecho de retención de las mercancías (*lien*) de una póliza de fletamento, términos empleados en el texto anterior.

2.   **Texto**:[7] Rachel Davies (Barrister): "Laytime[8] Starts with Discharge[9] of Ship's Cargo. 4,32."[10] *FT Law Reports*.[11] *Financial Times* (May 15, 1990).

6.   Véase el punto 4 del capítulo cuatro sobre *liquidated sums*.

7.   En las notas a pie de página se proponen, entre corchetes, otras opciones de traducción, que pueden ser tan válidas como la primera; entre paréntesis se dan aclaraciones. Los verbos aparecen normalmente en infinitivo. Si se ofrece un tiempo verbal, éste sólo tiene carácter aproximativo y es, por tanto, susceptible de modificación, de acuerdo con la perspectiva temporal adoptada por el traductor. Por ejemplo, en español el llamado «presente histórico» será a veces más conveniente que los tiempos pasados del texto original inglés.

8.   *laytime*: plancha o tiempo de plancha; se usan indistintamente los términos *laytime* y *lay days* para referirse al tiempo previsto en que un buque permanece dedicado a tareas de carga o descarga, cuya duración y cómputo se acuerda en las pólizas de fletamento (*charterparty*); también se le llama *laytime for discharging* (tiempo de plancha para la descarga) y *laytime for loading* (tiempo de plancha para la carga).

9.   *discharge*: descarga.

10.   *cargo*: carga [mercancías]; no obstante, si es grano, aunque vaya envasado, no se suele usar el término «mercancías».

11.   Véase la nota 10 del capítulo seis sobre la organización de los «Repertorios de Jurisprudencia del *Financial Times*» y la nota 12 de la pág. 214 sobre el nombre de los procesos.

THE MEXICO 1. Court of Appeal (Lord Justice Mustill, Lord Justice Farquharson, and Sir Denys Buckley).

"NOTICE OF readiness[12] to discharge is ineffective to trigger off laytime[13] in accordance with charterparty[14] terms if given[15] when contractual cargo[16] is inaccessible and, in the absence of[17] any post-notice event to trigger it off,[18] laytime starts to run,[19] not when the cargo becomes accessible,[20] but when discharge begins."[21]

The Court of Appeal so held[22] when allowing an appeal by[23] Transgrain Shipping SA, charterers of the Mexico 1 from shipowner[24] Global Transport Oceánico SA, from Mr Justice Evans's decision[25] upholding an arbitrators' award[26] that[27] on presentation[28] of an invalid[29] notice of readiness[30] laytime began[31] when overstowed cargo[32] became accessible.

LORD JUSTICE MUSTILL said that on July 27 1984 the Mexico 1 was chartered[33] by Transgrain to carry 5,000 metric tons[34] of bagged maize[35] from Argentina to Angola. The charterparty expressly[36] related[37] commencement of laytime[38] to the giving of notice of readiness,[39] to be delivered to receivers in writing in normal office hours.[40]

---

12.   *notice of readiness*: carta/notificación/aviso de alistamiento; aviso dando cuenta de que se está listo para cargar o descargar, estando con póliza de fletamento o en *charter*.

13.   *ineffective to trigger off laytime*: carece de valor para que comience a contarse [como señal, detonante, para iniciar la cuenta de] el tiempo de plancha.

14.   *charterparty*: póliza de fletamento.

15.   *if given*: si (la notificación) es dada.

16.   *contractual cargo*: mercancías comprendidas en el contrato.

17.   *in the absence of*: a falta de.

18.   *any post-notice event to trigger it off*: cualquier hecho/circunstancia posterior a la notificación que la inicie.

19.   *laytime starts to run*: la plancha comienza a contar.

20.   *when the cargo becomes accessible*: cuando se puede manipular la carga; *accessible*: asequible.

21.   *but when discharge begins*: sino cuando se inicia la descarga.

22.   *so held*: así lo estimó [consideró].

23.   *allowing an appeal by*: estimar el recurso interpuesto por.

24.   *shipowner*: armador.

25.   *from Mr Justice Evans's decision*: contra la resolución del magistrado Evans.

26.   *upholding an arbitrators' award*: que confirmaba un laudo arbitral.

27.   *that*: que afirmaba.

28.   *on presentation*: si se presentaba.

29.   *invalid*: nulo.

30.   *on presentation of an invalid notice of readiness*: tras la presentación de una carta de aviso nula.

31.   *laytime began*: se iniciaba el tiempo de plancha.

32.   *overstowed cargo*: carga empachada.

33.   *charter*: fletar.

34.   *metric tons*: toneladas métricas.

35.   *bagged maize*: maíz en sacos.

36.   *expressly*: de forma clara y expresa.

37.   *relate*: vincular.

38.   *commencement of laytime*: inicio del tiempo de plancha.

39.   *the giving of notice of readiness*: entrega de la carta de alistamiento.

40.   *to be delivered to receivers in writing in normal office hours*: que debía entregarse por escrito en horas de oficina a los destinatarios.

The vessel completed loading maize[41] at Nochea on November 20 1984, and sailed for[42] her second loading port.[43] During November a second contract was concluded[44] for carriage[45] of 500 tons of alubia beans on the same vessel. The beans were shipped at Buenos Aires. The owners also loaded various cargoes[46] for their own account.[47]

The charterers exercised an option[48] to discharge both their cargoes at Luanda. The vessel arrived on January 20. On the following day the master telexed[49] receivers[50] "the vessel is in every respect ready to commence discharging 4,32".[51]

When the telex was sent the maize cargo was partly overstowed with beans and owners' cargo.[52] It was not cleared[53] until February 6. The vessel was then put out of berth[54] to give priority to another vessel. After eight days she reberthed.[55] Discharge of maize began on February 19. The beans became accessible the same day. Discharge continued very slowly until April 25.

The first question was when did laytime begin if a charterparty related commencement of laytime to notice of readiness,[56] and notice was given when the vessel was not ready?[57]

The arbitrators held that notice of readiness was invalid[58] when given, and was ineffective[59] to commence laytime. That decision was not questioned. Thus unless something happened after notice was sent to make laytime start,[60] it never started at all and owners would earn no demurrage.[61]

---

41. *completed loading maize*: finalizó la carga del maíz.
42. *sailed for*: se hizo a la mar con destino a.
43. *loading port*: puerto de carga.
44. *conclude a contract*: celebrar [formalizar] un contrato.
45. *carriage*: transporte.
46. *various cargoes*: mercancías diversas.
47. *for their own account*: por su propia cuenta.
48. *exercise an option*: hacer uso de una opción.
49. *telex*: enviar un télex.
50. *receivers*: destinatarios.
51. *in every respect ready to commence discharging*: completamente listo para iniciar las labores de descarga.
52. *maize cargo was partly overstowed with beans and owners' cargo*: el cargamento de maíz estaba empachado, en parte, con las judías y con otras cargas.
53. *it was not cleared*: no quedó libre.
54. *the vessel was then put out of berth*: el buque fue desatracado.
55. *after eight days she reberthed*: pasados ocho días atracó de nuevo.
55. *a charterparty related commencement of laytime to notice of readiness*: el contrato de fletamento vinculaba el comienzo de la plancha a la notificación de alistamiento.
57. *notice was given when the vessel was not ready*: la notificación se hizo cuando el buque no estaba listo.
53. *invalid*: nula.
59. *was ineffective*: no tenía valor.
60. *unless something happened after notice was sent to make laytime start*: a menos que algo ocurriera tras la notificación que pusiera en funcionamiento [hiciera empezar a correr/contar la plancha].
61. *owners would earn no demurrage*: los propietarios no tendrían derecho a compensación de demora o sobreestadía.

Counsel for charterers[62] conceded[63] that laytime began to run[64] when discharge of the maize actually commenced.[65] The shipowner contended[66] that laytime began to run when the ship became ready for discharge on February 6.

The arbitrators and Mr Justice Evans held that laytime began to run on February 6; they did so by different routes.[67]

The arbitrators treated the original notice of readiness as inchoate,[68] becoming complete and effective[69] when the maize cargo became fully accessible. They said the *prima facie* purpose of notice, which was to warn receivers of the ship's arrival, was accomplished[70] on January 20-21; and that although the notice was useless in respect of its secondary purpose, which was to say when the ship could be discharged, it was inconceivable that the charterers would not have stayed in touch and monitored[71] Mexico 1's progress.

They followed the *Massalia [1959 I WLR 787]*[72] where the court took the view[73] that laytime started when the contractual cargo became accessible.[74]

In the *Massalia* the status[75] of the premature notice of readiness was not fully argued,[76] if at all.[77] The question whether it became effective on commencement of discharge was not argued.[78] The mechanism by which it became effective was not discussed. The whole question arose only tangentially[79] in relation to a small dispute on the notice period, and the decision was not well-founded[80] on authority.[81] It had been doubted more than once (see *Christenden [1971/1 Lloyd's Rep 395* and *Nedelka 119741 QB 264)*.

It was appropriate to consider the question afresh.[82]

62. *counsel for charterers*: los letrados de los fletadores.
63. *concede*: admitir [reconocer].
64. *run*: contar [correr].
65. *when discharge of the maize actually commenced*: cuando se inició la descarga del maíz de forma efectiva.
66. *contend*: afirmar [sostener, argumentar, razonar].
67. *by different routes*: con distintos razonamientos [por vías distintas].
68. *inchoate*: incoativo.
69. *becoming complete and effective*: perfeccionándose y haciéndose efectivo.
70. *the prima facie purpose of notice... was accomplished*: la finalidad primordial de la notificación... quedó cumplida.
71. *monitor*: controlar [comprobar].
72. *they followed the Massalia [1959 I WLR 787]*: (los árbitros, en su razonamiento) se basaron en el precedente del *Massalia [1959 I WLR 787].*
73. *take the view that*: adoptar el punto de vista [acordar].
74. *laytime started when the contractual cargo became accessible*: se iniciaba la plancha cuando estuviera accesible la carga aludida en el contrato.
75. *status*: estado legal.
76. *argue*: debatir.
77. *if at all*: si es que llegó a tratarse.
78. *argued*: argumentar.
79. *tangentially*: de forma tangencial.
80. *found*: fundamentar.
81. *authority*: doctrina legal [textos de autoridad].
82. *it was appropriate to consider the question afresh*: lo oportuno fue reconsiderar el asunto desde el principio.

The pure inchoate notice theory[83] was that invalid notice took effect automatically as notice[84] when the ship became ready.[85]

That notion was impossible to accept.[86] By what mechanism could it be said that when discharge became possible and nothing else had happened there was compliance[87] with the requirement that "notice of readiness shall be delivered 4,32 at the receivers' office".[88]

The contract provided[89] with absolute clarity what step must be taken to start laytime.[90] The parties had stipulated for the giving of notice[91] to trigger the charterers' obligation.[92]

The shipowner modified the pure inchoate theory to make time run,[93] not when the ship was ready to discharge, but when charterers knew of it. The arbitrators seemed to accept that proposition.[94]

That[95] did not meet the objection[96] that the contract provided for laytime to be started by the notice[97] (which meant a valid notice)[98] and in no other way.[99]

Mr Justice Evans rightly[100] rejected the argument that the notice was a delayed action device[101] effective to start laytime automatically[102] when the ship became ready to discharge.

The arbitrators said in their reasons that receivers, agents and the master all

83. *the pure inchoate notice theory*: la teoría de la notificación incoativa pura.
84. *invalid notice took effect automatically as notice*: que la notificación nula se convirtió automáticamente en notificación.
85. *when the ship became ready*: desde el momento en que el barco quedó listo.
86. *that notion was impossible to accept*: ese concepto fue imposible de aceptar.
87. *by what mechanism could it be said that when discharge became possible and nothing else had happened there was compliance with the requirement*: ¿Cómo se podía justificar que, cuando fue posible iniciar la descarga, y sin que hubiera mediado ninguna otra circunstancia, se había cumplido el requisito de...?
88. *notice of readiness shall be delivered at the receivers' office*: la carta de alistamiento se entregará en la oficina de los destinatarios.
89. *provide*: disponer.
90. *what step must be taken to start laytime*: el procedimiento que se debía seguir para que se iniciara el tiempo de plancha.
91. *giving of notice*: notificación.
92. *parties had stipulated for the giving of notice to trigger the charterers' obligation*: las partes habían estipulado que la notificación sería la señal para iniciar la obligación del fletador.
93. *to make time run*: para que corriera el tiempo.
94. *the arbitrators seemed to accept that proposition*: al parecer, los árbitros aceptaron esa propuesta.
95. *that*: lo anteriormente dicho.
96. *meet the objection*: salvar [resolver, refutar] la objeción.
97. *that the contract provided for laytime to be started by the notice*: contenida [que se disponía] en el contrato de que el tiempo de plancha comenzaría con la notificación.
98. *(which meant a valid notice)*: es decir, una notificación válida.
99. *and in no other way*: sin que se aceptara [cupiera] ninguna otra forma [vía].
100. *rightly*: de forma correcta [como es debido, debidamente, correctamente, con toda razón, de forma legítima].
101. *delayed action device*: mecanismo de acción retardada.
102. *start laytime automatically*: iniciar el tiempo de plancha de forma automática.

realistically treated the notice as one which would be effective as soon as all requisite physical conditions of accessibility were met.[103]

Mr Justice Evans understood that[104] as a[105] finding that[106] the receivers proceeded on the basis that[107] the invalid notice[108] became valid and effective[109] when unreadiness was replaced by readiness to discharge.

He said that on those findings[110] the correct conclusion in law was that the notice became effective[111] on February 6, whether by implied or express agreement, or by[112] "waiver,[113] estoppel,[114] or something else".[115] He said that position could not be resiled from.[116]

When the ship was ready to discharge contractual cargo, there was no notification to charterers or agents. Nor did the charterers intimate[117] that they accepted laytime could now begin.[118]

Those were thin materials[119] for the inference of any waiver, estoppel or agreement.[120]

The arbitrators were simply saying that the idea of the notice's capacity to mature when the ship was ready to discharge,[121] was consistent with[122] the action of those on the spot.[123]

103.   *as soon as all requisite physical conditions of accessibility were met*: tan pronto como se cumplieran las condiciones físicas de accesibilidad.

104.   *understood that*: entendió lo anteriormente dicho.

105.   *understood that as*: entendió eso como.

106.   *Mr Justice Evans understood that as a finding that...*: con lo dicho anteriormente el magistrado Evans llegó a la conclusión de que...

107.   *on the basis that*: basándose en que.

108.   *the invalid notice*: la carta de alistamiento nula.

109.   *became valid and effective*: pasó a ser válida y efectiva.

110.   *finding*: conclusión de hecho.

111.   *the correct conclusion in law was that the notice became effective*: la determinación correcta en derecho sería que la notificación entró en vigor.

112.   *whether by implied or express agreement, or by*: ya por acuerdo implícito o expreso o por.

113.   *waiver*: renuncia.

114.   *estoppel*: manifestación implícita derivada de los propios actos [doctrina de los propios actos, acción innegable]. Con este término se quiere dar a entender que el que ha inducido a otro a actuar de determinada manera (aseverando algo, con su conducta, con su silencio, por medio de una escritura pública, etc.) no puede negar lo dicho o hecho, o volverse atrás cuando las consecuencias jurídicas de su aseveración le son desfavorables.

115.   *or (by) something else*: o por cualquier otra razón.

116.   *resile from*: retractarse de algo; volver a la situación anterior.

117.   *intimate*: sugerir, indicar.

118.   *could now begin*: podría empezar ya.

119.   *thin materials*: argumentos (hechos, datos) flojos (de poca consistencia).

120.   *for the inference of any waiver, estoppel or agreement*: para inferir que había renuncia, acción innegable o acuerdo.

121.   *the idea of the notice's capacity to mature when the ship was ready to discharge*: la idea de que la capacidad de la notificación para entrar en vigor tan pronto como estuviera listo el barco para descargar.

122.   *be consistent with*: ser coherente con.

123.   *the action of those on the spot*: la actuación de los que se encontraban en el lugar de los hechos.

If that idea was set aside,[124] as it must be,[125] there was no other basis in the award[126] for finding[127] that laytime began before the operation of discharge began.

The second question was whether it was permissible[128] to regard two-part cargoes[129] carried on the same vessel to the same port for the same charterers, as constituting a single cargo,[130] so that notice of readiness could properly be given as soon as the whole of one part was available.[131]

When the vessel arrived at Luanda each of the two-part cargoes was overstowed.[132] Beans in one of the holds[133] were not accessible until February 19, the day maize discharge began. If the cargoes could be regarded as one composite cargo of maize and beans[134] it would not be ready for discharge until February 19. The arbitrator and the judge rightly ruled against[135] that interpretation of the contract requirements.

There were two different contracts. There was nothing in the beans contract to annul provisions of the maize contract[136] and to substitute new arrangements for a single maize-and-bean contract.[137]

Differing from[138] the judge on his interpretation of the award[139] as incorporating a justifiable finding of waiver and the like,[140] the appeal was allowed.[141]

Laytime commenced when discharge commenced.[142]

Lord Justice Farquharson and Sir Deny Buckley agreed.[143]

For charterers: Jeremy Cooke (Moore Fisher Brown).

124.   *set aside*: descartar [dejar de lado].
125.   *as it must be*: como debe hacerse.
126.   *there was no other basis in the award*: no quedaba ningún otro argumento en el laudo.
127.   *find*: apreciar [declarar, fallar].
128.   *permissible*: admisible.
129.   *two-part cargoes*: dos cargas parciales.
130.   *(regard two-part cargoes) as constituting a single cargo*: considerar dos cargas parciales como una sola carga.
131.   *so that notice of readiness could properly be given as soon as the whole of one part was available*: de forma que se pudiera hacer la notificación tan pronto como una parte se pudiera manipular.
132.   *each of the two-part cargoes was overstowed*: las dos cargas estaban empachadas.
133.   *hold*: bodega.
134.   *composite cargo of maize and beans*: carga compuesta de maíz y de judías/habas.
135.   *rule against*: fallar en contra de.
136.   *there was nothing in the beans contract to annul provisions of the maize contract*: no había nada en el contrato de las alubias/judías/habas que anulara las estipulaciones del contrato de maíz.
137.   *and to substitute new arrangements for a single maize-and-bean contract*: y que sustituyera con nuevos acuerdos para un contrato único de maíz y de judías/habas.
138.   *differing from*: en discordancia con, apartándose de.
139.   *on his interpretation of the award*: en su interpretación del laudo.
140.   *as incorporating a justifiable finding of waiver and the like*: en el sentido que contenía una conclusión razonable de renuncia o de figuras jurídicas semejantes.
141.   *the appeal was allowed*: se estimó el recurso.
142.   *laytime commenced when discharge commenced*: la plancha comenzó al mismo tiempo que la descarga.
143.   *Lord Justice Farquharson and Sir Deny Buckley agreed*: Lord Justice Farquharson y Sir Deny Buckley votaron junto al ponente.

For shipowner: David Hunt QC and Geraldine Andrews (Middletion Lews Lawrence Graham).

3. **Documento**: Cláusulas referidas al tiempo de plancha (*laytime*), a las demoras (*demurrage*) y al derecho a retención de la carga (*lien*) de una póliza de fletamento (*charterparty*).

LAYTIME

(a) Separate laytime for loading and discharging

The cargo shall be loaded[144] within the number of running hours[145] as indicated[146] in Box[147] 16, weather permitting[148] Sundays and holidays excepted,[149] unless used,[150] in which event[151] time actually used shall count.

The cargo shall be discharged within the number of running hours as indicated in Box 16, weather permitting, Sundays and holidays excepted, unless used, in which event time actually used shall count.

(b) Total laytime for loading and discharging[152]

The cargo shall he loaded and discharged within the number of total running hours as indicated in Box 16, weather permitting, Sundays and holidays excepted, unless used, in which event time actually used shall count.

(c) Commencement[153] *of laytime (loading and discharging)*

Laytime for loading and discharging shall commence[154] at 1 p.m. if notice of readiness is given[155] before noon, and at 6 a.m. next working day[156] if notice given

---

*   indicate alternative (a) or (b) as agreed, in Box 16.

144.   *the cargo shall be loaded*: el cargamento se cargará.
145.   *within the number of running hours*: en el número de horas corridas [en un número máximo de horas corridas].
146.   *as indicated*: según lo indicado/estipulado.
147.   *box*: apartado.
148.   *weather permitting*: si el tiempo lo permite [si el tiempo no lo impide; salvo mal tiempo].
149.   *Sundays and holidays excepted*: a excepción de domingos y festivos.
150.   *unless used*: a menos que se usen.
151.   *in which event*: en cuyo caso.
152.   *total laytime for loading and discharging*: tiempo de plancha reversible.
153.   *commencement*: inicio.
154.   *commence*: empezará a contar.
155.   *is given*: se entrega.
156.   *working day*: día de trabajo.

during office hours after noon. Notice[157] at loading port to be given[158] to the Shippers[159] named in Box 17.

Time actually used[160] before commencement of laytime shall count. Time lost in waiting for berth[161] to count[162] as loading or discharging time, as the case may be.[163]

DEMURRAGE

Ten running days[164] on demurrage at the rate[165] stated in Box 18 per day or pro rata[166] for any part of a day, payable day by day,[167] to be allowed[168] Merchants[169] altogether[170] at ports of loading and discharging.

LIEN CLAUSE[171]

Owners shall have a lien on[172] the cargo for freight,[173] dead-freight,[174] demurrages[175] and damages for detention.[176] Charterers shall remain responsible[177] for dead-freight and demurrage (including damages for detention), incurred[178] at port of loading. Charterers shall also remain responsible for freight and demurrage (including damages for detention) incurred[179] at port of discharge, but only to such extent as the Owners have been unable to obtain payment[180] thereof[181] by exercising[182] the lien on the cargo.[183]

---

157. *notice*: carta de aviso/alistamiento.
158. *to be given*: será entregada.
159. *shippers*: cargadores.
160. *time actually used*: el tiempo que realmente se emplee.
161. *in waiting for berth*: en espera de atraque.
162. *to count*: contará.
163. *as the case may be*: según el caso.
164. *ten running days*: diez días de trabajo [corridos, seguidos].
165. *at the rate*: a razón de la cantidad indicada.
166. *pro rata*: fracción [prorrata].
167. *payable day by day*: pagaderos día a día.
168. *to be allowed*: se concederán.
169. *merchants*: a los cargadores [y/o receptores].
170. *altogether*: conjuntamente.
171. *lien clause*: cláusula de retención.
172. *shall have a lien*: tendrán derecho a retener.
173. *freight*: flete.
174. *dead-freight*: flete sobre el vacío.
175. *demurrages*: demoras.
176. *damages for detention*: perjuicios por detenciones.
177. *shall remain responsible*: serán responsables.
178. *incurred*: que pueda haber.
179. *incurred*: que se hayan originado.
180. *obtain payment*: cobrar.
181. *only to such extent as the owners have been unable to obtain payment thereof*: sólo hasta la cantidad que los armadores no hayan podido cobrar.
182. *by exercising*: ejerciendo.
183. *the lien on the cargo*: el derecho de retención del cargamento.

XIV. EL DERECHO MARÍTIMO

1. Introducción

Como dijimos en el punto 2 del capítulo dos, dentro del *Queen's Bench Division* existe un tribunal especializado en procesos vinculados al mundo marítimo (*the maritime community*), que es, sin duda alguna, fuente de no pocas demandas: el Tribunal del Almirantazgo o de Derecho Marítimo (*Admiralty Court*).[1]

La jurisdicción del Tribunal del Almirantazgo o de Derecho Marítimo abarca las acciones o demandas civiles (*civil actions*) relativas a los buques y el mar y, por supuesto, al transporte marítimo, entre las que destacan el abordaje (*collision*), los daños a las mercancías (*damage to cargo*), las presas o botines (*prizes*) y los salvamentos (*salvage*), que, en conjunto, son muy numerosas. Dada su complejidad, con frecuencia forman parte del *Admiralty Court* asesores (*assessors*) especializados. Estas acciones suelen ser «reales» o *in rem* (*actions in rem*), y mediante las resoluciones de los jueces se pueden retener (*hold*) o «secuestrar» los bienes, normalmente el barco, causantes del proceso. La retención o «secuestro» se puede levantar o suspender si sus propietarios depositan una fianza (*give security*) que permita la puesta en libertad (*release*), cantidad que es necesaria para hacer frente al fallo judicial (*satisfy the judgment*).

En el *Admiralty Court* y, en general, en el derecho marítimo, la palabra *salvage* tiene dos significados: *a*) el de «servicio» de salvamento o salvamento propiamente dicho, y *b*) el de «premio» de salvamento.[2] El

---

1.   Hasta el año 1971 el *Admiralty Court* formaba parte de la División del Tribunal Superior de Justicia (*The High Court of Justice*) llamada *Probate, Divorce and Admiralty Court*. A partir de ese año, el *Probate* pasó a la *Chancery Division*, el *Divorce* a la *Family Division* y el *Admiralty Court* a la *Queen's Bench Division*.

2.   *Salvage*, como se indica en la pág. 75, pertenece a un grupo de palabras de origen francés, acabadas en *-age*, que aluden tanto al servicio —y, en su caso, al daño o la pérdida—, etc., como a los correspondientes derechos, indemnización, premio, recompensa, contribución, etc.: *salvage* (salvamento; derechos de salvamento), *average* (avería; contribución proporcional al daño causado por la avería), *towage* (remolque; derechos por remolque), *pilotage* (practicaje; derechos de practicaje), *demurrage* (estadía, demora; penalización/gastos por estadía/demora), *anchorage* (fondeadero; derechos de anclaje; derechos que se pagan por fondear), *damage/damages* (daños y perjuicios; indemnización por daños y perjuicios; esta última acepción suele ir en plural).

primero, que se usa principalmente en el mundo del seguro (*in insurance*), normalmente se refiere a los bienes (*the property*) salvados (*saved*) o rescatados (*rescued*) de un buque naufragado (*a wrecked vessel*); el segundo, el de premio de salvamento,[3] se emplea en el Derecho Mercantil (*the law merchant*) y, sobre todo, en el Tribunal del Almirantazgo o de Derecho Marítimo (*Admiralty Court*); no obstante, los dos significados se utilizan en muchísimos contextos. El premio de salvamento es la indemnización o recompensa (*compensation*) a la que tienen derecho las personas que, de forma voluntaria (*voluntarily*), y sin estar ligadas (*bound*) por contrato alguno (*under any contract*) u obligación (*duty*) al buque que se encuentra en peligro (*the vessel in distress*), colaboran en su salvamento o en el de su mercancía o cargamento (*cargo*).

Normalmente, se puede solicitar el premio de salvamento (*salvage is claimable*) cuando hay riesgo (*risk*) y penalidad (*exertion*) para los salvadores (*salvors*) y, sobre todo, cuando éstos se exponen al peligro (*expose themselves to peril*). De esta forma, la ayuda normal (*ordinary assistance*) prestada por un remolcador (*rendered by a tug*) a un buque (*a steamer*) no da lugar a reclamar premio de salvamento (*no salvage can be claimed*). Pero si este servicio de remolque (*towage*) lo presta un barco a otro, sí se puede hablar de premio de salvamento. Entre las tareas que pueden considerarse como servicio de salvamento destacan las siguientes: 1) llevar a puerto buques abandonados (*bringing derelict ships into port*) o las mercancías que éstos transportaban; 2) sacar a flote un buque hundido (*raising a sunken ship*); 3) poner a salvo un buque naufragado (*securing wreck*); 4) trasladar un buque (*removing a ship*) a lugar seguro (*a place of safety*); 5) proteger la carga de un buque encallado (*a stranded ship*) transbordándola (*transshipping*) a otro; 6) facilitar (*supply*) la marinería (*mariners*) al barco cuya tripulación (*crew*) no es capaz de gobernarlo (*manage the ship*); 7) proporcionar (*furnish*) ancla y cadena (*anchor and chain*) en tiempo borrascoso (*in boisterous weather*) al barco que perdió la suya; 8) librar (*rescuing*) a un buque del peligro de abordaje inminente (*impending collision*); 9) ayudar (*assisting*) en la extinción de un incendio declarado a bordo de un barco (*a fire on board a ship*) y, en general, los servicios de la naturaleza que sean (*services of any kind*) prestados (*rendered*) al buque que se encuentra en peligro (*in danger*).

La incoación de las demandas ante el Tribunal del Almirantazgo (*Admiralty Court*) se efectúa, según las normas procesales (*rules*) de la sección 75 (*Order 75*) de las Normas Procesales del Tribunal Supremo (*Rules of the Supreme Court*) contenidas en el Libro Blanco (*White Book*),[4] con la presentación de impresos especiales (*special forms of writ*), de

---

3. También llamado *salvage reward*.
4. Véase el punto 2 del capítulo cuatro sobre «las normas procesales en los tribunales civiles».

acuerdo con el tipo de litigio y las pretensiones (*claims*) exigidas: «premio de salvamento» (*salvage reward*), «indemnización de daños y perjuicios por abordaje» (*collision damages*), etc.[5] Y los trámites no son siempre los mismos; por ejemplo, en los procedimientos por abordaje (*collision proceedings*),[6] al notificar (*serve*)[7] la demanda con el correspondiente impreso (*form of writ*), cada una de las partes presentará en sobres lacrados (*sealed*), que no se abrirán hasta la fase interlocutoria (*interlocutory proceedings*),[8] una declaración detallada de los hechos materiales (*material facts*), tales como la situación meteorológica del tiempo (*the state of the weather*), el rumbo al que se gobernaba (*the course steered*), la velocidad de los buques (*the speed of the ships*), las luces de los mismos (*the lights of the ships*), los cambios de rumbo (*the alterations in course*), las demoras o ángulos relativos de los buques (*the angles of the ships*) en el momento del abordaje (*at the moment of contact*) y las señales sonoras dadas y oídas (*sound signals given and heard*).

El **texto** que sigue examina la resolución del Tribunal del Almirantazgo mediante la que se desestima el recurso (*dismiss an appeal*) presentado por la empresa que prestó el servicio de salvamento (*salvors*), y se confirma el laudo del árbitro de apelación (*appeal arbitrator*) contra el laudo del primer árbitro (*original arbitrator*).

El **documento** trata de las obligaciones y responsabilidades contractuales en situaciones difíciles o de peligro contenidas en las cláusulas 15 a 17 de un conocimiento de embarque (*bill of lading*).

2.   **Texto:**[9] Rachel Davies (Barrister): "Shipowners not Responsible for Cargo Salvage Reward."[10] *FT Law Reports*.[11] *Financial Times*. (January 12, 1990.)

---

5.   Walker and Walker (1985): *The English Legal System*. Londres: Butterworths, pág. 371.

6.   El término «colisión» también se emplea para traducir la palabra *collision* cuando es «contra un muelle, un pantalán», etc.

7.   Véase el punto 3 del capítulo cuatro sobre la incoación de las demandas, en especial sobre el requisito de notificación (*service*).

8.   Véase el punto 5 del capítulo cuatro.

9.   En las notas a pie de página se proponen, entre corchetes, otras opciones de traducción, que pueden ser tan válidas como la primera; entre paréntesis se dan aclaraciones. Los verbos aparecen normalmente en infinitivo. Si se ofrece un tiempo verbal, éste sólo tiene carácter aproximativo y es, por tanto, susceptible de modificación, de acuerdo con la perspectiva temporal adoptada por el traductor. Por ejemplo, en español el llamado «presente histórico» será a veces más conveniente que los tiempos pasados del texto original inglés.

10.   Los armadores no son responsables de la parte del premio de salvamento que les corresponde pagar a los dueños del cargamento.

11.   Véase la nota 10 del capítulo seis sobre la organización de los «Repertorios de Jurisprudencia del *Financial Times*».

THE M-VATAN.[12] Queen's Bench Division (Admiralty Court). Mr Justice Sheen.

SALVAGE OF ship and cargo is rewarded on a pro rata basis,[13] shipowners and cargo-owners each paying in proportion to the value of their salved property;[14] and the shipowner cannot be made liable for[15] more than his pro rata share[16] on the ground of[17] poor prospect of payment[18] by cargo-owners.[19]

Mr Justice Sheen so held[20] when dismissing an appeal by salvors,[21] Selco Salvage Ltd from the decision of an appeal arbitrator,[22] Mr Gerald Darling QC,[23] that[24] owners of the ship M Vatan, were liable pro rata for salvage to the ship[25] and not for any additional sum.[26]

HIS LORDSHIP said that M-Vatan was an ultra-large crude carrier[27] 370 metres in length[28] and 64 metres in beam.[29] She was probably the largest ship ever salved.

In July 1985 she was on charter[30] to the National Iranian Tanker Co, engaged on a shuttle service[31] between the oil loading terminal[32] at Kharg Island and Sirri Island.

On July 9 she was struck by a missile which caused a fire.[33]

The ship was almost fully laden with crude oil[34] owned by the National Iranian Oil Co (NIOC).

---

12. El nombre de los procesos es normalmente el de los litigantes separados por *v*. Sin embargo, en los pleitos del *Admiralty Court*, como suelen ser «acciones in *rem* o reales» (*actions in rem*), sólo se utiliza el nombre del barco.

13. *salvage of ship and cargo is rewarded on a pro rata basis*: el pago del premio de salvamento se efectúa a prorrateo [de acuerdo con las reglas del prorrateo].

14. *shipowners and cargo-owners each paying in proportion to the value of their salved property*: abonando los armadores y los dueños del cargamento la parte proporcional del valor de los bienes respectivos salvados.

15. *and the shipowner cannot be made liable for*: al armador no se le puede responsabilizar de (exigir).

16. *more than his pro rata share*: cantidad superior a la que le corresponde por prorrata.

17. *on the ground of*: basándose en, alegando.

18. *poor prospect of payment*: escasa probabilidad de pago.

19. *cargo-owners*: propietarios de la carga.

20. *Mr Justice Sheen so held*: así lo consideró [entendió] el magistrado Sheen.

21. *when dismissing an appeal by salvors*: al desestimar el recurso interpuesto por la empresa que había llevado a cabo el salvamento.

22. *from the decision of an appeal arbitrator*: contra la resolución del árbitro de apelación.

23. Véase el capítulo dieciocho sobre los *Queen's Counsel* o *QC*.

24. *that*: en la que declaraba.

25. *were liable pro rata for salvage to the ship*: eran responsables de la parte proporcional del premio de salvamento.

26. *any additional sum*: cantidad suplementaria.

27. *ultra-large crude carrier*: superpetrolero.

28. *in length*: de eslora.

29. *in beam*: de manga.

30. *on charter*: fletado a/por.

31. *engaged on a shuttle service*: destinado a operaciones [prestar servicios] de transbordador.

32. *the oil loading terminal*: la terminal (de carga) de crudo.

33. *was struck by a missile which caused a fire*: fue alcanzado por un misil, que produjo un incendio.

34. *was almost fully laden with crude oil*: estaba cargado casi por completo de crudo.

The explosion blew a large hole in the ship's side.[35] Burning oil flowed out of the ship.[36]

The salvors' tug,[37] Salveritas, was at anchor[38] about 48 miles from the casualty.[39] By agreement with the ship's master[40] the salvors were engaged on "LOF" terms, the standard form of salvage agreement[41] published by the Committee of Lloyd's. Under his signature[42] the master[43] noted[44] "cargo owners are not authorising us to give instructions regarding cargo salvage".[45]

The services rendered involved fire-fighting and 200 miles towage to anchorage off Sirri Island.[46]

In salving the ship the salvors salved most of the cargo.[47] The NIOC was well aware of the salvors' right to remuneration for services.[48] Whether and on what terms it would honour its obligation was still to be resolved.[49]

If LOF had been signed by the master on behalf of cargo-owners the salvors would have had a lien[50] on the cargo until security for their claim had been given.[51] The salvors could have refused to render any salvage services until terms were agreed with NIOC.[52]

But the salvors were content to render salvage services[53] to ship and cargo on terms[54] that only their claim against the ship-owners would be on LOF.[55] Thus the original arbitrator only assessed[56] remuneration in respect of services to the ship.[57]

---

35. *blew a large hole in the ship's side*: abrió un gran boquete en uno de los costados del buque.
36. *burning oil flowed out of the ship*: el buque empezó a verter [derramar] petróleo en llamas.
37. *tug*: remolcador.
38. *at anchor*: anclado.
39. *casualty*: siniestro.
40. *ship's master*: capitán del barco.
41. *standard form of salvage agreement*: modalidad estándar de salvamento.
42. *under his signature*: con su firma.
43. *master*: capitán.
44. *noted*: hizo constar.
45. *regarding cargo salvage*: respecto del (premio de) salvamento de la carga.
46. *the services rendered involved fire-fighting and 200 miles towage to anchorage off Sirri Island*: los servicios prestados comprendían la extinción del incendio y el remolque hasta el fondeadero de Sirri Island.
47. *in salving the ship the salvors salved most of the cargo*: al salvar el buque, la empresa que llevó a cabo el salvamento salvó la mayor parte de la carga.
48. *salvors' right to remuneration for services*: el derecho de la empresa que llevó a cabo el salvamento a recibir la retribución correspondiente a los servicios prestados.
49. *whether and on what terms it would honour its obligation was still to be resolved*: quedaba por resolver si cumplirían con sus obligaciones y de qué forma.
50. *lien*: derecho de retención.
51. *until security for their claim had been given*: hasta que se hubiera entregado una fianza por su reclamación.
52. *salvors could have refused to render any salvage services until terms were agreed with NIOC*: la empresa de salvamento podría haberse negado a prestar los servicios de salvamento hasta que hubiera acordado las condiciones con NIOC.
53. *the salvors were content to render salvage services*: a la empresa que llevó a cabo el salvamento le pareció bien prestar servicios de salvamento.
54. *on terms*: sabiendo, conscientes de que, en las condiciones.
55. *that only their claim against the ship-owners would be on LOF*: que las reclamaciones que harían a los armadores se basarían en la fórmula LOF.
56. *assess*: valorar [tasar].
57. *in respect of services to the ship*: respecto de los servicios prestados al barco.

It was well-established law[58] that only the owners of property salved were chargeable[59] with the salvage reward.[60] Ship-owners were not liable to pay for the salving of cargo. Cargo-owners were not liable to pay for the salving of the ship.

The principle, called the "pro rata rule",[61] was based on considerations of public policy [62] The individual owner of each part of the salved property was liable to pay that proportion of the total salvage reward[63] which the value of his property bore to the total value of all the property salved.[64]

The original arbitrator correctly approached his task[65] by deciding the amount which it would have been appropriate to award the salvors if he had been making an award against shipowners and cargo owners.[66] A fair reward[67] on the basis that[68] the value of the salved property was $77.29m would have been $4.75m.

On a pro rata basis[69] the shipowners' liability would have been $221,350. The original arbitrator awarded[70] $850,000.

The effect was[71] that the owners of Vatan were called on to pay[72] not only the amount for which they were liable, but also an additional sum[73] which, on general principles,[74] was part of the NIOC's liability.

The appeal arbitrator held[75] that the original arbitrator erred in principle[76] in departing from the long established pro rata rule.[77] He decided the salvage reward for salving ship and cargo should have been $7.7m and that the shipowners were liable to pay 4.66 per cent amounting to[78] $350,000.

58. *it was well-established law*: es un principio jurídico bien asentado.

59. *chargeable*: imputable, sujeto, obligado.

60. *that only the owners of property salved were chargeable with the salvage reward*: que sólo a los dueños de los bienes salvados se les puede imputar el pago del premio de salvamento.

61. *"pro rata rule"*: norma del prorrateo [regla de la prorrata].

62. *on considerations of public policy*: en criterios de interés público.

63. *the individual owner of each part of the salved property was liable to pay that proportion of the total salvage*: cada uno de los propietarios era responsable del pago de la parte proporcional del premio de salvamento.

64. *which the value of his property bore to the total value of all the property salved*: teniendo en cuenta la proporción existente entre el valor de los bienes salvados a cada parte y el valor global de todo lo salvado.

65. *the original arbitrator correctly approached his task*: el primer árbitro enfocó su trabajo [tarea, abor] de forma correcta.

66. *by deciding the amount which it would have been appropriate to award the salvors if he had been making an award against shipowners and cargo owners*: al decidir el importe del premio que debería haber recibido la empresa de salvamento si su laudo hubiera sido contrario a los armadores y los propietarios.

67. *fair reward*: un premio justo.

68. *on the basis that*: teniendo en cuenta que.

69. *on a pro rata basis*: en régimen de prorrateo.

70. *awarded*: en su fallo dictó.

71. *the effect was*: el resultado fue.

72. *were called on to pay*: se les requirió el pago.

73. *additional sum*: una cantidad suplementaria.

74. *on general principles*: en términos generales.

75. *appeal arbitrator held*: el árbitro de apelación afirmó.

76. *erred in principle*: erró de partida.

77. *in departing from the long established Pro rata rule*: al alejarse [desviarse] de la norma de prorrateo [regla de la prorrata] aceptada desde siempre.

78. *amounting*: por un importe de.

The salvors now[79] moved[80] to set aside the award of the appeal arbitrator.[81]

In his reasons the original arbitrator[82] said that where an arbitrator was called on to make an award only against a shipowner who had entered into a written agreement, he must make it solely on the basis of the shipowner's salved property;[83] but, he said, fairness and equity demanded[84] that account should be taken of the possibility of remuneration being obtained from the cargo-owners.[85]

He found[86] that the prospects of obtaining anything like NIOC's proportion of what he had held to be a fair base figure were distinctly poor.[87]

He said: "In this exceptional case the proper approach[88] is to make my award against the shipowners[89] on the basis of their salved fund... not on a 'pro rata' basis,[90] but taking into account of the possibility of some recovery from cargo owners."[91]

The fact that the salvors had not yet recovered a salvage reward[92] from cargo-owners could not be a good reason for ordering shipowners to pay $500,000 more than their pro rata share of the proper reward.[93]

In holding the balance between salvors and shipowners[94] it could not be fair to both parties to impose on the shipowners[95] the burden of making good part of the remuneration due from the NIOC.[96]

---

79. *now*: ahora, en esta demanda, en el proceso que ahora nos ocupa.

80. *move*: tomar la iniciativa.

81. *set aside the award of the appeal arbitrator*: anular el laudo del árbitro de apelación.

82. *in his reasons the original arbitrator said*: en su razonamiento el primer árbitro afirmó.

83. *solely on the basis of the shipowner's salved property*: basándose exclusivamente en los bienes salvados al armador.

84. *fairness and equity demanded*: la justicia y la equidad exigían.

85. *that account should be taken of the possibility of remuneration being obtained from the cargo-owners*: que se tomara en cuenta la posibilidad de que también contribuyeran los propietarios de la carga.

86. *find*: apreciar.

87. *he found that prospects of obtaining anything like NIOC's proportion of what he had held to be a fair base figure were distinctly poor*: apreció que eran escasas las probabilidades de recibir de NIOC la parte proporcional, o cifra similar, de lo que en su opinión constituía el importe básico justo.

88. *proper approach*: el enfoque correcto.

89. *make my award against the shipowners*: dictar un laudo contra los armadores.

90. *on the basis of their salved fund... not on a 'pro rata' basis*: basándose en sus bienes salvados... no a prorrateo.

91. *but taking into account of the possibility of some recovery from cargo owners*: aunque teniendo en cuenta la posibilidad de algún resarcimiento de parte de los dueños de la carga.

92. *recover a salvage reward*: obtener [cobrar] el premio de salvamento.

93. *the fact that the salvors had not yet recovered a salvage reward from cargo-owners could not be a good reason for ordering shipowners to pay $500,000 more than their pro rata share of the proper reward*: el que la empresa de salvamento no haya recibido el premio de los dueños de la carga no es motivo para exigir a los armadores el pago de 500.000 dólares más de lo que les corresponde en la prorrata del premio.

94. *in holding the balance between salvors and shipowners*: a la hora de establecer el balance entre los salvadores y los armadores.

95. *it could not be fair to both parties to impose on the shipowners*: no se haría justicia a las dos partes si se impusiera a los armadores.

96. *the burden of making good part of the remuneration due from the NIOC*: la responsabilidad (exclusiva) de correr con la indemnización que debía pagar la NIOC.

Mr Brice for[97] the salvors submitted[98] that the circumstances were abnormal, and to follow the normal rule was unfair.[99]

Why was it fair to penalise shipowners because salvors entered into an improvident bargain[100] or because cargo-owners were so unscrupulous[101] that they had not yet paid for services rendered to their property? Mr Brice was unable to enunciate[102] any principle which justified departure[103] from the pro rata rule.[104]

There was a departure from the general rule in[105] *the Velox (1906) P 263* where awards were made not pro rata, but on the basis of the real danger from which the different properties were rescued.[106] The ship was said to be rescued from the danger of floating about,[107] whereas the cargo was rescued from the danger of floating about until it became rotten and valueless.[108]

That decision had not been overruled expressly,[109] but it had been much criticised. It opened up avenues[110] to intricate litigation[111] and problems of great nicety[112] which should be avoided as a matter of public policy.[113] Its only relevance[114] to the present case[115] was that, if correctly decided,[116] it showed there could be an exception to the general rule. It seemed preferable as a matter of public policy[117] that exposure to different dangers should not give rise to an exception.

Public policy required a court to reward salvors generously to encourage them to render assistance to ships and their cargoes in peril.[118]

For true professional salvors the need to treat them generously was of special importance because they invested capital[119] in providing powerful salvage vessels[120]

97.   *for*: en representación de.
98.   *submit*: alegar.
99.   *follow the normal rule was unfair*: seguir la regla normal era injusto.
100. *entered into an improvident bargain*: formalizar un trato poco previsor.
101. *were so unscrupulous*: tenían tan pocos escrúpulos.
102. *was unable to enunciate*: fue incapaz de enunciar.
103. *departure*: alejamiento [desviación].
104. *pro rata rule*: norma de prorrateo.
105. *the general rule in*: la norma general contenida en [el fallo contenido en el proceso].
106.   *on the basis of the real danger from which the different properties were rescued*: de acuerdo con el peligro del que habían [rescatado] librado a los distintos bienes.
107. *floating about*: de ir a la deriva.
108. *until it became rotten and valueless*: hasta que se pudriera y perdiera todo su valor.
109. *overrule expressly*: anular de forma expresa. (El verbo *overrule* se aplica normalmente en las anulaciones de «precedentes».)
110. *it opened up avenues*: abría [suscitaba] nuevas vías.
111. *intricate litigation*: litigios intrincados.
112. *nicety*: precisión [sutileza, refinamiento, esmero].
113. *as a matter of public policy*: por criterios de interés público.
114. *relevance*: pertinencia.
115. *to the present case*: con el proceso actual.
116. *if correctly decided*: si la resolución se hubiera adoptado de una forma correcta.
117. *it seemed preferable as a matter of public policy*: parecía preferible por criterios de interés público.
118.   *public policy required a court to reward salvors generously to encourage them to render assistance to ships and their cargoes in peril*: el interés público exige que los tribunales, en sus sentencias, concedan a los salvadores premios generosos, con el fin de estimularles a prestar ayuda a los barcos y las mercancías que se encuentren en peligro.
119. *invest capital*: invertir capital.
120. *powerful salvage vessels*: potentes buques de salvamento.

which could only earn their bread and butter[121] when the occasion to render salvage services arose.[122]

There was no principle of equity which entitled[123] a court to order owners of salved property to pay more than their liability calculated pro rata,[124] merely because salvors appeared to be having difficulty in recovering a salvage reward[125] from owners of other salved property.

The award of the appeal arbitrator[126] was correct in law. The motion was dismissed.

Courts of all developed nations recognised the justice of and gave effect to the principle[127] that salvors were entitled to be rewarded for services which preserved property in peril at sea.

The problem in the present case arose because the NIOC had as yet[128] failed to reward[129] the salvors for salving nearly 400,000 tonnes of crude oil worth $73.35m.

The court could do no more than express its surprise and deplore[130] the fact that a company, which appeared from its name to reflect the honour of the state,[131] should do business[132] in a manner so lacking in principle, honour and justice.[133]

Even now it was not too late for the NIOC to discharge honourably its obligations[134] and thereby avert a stigma[135] which would not only blacken its reputation[136] in the maritime community, but would also be likely to make professional salvors reluctant[137] to come to its assistance[138] on the next occasion when its oil threatened the marine environment.[139]

121. *earn their bread and butter*: ganarse la vida.
122. *when the occasion to render salvage services arose*: cuando surgiera la ocasión de prestar un servicio de salvamento.
123. *entitle*: dar derecho a.
124. *more than their liability calculated pro rata*: por encima de la responsabilidad que le corresponde en el prorrateo.
125. *merely because salvors appeared to be having difficulty in recovering a salvage reward*: simplemente porque, al parecer, la empresa que efectuó el salvamento tenía dificultades para cobrar el premio de salvamento.
126. *award of the appeal arbitrator*: laudo del juez de apelación.
127. *courts of all developed nations recognised the justice of and gave effect to the principle*: los tribunales de todos los países desarrollados reconocen y ponen en práctica [dan efectividad a] el principio.
128. *as yet*: hasta el momento.
129. *failed to reward*: no habían pagado el premio.
130. *The court could do no more than express its surprise and deplore*: lo más que pudo hacer el tribunal fue mostrar su sorpresa y deplorar.
131. *which appeared from its name to reflect the honour of the state*: que, por su nombre, debería, al parecer, ser reflejo del honor de su nación.
132. *the fact that a company... should do business*: el hecho de que una sociedad... ejerciera sus transacciones comerciales.
133. *in a manner so lacking in principle, honour and justice*: de un modo tan falto de principios, honor y justicia.
134. *discharge honourably its obligations*: cumplir de forma honorable con sus obligaciones.
135. *avert a stigma*: apartar el estigma.
136. *blacken its reputation*: desacreditara su reputación.
137. *make professional salvors reluctant*: prevenir a los profesionales del salvamento.
138. *come to its assistance*: acudir en su auxilio.
139. *marine environment*: medio ambiente marino.

For the salvors: Geoffrey Brice QC and Vasanti Selvaratnam (Elbone Mitchell).

For the shipowners: David Steel QC and Jeremy Russell (Clyde Co, Guildford).

3. **Documento**: Cláusulas 15 a 17 de un conocimiento de embarque (*bill of lading*),[140] referidas a las obligaciones y responsabilidades contractuales en situaciones difíciles o de peligro.

15. DANGEROUS GOODS:[141]

(a) When the Merchant[142] delivers[143] goods of a dangerous nature to the Carrier, he shall inform him in writing[144] of the exact nature of the danger and indicate, if necessary, the precautions to be taken.[145] Such goods shall be distinctly[146] marked on the outside so as to indicate the nature thereof[147] and so as to comply with[148] any applicable[149] regulations[150] or requirements.[151]

(b) The Merchant shall be solely liable[152] and shall indemnify the Carrier and any other party[153] or legal body[154] for all expenses, loss or damage caused to the vessel, to a cargo, whether on board or ashore,[155] to the Carrier and to any other(s) as a result of his failure to comply with[156] the terms set forth[157] in paragraph (a) of this Clause.

(c) When the expressions "dangerous goods" or "goods of dangerous nature" appear in this Bill of Lading these expressions shall include explosives or other dangerous articles or substances and combustible liquids as defined[158] in the INTERNATIONAL MARITIME DANGEROUS GOODS CODE by the INTERGOVERNMENT MARITIME ORGANIZATION (IMO) and in Title 46 of the U.S.A. Code of FEDERAL REGULATIONS both as amended from time to

---

140. *bill of lading*: conocimiento de embarque.
141. *dangerous goods*: mercancías peligrosas.
142. *merchant*: comerciante. (En el contexto del transporte marítimo equivale a «cargador».)
143. *deliver*: entregar.
144. *in writing*: por escrito.
145. *to be taken*: que han de tomarse.
146. *distinctly*: claramente.
147. *thereof*: de ellas.
148. *comply with*: ajustar a.
149. *applicable*: que sea de aplicación.
150. *regulation*: disposición.
151. *requirements*: exigencia.
152. *the merchant shall be solely liable*: el cargador será el único responsable.
153. *party*: parte interesada.
154. *legal body*: persona jurídica.
155. *whether on board or ashore*: ya se encuentre a bordo o en tierra.
156. *failure to comply with*: incumplimiento.
157. *terms set forth*: términos expuestos.
158. *as defined*: tal como vienen definidos.

time.[159] In the event that[160] IMO permits the Carrier to stow[161] dangerous goods or goods of a dangerous nature either on or under deck,[162] and the Carrier stows such goods on deck, such on-deck stowage will be at the Merchant's risk and liability.[163]

16. GOVERNMENT/CLASS/UNDERWRITERS' DIRECTIONS:[164] The Carrier and the Master shall have liberty[165] to comply with[166] any orders, directions or recommendations as to[167] loading, departure, routes, ports of call,[168] stoppages,[169] destination,[170] arrival, discharge, delivery or in any other wise whatsoever[171] given by any Government or Authority or any person or body[172] acting or purporting to act[173] with the authority[174] of such Government or Authority[175] or by any committee or person having, under the terms of[176] the insurance of the vessel, the right to give any orders, directions or recommendations.

17. OPTIONS OF THE CARRIER:[177] Should it appear at any time[178] that the performance[179] or continued performance[180] of the transport would or is likely to expose[181] the vessel, her crew or any goods on board to the risk of capture,[182] seizure,[183] detention,[184] damage, delay, hindrance,[185] difficulty or disadvantage of whatever kind[186] or that the vessel is or is likely to be prevented[187] from reaching or

159. *both as amended from time to time*: de acuerdo con las variaciones periódicas que ambos sufren.
160. *in the event that*: en caso de, en el supuesto.
161. *stow*: estibar.
162. *on or under deck*: sobre cubierta o bajo ella.
163. *at the merchant's risk and liability*: a riesgo del cargador y bajo su responsabilidad.
164. *government/class/underwriters' directions*: instrucciones de gobiernos, sociedades clasificadoras y aseguradores.
165. *shall have liberty*: tendrán facultad/libertad.
166. *comply with*: obedecer, seguir.
167. *as to*: en lo que se refiere a.
168. *ports of call*: puertos de escala.
169. *stoppages*: paradas.
170. *destination*: destinos.
171. *in any other wise whatsoever*: en cualquier otro sentido.
172. *body*: institución, persona jurídica.
173. *acting or purporting to act*: que actúe o diga actuar.
174. *authority*: autorización.
175. *authority*: organismo público.
176. *under the terms of*: de acuerdo con las condiciones.
177. *options of the carrier:*: opciones del naviero.
178. *should it appear at any time*: si se sospechase [pareciese] en cualquier momento.
179. *performance*: realización.
180. *continued performance*: continuación.
181. *would or is likely to expose*: fuera a exponer o fuera probable que expusiera.
182. *capture*: apresamiento.
183. *seizure*: retención.
184. *detention*: detención.
185. *hindrance*: impedimentos.
186. *of whatever kind*: de la naturaleza que fuera.
187. *that the vessel is or is likely to be prevented*: que se impidiera o que es probable que se le impida.

entering the port of loading or there[188] loading in the usual manner and leaving again or reaching or entering the port of destination or there discharging in the usual manner and leaving again, all of which safely[189] and without delay,[190] or should the Master, in his absolute discretion,[191] consider it[192] impossible, unsafe[193] or inconvenient to discharge the cargo, the subject of this Bill of Lading,[194] or any part thereof[195] at port of destination, all of which resulting from any cause whatsoever and in particular, but not exclusively, from any war,[196] warlike[197] operations, blockade, riots,[198] civil commotion or piracy, insufficient depth[199] of water, conditions of tide, weather conditions, epidemic, quarantine, ice, labour troubles,[200] labour obstructions, strikes, lockouts,[201] any of which[202] on board or on shore, congestion[203] in the port or at quays or berths, insufficiency of lighters,[204] actual and threatened[205] blockade, interdict,[206] impracticability of entering into the said port, and unfavourable conditions at the said[207] port, prior to[208] or upon or subsequent[209] to the vessel's arrival, the Carrier shall be entitled,[210] whether or not the events or state of affairs in questions existed or were anticipated at the time of entering into this contract,[211] if the carriage has not already commenced, to cancel this contract or, in any event,[212] to wait at or near the said port for such time as the Master, in his absolute discretion, may deem[213] reasonable until the discharge of the said cargo can be effected[214] there,

188. *or there*: o estando allí.

189. *all of which safely*: con seguridad [sin peligro].

190. *without delay*: sin retraso.

191. *in his absolute discretion*: a su juicio [dentro de su exclusivo margen de discrecionalidad; dentro de los márgenes de su apreciación; a su entera discrecionalidad; a su único y exclusivo criterio; a criterio exclusivo del capitán].

192. *consider it*: considera que es.

193. *unsafe*: no seguro.

194. *the subject of this Bill of Lading*: objeto de este conocimiento.

195. *thereof*: de la misma.

196. *all of which resulting from any cause whatsoever and in particular, but not exclusively, from any war*: siendo consecuencia de cualquier causa y, en particular, aunque no exclusivamente, de guerra.

197. *warlike*: bélico.

198. *riots*: tumultos.

199. *depth*: calado.

200. *labour troubles*: disturbios laborales.

201. *lockout*: cierre patronal.

202. *any of which*: ya sea.

203. *congestion*: congestión.

204. *insufficiency of lighters*: número insuficiente de barcazas.

205. *actual and threatened*: efectivo o amenaza.

206. *interdict*: prohibición.

207. *said*: mencionado.

208. *prior*: anteriores.

209. *subsequent*: posteriores.

210. *shall be entitled*: estará facultado.

211. *whether or not the events or state of affairs in question existed or were anticipated at the time of entering into this contract*: se hubieran producido o no los sucesos o el estado de cosas en el momento de la firma de este contrato o se hubieran previsto o no los mismos.

212. *in any event*: en cualquier caso.

213. *deem*: considerar.

214. *effect*: llevar a cabo.

or to discharge, tranship,[215] land[216] or deliver[217] the goods at any convenient port or place, including the port of loading, or to forward them[218] at the sole risk and expense[219] of the Merchant or otherwise[220] to deal with[221] the goods as the Carrier or the Master may think advisable[222] under[223] the particular circumstances.[224] The discharge of any cargo under the provisions[225] of this Clause shall be deemed[226] due fulfillment[227] of the contract and if in connection with the exercise of any liberty[228] under this Clause[229] any extra expenses[230] are incurred[231] they shall be paid[232] by the Merchant[233] in addition to[234] the freight together with return freight, if any,[235] and a reasonable compensation for any extra service rendered[236] to the goods.

215. *tranship*: transbordar.
216. *land*: descargar.
217. *deliver*: entregar.
218. *forward them*: expedirlas.
219. *at the sole risk and expense*: por cuenta y riesgo exclusivos.
220. *or otherwise*: o bien.
221. *deal with*: ocuparse [darle el trato].
222. *advisable*: aconsejable.
223. *under*: en.
224. *under the particular circumstances*: de que se trate, del caso.
225. *under the provisions*: según lo previsto.
226. *shall be deemed*: se considerará.
227. *due fulfillment*: debido cumplimiento.
228. *liberty*: libertad de actuación.
229. *under this clause*: prevista en esta cláusula.
230. *extra expenses*: gastos extraordinarios.
231. *are incurred*: se realizan.
232. *they shall be paid*: serán sufragados/abonados.
233. *merchant*: cargador.
234. *in addition to*: junto a, además de.
235. *if any*: si existiera.
236. *render*: prestar.

XV. EL TRIBUNAL DE ASUNTOS COMERCIALES. LOS SEGUROS

1. Introducción

Dentro de *The Queen's Bench Division of the High Court of Justice*, además del Tribunal del Almirantazgo (*The Admiralty Court*), citado en el capítulo anterior, existe otro, especializado en cuestiones mercantiles, el Tribunal de Asuntos Comerciales (*The Commercial Court*).[1] Está constituido por cinco jueces especialistas de Derecho Mercantil, nombrados por el Lord Canciller de entre los magistrados superiores (*puisné judges*) de *The Queen's Bench*, que posean experiencia en asuntos comerciales, y entiende de asuntos tales como los pleitos relacionados con el transporte (*transport*) y la navegación (*shipping*), el comercio de mercancías (*commodity trading*), los seguros (*insurance*), la banca (*banking*) y los instrumentos o efectos de comercio (*commercial papers/instruments*), los incumplimientos de contrato mercantiles (*breach of contract*), la interpretación (*construction*) de los documentos mercantiles, etc. Otros muchos procesos (*court's cases*) de este tribunal proceden de los recursos interpuestos contra laudos (*arbitration awards*) fallados en los juicios arbitrales (*arbitrations*).[2]

Muchos pleitos del Tribunal de lo Comercial proceden del mundo de los seguros. Una póliza de seguro (*an insurance policy*)[3] es un contrato mediante el cual (*whereby*) el asegurador (*insurer*) se compromete a (*agrees to*) indemnizar (*indemnify*) al asegurado (*the assured*) en el caso de que surgieran circunstancias especiales (*should a particular event occur*) especificadas en dicho documento, y, a cambio de esta promesa (*in return for this promise*), el asegurado acepta pagar (*agrees to pay*) una prima (*a premium*). La circunstancia especial suele ser el daño o la pérdida (*loss incurred*) de lo que constituye el objeto de la póliza (*subject-matter of the*

---

1. Véase el punto 2 del capítulo dos y el *Texto* del capítulo nueve.
2. Véase el capítulo trece.
3. G. C. A. Dickson *et al.* (1984): *Introduction to Insurance*. Londres: Pitman.

policy), que normalmente son bienes (mobiliarios, inmobiliarios, etc.), incluso hechos o acontecimientos que puedan producir (*may result in*) la pérdida de un derecho jurídico (*legal right*) o crear una responsabilidad jurídica (*legal liability*).

De esta forma, en una póliza de seguros contra incendios (*fire policy*) el objeto del seguro pueden ser los edificios, la maquinaria o los productos almacenados (*the stock*); en una póliza de seguros de responsabilidad civil (*liability policy*), es la responsabilidad jurídica que tiene toda persona de hacer frente a los daños y perjuicios causados (*a person's legal liability for injury or damage*); en un seguro de vida (*life assurance policy*),[4] el objeto es la vida que se asegura (*the life being assured*); en un seguro marítimo, el objeto puede ser el mismo buque, su mercancía (*cargo*) o la responsabilidad jurídica de los armadores (*the shipowners' legal liability*) frente a terceros (*to third parties*) por daños y perjuicios (*for injury or damage*); en una póliza por la suspensión de un espectáculo (*abandonment policy*), el objeto son las pérdidas causadas por la suspensión del mismo, etcétera.

Los nombres más corrientes de estos seguros son: seguros contra incendios y contra otros daños a la propiedad inmobiliaria (*fire and other damage to property*), seguros de responsabilidad civil o del empresario (*civil liability, the employer's liability*), seguros del automóvil (*motor insurance*), seguros de enfermedad y de accidentes (*health and accident insurance*), seguro a todo riesgo (*all risks insurance*), etc.

Las pólizas de seguros son contratos *uberrimae fidei*, es decir, contratos de total buena fe (*of the utmost good faith*), en el que las partes se obligan a revelar (*disclose*) todos los datos que sean pertinentes o de utilidad para el seguro. Por ejemplo, si se trata de un seguro de vida, un dato muy relevante es el historial médico del asegurado. La ocultación (*nondisclosure* o *concealment*) de datos o las declaraciones falsas (*misrepresentations*) las convierten en pólizas anulables (*make the policies voidable*).

Cuando el asegurado no desea continuar con el seguro, en determinadas modalidades de seguro de vida (*life assurance*), puede pedir su rescisión con el valor de rescate (*surrender value*) que corresponda a la póliza.

En lo que afecta al comercio internacional, los modelos de pólizas (*policy forms*) más corrientes son los utilizados por el mercado de seguros británico, tanto el que se refiere al casco del buque (*hull*) como a las mercancías (*cargo*). Entre las partes más importantes de una póliza de seguro marítimo destacan, además de las referidas al beneficiario y la duración de la misma, las siguientes:

---

4. La palabra *insurance* se aplica a los hechos o circunstancias que *podrían* ocurrir, mientras que *assurance* se aplica a los que más tarde o más temprano ocurrirán; de ahí que al seguro de vida se le llame *assurance policy*. De todas formas, las palabras *insurer* y *assurer* son, hasta cierto punto, intercambiables, así como *insured* y *assured*.

I. «La sección de los riesgos cubiertos» (*Risks Covered*), que comprende la cláusula de riesgos (*Risks Clause*), la cláusula de avería general (*General Average Clause*) y la cláusula de abordaje culpable bilateral (*"Both to Blame Collision" Clause*).

El término *average*,[5] además del significado general de «promedio» o «media aritmética», en el seguro marítimo significa la «pérdida, daño o gasto extraordinario surgidos durante el transporte marítimo» y también la «contribución proporcional a las citadas pérdidas o daños que deben aportar los dueños de la carga».[6] La cláusula de avería gruesa (*General Average Clause*) comprende los gastos (*charges*) contraídos (*incurred*) para evitar pérdidas (*avoid loss*) y fijados (*adjusted*) o determinados (*determined*) de acuerdo con el contrato de fletamento (*according to the contract of affreightment*) y/o las leyes y los usos vigentes (*and/or the governing law and practice*).[7] En el comercio marítimo, la cláusula de averías (*average clause*) normalmente remite (*refers to*) a las Normas de York y Amberes, como es el caso de la que sigue:

> General average[8] to be settled[9] according to York-Antwerp Rules, 1974, Proprietors of cargo[10] to pay the cargo's share[11] in the general expenses even if same[12] have been necessitated[13] through neglect[14] or default[15] of the Owner's servants.[16]

Entre las contingencias cubiertas en la cláusula de riesgos merecen destacarse las siguientes:

a) La pérdida o el daño (*loss of or damage to*) causados al objeto asegurado (*the subject-matter insured*), razonablemente imputables a (*reasonably attributable to*) incendio o explosión (*fire or explosion*); la encalladura, la varada, el hundimiento o el vuelco del buque o embarcación (*vessel or craft being stranded, grounded, sunk or capsized*); el vuelco

---

5. Este término procede de la palabra del francés medieval *averie*, que significa «daño». Véase la pág. 75 sobre los términos acabados en *-age*.

6. Véase la nota 3 de este capítulo sobre los términos acabados en *-age*.

7. El término *average* también se refiere a los incentivos que el capitán da discrecionalmente a ciertas personas que hagan trabajos de practicaje —*pilotage*— o de remolque —*towage*—, que luego serán compartidos proporcionalmente por los propietarios del cargamento. Como se ve, en esta acepción tampoco ha perdido la connotación de «proporción», que es propia del significado.

8. *general average*: avería gruesa.

9. *to be settled*: se liquidará.

10. *cargo*: cargamento.

11. *the cargo's share*: la participación [contribución] que al mismo le corresponda.

12. *same*: éstos.

13. *have been necessitated*: fueran ocasionadas.

14. *through neglect*: como consecuencia de negligencia.

15. *default*: falta.

16. *owner's servants*: empleados del armador.

(*overturning*) o descarrilamiento (*derailment*) del medio de transporte terrestre (*land conveyance*); la descarga de la mercancía en un puerto de refugio o arribada (*discharge of cargo at a port of refuge*),[17] etc.

b) La pérdida o el daño (*loss of or damage to*) causados al objeto asegurado (*the subject-matter insured*) debido a sacrificio por avería general (*general average sacrifice*) o a echazón (*jettison*).

II. «La sección de las exclusiones» (*exclusions*), también conocida con el nombre de cláusulas de excepciones (*exemption clauses*), sirve para restringir o limitar la responsabilidad (*liability*) de los aseguradores en determinados supuestos. En muchos casos suelen comenzar con las palabras *Free from* —exento de responsabilidad, que no cubre los riesgos de—, como en *Free from capture and seizure, FCS* —exento de la responsabilidad que surja por actos de piratería, etc.—. Esta cláusula exime de responsabilidad a los aseguradores por las pérdidas causadas por actos de piratería o similares. A veces va redactada como *Free of capture and seizure, strikes, riots and civil commotions* —exento de la responsabilidad emanada de las pérdidas o los daños causados por actos de piratería, huelgas, tumultos y desórdenes—; también recibe el nombre de «cláusula de huelgas, tumultos y desórdenes» (*strikes, riots and civil commotions clause*).

Además de las exclusiones citadas, son importantes, entre otras: 1) la cláusula de exclusiones generales (*General Exclusion Clause*); 2) la cláusula de exclusiones por innavegabilidad e incapacidad (*Unseaworthiness and Unfitness Clause*); 3) la cláusula sobre daños y gastos (*loss damage or expense*) imputables a una mala conducta intencionada por parte del asegurado (*attributable to wilful misconduct of the assured*).

En el mundo del mar no son escasos los pleitos por incumplimiento de contrato (*breach of contract*); algunos están relacionados con los tiempos de plancha (*laytime*) y las estadías (*demurrage*), como vimos en el texto del capítulo trece "Laytime Starts with Discharge of Ship's Cargo"; otros, como los de la industria pesquera (*fishing industry*), proceden de los seguros, ya que la pesca (*fishing*), como industria de alto riesgo (*high-risk industry*) suele tener problemas para encontrar aseguradores solventes (*reliable underwriters*) que estén dispuestos a contratar pólizas de seguros (*write business*).

No se puede hablar del tráfico marítimo y del mundo de los seguros sin mencionar la palabra *Lloyd's*. Este término responde hoy a dos instituciones vinculadas a los seguros y al transporte marítimo, aunque en su nacimiento fuera sólo una: el Registro de Buques de Lloyd (*Lloyd's Register of Shipping*) y la Corporación Lloyd's (*Corporation of Lloyd's*), también llamada *Lloyd's of London*. El Registro es una asociación sin ánimo de lucro[18] (*non profit association*), financiada con las tasas correspondientes a

17. También llamado *port of distress*.
18. *charitable*: benéfica. Véase nota 96.

los servicios de inspección (*surveys*) y clasificación (*classification*) de buques, cuyo fin es facilitar información clara, veraz e independiente sobre la calidad y estado de los barcos a los aseguradores y demás personas o entidades que la necesiten. Todos los años publica las «reglas/normas de Lloyd's» (*Lloyd's rules*), que son las de mayor prestigio sobre mantenimiento y conservación de buques.

La Corporación Lloyd's, también llamada el *Lloyd's of London*, es, en realidad, una asociación, o mercado internacional de seguros, formada por aseguradores (*underwriters*) y agentes de seguros (*insurance brokers*)[19] interesados en suscribir (*underwrite*) seguros de alto riesgo (*high-risk insurance*), tanto marítimos como de aviación (*aircraft*) o de automóviles (*motorcar*). Los clientes no tratan directamente (*do not deal directly with*) con los aseguradores; son los agentes de seguros los que hacen las propuestas de seguro a las compañías, que se formalizarán tras los estudios de primas (*premiums*) y riesgos efectuados por ésta.

Desde esta perspectiva de mercado o de asociación, el *Lloyd's* es en sí el organismo rector (*a governing body*) de una asociación, encargado de dictar normas para sus miembros y de asesorarles. Los miembros pueden trabajar individualmente (*singly*) o en grupos (*groups*) llamados «consorcios» (*syndicates*), los cuales están formados, a su vez, por «nombres» (*names*), es decir, por inversores.

El **texto** que sigue se refiere a una demanda presentada contra *Lloyd's* por el comprador de un buque reclamando daños y perjuicios (*seeking damages*) por la supuesta negligencia en la inspección y clasificación de éste, y el **documento** examina algunas cláusulas de una póliza de seguro de viajes.

2. **Texto:**[20] Rachel Davies (Barrister): "Lloyd's Owes no Duty to Ship Buyer."[21] *FT Law Reports.*[22] *Financial Times* (March 14, 1990).

THE MORNING WATCH. Queen's Bench Division (Commercial Court). Mr Justice Phillips.

---

19. Para un mejor conocimiento del origen del término *broker*, que no procede del verbo inglés *break*, véase Emilio Lorenzo (1993): "Broker", *ABC*, 18 de octubre de 1993, pág. 3.
20. En las notas a pie de página se proponen, entre corchetes, otras opciones de traducción, que pueden ser tan válidas como la primera; entre paréntesis se dan aclaraciones. Los verbos aparecen normalmente en infinitivo. Si se ofrece un tiempo verbal, éste sólo tiene carácter aproximativo y es, por tanto, susceptible de modificación, de acuerdo con la perspectiva temporal adoptada por el traductor. Por ejemplo, en español el llamado «presente histórico» será a veces más conveniente que los tiempos pasados del texto original inglés.
21. *Lloyd's Owes no Duty to Ship Buyer*: Lloyd's no contrae obligaciones [deber de cuidado] con el comprador de un buque. *Duty of care*: deber de cuidado [deber legal de prudencia; deber de diligencia, precaución y diligencia hacia los demás y sus bienes].
22. Véase la nota 10 del capítulo seis sobre la organización de los «Repertorios de Jurisprudencia del *Financial Times*» y la nota 12 de la pág. 214 sobre el nombre de los procesos.

THE BUYER of a Lloyd's-classified ship cannot claim damages for economic loss suffered[23] as a result of[24] his reliance on a routine survey carried out[25] on the vendor's instructions,[26] in that,[27] although reliance by potential purchasers was foreseeable by the surveyor,[28] the Lloyd's objects[29] concern safety[30] not protection[31] of purchasers and, in the absence of[32] factors giving rise to proximity of relationship,[33] it owes them no duty of care.

Mr Justice Phillips so held[34] when giving judgment for the defendant,[35] Lloyd's Register of Shipping,[36] on a claim by[37] Mariola Marine Corporation, buyer of the Morning Watch, for damages for negligent misstatement[38] by a Lloyd's surveyor.[39]

HIS LORDSHIP said that Morning Watch was a steel-hulled motor yacht built in 1962 according to Lloyd's Rules.[40]

She was regularly surveyed[41] and was classed 100A1.[42] The Rules required biennial surveys[43] with a special survey every four years.[44]

On October 1984 the owners' agents instructed[45] Lloyd's to carry out a special survey[46] before sale of the vessel. The survey was conducted in November.[47] An interim certificate was issued[48] recommending that she remained as classed[49] and be credited with passing special survey when certain repairs were carried out.[50]

---

23. *claim damages for economic loss suffered*: no puede exigir indemnización de daños y perjuicios por las pérdidas económicas soportadas.

24. *as a result of*: a consecuencia de.

25. *routine survey carried out*: (el informe de) una inspección de rutina efectuada.

26. *on the vendor's instructions*: a petición del vendedor [siguiendo instrucciones del vendedor].

27. *in that*: ya que, teniendo en cuenta que.

28. *although reliance by potential purchasers was foreseeable by the surveyor*: aunque era previsible por parte del inspector la confianza de los posibles compradores (en el dictamen dado por él).

29. *objects*: objeto social.

30. *concern safety*: atañen a la seguridad.

31. *protection*: garantía [salvaguardia].

32. *in the absence of*: en ausencia de.

33. *giving rise to proximity of relationship*: que den lugar a proximidad de causación. (Sobre el concepto de *proximate cause* véase el punto 6 del capítulo dos.)

34. *so held*: así lo consideró.

35. *when giving judgment for the defendant*: al dictar sentencia a favor del demandado.

36. *Lloyd's Register of Shipping*: Registro de Buques del Lloyd's.

37. *on a claim by*: en la demanda interpuesta por.

38. *for negligent misstatement*: información errónea dada por negligencia.

39. *surveyor*: inspector.

40. *according to Lloyd's Rules*: siguiendo las Normas del Lloyd's.

41. *she was regularly surveyed*: con regularidad [dentro de los plazos fijados] pasaba las inspecciones correspondientes.

42. *and was classed 100A1*: recibiendo la clasificación 100A1.

43. *biennial surveys*: inspecciones bienales.

44. *the Rules required biennial surveys with a special survey every four years*: las Normas del Lloyd's exigen inspecciones cada dos años y una especial cada cuatro.

45. *instruct*: pedir [dar órdenes].

46. *carry out a special survey*: efectuar una inspección.

47. *the survey was conducted in November*: la inspección se llevó a cabo en noviembre.

48. *an interim certificate was issued*: se extendió una certificación provisional.

49. *recommending that she remained as classed*: en la que se recomendaba que conservara la clasificación que tenía.

50. *and be credited with passing special survey when certain repairs were carried out*: y que se le acreditara la inspección especial cuando hubiera efectuado ciertas reparaciones.

The interim certificate was sent to the agents. They issued particulars offering Morning Watch for sale[51] for £220,000, stating[52] that she had "passed current special survey".[53]

In February 1985, Mariola, a US company,[54] offered £185,000 for Morning Watch "as is, where is".[55] The purchase was completed in March.[56]

Some of the surveyor's recommendations had not been carried out but it was agreed with the captain to issue a certificate saying she had passed special survey, providing Mariola confirmed outstanding items[57] would be dealt with during refit.[58] Mariola confirmed the works would be carried out and an interim certificate was issued on March 29.

Subsequently extensive and serious corrosion of the steelwork[59] was found in the main and the boat deck.[60] The cost of work to the boat deck alone was FFr265,000 (£28,450).[61]

Repairs were completed[62] in October 1986. The vessel was chartered[63] during the 1987 season. At the beginning of 1988 Mariola put her on the market.[64] She was sold for $750,000.

Mariola claimed against Lloyd's for economic loss suffered as a result of relying on misstatements negligently made by the surveyor.[65]

The question was whether,[66] when surveying a vessel a classification society owed[67] a duty of care not to cause pecuniary loss[68] to persons other than owners[69] who were liable to[70] rely on the survey results.[71]

---

51. *they issued particulars offering Morning Watch for sale*: pusieron anuncios en los que ponían a la venta el barco *Morning Watch*.

52. *stating*: haciendo constar.

53. *that she had passed current special survey*: que había pasado la «última inspección especial».

54. *a US company*: una empresa norteamericana.

55. *as is, where is*: tal cual, donde se encuentra [en su estado presente y situación geográfica actual]

56. *the purchase was completed in March*: la compra-venta se consumó en marzo.

57. *outstanding items*: las cuestiones pendientes.

58. *refit*: rehabilitación/reparación.

59. *steelwork*: estructura de acero.

60. *in the main and the boat deck*: en la cubierta principal y en la de botes.

61. *the cost of work to the boat deck alone was FFr265,000 (£28,450)*: sólo el coste del trabajo efectuado en la cubierta ascendía a 265.000 francos franceses (28.450 libras).

62. *repairs were completed*: las reparaciones finalizaron.

63. *charter*: fletar.

64. *put her on the market*: la puso en venta.

65. *claimed against Lloyd's for economic loss suffered as a result of relying on misstatements negligently made by the surveyor*: presentó una demanda contra Lloyd's por la pérdida económica sufrida a consecuencia de la confianza depositada en los informes deficientes efectuados, de forma negligente, por los inspectores.

66. *the question*: la cuestión a dictaminar es si.

67. *when surveying a vessel a classification society owed a duty of care*: al inspeccionar un buque contrae deber de cuidado la empresa clasificadora.

68. *not to cause pecuniary loss*: con el fin de no causar daños pecuniarios.

69. *(duty of care) ... to persons other than owners*: a personas distintas a los propietarios.

70. *who were liable to*: que estaban expuestos.

71. *rely on the survey results*: confiar en los resultados de la inspección.

Mariola contended[72] that Lloyd's owed a duty of care which it broke[73] in November 1984 when the survey was carried out without proper skill and care[74] and also in March 1985 when the surveyor assured the captain he would issue a certificate provided Mariola confirmed it would deal with outstanding items.[75]

Lloyd's contended that no claim could be founded on events in March because Mariola was then legally committed to complete the purchase.[76]

The term "as is, where is" had a clearly-recognised meaning in a contract of sale. The purchaser took the object as found without warranty as to quality or condition.[77]

Accordingly, nothing done or left undone by the surveyor in March 1985 had any adverse consequences on Mariola.[78] The relevant time for consideration of the alleged breach of duty[79] was November 1984.

It was reasonably foreseeable by Lloyd's[80] that a[81] purchaser would be influenced by the special survey results when considering whether to buy the vessel.[82] However, foreseeability[83] alone would not give rise to a duty of care[84] where the harm foreseen was limited to economic loss. There must be a sufficient degree of proximity between plaintiff and defendant to give rise to such a duty of care.[85] There was no universal test to determine whether the necessary proximity existed.

The principles deduced from decided cases[86] were that (i) where the defendant voluntarily assumed responsibility to the plaintiff[87] and the plaintiff relied on that assumption,[88] sufficient proximity would often be created; but (ii) voluntary

---

72. *contend*: argüir.
73. *break*: infringir, violar.
74. *without proper skill and care*: sin la pericia y la diligencia requeridas.
75. *deal with outstanding items*: resolvería las cuestiones pendientes.
76. *was then legally committed to complete the purchase*: se había comprometido legalmente a consumar la compraventa.
77. *the purchaser took the object as found without warranty as to quality or condition*: el comprador adquirió la cosa como la encontró sin garantías en cuanto a calidad o condiciones.
78. *nothing done or left undone by the surveyor in March 1985 had any adverse consequences on Mariola*: nada de lo que hizo o dejó de hacer el inspector en marzo de 1985 tuvo consecuencias negativas para Mariola.
79. *relevant time for consideration of the alleged breach of duty*: el tiempo adecuado para considerar si hubo la supuesta infracción del deber.
80. *it was reasonably foreseeable by Lloyd's*: de forma razonable el Lloyd's pudo prever.
81. Véase la nota 7 del capítulo siete.
82. *that a purchaser would be influenced by the special survey results when considering whether to buy the vessel*: que el resultado de la inspección especial influiría en el comprador que se planteara comprar el buque.
83. *foreseeability*: previsión.
84. *give rise to a duty of care*: dar lugar al deber de cuidado.
85. *There must be a sufficient degree of proximity between plaintiff and defendant to give rise to such a duty of care*: debe existir un grado de proximidad suficiente entre el demandante y el demandado para que se dé el deber de cuidado.
86. *the principles deduced from decided cases*: los principios deducidos de los procesos ya resueltos.
87. *where the defendant voluntarily assumed responsibility to the plaintiff*: que en los supuestos en el que demandado, de forma voluntaria, asumía la responsabilidad ante el demandante.
88. *the plaintiff relied on that assumption*: el demandante se basaba en la misma.

assumption of responsibility was not an essential element of necessary proximity,[89] (iii) where the relationship had many, though not all, the incidents of a contract, sufficient proximity might exist; (iv) while foreseeability of reliance[90] would not automatically give rise to a duty of care,[91] it must play an important part.[92]

Miss Bucknall for Mariola submitted[93] that the relationship between Lloyd's and those who contemplated[94] the purchase of classed vessels was sufficiently proximate to give rise to a duty of care.[95] Lloyd's had charitable status.[96] Its objects,[97] according to its Rules, were to secure high technical standards of construction, maintenance,[98] etc: "for the purpose of enhancing the safety of life and property both at sea and on land."[99]

Its general powers included the power to obtain a faithful and accurate classification of mercantile shipping[100] "for the use of merchants, shipowners and others " That power recognised the fact that not merely the owner of a registered ship,[101] but others who had a pecuniary interest in its safety,[102] would rely on its classification.

However, the primary purpose of the classification system was "to enhance[103] the safety of life and property" rather than to protect the economic interests of those involved.[104] The relationship between Lloyd's and a potential purchaser of the classed vessel did not reflect any statutory scheme to protect purchasers. The Lloyd's objects were not primarily to protect such interests. There was no relationship akin to contract.[105] There was no voluntary assumption of responsibility to purchasers.

---

89   *voluntary assumption of responsibility was not an essential element of necessary proximity*: la asunción voluntaria de responsabilidad no era un elemento esencial de la proximidad [causalidad] necesaria.

90   *foreseeability of reliance*: previsión de confianza.

91   *give rise to a duty of care*: dar lugar [crear] al deber de cuidado.

92   *it must play an important part*: debe jugar un papel importante.

93   *submit*: alegar.

94   *contemplate*: prever.

95   *to give rise to a duty of care*: para crear el deber de cuidado.

96   *Lloyd's had charitable status*: el Lloyd's es una sociedad sin ánimo de lucro. Véase nota 18.

97   *objects*: fines [objeto social].

98   *secure high technical standards of construction, maintenance*: garantizar altos niveles técnicos de construcción, mantenimiento.

99   *for the purpose of enhancing the safety of life and property both at sea and on land*: con el fin de aumentar la seguridad de las vidas y los bienes tanto en el mar como en tierra.

100.   *Its general powers included the power to obtain a faithful and accurate classification of mercantile shipping*: entre sus facultades está la de facilitar una clasificación y exacta de los buques mercantes.

101.   *That power recognised the fact that not merely the owner of a registered ship... would rely on its classification*: esa facultad implica que no sólo el dueño confiaría en la clasificación otorgada.

102.   *but others who had a pecuniary interest in its safety*: sino también quienes tuvieran algún interés pecuniario en su seguridad.

103.   *enhance*: aumentar.

104.   *the economic interests of those involved*: los intereses económicos de las personas implicadas.

105.   *there was no relationship akin to contract*: no se apreciaba ninguna relación similar a un contrato.

To accept the general proposition that Lloyd's owed a duty of care to those foreseeably liable to suffer economic loss through reliance on negligent classification[106] would be to advance the law of negligence.

The proposition was rejected. Miss Bucknall submitted that on the particular facts of the case there was sufficient proximity to give rise to a duty of care.[107] The facts she relied on[108] were that before the special survey was completed[109] Lloyd's knew Morning Watch was being sold[110] and made known that her class would be maintained.[111]

She said those facts were analogous to *Smith v Bush* and *Harris [1989] 2 WLR 790* where the House of Lords held[112] that a house valuer,[113] instructed by a prospective mortgagee[114] for mortgage purposes,[115] owed a duty of care to the purchaser who paid the valuation fee.[116]

There was no question of Mariola having paid Lloyd's survey fees.[117] Thus a factor emphasised in *Smith v Bush* was missing.[118]

Nor could it be suggested that the survey was carried out in November 1984 for the sole purpose of selling the yacht.[119] The survey was an incident in the regular schedule of inspections[120] needed to keep her classed at Lloyd's.[121] Nor was the survey carried out for the benefit of a specific individual purchaser. Mariola was not on the scene when the survey was ordered.

---

106. *to accept the general proposition that Lloyd's owed a duty of care to those foreseeably liable to suffer economic loss through reliance on negligent classification*: si aceptáramos la propuesta general de que al Lloyd's le incumbe el deber de cuidado sobre los que previsiblemente estuvieran expuestos a sufrir pérdidas económicas por confiar en una clasificación negligente.

107. *there was sufficient proximity to give rise to a duty of care*: había la suficiente relación causal que diera lugar a la creación del deber de cuidado.

108. *the facts she relied on*: los hechos en que se apoyó.

109. *that before the special survey was completed*: antes de que concluyera la inspección especial.

110. *Lloyd's knew Morning Watch was being sold*: el Lloyd's tenía conocimiento de que el *Morning Star* iba a ser vendido.

111. *(was) made known that her class would be maintained*: se le hizo saber que se mantendría su clasificación.

112. *The House of Lords held*: la Cámara de los Lores estimó.

113. *house valuer*: tasador de viviendas.

114. *instructed by a prospective mortgagee*: que había recibido instrucciones del acreedor hipotecario potencial.

115. *for mortgage purposes*: a los efectos de una hipoteca.

116. *where the House of Lords held that a house valuer, instructed by a prospective mortgagee for mortgage purposes, owed a duty of care to the purchaser who paid the valuation fee*: en el que la Cámara de los Lores estimó que el tasador de viviendas que había cobrado honorarios por el servicio de valoración realizado a un previsible acreedor hipotecario, a los efectos de una hipoteca, le debía deber de cuidado.

117. *there was no question of Mariola having paid Lloyd's survey fees*: aquí no existía la cuestión de que Mariola hubiese pagado a Lloyd's honorarios por la inspección.

118. *Thus a factor emphasised in Smith v. Bush was missing*: consecuentemente faltaba un factor puesto de relieve en *Smith v. Bush*.

119. *Nor could it be suggested that the survey was carried out in November 1984 for the sole purpose of selling the yacht*: ni tampoco se podría pensar [sugerir] que la inspección se hizo en noviembre de 1984 con el fin exclusivo de vender el yate.

120. *regular schedule of inspections*: programa regular de inspecciones.

121. *needed to keep her classed at Lloyd's*: necesario para mantener la clasificación en el Registro del Lloyd's.

In *Smith v. Bush*, Lord Griffiths said that the necessary proximity arose[122] from the surveyor's knowledge[123] that the "overwhelming probability" was[124] that the purchaser would rely on his valuation and the fact that the purchaser was willing to pay the fee.[125]

It was possible that whoever decided to buy Morning Watch would do so on the strength of[126] the special survey - but it was not an "overwhelming probability".[127]

Mariola had failed to establish[128] that Lloyd's owed it any duty of care when the special survey was carried out in November 1984.[129]

In *Caparo v. Dickman (FT, February 13 1990)*, the House of Lords held that auditors owed no duty to potential purchasers of shares.

Lord Bridge said that in cases of negligent misstatement leading to economic damage[130] he would expect to find[131] that liability rested on the need to prove as an essential ingredient of proximity that the defendant knew his statement would be communicated to the plaintiff[132] "either as an individual or as a member of an identifiable class,[133] specifically in connection with a particular transaction".[134]

The present facts did not satisfy those requirements.[135]

The requisite proximity was not established. The claim was dismissed.[136]

For Mariola: Belinda BucknaU QC and Luke Parsons (Ingledew Brown Bennison & Garrett).

For Lloyd's: Julian Flaux (Tavlor Joynson Garrett).

---

122.   *the necessary proximity arose*: la necesaria proximidad surgió.

123.   *from the surveyor's knowledge*: por la información que tenía el inspector.

124.   *that the overwhelming probability was that the purchaser would rely on his valuation*: de que lo más probable, sin ningún género de dudas, era que el comprador confiaría en la calificación que él diera.

125.   *the fact that the purchaser was willing to pay the fee*: el hecho de que el comprador estaba dispuesto a pagar la tasa de inspección.

125.   *on the strength of*: con el respaldo de.

127.   *overwhelming probability*: probabilidad aplastante.

128.   *had failed to establish*: no pudo probar.

129.   *that Lloyd's owed it any duty of care when the special survey was carried out in November 1984*: el deber de cuidado que con él tenía cuando se llevó a cabo la inspección en noviembre de 1984.

130.   *in cases of negligent misstatement leading to economic damage*: en procesos por informes erróneos hechos de forma negligente de los que dimanen daños económicos.

131.   *find*: apreciar.

122.   *liability rested on the need to prove as an essential ingredient of proximity that the defendant knew his statement would be communicated to the plaintiff*: la responsabilidad se asentaba sobre la necesidad de probar, como ingrediente esencial de la proximidad causal, que el demandado sabía que su informe sería comunicado al demandante.

123.   *either as an individual or as a member of an identifiable class*: como individuo o como miembro de una clase identificable.

124.   *specifically in connection with a particular transaction*: claramente relacionado con una transacción concreta.

125.   *the present facts did not satisfy those requirements*: los hechos que nos ocupan no cumplían los requisitos señalados.

126.   *The requisite proximity was not established. The claim was dismissed*: como no se pudo establecer el requisito de proximidad [causalidad], la demanda fue desestimada.

3. Documento

Algunos artículos referidos a la cobertura (*cover provided*) prevista por una póliza de seguros de viaje (*travel insurance*)

Section 1. Loss of Deposit, Cancelation, Curtailment[137]

If the insured person shall sustain pecuniary loss[138] in respect of[139] unrecoverable deposits and payments[140] for unused travel and accommodation[141] for which the insured person contracted prior to the commencement of the travel as a result of the insured person being unable to travel[142] or to complete as arranged[143] from causes beyond the control of the insured person[144] occurring after the premium has been paid[145] then the Company will reimburse such pecuniary loss.[146]

The insurance provided by this section is subject to leave being granted by the insured person's employer.[147] In addition, the Company will pay for additional travel and accommodation expenses necessarily and reasonably incurred by the insured person[148] where the travel as arranged[149] is subject to detour[150] which is beyond the control of the insured person.[151]

Section 2. Travel Delay

In the event that strike, industrial action,[152] adverse weather conditions[153] or mechanical breakdown,[154] derangement of the ship or aircraft causing delay of at least

---

137. *curtailment*: reducción del período de cobertura por causas ajenas a la voluntad del asegurado.

138. *if the insured person shall sustain pecuniary loss*: en el caso de que el asegurado experimentara una pérdida pecuniaria.

139. *in respect of*: respecto de.

140. *unrecoverable deposits and payments*: pagos y depósitos no recuperables.

141. *for unused travel and accommodation*: por alojamientos o viajes no utilizados.

142. *as a result of the insured person being unable to travel*: a consecuencia de la imposibilidad de viajar del asegurado.

143. *complete as arranged*: finalizar los planes previstos [llevar a cabo el viaje planeado].

144. *from causes beyond the control of the insured person*: debido a causas ajenas al control del asegurado.

145. *after the premium has been paid*: después de haber satisfecho el pago de la prima.

146. *reimburse such pecuniary loss*: reembolsará la citada pérdida pecuniaria.

147. *is subject to leave being granted by the insured person's employer*: está sujeto a la autorización concedida por la empresa del asegurado.

148. *additional travel and accommodation expenses necessarily and reasonably incurred by the insured person*: gastos de transporte y de alojamiento necesarios y razonables efectuados por el asegurado.

149. *where the travel as arranged*: cuando la ruta de transporte acordada.

150. *is subject to detour*: se ve sometida a desvíos.

151. *which is beyond the control of the insured person*: ajenos al control del asegurado.

152. *industrial action*: paros y manifestaciones laborales.

153. *adverse weather conditions*: situación meteorológica adversa.

154. *mechanical breakdown*: fallo mecánico.

24 hours[155] in departure of the ship or aircraft in which the insured person is booked to travel as specified in the itinerary supplied to the insured person, the Company will pay the benefit opposite or up to the total travel and/or holiday cost in the event of cancelation of the journey for which a claim is then made under the cancellation part of section 1 above.[156]

Section 3.   Missed departure[157]

Reimbursement of additional hotel and travelling expenses[158] necessarily incurred[159] up to a maximum of £300 to reach the booked destination in the event of the insured person arriving at the UK departure port too late to commence the booked holiday as a result of[160] the failure of public transport service or due to[161] an accident of mechanical failure[162] involving[163] the motor vehicle in which the insured person is travelling. Claims will be paid on condition that[164] the insured person has taken reasonable steps[165] to complete the journey to the departure port[166] on time.

Section 4.   Medical and Other Expenses and Hospital Benefit[167]

If the insured person shall sustain bodily injury[168] or contract illness[169] or require emergency dental treatment during the pre-arranged travel the Company will indemnify the insured person or his legal personal representative against expenses reasonably incurred abroad[170] by way of:
(a) medical, surgical and dental fees[171] and hospital and nursing home charges[172] and additional hotel and repatriation cost to the United Kingdom necessarily incurred as a result of the insured person becoming ill[173] or sustaining

---

155. *causing delay of at least 24 hours*: que ocasionen una demora de al menos 24 horas.

156. *under the cancellation part of section 1 above*: de acuerdo con lo señalado en el apartado de cancelaciones de la sección 1 antes indicada.

157. *missed departure*: pérdida del enlace de transporte.

158. *additional hotel and travelling expenses*: gastos de hotel y de viaje suplementarios.

159. *necessarily incurred*: efectuados de forma ineludible.

160. *as a result of*: como consecuencia de.

161. *due to*: debido a.

162. *mechanical failure*: fallo mecánico.

163. *involving*: que afecten.

164. *claims will be paid on condition that*: las indemnizaciones solicitadas se abonarán siempre que.

165. *take reasonable steps*: adoptar las medidas adecuadas/oportunas.

166. *complete the journey to the departure port*: finalizar el viaje hasta el puerto de salida.

167. *hospital benefit*: ayudas por hospitalización.

168. *bodily injury*: lesiones corporales.

169. *contract illness*: contraer una enfermedad.

170. *against expenses reasonably incurred abroad*: por los gastos razonables efectuados en el extranjero.

171. *fees*: honorarios.

172. *charges*: facturas.

173. *become ill*: caer enfermo.

bodily injury[174] during the period of travel and where so certified a registered medical practitioner[175] in the country of incident.

If the registered doctor treating the insured person recommends return to the United Kingdom[176] and on further opinion[177] the medical conclusion precludes travel on a charter or scheduled flight[178] the company will meet the cost[179] of a road or an ambulance.

(b)   necessary and reasonable additional travel and hotel expenses of a relative or friend of the insured person[180] or qualified nurse[181] who shall on the advice of a registered practitioner[182] accompany the insured person back to the United Kingdom[183] because of the severe disability of the insured person.[184]

(c)   additional repatriation expenses necessarily incurred[185] by the insured person consequent upon[186] the death, suddenly illness[187] or injury of the insured person's spouse[188] or family or fiance(e)[189] or close business colleague[190] resident in the United Kingdom.

(d)   in the event of the death of the insured person the expenses of conveyance of the body or ashes[191] to the United Kingdom or funeral expenses abroad (funeral expenses abroad limited to £1,000).

(e)   if the insured person is admitted to a recognized hospital abroad as an in-patient[192] for treatment of an accident or illness sustained[193] during the visit the Company will pay to the insured person a benefit of £10 per complete day[194] of in-patient treatment[195] up to a maximum of £250.

174.   *sustaining bodily injury*: sufrir daños corporales.
175.   *a registered medical practitioner*: médico colegiado.
176.   *return to the United Kingdom*: el regreso al Reino Unido.
177.   *on further opinion*: en un dictamen posterior o adicional.
178.   *scheduled flight*: vuelo regular.
179.   *meet the cost*: hacerse cargo del coste.
180.   *necessary and reasonable additional travel and hotel expenses of a relative or friend of the insured person*: gastos de hotel y de transporte necesarios y razonables efectuados por un pariente o amigo del asegurado.
181.   *qualified nurse*: enfermero/enfermera [profesional de la enfermería].
182.   *on the advice of a registered practitioner*: que por consejo de un médico colegiado.
183.   *back to the United Kingdom*: en su viaje de vuelta al Reino Unido.
184.   *because of the severe disability of the insured person*: debido a grave incapacidad del asegurado.
185.   *incurred*: efectuados.
186.   *consequent upon*: como consecuencia de.
187.   *suddenly illness*: enfermedad repentina.
188.   *spouse*: cónyuge.
189.   *fiancé(e)*: novio o novia.
190.   *close business colleague*: íntimo colega profesional.
191.   *conveyance of the body or ashes*: traslado del cuerpo o de las cenizas.
192.   *is admitted to a recognised hospital abroad as an in-patient*: es internado en un hospital legalmente reconocido en el extranjero para atención hospitalaria.
193.   *for treatment of an accident or illness sustained*: para recibir el tratamiento oportuno por el accidente sufrido o la enfermedad padecida.
194.   *will pay... a benefit*: concederá una ayuda diaria.
195.   *in-patient treatment*: tratamiento recibido en régimen de paciente hospitalizado.

XVI. LOS IMPUESTOS

1. Introducción

Con el fin de financiar (*finance*) el gasto público (*public expenditure*) de los estados modernos, imprescindible para hacer frente a las necesidades (*meet the needs*) de la vida civilizada, como pueden ser la educación, los servicios de salud (*health care system*), las infraestructuras (*infrastructure*), defensa, etc., los gobiernos imponen tributos (*levy/impose taxes*) a los ciudadanos. En el Reino Unido los tres impuestos más conocidos son el impuesto de la renta (*Income Tax*), las cuotas a la seguridad social (*National Insurance Contributions, NIC*),[1] que abonan los empresarios y los obreros (*paid by employers and employees*), y el impuesto sobre el valor añadido o IVA (*Value Added Tax, VAT*), que grava la mayor parte de bienes y servicios (*service and commodities*). Como se puede deducir, los dos primeros son «impuestos sobre la nómina» (*payroll taxes*), es decir, gravan las rentas de trabajo, y el IVA es un impuesto que grava el consumo (*service and commodity tax*). Además de estos tres, destacan por su importancia los impuestos especiales que gravan el consumo (*taxes on consumption*) de determinados productos, llamados, en realidad, «arbitrios o tributos especiales sobre el consumo» (*excise duties*) de bebidas alcohólicas, carburantes y tabaco (*on alcohol drinks, petrol and tobacco*).

Desde otro punto de vista, los impuestos pueden ser directos (*direct taxes*) o indirectos (*indirect taxes*). Los primeros gravan lo que se percibe (*earnings*), y los segundos lo que se gasta (*expenditures*). De los cuatro citados arriba, son directos los dos que gravan la «nómina», e indirectos el impuesto sobre el valor añadido y los tributos especiales sobre el consumo de bebidas alcohólicas, carburantes y tabaco.

El impuesto sobre la renta es la fuente de ingresos (*source of revenue*) más importante del Reino Unido, porque proporciona más de la cuarta parte de todo lo que recauda (*collects*) el gobierno británico; sin embargo, este

---

1. En Estados Unidos las cuotas de la seguridad social reciben el nombre de impuestos de la seguridad social y de la asistencia sanitaria (*social security and medicare taxes*).

porcentaje no es muy alto, en comparación con el de otros países de su entorno. Todos los años, en el mes de abril, los ciudadanos deben presentar (*file*) su declaración (*a return*) del impuesto sobre la renta (*income tax*) a Hacienda (*Board of Inland Revenue*).[2] Los casados pueden hacer la declaración conjunta (*married filing joint return*) o por separado (*married filing separate return*). La renta (*income*) está formada por los rendimientos del trabajo (*earnings from employment*), los rendimientos de actividades empresariales (*earnings from business*), los rendimientos del capital mobiliario (*earnings from stock*), etc. Cada una de las diversas rentas se declara en apartados (*schedules*) diferentes; por ejemplo, en el Reino Unido las rentas por rendimientos del trabajo asalariado van al apartado E (*schedule E*), las rentas por actividades profesionales o empresariales al apartado D, etc. Al declarar los distintos rendimientos, se deben especificar las retribuciones que han sido dinerarias (*earnings in cash*) y las que han sido en especie (*earnings in kind* o *non-cash income*); estas últimas comprenden los servicios (*facilities*) abonados por la empresa (*employer*) en alojamiento (*lodging*), comidas (*meals*), transporte (*car*), etc.

La suma total de los rendimientos anteriores constituye la renta íntegra o bruta (*gross income*). Si a ésta, en su totalidad o en cada uno de sus apartados, le restamos los gastos deducibles (*accepted/allowed expenses, earnings-related expenses*), tendremos la renta neta (*net income*), que, en principio, forma la base imponible (*taxable income*). Pero, con frecuencia, los gobiernos conceden a los contribuyentes o sujetos pasivos (*taxpayers*) algunas deducciones (*allowances*), es decir, de la base imponible se les permite que resten ciertas cantidades, como la que se llama deducción personal (*personal income allowance*), que en la práctica significa que todos tienen derecho a una cantidad fija (*a fixed amount*), o porcentual, libre de impuestos (*free of taxes*). Otras deducciones son la contribución a fondos de pensiones (*pension contributions*), la desgravación por los intereses pagados en hipotecas (*mortgage interest relief*),[3] la primas de seguro de vida (*life assurance premiums*), la compensación entre separados o divorciados (*alimony, maintenance, financial provisions*), etc.[4]

Después de las deducciones antes citadas, la base imponible se convierte en base imponible ajustada (*adjusted taxable income*). A esta última base se le aplican los tipos de gravamen (*rates of tax, tax rate schedule*) y se obtiene

---

2. En Estados Unidos la declaración se presenta al Servicio de Impuestos Internos (*Internal Revenue Service*).

3. *tax relief* significa «desgravación fiscal», al igual que *rebate*; no obstante, el término *tax allowance*, que normalmente quiere decir «deducción», también puede significar «desgravación».

4. Con el fin de estimular la actividad económica, los Estados pueden conceder subvenciones a la inversión (*investment grants*) o deducciones por amortización (*depreciation allowances*); en el primer caso, el Estado tiene que recaudar y entregar, y en el segundo, simplemente deja de recaudar. Lo mismo ocurre con la ayuda a las familias: puede dar un subsidio por cada hijo (*child benefit*), o conceder una deducción (*child tax allowance*).

la cuota (*income tax*). En el Reino Unido, en 1990, a las primeras 20.700 libras se les gravó el 25 %, considerada la tarifa básica (*basic rate*), y al resto el 40 %, llamado tarifas superiores (*higher rates*), el cual es de aplicación a los sujetos pasivos (*taxpayers*) pertenecientes al tramo impositivo más alto (*top tax bracket*). La cantidad resultante de aplicar los tipos de las tarifas anteriores es la cuota (*total income tax*), que, en teoría, es el impuesto que se debería pagar.

Pero sobre esta cuota o cuota íntegra también se autorizan otras deducciones (*allowances*), como las deducciones por matrimonio (*married couple tax allowance*), deducciones por cada hijo (*allowances for each child*), deducciones por invidente (*allowances for a blind person*), deducciones por invalidez (*allowances for the disabled*), deducciones por la edad del contribuyente (*allowances for an aged person, allowances for the elderly*), desgravaciones por determinados tipos de ahorro (*tax allowance for savings*),[5] desgravaciones fiscales para promover la construcción de viviendas (*tax allowances to promote house-building*), etc. La cantidad resultante, tras haber practicado estas deducciones sobre la cuota íntegra, es la cuota líquida (*net tax*).[6]

Aunque el impuesto sobre la renta es un impuesto calculado anualmente (*assessed yearly*), en muchos casos se retiene en origen (*tax is deducted at source*), especialmente en la empresas, mediante el sistema de retenciones (*tax withholdings*), conocido con el nombre de retención fiscal sobre la nómina o retención a cuenta del Impuesto de la Renta de las Personas Físicas o IRPF (*pay as you earn, PAYE*). Los empleados y los trabajadores todos los meses sufren en su nómina dos clases de descuentos: el de la renta y el de la contribución a la seguridad social.

A veces, con las retenciones mensuales (*monthly tax withholdings*) al final de año se han abonado más impuestos (*overpay*) de los debidos; en este caso, se puede solicitar la devolución correspondiente (*refund of overpaid tax*) o aplicar dicha cantidad a los impuestos del año siguiente (*apply overpaid amount to the next year*). Por el contrario, si pese a las retenciones efectuadas aún se tuviera que pagar, se deberá rellenar el impreso de abono (*file a payment voucher*) por la «cantidad a ingresar» (*tax you owe*) y se entregará la copia correspondiente al interesado (*copy for your own records*). Si hubiera reclamaciones (*claims*) sobre las liquidaciones (*assessments*) practicadas por el inspector de tributos (*revenue inspector*), el Tribunal Económico-Administrativo (*Special Commissioners of Income Tax*) las resolvería.[7]

---

5. Muchos bancos e instituciones financieras ofrecen planes para reducir impuestos (*tax avoidance schemes*) por adquisición de la vivienda habitual (*saving to owner-occupied housing*), planes de pensiones (*pension funds*), pólizas de seguros (*insurance policies*), etc.

6. A la cuota final también se la llama *tax bill*.

7. Véanse los puntos 2 y 3 del capítulo dos en lo referido a la Sección de Apelaciones de *The Chancery Court*.

Mención especial merecen los impuestos de la Administración Local (*local authorities tax*). El presupuesto de las corporaciones municipales, con el que se atienden los muchos servicios municipales, como el alumbrado y la limpieza de las calles (*street lighting and cleaning*), la educación (*education*), los servicios de salud pública (*public health services*), etc. se nutre de una subvención dada por el gobierno central (*grant from the central government*) y por los impuestos locales (*local/municipal taxes*), conocidos en el Reino Unido con el nombre de *rates*.[8] En algún momento histórico, estos últimos impuestos han sido sustituidos, con poco éxito, por los de capitación (*poll tax*).[9]

En resumen, cinco son los términos más importantes relacionados con impuestos, tasas o exacciones practicadas por las administraciones públicas:

a) *Tax* es el más general —impuesto, tributo, etc.—; se emplea en casi todos los contextos, como en *capital gains tax* (impuesto sobre plusvalías o por incremento patrimonial), *commodities taxes* (impuesto sobre mercancías o materias primas), *corporation tax* (impuesto de sociedades), *income tax* (impuesto sobre la renta), *property tax, tax on housing* (impuesto sobre bienes inmuebles, IBI), *local tax* o *municipal tax* (impuestos municipales, etc.).

b) *Rates*, en plural, normalmente se aplica, de forma específica, a los impuestos municipales.

c) *Duty* (tasa, impuesto, derecho, arancel), tanto en singular como en plural, alude a determinadas exacciones, como hemos visto antes al hablar de los «arbitrios o tributos especiales sobre el consumo» (*excise duties*) de bebidas alcohólicas, carburantes y tabaco (*on alcohol drinks, petrol and tobacco*).[10] También se aplica a los derechos de sucesiones (*death duties*),[11] a las tasas sobre juegos y apuestas (*betting and gaming duties*), a los derechos de aduanas (*customs duties*), a los de exportación/importación (*export/import duties*), a los de tránsito (*transit duties*), etc.

d) *Fee* es el arancel y también la tasa correspondiente a un servicio oficial, o los honorarios por un servicio profesional, como se puede comprobar en el *Texto* siguiente.

---

8. La palabra *rate* en singular también significa tasa, por ejemplo, la tasa que se paga por el servicio de agua (*water rate*). En cambio, al «recibo de la luz» se le llama *electricity bill*.

9. La revuelta de los campesinos ingleses de 1381 (*the Peasants' Revolt of 1381*) se debió, en gran parte, a la generalización del impuesto de capitación (*capitation tax, poll tax, head tax*); recientemente, el gobierno de Margaret Thatcher tuvo muchos problemas por este impuesto, que no llegó a aplicarse; en Estados Unidos, en el siglo XIX se aprobó en algunos estados, como arma política, para impedir el voto de los pobres.

10. *duty-free shop*: tienda libre de impuestos.

11. Todos los impuestos sobre sucesiones —*estate duty, legacy duty, succession duty* y *capital transfer tax*— son conocidos en Estados Unidos y en el Reino Unido con el nombre genérico de *death duties*; en este último país, a su vez, este término ha sido sustituido recientemente por el nombre más moderno de *inheritance tax*.

e}   Tariff equivale a arancel, y en plural, *tariffs* significa sistema de derechos aduaneros.

En el **texto** de este capítulo se plantea si una oficina de planificación urbanística municipal (*planning authority*) tiene derecho a cobrar aranceles (*fees*) por consultas técnicas relacionadas con el ejercicio (*discharge/performance*) de los cometidos propios de la misma (*of any of their functions*).

El **documento** corresponde a un impreso simplificado de lo que podría ser una declaración (tributaria), basada no en el impuesto sobre la renta (*income tax*), sino en el impuesto sobre los gastos personales (*personal expenditure tax*).[12] El principio que rige la tributación directa de las sociedades modernas se apoya en la teoría de la «capacidad contributiva» (*ability-to-pay-tax theory*), según la cual la cantidad que se debe pagar ha de aumentar en proporción directa a las rentas obtenidas. Ésta es la tesis mantenida hasta ahora, consistente en tomar la renta (*income*) como base de tributación directa. Sin embargo, varios gobiernos, entre ellos el británico y el norteamericano, están estudiando las ventajas e inconvenientes de transformar el impuesto sobre la renta (*income tax*) en un impuesto sobre el gasto personal (*personal expenditure tax*).

2.   **Texto:**[13] Davies, Rachel (Barrister): "Consultation Fee is Valid."[14] *FT Law Reports*.[15] *Financial Times* (March 7, 1990).

REGINA *v.* LONDON BOROUGH OF RICHMOND, EX PARTE[16] McCARTHY & STONE (DEVELOPMENTS) LTD.[17] Court of Appeal (Lord Justice Slade, Lord Justice Mann and Sir David Croom-Johnson).

12.   Kay, J. A. y M. A. King (1990): *The British Tax System*. Oxford: Oxford University Press, págs. 89-102.

13.   En las notas a pie de página se proponen, entre corchetes, otras opciones de traducción, que pueden ser tan válidas como la primera; entre paréntesis se dan aclaraciones. Los verbos aparecen normalmente en infinitivo. Si se ofrece un tiempo verbal, éste sólo tiene carácter aproximativo, y es, por tanto, susceptible de modificación, de acuerdo con la perspectiva temporal adoptada por el traductor. Por ejemplo, en español el llamado «presente histórico» será a veces más conveniente que los tiempos pasados del texto original inglés.

14.   *consultation fee is valid*: son legales las tasas [aranceles, honorarios, etc.] cobradas [abonadas, satisfechas] por consultas en centros oficiales.

15.   Véase la nota 10 de capítulo seis sobre los «Repertorios de Jurisprudencia del *Financial Times*».

16.   *ex parte*: a instancia de.

17.   Por ser un contencioso contra un órgano de la Administración, las partes son la Corona (*Regina*), a instancia de parte, en este caso, los promotores *McCarthy & Stone (Developments) Ltd*, y el órgano de la Administración correspondiente, es decir, el municipio de *London Borough of Richmond upon Thames*.

A[18] PLANNING authority[19] may charge a fee[20] for consultation[21] in respect of[22] prospective[23] speculative development[24] or redevelopment proposals,[25] in that[26] such charges[27] form part of[28] the arrangements[29] into which the authority is entitled[30] to enter to facilitate performance[31] of its statutory duty[32] to deal with[33] planning permission applications.[34]

The Court of Appeal so held[35] when dismissing an appeal[36] by[37] McCarthy & Stone (Developers) Ltd from Mr Justice Popplewell's decision[38] that the London Borough of Richmond upon Thames was entitled to charge a fee[39] for pre-application planning consultations.[40]

LORD JUSTICE SLADE[41] giving the judgment of the court,[42] said that the council[43] was a local planning authority.[44] By[45] section 29 of the Town and Country Planning Act 1971[46] it had a duty[47] to determine[48] applications for planning permission.[49]

18. *a*: la generalización normalmente se materializa con el artículo *a/an* o con un nombre en plural; en castellano se prefiere el artículo determinado «el», «la», el nombre en plural, o determinantes como «cualquier», «todo», etc.

19. *a planning authority*: comisión municipal/territorial de urbanismo [gerencia de urbanismo; organismo, oficina, instituto, comisión, etc. municipal de urbanismo o encargado de la planificación urbanística; autoridad urbanística].

20. *charge a fee*: cobrar una tasa [honorarios].

21. *for consultation*: por las consultas.

22. *in respect of*: respecto de [referidas].

23. *prospective*: potencial [en perspectiva].

24. *prospective speculative development*: proyectos de urbanización de carácter comercial.

25. *redevelopment proposals*: propuestas de recalificación urbanística.

26. *in that*: teniendo en cuenta que [ya que].

27. *such charges*: dichas tasas [honorarios].

28. *form part of*: forman parte de [están incluidos en].

29. *enter into an arrangement*: formalizar un acuerdo o convenio.

30. *be entitled to*: tener derecho a.

31. *performance*: ejercicio [cumplimiento].

32. *statutory duty*: obligación legal.

33. *deal with*: resolver [decidir].

34. *planning permission applications*: solicitudes de autorización urbanística.

35. *The Court of Appeal so held*: así lo estimó [consideró] el Tribunal de Apelación.

36. *when dismissing an appeal*: al desestimar el recurso.

37. *by*: presentado [interpuesto] por.

38. *from Mr Justice Popplewell's decision that...*: contra la resolución del Magistrado Popplewell que mantenía que....

39. *charge a fee*: cobrar una tasa.

40. *for pre-application planning consultations*: por las [consultas previas a la solicitud urbanística] consultas urbanísticas hechas en la fase previa a la presentación de solicitudes de urbanización.

41. *Lord Justice Slade*: el Magistrado Slade.

42. *give the judgment of the court*: dictar el fallo del tribunal.

43. *council*: corporación municipal.

44. *local planning authority*: el organismo o autoridad local con competencia en temas de urbanismo [planificación urbanística].

45. *by*: a tenor de lo estipulado.

46. *Town and Country Planning Act 1971*: Ley de programación urbanística y rústica [ley del suelo; ley del suelo urbanizable y no urbanizable o rústico].

47. *have the duty of*: corresponderle [tener la obligación de].

48. *determine*: resolver.

49. *applications for planning permission*: solicitudes de autorización urbanística.

It was common practice for[50] persons contemplating development or re-development proposals,[51] to seek[52] the informal views[53] of the planning authority officers,[54] to discover whether the proposals were likely to be acceptable.[55]

Pre-application consultation had been encouraged by the Secretary of State.[56]

On July 2 1985 the council[57] passed a resolution that a £25 charge be made for[58] enquiries relating to[59] speculative development or re-development proposals.[60]

The fee was intended to be in reimbursement of[61] the cost of officers' time rather than to produce a profit.[62] The evidence suggested the charges related[63] only to a modest proportion of total time spent.

In August 1986 the council charged[64] McCarthy & Stone a £25 fee for[65] a meeting to be arranged[66] with the planning officer[67] to discuss proposals[68] to develop sheltered housing for the elderly[69] at Mortlake. The developers[70] questioned the legality of the charge.[71] In January 1987 they paid a similar fee under protest.[72]

In a number of letters the developers contended[73] that the council had no statutory authority[74] to levy such charges[75] and asked it to reconsider its policy.[76] On October

---

50   *it was common practice for*: era normal [corriente, aceptado; era práctica común] entre.

51   *persons contemplating development or re-development proposals*: quienes tuvieran la intención de llevar a cabo proyectos de urbanización o de recalificación.

52   *seek*: solicitar [recabar].

53.   *informal views*: punto de vista [opinión] extraoficial.

54.   *planning authority officers*: jefes [responsables] de la oficina de urbanismo.

55   *to discover whether the proposals were likely to be acceptable*: a fin de averiguar las posibilidades que las propuestas tenían de ser aprobadas.

56.   *pre-application consultation had been encouraged by the Secretary of State*: la Secretaría de Estado había fomentado las consultas previas a la solicitud.

57.   *council*: consejo municipal.

58.   *passed a resolution that a £25 charge be made for*: adoptó el acuerdo de que se cobrara una tasa de 25 libras por.

59.   *enquiries relating*: consultas relacionadas con.

60.   *speculative development or re-development proposals*: proyectos de urbanización o de recalificación urbanística de carácter especulativo.

61.   *the fee was intended to be in reimbursement of*: el objeto de la tasa era resarcirse de.

62.   *the cost of officers' time rather than to produce a profit*: del coste del tiempo de los funcionarios más que el de obtener un beneficio.

63.   *relate to*: corresponder a.

64.   *charge*: cobrar.

65.   *a £25 fee for*: 25 libras en concepto de tasas por.

66.   *arrange a meeting*: concertar una reunión [entrevista].

67.   *the planning officer*: jefe del departamento de urbanismo, funcionario encargado [responsable] de urbanismo.

68.   *discuss proposals*: analizar unos proyectos [examinar unas propuestas].

69.   *develop sheltered housing for the elderly*: construir residencias para ancianos (con servicios de apoyo).

70.   *developers*: la empresa promotora.

71.   *charge*: tasa.

72.   *under protest*: haciendo constar su protesta.

73.   *contend*: argüir.

74.   *statutory authority*: competencia legal.

75.   *levy charges*: recaudar [exigir, aprobar] tasas.

76.   *asked it to reconsider its policy*: solicitó que resonsiderara esta política.

27 1987[77] the council wrote to inform them that it did not propose to revoke the policy.

The developers applied for judicial review[78] seeking an order quashing the council's decision, and a declaration that[79] it had no power to charge fees.

The council relied[80] on section 111(1) of the Local Government Act 1972.

Section 111(1) provided[81] that a[82] local authority[83] should have power to do "anything... which is calculated to facilitate,[84] or is conducive[85] or incidental to,[86] the discharge of any of their functions".[87]

It was common ground that[88] section 111 (1) was wide enough to empower[89] the council to take part in pre-application consultation,[90] since such activity was calculated to facilitate or was conducive or incidental to the discharge of[91] its planning functions[92] under section 29 of the 1971 Act.

The developers' case[93] was that the subsidiary powers conferred by section 111(1) were not wide enough to authorise the council to charge potential applicants[94] who wished to avail themselves of those facilities,[95] however reasonable the charges might be.[96]

Mr Scrivener for the developers submitted[97] that a local authority had no power to levy money[98] without the sanction of Parliament.[99]

77.   *it was willing to enter into a pre-application consultation arrangement*: que estaba dispuesto a formalizar un [trato] convenio de consulta previo a la solicitud.

78.   *judicial review*: revisión judicial [contencioso contra la Administración]. Véase el punto 8 del capítulo dos (La Administración y el Poder judicial. Los contenciosos contra la Administración: la revisión judicial).

79.   *applied for judicial review seeking an order quashing the council's decision, and a declaration that*: interpuso un recurso contencioso en el que solicitaba que se dictara una resolución judicial mediante la cual se anulara la resolución municipal, y también una sentencia declarativa en la que se hiciera constar; *declaration*: fallo o sentencia declarativa; también se le llama *declaratory judgment*.

80.   *rely on*: basarse en.

81.   *provide*: disponer.

82.   Véase la nota 18.

83.   *a local authority*: las corporaciones locales.

84.   *which is calculated to facilitate*: destinado a [que tenga como objetivo] facilitar.

85.   *or is conducive*: o sea conveniente.

86.   *incidental to*: inherente a [propio de].

87.   *the discharge of any of their functions*: el ejercicio [desempeño, cumplimiento, desarrollo] de sus cometidos.

88.   *it was common ground that*: todos aceptaron [de todos era sabido; por todos era aceptado] que.

89.   *was wide enough to empower*: era lo suficientemente amplia como para facultar.

90.   *take part in pre-application consultation*: celebrar [comprometerse en; implicarse en] consultas previas a la solicitud (urbanística).

91.   *the discharge of*: cumplimiento [ejercicio] de.

92.   *planning functions*: cometidos urbanísticos [de planificación urbanística].

93.   *case*: la argumentación. Véase el apartado *a*) del punto 6 («La traducción y los contrastes léxicos») del capítulo cinco.

94.   *charge potential applicants*: cobrar a posibles solicitantes.

95.   *avail themselves of those facilities*: hacer uso [aprovecharse] del citado servicio.

96.   *however reasonable the charges might be*: por razonables que estas tasas fueran.

97.   *submit*: exponer [alegar].

98.   *levy money*: exigir [aprobar] impuestos.

99.   *sanction of Parliament*: sanción parlamentaria.

In their notice of appeal[100] the developers submitted that Mr Justice Popplewell erred[101] in holding[102] that the terms of section 111(3), which prohibited the raising of money[103] "by means of rates, precepts or borrowing" except in accordance with statute,[104] did not operate to prohibit such planning consultation charges.[105]

If Mr Scrivener repeated that submission,[106] it was rejected.

The list of methods of raising money set out in subsection (3) was exhaustive.[107] It was not contended that the raising of money in the present case was by means of "rates, precepts or borrowing."[108] Section 111(3) therefore imposed no restrictions on the council's power[109] for present purposes.[110]

In support of his submission[111] that explicit statutory authority was required[112] for the imposition of charges,[113] Mr Scrivener referred to many examples where statute[114] had conferred on local authorities an explicit power to charge for services.[115]

They included[116] charges for admission to[117] educational or cultural events; recreational facilities;[118] school meals; entertainment, dances and arts or crafts exhibitions;[119] and land charge searches.[120]

Mr Scrivener submitted that those examples all illustrated the general principle that if local authorities were to have power to raise money[121] for any purpose,[122] such

---

100. *in their notice of appeal*: en el escrito de apelación.

101. *err*: cometer un error.

102. *in holding*: al declarar [afirmar].

103. *raising of money*: allegar fondos [arbitrar recursos].

104. *except in accordance with statute*: excepto los acordados por ley parlamentaria.

105. *(the terms...) did not operate to prohibit such planning consultation charges*: no eran de aplicación a las citadas tasas por consultas (técnicas).

106. *that submission*: la misma teoría [tesis, propuesta, alegación].

107. *the list of methods of raising money set out in subsection (3) was exhaustive*: el listado de procedimientos para la obtención de fondos expuesto en el subartículo 3 era muy completo.

108. *it was not contended that the raising of money in the present case was by means of "rates, precepts or borrowing"*: no se cuestionaba que el método de arbitrar recursos en el proceso que nos ocupa fuera por medio de alguna tasa municipal, canon o endeudamiento.

109. *imposed no restrictions on the council's power*: no imponía ningún tipo de limitación a la facultad municipal.

110. *for present purposes*: para los fines que nos ocupan.

111. *in support of*: en apoyo de.

112. *that explicit statutory authority was required*: se necesitaba la autorización parlamentaria explícita

113. *the imposition of charges*: el cobro de tasas.

114. *referred to many examples where statute*: aludió a muchos ejemplos en los que una ley parlamentaria.

115. *an explicit power to charge for services*: la facultad explícita para cobrar los servicios prestados.

116. *they included*: entre otros destacan.

117. *charges for admission to*: tasas para el acceso [la entrada] a.

118. *recreational facilities*: instalaciones de carácter lúdico o deportivo.

119. *arts or crafts exhibitions*: exposiciones de artes y oficios.

120. *land charge searches*: (tasas por) búsqueda en el registro de la propiedad rústica.

121. *raise money*: arbitrar recursos.

122. *for any purpose*: con cualquier fin o motivo.

power must be explicitly conferred by Parliament.[123] The incidental powers given by section 111 did not, he argued, suffice for that purpose.[124]

He referred to[125] two cases where attempts by governmental authorities to impose charges were held to be *ultra vires*.[126]

In *AG v. Wilts United Dairies (1922) 38 TLR 780* The House of Lords held that a charge of two pence per gallon as a condition of the grant of a licence[127] to purchase milk was void.[128]

Lord Buckmaster said the character of the transaction was that "people were called on to pay money[129] ... for the exercise of certain privileges.[130] That imposition could only be properly described as a tax[131] which could not be levied[132] except by direct statutory means".[133]

In *Congress v. Home Office [1976] QB 629* The Court of Appeal held unlawful demands of £6 by the Home Secretary as the price[134] of refraining from revoking a valid and subsisting television licence.[135] Lord Denning said the demands "were an attempt to levy money for the use of the Crown without the authority of Parliament".[136]

If the doing of anything was to be authorised by section 111(1), it must be "calculated to facilitate"[137] or be "conducive or incidental to" the discharge of one or more of the council's functions.[138]

The developers did not dispute that the provision of consultation facilities[139] were calculated to facilitate, or were conducive to or incidental to the discharge of the

---

123. *that those examples all illustrated the general principle that if local authorities were to have power to raise money for any purpose, such power must be explicitly conferred by Parliament*: que los anteriores ilustraban con claridad [eran ejemplos muy ilustrativos del] el principio general de que si las autoridades locales necesitaban la autorización para arbitrar recursos para determinado fin, dicha facultad debía ser otorgada de forma explícita por el Parlamento.

124. *suffice for that purpose*: no bastaban (eran insuficientes) para los fines citados.

125. *refer to*: aludir a [citar].

126. *were held to be ultra vires*: habían sido considerados *ultra vires* (es decir, extralimitación en el uso de sus atribuciones). Véase el punto 8 del capítulo dos sobre la «revisión judicial» en los contenciosos contra la Administración.

127. *the grant of a licence*: concesión de una licencia.

128. *a charge of ... was void*: la tasa de ... era nula.

129. *people were called on to pay money*: a la gente se le exigía el pago de cierta cantidad.

130. *for the exercise of certain privileges*: para el ejercicio de determinados privilegios.

131. *that imposition could only be properly described as a tax*: esa imposición o exigencia no tiene otro nombre más adecuado que el de impuesto.

132. *levy a tax*: exigir [imponer] una contribución, tasa, etc.

133. *direct statutory means*: por medios parlamentarios directos.

134. *The Court of Appeal held unlawful demands of £6 by the Home Secretary as the price*: el Tribunal de Apelación declaró ilegales las exigencias [peticiones] de 6 libras practicadas por el Ministerio del Interior como precio (público).

135. *of refraining from revoking a valid and subsisting television licence*: por abstenerse de revocar una licencia de televisión válida y en vigor.

136. *said the demands "were an attempt to levy money for the use of the Crown without the authority of Parliament"*: afirmó que dichas exigencias eran un intento de aprobar impuestos para el uso del Estado sin autorización parlamentaria.

137. *must be "calculated to facilitate"*: debe estar destinada a facilitar.

138. *the council's functions*: cometidos del consejo.

139. *the developers did not dispute that the provision of consultation facilities*: la empresa promotora no ponía en duda que la organización del servicio de consulta.

function of determining planning applications. But, they submitted, the line must be drawn there.[140] The council was under no obligation to offer those facilities,[141] but if it chose to do so, it must do so for no payment.[142]

There was a fallacy in that argument.[143] The present case[144] must be distinguished from cases[145] where the local authority was under a duty[146] to offer a service.

If Parliament had imposed a duty on a local authority, but had not authorised it to charge for performance of that duty[147] it was not open to the authority[148] to claim that imposing charges[149] was calculated to facilitate, or was conducive or incidental to the discharge of such duties.

Also the court accepted that in numerous instances where Parliament had conferred a specific power, it had at the same time stated[150] whether or not charges might be imposed for the exercise of the power.[151]

The present case, however, was not a case of that type.[152]

The legislature[153] had specifically conferred on planning authorities neither a duty nor a power[154] to give pre-application advice.[155] The power to give such advice was itself merely a subsidiary power, enjoyed by the local authority by virtue of section 111(1).

It arose[156] simply because it was "calculated to facilitate"[157] or was "conducive or incidental to" the discharge of its planning functions and was thus within section 111(1).

---

140. *they submitted, the line must be drawn there*: ellos alegaron que hasta ahí todo estaba bien.

141. *was under no obligation to offer those facilities*: no estaba obligado, en absoluto, a prestar esos servicios.

142. *but if it chose to do so, it must do so for no payment*: pero si lo hacían, debía ser sin pago alguno.

143. *there was a fallacy in that argument*: el argumento anterior contenía una falacia.

144. *the present case*: este proceso.

145. *distinguish a case*: matizar [introducir distingos] explicando en qué el proceso que se enjuicia se diferencia de un precedente citado, sentando nueva jurisprudencia, mediante esta distinción pormenorizada; [plantear una distinción]. (Los jueces, en la *ratio decidendi* de su sentencia establecen los puntos similares entre el proceso en curso y los precedentes que las partes le han sugerido, pero en muchos casos establece las diferencias sustanciales que deben «matizarse, introducirse, tenerse en cuenta, etc.».)

146. *be under a duty*: estar obligado a.

147. *charge for performance of that duty*: cobrar el servicio [el desempeño/ejercicio de la obligación legal].

148. *it was not open to the authority*: no le cabía al organismo público.

149. *that imposing charges*: que aprobar el cobro de tasas.

150. *it had at the same time stated*: había hecho constar al mismo tiempo.

151. *whether or not charges might be imposed for the exercise of the power*: si se podían imponer, o no, tasas para el cumplimiento de la facultad (otorgada).

152. *the present case, however, was not a case of that type*: este proceso, sin embargo, no era del tipo antes descrito.

153. *the legislature*: el poder legislativo.

154. *conferred on planning authorities neither a duty nor a power*: ni le había impuesto una obligación ni le había otorgado una facultad concreta a la comisión de urbanismo.

155. *give advice*: asesorar.

156. *arise*: surgir.

157. *it was "calculated to facilitate"*: se pensó para facilitar.

It was common ground that the council was under no obligation[158] to provide the consultation facility.[159] If it were to refuse to do so,[160] its refusal would clearly not be open to judicial review.[161] The challenge[162] was simply to its unwillingness to provide the service[163] save on payment[164] of a fee of £25.

All that the council was doing was stating, on a take-it-or-leave-it basis,[165] that it was willing to enter into a pre-application consultation arrangement if, as part and parcel of the arrangement,[166] it was paid a stated reasonable fee by way of reimbursement for expenses[167].

It was clear open to the council to regard the making of such an arrangement[168] as falling within the subsidiary powers conferred on it by section 111(1).[169]

The appeal was dismissed.[170]

For the developers: Anthony Scrivner QC and Richard Rundell (Metson Cross & Co).

For the Council: Elizabeth Appleby QC and David Mole (borough solicitor).

3. **Documento**: Propuesta de borrador de un impreso para la declaración tributaria directa basada en el gasto personal (*personal expenditure tax form*).[171]

EXPENDITURE TAX: ASSESSMENT YEAR[172] 1988

1. *Employments.* Enter[173] here the total of all payments[174] from your employers[175] (attach form E2).

158. *was under no obligation*: no estaba obligado en absoluto.
159. *provide the consultation facility*: ofrecer el servicio de consultas.
160. *if it were to refuse to do so,*: si se negara [renunciara] a prestarlo.
161. *its refusal would clearly not be open to judicial review*: su negativa, a todas luces, no sería susceptible de recurso contencioso.
162. *challenge*: impugnación.
163. *unwillingness to provide the service*: renuencia a ofrecer el servicio.
164. *save on payment*: excepto mediante el pago.
165. *all that the council was doing was stating, on a take-it-or-leave-it basis*: la corporación no hacía otra cosa que manifestar que estaba dipuesta, basándose en el principio de «si quieres lo tomas y, si no, lo dejas».
166. *as part and parcel of the arrangement*: como parte integrante o esencial de dicho acuerdo.
167. *it was paid a stated reasonable fee by way of reimbursement for expenses*: se abonará una tasa razonable, fijada en forma de resarcimiento de gastos.
168. *It was clear open to the council to regard the making of such an arrangement*: al Consejo municipal no le quedaba ninguna duda de que acuerdos como el citado.
169. *as falling within the subsidiary powers conferred on it by section 111(1)*: estaban comprendidos en las facultades subsidiarias otorgadas por el artículo 111(1).
170. *the appeal was dismissed*: el recurso fue desestimado.
171. Kay, J. A. y M. A. King (1990): *The British Tax System*. Oxford: Oxford University Press, págs. 114-115.
172. *assessment year*: año fiscal.
173. *enter*: consignar [anotar, rellenar].
174. *payments*: retribuciones dinerarias.
175. *employers*: empresa(s).

Taxable benefits in kind.[176]

2. *Businessess.*   Enter here the gross sales proceeds[177] of all businessess owned or operated by you[178] (list details[179] on form B1).

3. *Partnerships.*   If you are a partner in any business, enter here the total of all distributions to you.[180]

4. *Gifts.*   Enter the total of all gifts[181] and inheritances received. You may neglect the first £100 pounds[182] from any person (list details on form G1).

5. *Pensions, social security*[183] *and National Insurance Benefits.*[184]   (If you have received a pension or social security or National Insurance benefits in 1988, you should have received form SS1 at the end of the year. If so enter the total from it in line 5. If you have not received SS1, contact your local tax or social security office.)

6. *Securities.*[185]   Enter here the total sales proceeds[186] of securities[187] sold during the years.

Enter here the total of all dividends and interest payments received.[188] (List details on form S1.)

7. *Registered accounts.*[189]   Total of net withdrawals[190] from each account (list on form R1 and attach forms R2).

8. *Life insurance policies.*   Total of maturities[191] (attach form L2).

9. *All other receipts.*   You must list[192] here all other receipts in 1988 unless (i) they are returns of or on money you have yourself already paid[193] and (ii) you have not claimed tax relief[194] on that payment in this or any previous year (e.g. tips[195] and bonuses must be entered;[196] receipts of principal or interest on loans need not be included *unless* you have claimed tax relief when you made them).

10   TOTAL RECEIPTS (Total of lines 1-9)

176. *taxable benefits in kind*: retribuciones en especie sujetas a tributación.
177. *gross sales proceeds*: ingresos íntegros por ventas.
178. *operated by you*: gestionados por usted.
179. *list details on form B1*: presente una relación detallada en el impreso B1.
180. *distributions to you*: beneficios que ha recibido. (Los socios o *partners*, conforme indicamos en la *Introducción* del capítulo diez, no reciben dividendos, aunque sí pueden repartirse beneficios o *distributions*.)
181. *gifts*: donaciones.
182. *you may neglect the first £100 pounds*: puede deducirse las 100 primeras libras.
183. *social security*: prestaciones sociales.
184. *National Insurance Benefits*: prestaciones de la seguridad social.
185. *securities*: valores.
186. *total sales proceeds*: ingresos totales por ventas.
187. *securities*: valores.
188. *interest payments received*: intereses abonados.
189. *registered accounts*: cuentas de empresas registradas a efectos fiscales.
190. *withdrawals*: reintegros [cantidades retiradas].
191. *maturities*: vencimientos.
192. *you must list*: dé una relación.
193. *returns of or on money you have yourself already paid*: devoluciones de o sobre cantidades ya abonadas por usted.
194. *claim tax relief*: reclamar desgravación.
195. *tips*: gratificaciones.
196. *tips and bonuses must be entered*: se deben consignar las gratificaciones y los pluses de productividad.

11. *Employments.* All admissible expenses[197] connected with your work (list on form E1 unless you claim the standard deduction).[198]

12. *Businessess.* Total admissible expenses[199] of all businessess owned or operated by you (give details on form B1).

13. *Securities.* Total acquisition cost of securities purchased[200] (list on form S1).

14. *Registered accounts.* Total net deposits[201] in registered accounts (list on form R1 and attach forms R3).

15. *Life insurance policies.* Total premiums[202] paid in the year (if the policy is a new one, attach form L3).

16. *Other payments.* (Give details on form P1.)

17. TOTAL PAYMENTS (Total of lines 11-16).

18. NET TAXABLE EXPENDITURE[203] (Substract line 17 from line 10).

197. *admissible expenses*: gastos deducibles.
198. *unless you claim the standard deduction*: a menos que reclame la devolución normal.
199. *admissible expenses*: gastos deducibles.
200. *total acquisition cost of securities purchased*: coste total de los valores adquiridos [precio de compra del total de los valores adquiridos].
201. *net deposits*: ingresos netos.
202. *premiums*: primas.
203. *net taxable expenditure*: gasto neto imponible.

XVII. DERECHO COMUNITARIO[1]

1. Introducción

En el capítulo uno examinamos las singulares fuentes del Derecho inglés, llamado también Derecho jurisprudencial (*case law*).[2] Sin embargo, desde la adhesión (*accession*) del Reino Unido a las Comunidades Europeas, por medio del Tratado de Adhesión (*Treaty of Accession*) del Reino Unido de Gran Bretaña e Irlanda del Norte, del Reino de Dinamarca y de la República de Irlanda a las Comunidades Europeas, incardinado en el Derecho inglés por *The European Community Act 1972*, también es vinculante para el Derecho inglés todo el Derecho comunitario, incluyendo las sentencias del Tribunal de Justicia de las Comunidades Europeas (*The European Court of Justice*). Es decir, desde el ingreso en las Comunidades Europeas en 1972, las leyes aprobadas en el Parlamento de Westminster tienen las limitaciones impuestas por el Derecho comunitario.

El inglés es una lengua oficial más, como las otras de la Unión Europea. Y el hecho de que sea una de las más usadas en la comunicación diaria y en los documentos de trabajo no implica que sea la única lengua auténtica; todas la lenguas oficiales de la Unión lo son.[3] A estos efectos, los tribunales ingleses, cuando surge un problema de interpretación (*where a problem of interpretation arises*) de algún documento relacionado con el Derecho europeo, y con el fin de resolver las posibles ambigüedades, tienen el derecho y la obligación (*are entitled and bound*) de consultar (*resort to*) el mismo texto en las demás lenguas oficiales, por su condición de auténticas. Pero esto no significa, en modo alguno, que, para las demás lenguas, la versión inglesa sea la definitiva y que sólo se haya de acudir a aquéllas cuando surjan anfibologías en la interpretación de un texto en esa versión; es

---

1. *Community Law*: Derecho comunitario.
2. Véase el punto 5 del capítulo uno.
3. Todas las lenguas son auténticas. Sin embargo, el Reglamento de Marcas Comunitarias de 1993 introduce la diferencia entre lenguas oficiales y lenguas de la oficina (*office languages*) o lenguas de procedimiento (*procedural languages*), reduciendo estas últimas al español, inglés, francés, alemán e italiano.

decir, no cabe la norma (*there is no room for the rule*) de que las otras son sólo lenguas de consulta, a los efectos de resolver las ambigüedades del inglés. Y es más, en alguna ocasión el Tribunal de Justicia de las Comunidades Europeas (*The European Court of Justice*) puede preferir en su interpretación, es decir, como lengua auténtica, la versión francesa, la alemana u otra, si considera que su redacción está más acorde (*as being more in keeping with*) con los objetivos y el espíritu (*objectives and spirit*) de las normas comunitarias.

Las principales instituciones y órganos de las Comunidades Europeas son las siguientes:

a) El Consejo de Ministros (*The Council of Ministers*), constituido por los Ministros correspondientes de los Estados Miembros; en ocasiones, el Consejo de Ministros está formado por los Jefes de Estado y de Gobierno de los Estados miembros, denominándose entonces Consejo Europeo (*European Council*).

b) La Comisión Europea (*The European Commission*), órgano ejecutivo de las Comunidades, formado por 17 comisarios (*commissioners*).

c) El Parlamento Europeo (*The European Parliament*), que consta de 567 diputados, elegidos por sufragio universal directo y secreto de todos los ciudadanos comunitarios por primera vez en 1978, con un mandato de cinco años. Además del poder deliberante, el Parlamento dictamina muchas cuestiones y puede interponer moción de censura contra la Comisión, interpelar (*summon*) a los Comisarios y al Consejo de Ministros.

d) El Tribunal de Justicia de las Comunidades Europeas (*The European Court of Justice*), formado por 13 jueces, auxiliados por 6 Abogados Generales (*Advocates-General*). Estos Abogados Generales, antes de que los jueces dicten sentencia (*render their decision*), emiten dictámenes razonados (*reasoned opinions*) sobre las demandas correspondientes.

e) El Tribunal de Cuentas (*The Court of Auditors*), compuesto por doce miembros, que examina las cuentas de la totalidad de los ingresos y gastos de la Comunidad.

f) El Tribunal de Primera Instancia (*The Court of First Instance*), que funciona desde 1989, y cuya función principal es aliviar la labor del Tribunal de Justicia. Este tribunal entiende, entre otras, de las demandas (*actions*) y de los procedimientos (*proceedings*) interpuestos por (*brought by*) los funcionarios de las Comunidades (*staff of the Communities*), así como de determinadas demandas de nulidad (*actions for annulment*) y demandas por incumplimiento (*actions for failure to act*) interpuestas por personas físicas o jurídicas (*natural or legal persons*) contra cualquier institución comunitaria; pero no tiene competencias para conocer demandas interpuestas por los Estados miembros ni para resolver los recursos o cuestiones con carácter prejudicial (*preliminary ruling procedure*) instados por los tribunales nacionales (*submitted by national courts*), que son competencia exclusiva del Tribunal de Justicia.

El Derecho comunitario (*Community law*) es un derecho supranacional que prevalece (*prevails*) sobre el derecho interno de cada uno de los demás países comunitarios, y sus *fuentes primarias* son los tres tratados fundacionales:

a)   el Tratado constitutivo de la (*Treaty establishing the*) Comunidad del Carbón y del Acero, CECA, de 18 de abril de 1951 (*European Coal and Steel Community, ECSC*);

b)   el Tratado constitutivo de la Comunidad Europea de la Energía Atómica, CEEA, de 25 de marzo de 1957 (*European Atomic Energy Community, EURATOM*);

c)   el Tratado constitutivo de la Comunidad Económica Europea, CEE (*European Economic Community, EEC*) o Tratado de Roma (*Treaty of Rome*), estos dos últimos firmados en Roma el 25 de marzo de 1957. Desde la entrada en vigor del Tratado de la Unión, la Comunidad Económica Europea pasó a denominarse Comunidad Europea (*European Community*).

El Tratado CECA es un *tratado-ley* o *tratado-articulado* porque regula de forma detallada y completa el funcionamiento del mercado del carbón y del acero; en cambio, los tratados CEEA y CEE son *tratados-marco* o *tratados-constitución* porque su objeto es definir los principios generales que las instituciones desarrollarán en forma legislativa de acuerdo con las necesidades. El objetivo fundamental de estos tratados comunitarios ha sido el establecimiento de una comunidad independiente con derechos y facultades soberanas (*with their own sovereign rights and powers*), lo que, en la práctica, como hemos dicho antes, ha significado que los Estados miembros hayan renunciado a parte de su soberanía en favor de la nueva comunidad.

Igualmente, forman parte de estas fuentes primarias las enmiendas introducidas a los tratados por acuerdo unánime de todos los Estados miembros, entre las que destaca el Acta Única Europea, AUE (*Single European, SEA*). De acuerdo con estos tratados, los países miembros se comprometen a promulgar las leyes concretas (*enact specific legislation*) que sean necesarias para cumplir las disposiciones de los tratados (*give effect to the provisions of the treaties*).

Los tratados comunitarios han facultado al Consejo de Ministros y a la Comisión a dictar cinco tipos de actos jurídicos comunitarios (*EEC legislation*), que constituyen lo que se llama Derecho comunitario derivado o secundario:

a)   los reglamentos (*regulations*), destinados a conferir la uniformidad legal imprescindible entre los estados miembros; son directamente aplicables y obligatorios para todos los ciudadanos de derecho (*individual subjects of the law*) de los mismos, y producen efectos inmediatos desde su entrada en vigor, que es la fecha que se señala o a los 20 días de su publicación en el Diario oficial. El Tribunal de Justicia, con el fin de reforzar el «efecto directo» (*direct effect*) de los reglamentos comunitarios, ha prohibido que se reproduzca en normas nacionales lo dispuesto en los Reglamentos.

b) las directivas (*directives*) no son en principio de aplicación directa, ya que son instrucciones o directrices que se dan a los países miembros a fin de que armonicen sus leyes con las comunitarias en un plazo fijado, utilizando el instrumento legal (*statutory instrument*) elegido por cada país (ley, decreto, orden ministerial, etc.). Pasado el plazo sin que se haya llevado a cabo la incorporación, las directivas tienen efecto directo vertical: los particulares pueden reclamar directamente contra el Estado que ha incumplido.

c) las decisiones (*decisions*) son actos jurídicos (*acts of law*) dirigidos a un particular, empresa o Estado al que obligan, y sólo vinculan al destinatario (*addressee*).

d) las recomendaciones (*recommendations*) y los dictámenes (*opinions*), de carácter no obligatorio.

El **texto** que sigue examina el punto en que se encuentra el recurso planteado (*appeal brought*) por las empresas pesqueras mixtas (*mixed nationality fisheries*) ante el Tribunal de Justicia Europeo (*The European Court of Justice*). En el mes de diciembre de 1988 el Parlamento británico aprobó la Ley de Registro de Buques (*Merchant Shipping Act*), por la que los armadores extranjeros (*foreign shipowners*) no podían tener más del (*may not hold more than*) 25 por ciento del capital (*capital stock*) de las empresas mixtas (*mixed nationality companies*) constituidas (*incorporated*) en el Reino Unido. Para los armadores de buques de pesca españoles esta ley no supone más que un intento (*is merely an attempt*) de obstruir (*to obstruct*) el normal desarrollo de empresas que se constituyen (*incorporated*) bajo los principios del Tratado de Roma y la desaparición (*disappearance*) de las empresas mixtas, que en 1988 obtuvieron el 60 por ciento de las cuotas del «stock oeste» (*western stock quotas*) de merluza británica (*British hake*) asignada (*assigned*) por la CEE.

El **documento** corresponde a una propuesta de Directiva relativa a una determinada aproximación legislativa (*approximation of the laws*).

2. **Texto:**[4] Robert Rice: "Fishermen Raise Tangled EC Issue." *Legal Column. Financial Times* (May 21, 1990).

4.   En las notas a pie de página se proponen, entre corchetes, otras opciones de traducción, que pueden ser tan válidas como la primera; entre paréntesis se dan aclaraciones. Los verbos aparecen normalmente en infinitivo. Si se ofrece un tiempo verbal, éste sólo tiene carácter aproximativo y es, por tanto, susceptible de modificación, de acuerdo con la perspectiva temporal adoptada por el traductor. Por ejemplo, en español el llamado «presente histórico» será a veces más conveniente que los tiempos pasados del texto original inglés.

SPANISH FISHERMEN moved a step nearer to winning back[5] their right to register[6] their fishing vessels[7] under the British flag[8] last week following[9] a favourable European Court opinion[10] in long-running litigation[11] against[12] the British Government.

In 1988, the UK legislation governing[13] the registration[14] of British fishing vessels[15] was amended by the Merchant Shipping Act 1988[16] to stop "quota hopping",[17] under which UK fishing quotas[18] were being "plundered"[19] by British flagged vessels with no genuine link with the UK.[20]

A number of UK-incorporated but Spanish-owned companies[21] suddenly found themselves effectively banned from fishing from April 1 1989,[22] and they challenged[23] the compatibility of the new legislation with Community law in the High Court.[24] The High Court referred[25] a question of Community law raised by the case[26] to the European Court for a preliminary ruling[27] and, as an interim measure,[28] ordered the Secretary of State not to apply the new act pending final judgment.[29] Mr John MacGregor, when he was Minister of Agriculture, Fisheries and Food,[30] appealed to the House of Lords on the grounds that[31] UK courts did not have the power to

5. *Spanish fishermen moved a step nearer to winning back... last week*: la semana pasada los pescadores españoles dieron otro paso más hacia adelante en su iniciativa de recuperar.

6. *register*: inscribir.

7. *fishing vessels*: barcos pesqueros.

8. *under the British flag*: bajo pabellón británico.

9. *following*: de acuerdo con.

10. *opinion*: dictamen.

11. *long-running litigation*: dilatadas [eternizadas] disputas.

12. *in long-running litigation against*: en la ya larga disputa con.

13. *governing*: que rige.

14. *registration*: matriculación.

15. *British fishing vessels*: buques de pesca británicos.

16. *was amended by the Merchant Shipping Act 1988*: fue modificada por medio de la Ley de Registro de Buques de 1988.

17. *to stop quota hopping*: para impedir los «saltos de cuota».

18. *fishing quotas*: cuotas de pesca.

19. *plunder*: esquilmar [saquear].

20. *by British flagged vessels with no genuine link with the UK*: por barcos que, aun teniendo pabellón británico, carecían de vínculo auténtico alguno con el Reino Unido.

21. *UK-incorporated but Spanish-owned companies*: sociedades constituidas de acuerdo con las leyes británicas pero de propiedad española.

22. *suddenly found themselves effectively banned from fishing*: de repente se encontraron con la prohibición efectiva de faenar.

23. *challenge*: impugnar.

24. *in the High Court*: ante el Tribunal Supremo de Justicia.

25. *The High Court referred to... the European Court*: el Tribunal Superior de Justicia trasladó a la Corte Europea de Justicia.

26. *a question of Community law raised by the case*: una cuestión de Derecho comunitario suscitada por el proceso (en cuestión).

27. *for preliminary ruling*: para que se pronunciara con carácter prejudicial.

28. *and, as an interim measure*: y como medida cautelar.

29. *ordered the Secretary of State not to apply the new act pending final judgment*: ordenó a la Secretaría de Estado que no aplicara la nueva ley, a la espera del fallo definitivo.

30. *Minister of Agriculture, Fisheries and Food*: Ministro de Agricultura, Pesca y Alimentación.

31. *on the grounds that*: alegando que.

suspend the application of laws or to obtain an injunction against the Government.[32] The Law Lords[33] agreed and ruled that under English law the courts had no power to suspend the application of an Act of Parliament on the grounds of its alleged, but unproven,[34] incompatibility with EC law.[35] But their Lordships also referred the case to the Court of Justice for a preliminary ruling.[36]

Does EC law give national courts the power to grant interim protection?[37]

The question to be considered was: when a reference for a preliminary ruling is made by a national court,[38] does Community law give the national court the power, or put it under an obligation, to grant interim protection,[39] even though the court in question has no power to grant such interim protection under its national law?

In the opinion[40] of Mr Advocate General Giuseppe Tesauro, it does. He told the judges of the European Court that the national court's duty to give effective judicial protection[41] to the rights conferred on the individual by Community law, where the relevant requirements of direct applicability were satisfied, must embrace the interim protection of rights[42] pending final adjudication of the case.[43]

To give priority to national legislation merely because it had not yet been definitely declared incompatible with Community law, and thus to proceed on the basis of a presumed compatibility, might amount to[44] depriving Community rules of the effective judicial protection that must be afforded to them.

He went on to point out[45] that it was well established by case law[46] that national courts of member states were required[47] to give complete and effective judicial protection to individuals on whom rights were conferred by directly effective provisions of Community law. Any national provision that precluded[48] the court from giving "full effect" to Community provisions was incompatible with Community law. The purpose of an advocate general's opinion[49] is to provide an impartial and

---

32. *obtain an injunction against the Government*: dictar [recabar] un interdicto contra el Gobierno. (Véase el último párrafo del punto 8 del capítulo dos.)

33. *Law Lords*: magistrados de la Cámara de los Lores.

34. *alleged, but unproven*: supuesta pero no probada.

35. *EC law*: legislación comunitaria. Véase el punto 8 del capítulo dos.

36. *for a preliminary ruling*: para resolver una cuestión de prejudicialidad.

37. *grant interim protection*: otorgar el amparo cautelar.

38. *when a reference for a preliminary ruling is made by a national court*: cuando un tribunal nacional eleva una cuestión de prejudicialidad.

39. *does Community law give the national court the power, or put it under an obligation, to grant interim protection?*: ¿faculta u obliga el Derecho comunitario, a otorgar medidas cautelares?

40. *opinion*: dictamen.

41. *effective judicial protection*: tutela judicial efectiva.

42. *must embrace the interim protection of rights*: debe incluir [comprender] la protección cautelar de los derechos.

43. *pending final adjudication of the case*: a la espera de la resolución final del proceso.

44. *amount to*: equivaler a.

45. *he went on to point out*: llegó a señalar.

46. *it was well established by case law*: quedaba bien sentado por la jurisprudencia.

47. *that national courts of member states were required*: que se exigía que los tribunales nacionales de los estados miembros.

48. *preclude*: imposibilitar, impedir.

49. *opinion*: dictamen.

independent view to assist the judges.[50] As such, the court is not bound to follow it in reaching its decision. However, in the majority of cases it does, and if it does so in this case it will be no surprise.

Although conflicts between Community law and Acts of Parliament have often been mooted[51] in the past, they have largely failed to materialise. Indeed the House of Lords seemed to accept when it heard this case[52] last summer that Acts of Parliament must yield to[53] conflicting case law of the European Court.[54]

Although the Law Lords felt unable to decide the point themselves without referring it to Luxembourg, Lord Bridge with whom all their Lordships agreed, declared himself inclined to the view that rules of national law[55] that render the exercise of directly enforceable Community rights excessively difficult[56] must be overridden.[57]

It must surely follow from this[58] that any Act of Parliament passed since the European Communities Act must be read[59] as subject to directly enforceable rights arising under Community law. Certainly Mr Tesauro seems to think so. We will know in about six weeks whether the full Court of Justice agrees with him.

3. **Documento**: Proposal for[60] a Council Directive[61] on[62] the Approximation of the Laws of the Member States relating to[63] machinery[64]

THE COUNCIL OF THE EUROPEAN COMMUNITIES,[65]

Having regard to[66] the Treaty establishing the European Economic Community,[67] and in particular Article 100 A thereof,[68]

---

50. *the purpose of an advocate general's opinion is to provide: an impartial and independent view to assist the judges*: el objeto de los dictámenes de los Abogados-Generales (o jueces asesores de la Corte Europea) es ofrecer un punto de vista imparcial e independiente que facilite la labor de los jueces.

51. *moot*: someter a discusión.

52. *hear*: conocer.

53. *yield to*: someterse a [ceder].

54. *case law of the European Court*: jurisprudencia europea. (Sobre el concepto de *case law*, véase el punto 5 del capítulo uno.)

55. *rules of national law*: normas del derecho nacional.

56. *that render the exercise of directly enforceable Community rights excessively difficult*: que dificultan, de forma excesiva, el ejercicio de derechos comunitarios directamente ejecutables.

57. *must be overridden*: deben ser anuladas.

58. *It must surely follow from this*: de todo lo dicho se debe concluir de forma cierta.

59. *must be read*: debe ser interpretada.

60. *proposal for*: propuesta de.

61. *Council Directive*: Directiva del Consejo.

62. *on*: relativa a.

63. *relating to*: sobre.

64. *machinery*: máquinas.

65. *The Council of the European Communities*: El Consejo de las Comunidades Europeas.

66. *having regard to*: visto.

67. *Treaty establishing the European Economic Community*: Tratado constitutivo de la Comunidad Económica Europea.

68. *thereof*: su (artículo).

Having regard to the proposal[69] from the Commission,
In cooperation with the European Parliament,
Having regard to the opinion[70] of the Economic and Social Committee,[71]

1. Whereas[72] Member States have the responsibility of[73] ensuring[74] the health and safety[75] on their territory of their people[76] and, where appropriate,[77] of domestic animals and goods and, in particular, of workers notably in relation to[78] the hazards[79] arising out of[80] the use[81] of machinery.

2. Whereas, in the Member States, the legislative systems regarding[82] accident prevention[83] are very different; whereas[84] the relevant compulsory provisions,[85] frequently supplemented[86] by de facto mandatory technical specifications[87] and/or voluntary standards,[88] do not necessary lead to different levels of health and safety, but nevertheless, owing to their disparities, constitute barriers to trade[89] within the Community; whereas, furthermore,[90] conformity certification and national certification systems[91] for machinery differ considerably.

3. Whereas existing national health and safety provisions[92] providing protection against the hazards[93] caused[94] by machinery must[95] be approximated to ensure[96] free movement of machinery without lowering existing justified levels of protection in the Member States; whereas the provisions of this Directive concerning the design and

---

69. *proposal*: propuesta.
70. *opinion*: dictamen.
71. *Economic and Social Committee*: Comité Económico y Social.
72. *whereas*: considerando.
73. *whereas Member States have the responsibility of*: considerando que corresponde a los Estados Miembros.
74. *ensure*: garantizar.
75. *safety*: seguridad.
76. *of their people*: de las personas.
77. *and, where appropriate*: y, llegado el caso.
78. *notably in relation to*: especialmente ante.
79. *hazards*: riesgos.
80. *arising out of*: derivado.
81. *use*: utilización.
82. *regarding*: referente.
83. *accident prevention*: prevención de accidentes.
84. Cuando *whereas* aparece por segunda vez en un párrafo, debe traducirse por *que*.
85. *relevant compulsory provisions*: disposiciones imperativas en la materia.
86. *supplement*: completar.
87. *mandatory technical specifications*: especificaciones/instrucciones técnicas obligatorias.
88. *and/or voluntary standards*: y/o por normas voluntarias.
89. *barriers to trade*: trabas comerciales.
90. *furthermore*: además.
91. *conformity certification and national certification systems*: los sistemas de acreditación de conformidad y de certificación.
92. *existing national health and safety provisions*: disposiciones nacionales de seguridad y de salud existentes.
93. *hazards*: riesgos.
94. *cause*: provocar.
95. *must*: haber de.
96. *ensure*: garantizar.

construction of machinery, shall be accompanied by specific provisions concerning[97] the prevention of certain hazards to which workers can be exposed at work,[98] as well as by provisions, based on Article 118 A of the Treaty, regarding[99] the use of machinery and organisation of safety of workers in the working environment.[100]

4. Whereas the machinery sector is an important part of the engineering industry[101] and is one of the industrial mainstays[102] of the Community economy;

5. Whereas paragraphs 65 and 68 of the White Paper[103] on the completion[104] of the internal market,[105] approved by the European Council in June 1985, provided for a new approach to legislative harmonization.[106]

6. Whereas the social cost of the large number of accidents caused[107] directly by the use[108] of machinery[109] can be reduced by inherently safe design at construction of machine[110] and by proper[111] installation and maintenance.

7. Whereas the field of application[112] of the Directive must[113] be based[114] on general definition of the term "machinery" so as to allow[115] the technical development[116] of products; whereas the development of "complete installations"[117] and the hazards they involve are of an equivalent nature and their express inclusion in the Directive is therefore justified.[118]

8. Whereas it is now[119] envisaged[120] to draw up[121] specific Directives containing[122] design and construction provisions for certain[123] categories[124] of

---

97. *concerning*: sobre.
98. *to which workers can be exposed at work*: que pueden afectar a los operarios.
99. *regarding*: referentes al.
100. *working environment*: lugar de trabajo.
101. *engineering industry*: ingeniería mecánica.
102. *mainstay*: núcleo/soportes, pilares.
103. *White Paper*: Libro Blanco.
104. *completion*: plena realización.
105. *internal market*: mercado interno.
106. *provided for a new approach to legislative harmonization*: dispone que se recurra al nuevo enfoque en materia de aproximación de las legislaciones.
107. *caused*: provocado.
108. *use*: utilización.
109. *machinery*: máquinas.
110. *by inherently safe design at construction of machine*: integrando la seguridad en las mismas fases del diseño.
111. *proper*: adecuado.
112. *field of application*: campo de aplicación.
113. *must*: haber de (en estilo formal).
114. *base*: fundamentarse.
115. *allow*: posibilitar/permitir.
116. *development*: evolución.
117. *complete installations*: instalaciones complejas.
118. *and their express inclusion in the Directive is therefore justified*: lo cual justifica su inclusión expresa en la Directiva.
119. *now*: a partir de ahora.
120. *envisaged*: previsto.
121. *draw up*: elaborar [redactar].
122. *containing*: con.
123. *certain*: determinadas.
124. *categories*: tipos.

machinery; whereas the very broad scope[125] of the Directives must be limited in relation to these Directives and also existing Directives where they contain[126] design and construction provisions.

9. Whereas Community law, in its present form,[127] provides[128] —by derogation to one of the fundamental rules[129] of the Community, namely the free movement of goods—[130] that obstacles to movement within the Community, resulting[131] from disparities in national legislation[132] relating[133] to the marketing of products must be accepted in so far as[134] such requirements can be recognized as being necessary to satisfy[135] imperative requirements;[136] whereas therefore, the harmonization of laws in this case[137] must be limited only to those requirements necessary to satisfy the imperative requirements and essential health and safety requirements relating to machinery; whereas these requirements must replace[138] relevant national requirements[139] because they are essential.

10. Whereas the essential health and safety requirements must be observed[140] in order to ensure that machinery is safe;[141] whereas these requirements must be applied with discernment[142] to take account of the state of the art[143] at the time[144] of construction and technical and economic requirements.[145]

11. Whereas the use of machinery within the meaning of this Directive[146] can relate only to the use of the machinery itself as intended by the manufacturer;[147] whereas this does not preclude the laying down of conditions[148] of use external to the machinery, provided that it is not therefore modified in a way not specified in this Directive.[149]

---

125. *scope*: campo de aplicación.
126. *where they contain*: si éstas fijan.
127. *in its present form*: en su estado actual.
128. *provides*: establece.
129. *fundamental rules*: normas básicas.
130. *free movement of goods*: libre circulación de mercancías.
131. *resulting*: resultado [nacido, surgido, derivado].
132. *national legislation*: legislación nacional.
133. *relating*: sobre.
134. *in so far as*: en la medida en que.
135. *satisfy*: cumplir.
136. *imperative requirements*: exigencias imperativas.
137. *in this case*: en el caso que nos ocupa.
138. *replace*: sustituir.
139. *national requirements*: prescripciones nacionales.
140. *the essential health and safety requirements must be observed*: hay que cumplir...
141. *in order to ensure that machinery is safe*: para garantizar la seguridad de las máquinas.
142. *discernment*: discernimiento.
143. *state of the art*: nivel tecnológico.
144. *at the time*: existente en el momento.
145. *technical and economic requirements*: imperativos técnicos y económicos.
146. *within the meaning of this Directive*: con arreglo a la presente Directiva.
147. *can relate only to the use of the machinery itself as intended by the manufacturer*: sólo se refiere al uso que de la máquina haya previsto el fabricante.
148. *whereas this does not preclude the laying down of conditions*: que esto se entiende sin perjuicio de posibles condiciones.
149. *provided that it is not therefore modified in a way not specified in this Directive*: siempre que dichas condiciones no supongan modificaciones de la máquina en relación con las disposiciones de la presente Directiva.

12.   Whereas, for trade fairs, exhibitions, etc. it must be possible to exhibit demonstration machinery which, for the needs of the demonstration, do not conform to the Directive;[150] whereas, however, the persons concerned[151] should be properly informed of such non-conformity[152] and that such machinery cannot be purchased[153] in that condition.

13.   Whereas therefore this[154] Directive defines only the essential[155] health and safety requirements[156] of general application,[157] supplemented[158] by a number of[159] more specific requirements for[160] certain categories[161] of machinery; whereas in order to help manufacturers to prove conformity to[162] these essential requirements, it is desirable[163] to have[164] standards harmonized[165] at European level[166] for[167] prevention[168] of hazards[169] arising out of[170] the design and construction of machinery and in order to allow conformity to the essential requirements to be inspected;[171] whereas these standards harmonized at European level are drawn up[172] by private-law bodies[173] and must retain their non-binding status;[174] whereas for this purpose[175] the European Committee for Standardization (CEU) and the European Committee for Electrotechnical Standardization (CENELEC) are the bodies recognized as competent to adopt[176] harmonized standards in accordance with[177] the general guidelines[178] for

---

150.   *Whereas, for trade fairs, exhibitions, etc. it must be possible to exhibit demonstration machinery which, for the needs of the demonstration, do not conform to the Directive*: considerando que ha de ser posible exponer en ferias, exposiciones, etc., máquinas de demostración que, por necesidades de demostración, no se atengan a la Directiva.

151.   *the persons concerned*: los interesados.

152.   *such non-conformity*: esta no conformidad, falta de adecuación.

153.   *purchase*: adquirir.

154.   *this*: la presente.

155.   *essential*: básico.

156.   *requirements*: exigencias.

157.   *of general application*: de alcance general.

158.   *supplement*: completar.

159.   *by a number of*: con una serie de.

160.   *for*: dirigidas a.

161.   *categories*: tipos.

162.   *help manufacturers to prove conformity to*: facilitar la prueba de conformidad.

163.   *it is desirable*: conviene, convendría.

164.   *have*: disponer.

165.   *standards harmonized*: normas armonizadas.

166.   *at European level*: en Europa.

167.   *for*: respecto a/de.

168.   *prevention*: prevención.

169.   *hazards*: riesgos.

170.   *arising out of*: derivados.

171.   *allow conformity to the essential requirements*: posibilitar el control de la conformidad a las exigencias básicas.

172.   *draw up*: elaborar, redactar.

173.   *private-law bodies*: organismos de derecho privado.

174.   *retain their non-binding status*: y habrán de conservar la característica de textos no obligatorios.

175.   *for this purpose*: para ello.

176.   *adopt*: aprobar.

177.   *in accordance with*: con arreglo a.

178.   *guidelines*: orientaciones.

cooperation between the Commission and these two bodies signed in 13 November 1984; whereas within the meaning of this Directive a harmonized standard is a technical specification (European standard or harmonization document)[179] adopted by either or both of these bodies,[180] on the basis of a remit[181] from the Commission in accordance with[182] the provisions of Council Directive 83/189/EEC of 28 March 1583 laying down a procedure for the provision of information[183] in the field of technical standards and regulations[184] and on the basis of[185] the general guidelines referred to above.[186]

14.   Whereas, while awaiting the adoption[187] of harmonized standards within the meaning of this Directive,[188] conformity to the essential requirements and the free movement of machinery should be facilitated[189] by the acceptance, at Community level,[190] of products conforming to[191] the national standards adopted, on a temporary basis,[192] with the aid of a Community checking procedure to ensure that national standards satisfy[193] the essential requirements of this Directive; whereas to this end,[194] in view of[195] the general and horizontal role of the committee set up[196] by Article 5 of Directive 83/189/EEC in Community standardization policy,[197] and more particularly[198] its role in the preparation of standardization remits[199] and the operation of the standstill procedure[200] in European and national standardization, that committee was set up in order[201] to assist the Commission in carrying out Community checks of the conformity of national standards;[202] whereas both sides of industry[203]

---

179.   *European standard or harmonization document*: norma europea o documento de armonización.

180.   *by either or both of these bodies*: por cualquiera de estos dos organismos o por ambos.

181.   *on the basis of a remit*: por mandato de.

182.   *in accordance with*: con arreglo a.

183.   *laying down a procedure for the provision of information*: que fija un procedimiento de información.

184.   *technical standards and regulations*: normas y reglamentos técnicos.

185.   *on the basis of*: en virtud de.

186.   *referred to above*: antes mencionadas.

187.   *while awaiting the adoption*: hasta que se aprueben.

188.   *within the meaning of this Directive*: con arreglo a la presente directiva.

189.   *should be facilitated*: convendría facilitar.

190.   *at Community level*: en la Comunidad.

191.   *conform to*: cumplir.

192.   *on a temporary basis*: con carácter transitorio.

193.   *satisfy*: cumplir.

194.   *to this end*: para ello.

195.   *in view of*: teniendo en cuenta.

196.   *set up*: crear.

197.   *Community standardization policy*: política comunitaria de normalización.

198.   *and more particularly*: y más especialmente.

199.   *standardization remits*: preceptos de normalización.

200.   *and the operation of the standstill procedure*: funcionamiento del *statu quo*.

201.   *was set up in order*: es el especialmente indicado.

202.   *Community checks of the conformity of national standards*: control comunitario de conformidad de las normas nacionales.

203.   *both sides of industry*: interlocutores sociales.

must be properly consulted, particularly labour organizations[204] concerning the standardization and management work[205] relating to[206] this[207] Directive.

15. Whereas, as is currently the practice[208] in Member States, manufacturers should retain the responsibility for certifying the conformity of their machinery[209] to the relevant essential requirements;[210] whereas conformity to harmonized standards creates a presumption of conformity[211] to the relevant essential requirements; whereas it is left to the sole discretion of the manufacturer,[212] where he feels the need,[213] to have his products examined and certified by a third party.[214]

16. Whereas it is necessary not only to ensure[215] free movement, putting into service[216] and use of machinery bearing the EC mark[217] and having an EC conformity certificate;[218] whereas it is necessary to ensure[219] free movement of machinery not bearing the EC mark[220] where it is to be incorporated into other machinery or assembled with other machinery to form a complex installation;[221] whereas nevertheless such machinery cannot be put into service or use[222] until it has been certified for conformity[223] since, in the absence of the EC mark,[224] it must be regarded as not ready for use.[225]

17. Whereas the Member States' responsibility for safety, health and the other aspects covered by[226] the essential requirements[227] on their territory must be

---

204. *labour organizations*: organizaciones de trabajadores.
205. *concerning the standardization and management work*: al efectuar los trabajos de normalización y de gestión.
206. *relating to*: relacionados con.
207. *this*: la presente.
208. *as is currently the practice*: tal como se viene practicando generalmente.
209. *manufacturers should retain the responsibility for certifying the conformity of their machinery*: conviene dejar a los fabricantes la responsabilidad de acreditar la conformidad de sus máquinas.
210. *to the relevant essential requirements*: a las exigencias básicas.
211. *creates a presumption of conformity*: da una presunción de conformidad a las exigencias básicas de que se trate.
212. *whereas it is left to the sole discretion of the manufacturer*: que se deja a la voluntad del fabricante.
213. *where he feels the need*: si lo considera necesario.
214. *to have his products examined and certified by a third party*: la opción de recurrir a exámenes y certificaciones elaborados por terceras partes.
215. *Whereas it is necessary not only to ensure*: considerando que no sólo hay que garantizar.
216. *putting into service*: puesta en servicio.
217. *bearing the EC mark*: provistas [que lleven] de la marca CE.
218. *and having an EC conformity certificate*: y de la acreditación de conformidad CE.
219. *ensure*: garantizar.
220. *not bearing the EC mark*: no provistas de la marca CE.
221. *where it is to be incorporated into other machinery or assembled with other machinery to form a complex installation*: cuando ésta vaya a incorporarse en una máquina o a unirse con otras máquinas para formar una instalación compleja.
222. *cannot be put into service or use*: no podrán empezar a funcionar ni utilizarse.
223. *until it has been certified for conformity*: hasta que se las haga conformes.
224. *in the absence of the EC mark*: debido a la ausencia de la marca CE.
225. *not ready for use*: no/que no están listas para su uso.
226. *covered by*: a que se refieren.
227. *essential requirements*: exigencias básicas.

recognized in a safeguard clause[228] providing[229] for adequate Community protection procedures.

18.   Whereas the addressees[230] of any decision taken[231] under[232] this Directive must be informed[233] of the reasons for such a decision and the means of appeal open to them.[234]

19.   Whereas the measures aimed at the gradual establishment of the internal market must be adopted by 31 December 1992; whereas the internal market consists of[235] an area without internal frontiers[236] within which the free movements[237] of goods, persons, services and capital is guaranteed.

HAS ADOPTED THIS[238] DIRECTIVE.

228.   *safeguard clause*: cláusula de salvaguardia.
229.   *providing*: que fije/establezca.
230.   *addressee*: destinatario.
231.   *take a decision*: adoptar una decisión.
232.   *under*: en el marco de.
233.   *must be informed*: han de conocer.
234.   *open to them*: que se les ofrece.
235.   *consists of*: supone.
236.   *area without internal frontiers*: espacio sin fronteras internas.
237.   *free movement*: libre circulación.
238.   *this*: la presente.

XVIII. LOS ABOGADOS Y LA REPRESENTACIÓN PROCESAL

1. Introducción

En la mayoría de los países de habla inglesa se emplean los términos *lawyer* o *attorney*[1] para referirse a los letrados o abogados en general, es decir, a las personas doctas en leyes (*learned in the law*), legalmente autorizadas (*legally licensed*) a ejercer la abogacía (*practise law*), ya ante los tribunales (*in court*), ya asesorando (*give advice or assistance*) a sus clientes en cuestiones jurídicas (*legal matters*). Se usan también las palabras *advocate*[2] y *counsel*, aunque normalmente con este último nombre se está aludiendo a la representación letrada, defensa o acusación, que actúa ante los tribunales.[3]

En Inglaterra y Gales la profesión tiene dos ramas: la de los *barristers* y la de los *solicitors*, y, consecuentemente, existen dos colegios profesionales de abogados: *The Bar Council* para los primeros y *The Law Society*[4] para los segundos. Los *solicitors* son letrados (*lawyers*) cuya función principal es asesorar (*give advice and assistance*) a sus clientes en la solución de los problemas jurídicos que tengan. Aunque pueden ejercer la profesión de forma individual, habitualmente forman «despachos colectivos» (*law firms*) en forma de sociedades civiles (*partnerships*).[5] La asesoría que ejercen los

---

1. Llamado igualmente *attorney-at-law* en Estados Unidos.
2. En Escocia es el término equivalente a *lawyer, solicitor* o *barrister*.
3. Se emplea en expresiones como *counsel for defense* (la defensa), o *counsel for prosecution* (la acusación). El sustantivo *jurist* (jurisperito, jurisconsulto) alude fundamentalmente al investigador o académico de las ciencias y disciplinas jurídicas, siendo equivalente a *legal scholar*.
4. Este Colegio de Abogados ha tenido distintos nombres. Cuando se fundó en 1739 se llamaba *Society of Gentlemen Practisers in the Courts of Law and Equity*. El nombre de *Law Society* se adoptó en 1903 siendo el anterior a éste el de *Society of Attorneys, Solicitors, Proctors and others not being Barristers practising in the Courts of Law and Equity of the United Kingdom*. En este último título se ve claramente, desde un punto de vista histórico, la clara separación de los *barristers* con relación a los otros letrados.
5. En Estados Unidos también son muy frecuentes los grandes despachos colectivos, algunos de hasta 200 abogados.

solicitors con frecuencia gira en torno a la redacción de testamentos (*drafting wills*), las escrituras de compraventa (*conveyancing*), la liquidación del patrimonio de un causante (*winding up a deceased person's estate*), las demandas por daños y perjuicios dimanantes de accidentes (*claims for compensations arising from accidents*), los problemas matrimoniales relacionados con la separación o el divorcio, etc., pudiendo actuar ante los tribunales en las cuestiones indicadas así como en otras, como las de quiebras (*bankruptcies courts*), etc. Y para poder ejercer la profesión se debe trabajar previamente como pasante (*serve articles*) durante cierto tiempo en un bufete de abogado (*solicitor's office*), tras ser admitido a la profesión por *The Master of the Rolls* si se aprueba el examen organizado por la *Law Society*. Dentro de los despachos colectivos y de las empresas especializadas la gama de categorías de abogados es amplia, comenzando con los abogados en prácticas o pasantes (*trainee solicitors*)[6] hasta llegar a los letrados jefes (*senior solicitors*), tras haber sido abogados adjuntos o asociados (*assistant/associate solicitors*), adjuntos superiores o con experiencia (*senior assistants/associates*) y los letrados superiores o con experiencia (*qualified solicitors*).

Cuando el problema legal debe resolverse (*be settled*) en los tribunales, es decir, cuando hay un litigio que requiere un procedimiento judicial (*court proceedings*), el *solicitor* puede intervenir ante los inferiores (*lower courts*) como los de magistrados (*Magistrates' Courts*) y los de Condado (*County Courts*), y ante los administrativos[7] (*tribunals*), y en limitadas ocasiones ante *The High Court of Justice*. Pero si la cuestión ha de verse ante este último tribunal, ante el *Crown Court* o en otros superiores, como el Tribunal de Apelación (*Court of Appeal*) o la Cámara de los Lores (*The House of Lords*), el *solicitor* se limitará a preparar las fases iniciales del proceso y encomendará la labor restante a un *barrister*, quien, por cierto, no trata directamente con el cliente.

Los *barristers* o *barristers-at-law* son la élite[8] de la profesión, ya que gozan del monopolio o derecho exclusivo (*an exclusive right of audience*) para ejercer la abogacía ante los tribunales superiores de Inglaterra y Gales (*The High Court of Justice, The Crown Court, The Court of Appeal*) representando a cualquier particular o al Estado (*The Crown*). El término *barrister*[9] procede de la palabra *bar* o *bar of the court*, que no es más que la línea imaginaria que separa a los jueces (*The Bench*) del público, barra que

6.   En el pasado se les llamaba *articled clerks*.
7.   Véase el capítulo seis.
8.   Este elitismo se percibe en muchas manifestaciones del lenguaje. Por ejemplo, para referirse al hecho de «darse de alta en su colegio profesional» se usan distintos términos: los *solicitors* son *admitted to practise* mientras que los segundos son *called to the bar*.
9.   Aunque hay varias palabras acabadas en -*ster* (*barrister, youngster, gangster, spinster,* etc.), no es muy corriente este sufijo en la formación de palabras inglesas.

los *barristers* tienen el privilegio de sobrepasar.[10] Todos los *barristers* son miembros del *The Bar,* constituido por los cuatro *Inns of Court* (o colegios/escuelas de abogados), llamados *Gray's Inn, Lincoln's Inn, Inner Temple, Middle Temple*, a los que están afiliados jueces y *barristers*, y en donde se lleva a cabo la formación de los que más tarde ingresarán en la profesión (*will be called to the bar*) de *barrister*. Todos los años el gobierno concede el título profesional de «Abogados de la Reina» (*Queen's Counsel*) a un número de *barristers*, por su reconocido prestigio y experiencia; también se les conoce a estos *barristers* con la sigla *QC*, o familiarmente con el nombre de *silks*, por la toga de seda que llevan, o *leaders*, para diferenciarlos de los demás, que se llaman simplemente *barristers* o *junior barristers*. Los jueces de *The High Court* deben haber sido antes *Queen's Counsels*.[11]

Como esta división de profesionales del derecho sólo existe en Inglaterra y Gales, ni que decir tiene que ha habido muchos intentos de modificación de la situación actual, con proyectos presentados por *The Royal Commission on Legal Services* en 1979 y con informes como el llamado *A Time to Change*, redactado por la Comisión Marre en 1986, que aunque han introducido algunos cambios, como la posibilidad de que los *solicitors* puedan acceder a la judicatura, no han podido superar esta división tradicional de *barristers* y *solicitors*.

En Estados Unidos[12] para la práctica profesional (*practice of law*) generalmente se exige el título de Licenciado en Derecho expedido por una Facultad de Derecho (*School of Law*) acreditada por la Asociación Americana de Colegios de Abogados (*American Bar Association* o *ABA*). Pero antes de ingresar en una Facultad de Derecho, que son Escuelas de posgrado (*Graduate Schools*), los alumnos deben haber cursado previamente una carrera universitaria de cuatro años en un *college*, donde habrán obtenido un título de licenciado en Letras (*Bachelor of Arts, B.A.*) o en Ciencias (*Bachelor of Science, B.S.*). Con uno de esos títulos, el aspirante a estudiar Derecho debe someterse a un examen de selectividad específico para estos estudios, llamado «Prueba de Ingreso a las Facultades de Derecho» (*Law School Admission Test*), que organizado, a escala nacional, por el *Law School Admission Council*, tiene como objetivo fundamental medir si los aspirantes poseen: *a*) la capacidad de lectura y comprensión (*reading comprehension*) de textos complejos; *b*) la expresión escrita de forma coherente y ordenada; *c*) la habilidad para manejar y procesar información (*information processing*)

10. A los *barristers* se les llama colectivamente *The Bar*, aunque este término también se aplica a los trámites procesales.

11. Véase el punto 4 del capítulo dos.

12. Para la redacción de este párrafo he seguido muy de cerca el artículo de Juan A. Pérez Lledó «La Enseñanza del Derecho en Estados Unidos», *Doxa*, 12, págs. 41-93, 1992.

y extraer conclusiones de ellas; *d*) la capacidad de síntesis y de análisis, y *e*) la aptitud para el razonamiento lógico y la argumentación crítica. Una vez obtenido el título de Derecho tras tres años de estudio, para el ejercicio de la profesión (*practice of law*) los recién licenciados deberán superar la prueba profesional (*Bar Exam*) exigida por el Estado donde deseen ejercer,[13] que servirá para evaluar no sólo los conocimientos jurídicos generales sino también la familiaridad con el código deontológico (*code of practice*) y con el régimen de responsabilidad profesional del abogado. El hecho de que un abogado sólo pueda ejercer en el Estado en el que ha sido admitido mediante este examen, es una de las razones por la que los principales Despachos colectivos de abogados (*Law Firms*) abren bufetes en muchos Estados.

En el **texto** que sigue se reflexiona sobre los cambios que pretende introducir el Colegio de Abogados (*Law Society*) en los planes de formación teórica y práctica de los abogados (*in solicitors' education and training*).

El **documento** contiene la redacción más usual de los actos notariales (*the usual wording for notarial acts*) de otorgamiento de poderes. Para ostentar la representación procesal de alguien (*represent a person in court*) y, consecuentemente, actuar en su nombre (*act on his behalf*) ante los tribunales, es preciso que el representante o apoderado (*attorney*)[14] cuente con un documento legal llamado poder (*power of attorney*), mediante el cual otra persona, llamada mandatario o poderdante (*donor*), otorga la autorización (*authority*) para representarle. Este poder, que es normalmente un documento protocolizado (*a document under seal*), se otorga (*is acknowledged*) ante notario y queda sin valor (*is void*) a la muerte del mandante o cuando éste lo revoca. La revocación (*revocation*) es la anulación (*recall*), manifestada (*demonstrated*) con un signo externo visible (*some outward and visible sign*), del poder (*power*) o autorización (*authority*) concedidos (*conferred*), o la invalidación (*vacating*) de la escritura previamente otorgada (*instrument previously made*).

2. **Texto:**[15] Robert Rice (Legal Correspondent): "Solicitors Worried about Training Change." *Legal Column. Financial Times* (May 21, 1990).

---

13. Desde hace cierto tiempo existe también la posibilidad de someterse al *Multistate Bar Exam*, examen unificado reconocido por la mayoría de Estados.

14. Para el expresar el término «apoderado» también se emplea, especialmente en Estados Unidos, el término *attorney-in-fact*, a efectos extrajudiciales, con el fin de distinguirlo del *attorney-in-law* o *attorney-of-record*, que es el abogado a efectos judiciales. Véase la nota 1 de este capítulo.

15. En las notas a pie de página se proponen, entre corchetes, otras opciones de traducción, que pueden ser tan válidas como la primera; entre paréntesis se dan aclaraciones. Los verbos aparecen normalmente en infinitivo. Si se ofrece un tiempo verbal, éste sólo tiene carácter aproximativo y es, por tanto, susceptible de modificación, de acuerdo con la perspectiva temporal adoptada por el traductor. Por ejemplo, en español el llamado «presente histórico» será a veces más conveniente que los tiempos pasados del texto original inglés.

THE LAW Society's governing council[16] has approved plans for a radical change in solicitors' education and training,[17] in spite of some serious concerns about the proposals raised[18] both by academics at the College of Law and by members of the profession.

The changes, outlined[19] in a discussion document[20] entitled Training Tomorrow's Solicitors,[21] are designed[22] to meet[23] what the society sees as both the need to improve the quality of entrants[24] to the profession and to increase the system's ability to respond flexibly to changes in demand for legal services.

The main proposal is to replace the present Law Society Finals Course with[25] a 24 week practical skills Legal Practice Course[26] (LPC). This would introduce students to advocacy[27] and other practical skills and give them an understanding of the law and basic procedures affecting conveyancing,[28] wills and probate,[29] the basic principles of civil and criminal litigation and the rules of evidence.[30]

Students would have the ability to choose two or three optional subjects within the general categories of either general or commercial practice.

The new course begins to sound very similar to the Bar Finals course.[31] Is this perhaps the beginning of a move[32] by the society towards the gradual introduction of common training[33] for all lawyers?

The LPC will be assessed by a mixture of written examination[34] and continuous assessment[35] undertaken by the institutions actually teaching the course. This proposal in particular has caused much controversy[36] among the practising profession[37] which fears that it will no longer be possible to maintain uniform standards.

16. *The Law Society's governing council*: la junta de gobierno del Colegio de Abogados (*solicitors*).

17. *in solicitors' education and training*: en la formación y en las prácticas.

18. *raise concerns*: suscitar inquietudes.

19. *outline*: bosquejar.

20. *discussion document*: documento de estudio/trabajo.

21. *Training Tomorrow's Solicitors*: la Formación de los Abogados de Mañana.

22. *are designed to meet*: tienen como objetivo salir al paso.

23. *meet*: responder, solucionar, salir al paso.

24. *entrants*: aspirantes.

25. *replace the present Law Society Finals Course with*: sustituir el curso actual con examen final por.

26. *a 24 week practical skills Legal Practice Course*: curso práctico de 24 semanas sobre Práctica Jurídica.

27. *advocacy*: actuación ante los tribunales.

28. *conveyancing*: la práctica en la documentación relacionada con la trasmisión de propiedad.

29. *wills and probate*: testamentos y testamentarías.

30. *rules of evidence*: normas del derecho probatorio.

31. *Bar Finals course*: curso preparatorio de los exámenes finales para acceder a *barrister*.

32. *move*: iniciativa.

33. *towards the gradual introduction of common training*: hacia la introducción gradual de una formación común.

34. *the LPC will be assessed by a mixture of written examination*: la evaluación del curso se hará por medio de pruebas escritas y del seguimiento de.

35. *continuous assessment*: evaluación continua.

36. *cause much controversy*: levantar una gran polémica.

37. *the practising profession*: los abogados en ejercicio.

They fear they will have to learn to differentiate between the standards of the courses taught at the various institutions when selecting trainees and that confidence in the profession may be lost.

They have also expressed concern[38] that if the centrally set finals exam is abolished the profession will cease to be self-regulating. Articles[39] will be replaced by two year training contracts[40] between trainees and licensed firms[41] in private practice.[42]

A compulsory[43] four-week Professional Skills Course will also be introduced to replace the accounts course in articles[44] and the category "A" continuing education courses which have to be undertaken in the first two years after admission.

The LPC will start in autumn 1993 with the last Final Exams sitting[45] in 1994. As a response to the much publicised recruitment crisis of the late eighties it is arguable, however, that these changes will be introduced just at the time when the demand for new recruits to the profession is beginning to decline sharply.

To make it easier to qualify as a solicitor[46] in order to attract more people into the profession, at a time when redundancies among assistant solicitors are beginning to increase,[47] is something the practising profession may find hard to understand.[48]

Many practitioners,[49] while accepting the need to improve the practical contents of the finals course appear to believe[50] that the society has failed to make a case for such a big shift in the training system.[51]

As the Holborn Law Society states[52] in its response to the consultation paper, the society appears at no stage to justify the need for change by reference to statistical evidence.[53]

---

38. *concern*: inquietud [preocupación].
39. *articles*: las prácticas como pasante [pasantías].
40. *training contracts*: contratos de formación.
41. *licensed firms*: empresas autorizadas.
42. *in private practice*: en el ejercicio privado de la profesión.
43. *compulsory*: obligatorio.
44. *accounts course in articles*: curso de contabilidad en calidad de pasante.
45. *sitting*: convocatoria.
46. *make it easier to qualify as a solicitor*: facilitar los requisitos para acceder al ejercicio de la profesión de abogado.
47. *at a time when redundancies among assistant solicitors are beginning to increase*: en un momento en que comienza a aumentar el número de despidos de abogados ayudantes por regulación de empleo.
48. *is something the practising profession may find hard to understand*: es algo que no entienden con facilidad los abogados en ejercicio.
49. *practitioners*: profesionales.
50. *appear to believe*: al parecer creen.
51. *(many practitioners) ... appear to believe that the society has failed to make a case for such a big shift in the training system*: al parecer estiman que el colegio de abogados no ha llegado a entender el gran cambio que necesita el sistema formativo de abogados.
52. *as the Holborn Law Society states*: conforme hace constar el Colegio de Abogados de Holborn.
53. *the society appears at no stage to justify the need for change by reference to statistical evidence*: al parecer el colegio, en ningún momento, justifica la necesidad de cambio basándose en pruebas/datos estadísticos.

The profession is therefore left to speculate about the society's reason's for proposing the change,[54] it says. That speculation is compounded[55] when "there has not been any great clamour within the profession for reform of education and training at this time."

As we approach 1991 and the introduction of mutual recognition of professional qualifications can it be right, they ask to be making the English and Welsh profession the easiest of the European legal professions in which to qualify? More importantly, can all this really be taught in 24 weeks at anything other than a very superficial level?

3. **Documento**: *The Power of Attorney.*

BY THIS POWER OF ATTORNEY, John Smith, hereinafter[56] called the Donor,[57] does appoint[58] Charles Sullivan as his general attorney[59], to whom he gives all the necessary powers[60] and more particularly:

I.   TO MANAGE AND ADMINISTER[61]

(a) To receive any monies,[62] whether of the nature of income[63] or capital, give receipt therefor[64] and release against payment[65] any sureties whatsoever.[66]

(b) To open and operate any accounts[67] with any banks, deposit and withdraw any monies,[68] draw,[69] settle and indorse any cheques,[70] deposit and withdraw any shares[71] and securities.[72]

(c) To draw, indorse, accept or approve for payment[73] any negotiable

---

54. *the profession is therefore left to speculate about the society's reason's for proposing the change:* se deja a los abogados en ejercicio que especulen por las causas por las que la sociedad propone el cambio.

55. *compounded:* agravada.

56. *hereinafter:* en adelante.

57. *donor:* mandante.

58. Otra fórmula podría ser: *The Donor has hereby appointed as his general attorney.*

59. *general attorney:* mandatario general.

60. *powers:* facultades, poderes.

61. *manage and administer:* gestionar y administrar.

62. *monies:* cantidades.

63. *income:* renta.

64. *give receipt therefor:* extender los recibos correspondientes.

65. *against payment:* mediante el pago correspondiente.

66. *release against payment any sureties whatsoever:* cancelar cualquier garantía por el pago de la deuda garantizada.

67. *open and operate any accounts:* abrir y seguir cuentas.

68. *withdraw any monies:* retirar fondos.

69. *draw:* girar.

70. *settle and indorse any cheques:* pagar (liquidar) y endosar cheques.

71. *shares:* acciones.

72. *shares and securities:* títulos; *securities:* valores.

73. *for payment:* en pago.

instruments[74] and bills of exchange and to effect[75] any foreign currency transaction.[76]

(d)   To have access to any safe-deposit boxes,[77] rent[78] additional ones, exercise any rights in respect thereof.[79]

(e)   To acquire, subscribe for and sell any annuities,[80] shares,[81] debentures[82] and any quoted securities[83] whatever quoted[84] on a Stock Exchange.[85]

(f)   To rent[86] or lease out[87] any property[88] and assets.[89] To take any immovable property on lease,[90] on such terms and subject to such conditions[91] as the attorney shall deem fit.[92]

(g)   To attend any meetings of Companies,[93] Associations or organisations, carry out any duties thereat,[94] vote and sign[95] any minutes.[96]

(h)   To represent the donor in relation to any Insurance Companies, and in particular to subscribe any policies[97] and surrender[98] the same.

(i)   To represent the Donor in relation to any Public department and in particular in relation to the Post Office and any Revenue Authorities.[99] For such purposes[100] to pay any taxes and duties,[101] make any declarations and applications whether by

74.   *negotiable instruments*: efectos de comercio.
75.   *effect*: llevar a cabo.
76.   *effect any foreign currency transaction*: llevar a cabo operaciones relativas a divisas.
77.   *have access to any safe-deposit boxes*: acceder a cajas fuertes.
78.   *rent*: alquilar.
79.   *exercise any rights in respect thereof*: ejercer todos los derechos relativos a ellas.
80.   *annuities*: rentas.
81.   *shares*: acciones, títulos de renta variable.
82.   *debentures*: obligaciones.
83.   *quoted securities*: títulos cotizados.
84.   *whatever quoted*: cualquiera que sea su cotización.
85.   *the Stock Exchange*: la Bolsa.
86.   *rent*: alquilar.
87.   *lease out*: arrendar.
88.   *property*: bienes inmuebles.
89.   *assets*: activo.
90.   *take any immovable property on lease*: tomar en arrendamiento.
91.   *on such terms and subject to such conditions*: en los términos y condiciones.
92.   *as the attorney shall deem fit*: que el mandatario establezca.
93.   *meetings of companies*: juntas de sociedades mercantiles.
94.   *carry out any duties thereat*: cumplir con las obligaciones correspondientes.
95.   *sign the minutes*: firmar las actas.
96.   Muchas veces no se precisa el poder notarial para la representación en Juntas de Accionistas. Por medio de un impreso de representación (*proxy form*), que se le facilita junto con la convocatoria de la asamblea (*Notice of Meeting*), el interesado puede nombrar un representante (*a proxy*) que asista y vote por él. Algunas sociedades mercantiles exigen que este representante sea un abogado en ejercicio (*a qualified legal practitioner*) o un auditor oficial (*an approved auditor*). El impreso de la convocatorio suele comenzar con "Por la presente se hace saber que el día 12 de julio..." (*Notice is hereby given that the twelfth of July...*).
97.   *policies*: pólizas de seguro.
98.   *surrender*: rescindir.
99.   *Post Office and any Revenue Authorities*: Administraciones Postales y Fiscales.
100.   *for such purposes*: a tales efectos, con estos fines.
101.   *taxes and duties*: impuestos y derechos (o tasas). Véase el capítulo dieciséis.

agreement or by way of contentious proceedings.[102] To obtain time for payment,[103] furnish any guarantees,[104] agree to any entries[105] in the land or mortgage registers.[106]

(j)   In the event of bankruptcy,[107] schemes of arrangement[108] or judicial liquidations of any debtors to take part in any meetings of creditors[109] and represent the Donor.

II.   INVESTMENT AND DISPOSITION[110]

(a)   To acquire, sell and exchange[111] any immovable property,[112] ships, business goodwill,[113] shares, debentures whether quoted or not, corporeal and incorporeal movables,[114] debts receivable[115] and generally any property whatsoever, for such price and subject to such terms and conditions as the Attorney shall deem fit, to grant and modify any easements[116] and abandon the same.

(b)   To release any mortgages,[117] pledges[118] and generally any sureties[119] whatsoever with or without payment, agree to any subrogations, waive[120] any real rights, preferential rights and any actions for cancellation.[121]

III.   TO BORROW AND TO LEND

(a)   To borrow and lend any monies on such terms and conditions as the Attorney shall deem fit and as security for such loans to grant any mortgages,[122] pledges and generally any securities whatsoever.[123]

(b)   To guarantee and back[124] the debts of any third parties;[125] as surety for such guarantees and backing, grant any mortgages, pledges and any securities whatsoever.

---

102.   *by agreement or by way of contentious proceedings*: graciosas o contenciosas.
103.   *obtain time for payment*: obtener aplazamiento de pago.
104.   *furnish any guarantees*: constituir garantías.
105.   *agree to any entries*: consentir inscripciones.
106.   *land or mortgage registers*: registros de la propiedad.
107.   *bankruptcy*: quiebra.
108.   *schemes of arrangement*: convenios.
109.   *meetings of creditors*: asambleas de acreedores.
110.   *investment and dispositions*: invertir y disponer.
111.   *acquire, sell and exchange*: comprar, vender y permutar.
112.   *immovable property*: bienes inmuebles.
113.   *business goodwill*: fondo de comercio [establecimientos mercantiles].
114.   *corporeal and incorporeal movables*: bienes muebles tangibles o intangibles.
115.   *debts receivable*: créditos.
116.   *grant and modify any easements (and abandon the same)*: constituir, modificar y renunciar servidumbres.
117.   *release any mortgages*: cancelar hipotecas.
118.   *pledges*: prendas.
119.   *sureties*: garantías.
120.   *waive*: renunciar.
121.   *actions for cancellation*: condiciones resolutorias.
122.   *grant any mortgages*: constituir hipotecas.
123.   *any securities whatsoever*: cualquier otra forma de garantía.
124.   *back*: avalar.
125.   *third parties*: terceros.

IV. TO OBTAIN A MORTGAGE LOAN[126]

(a)   To borrow[127] up to the principal sum of $100,000,[128] subject to such conditions as the Attorney shall deem fit.[129]

(b)   To agree[130] to any joint and several liability[131] both between borrowers and their successors in title.[132]

(c)   To agree on any collateral guarantees[133] in favour of the lender[134] and any simplified procedure for execution[135] more particularly[136] by way of voluntary sale;[137] to make the Donor liable to[138] immediate specific performance.[139]

(d)   As security[140] for such loan, by way of principal, interest and incidental sums,[141] to charge and mortgage[142] the following immovable properties...[143]

(e)   To complete or modify[144] the description of any immovable properties.

(f)   To establish any abstract of title.[145]

(g)   To agree any equality of rights or preferential rights as between lenders[146] as the attorney shall deem fit.

(h)   To agree and propose any entries[147] in the land or mortgage registers.[148]

(i)   To make any declarations concerning civil status, mortgages and otherwise.[149]

---

126.   *mortgage loan*: préstamo hipotecario.

127.   *borrow*: tomar prestado.

128.   *up to the principal sum of $100,000*: hasta la cantidad de 100.000 dólares en concepto de principal.

129.   *subject to such conditions as the Attorney shall deem fit*: en las condiciones que el mandatario juzgue convenientes.

130.   *agree*: estipular.

131.   *agree to any joint and several liability*: estipular la solidaridad e indivisibilidad.

132.   *both between borrowers and their successors in title*: tanto entre los prestatarios como entre sus derechohabientes.

133.   *collateral guarantees*: garantías accesorias.

134.   *lender*: prestamista.

135.   *simplified procedure for execution*: procedimiento de ejecución simplificada.

136.   *more particularly*: en particular.

137.   *by way of voluntary sale*: por vías de venta voluntaria.

138.   *make the Donor liable to*: someter al mandante.

139.   *immediate specific performance*: ejecución forzosa inmediata, ejecución específica.

140.   *as security*: en seguridad y garantía.

141.   *by way of principal, interest and incidental sums*: del principal del préstamo, intereses y costas.

142.   *charge and mortgage*: afectar e hipotecar.

143.   *immovable properties*: bienes inmuebles.

144.   *modify*: rectificar.

145.   *establish any abstract of title*: establecer el origen y titulación de la propiedad. *Abstract of title*: resumen o extracto del título en el que se establece el origen y titulación del mismo, con cada traspaso del título y las hipotecas que haya sobre la propiedad; documento catastral de un inmueble.

146.   *equality of rights or preferential rights as between lenders*: la concurrencia y prioridad entre los acreedores.

147.   *agree and propose any entries*: consentir y proponer inscripciones.

148.   *land or mortgage registers*: registros de la propiedad.

149.   *and otherwise*: y otras.

(j)   To receive the amount of such loan[150] in whole or in part, give receipts therefore.

V.   TO INCORPORATE[151] A COMPANY LIMITED BY SHARES[152]

(a)   To take part in the incorporation[153] of a Company limited by shares in respect of which[154] he shall determine the form, name, objects, registered office,[155] duration, capital and all matters necessary or requisite[156] for the validity of its incorporation.[157]

(b)   To take a participation in shares in the capital of the Company[158] or as a proportion thereof[159] for such amount as he shall deem fit[160] and pay all or part of such amount,[161] in cash or in kind,[162] in accordance with the conditions laid down by law.[163]

(c)   To agree contractually the terms and amounts of the payments to be made for paying up the capital subscribed for.[164]

(d)   To approve the Memorandum and Articles of Association of the Company.[165]

(e)   To appoint the management and the auditors[166] and fix their remunerations.[167]

(f)   To approve, subject to the limits provided by law,[168] the benefits, if any, which may be attributed on the distribution either of the profits[169] or of the company's

---

150.   *receive the amount of such loan*: cobrar el importe del préstamo.
151.   *incorporate*: constituir.
152.   *incorporate/constitute a company limited by shares*: constituir una sociedad de capitales.
153.   *take part in the incorporation*: concurrir al acto de constitución.
154.   *in respect of which*: respecto al cual/a la cual.
155.   *registered office*: domicilio.
156.   *and all matters necessary or requisite*: y todos los demás requisitos necesarios o exigidos.
157.   *incorporation*: constitución.
158.   *take a participation in shares in the capital of the Company*: suscribir una parte del capital social en acciones.
159.   *or as a proportion thereof*: o participaciones sociales.
160.   *for such amount as he shall deem fit*: por el importe que él juzgue conveniente.
161.   *pay all or part of such amount*: desembolsarlas en su totalidad o en parte.
162.   *in cash or in kind*: en dinero o en especie (en bienes muebles o inmuebles).
163.   *in accordance with the conditions laid down by law*: de acuerdo con las prescripciones de la ley.
164.   *agree contractually the terms and amounts of the payments to be made for paying up the capital subscribed for*: obligarse a satisfacer el capital suscrito de acuerdo con los términos y modalidades de los desembolsos.
165.   *approve the Memorandum and Articles of Association of the Company*: aprobar los estatutos que han de regir la vida de la sociedad.
166.   *the management and the auditors*: órganos de administración.
167.   *fix their remunerations*: fijar su remuneración.
168.   *subject to the limits provided by law*: dentro de los límites legales.
169.   *the benefits, if any, which may be attributed on the distribution either of the profits*: las ventajas que puedan ser eventualmente consentidas en el reparto de los beneficios.

assets[170] in the event of liquidation,[171] to founder members[172] or to certain classes of shareholders.[173]

(g) Subject to the limits provided by law, to agree to any restrictions[174] on the transfer of shares or of any proportion of the capital.[175]

(h) To complete any formalities whatsoever which may be requisite[176] to the incorporation of the Company.[177]

(i) To agree to any other terms, clauses or conditions which may seem appropriate.[178]

VI. ACTING IN LEGAL PROCEEDINGS[179]

(a) To represent the Donor in legal proceedings[180] both as plaintiff[181] and defendant,[182] appoint any counsel and other legal representatives,[183] take or require any legal proceedings[184] or any interlocutory measures[185] or measures for execution.[186]

(b) To compromise and compound.[187] To appoint any arbitrator.

VII. SUBSTITUTION. SUNDRY POWERS[188]

For the above purpose,[189] execute[190] and sign any deeds[191] and minutes,[192] give an address for service[193] substitute, waive any registrations[194] including those arising[195]

---

170. *the company's assets*: el activo social.
171. *in the event of liquidation*: en caso de liquidación.
172. *to founder members*: en favor de los socios fundadores.
173. *certain classes of shareholders*: determinadas categorías de socios.
174. *agree to any restrictions*: establecer/aprobar restricciones.
175. *transfer of shares or of any proportion of the capital*: transferencia de acciones y participaciones sociales.
176. *which may be requisite*: necesarias, imprescindibles.
177. *incorporation of the Company*: constitución de la sociedad.
178. *agree to any other terms, clauses or conditions which may seem appropriate*: aceptar cualesquiera otros pactos, cláusulas o condiciones que considere convenientes.
179. *acting in legal proceedings*: litigar, actuar ante los tribunales.
180. *in legal proceedings*: ante los tribunales.
181. *plaintiff*: demandante (denunciante, acusador, actor).
182. *defendant*: demandado (denunciado, acusado, defendido).
183. *appoint any counsel and other legal representatives*: nombrar abogados y procuradores.
184. *take or require any legal proceedings*: emprender o pedir cualquier procedimiento judicial.
185. *interlocutory measures*: diligencias previas a la vista oral (véase el capítulo cuatro).
186. *execution*: ejecución [vía ejecutiva, otorgamiento, legalización de un documento].
187. *compromise and compound*: llegar a compromisos y transacciones.
188. *sundry powers*: poderes diversos.
189. *for the above purpose*: a los efectos anteriores.
190. *execute*: otorgar.
191. *deeds*: escrituras.
192. *minutes*: actas.
193. *give an address for service*: designar domicilio para notificaciones [elegir domicilio].
194. *waive any registrations*: dispensar de inscripciones.
195. *arising*: dimanantes.

by operation of law,[196] to make all declarations of civil status and generally do whatever may be necessary.

All on the terms[197] that no defect or inaccuracy in the powers above set out (which are set out by way of example and not by way of limitation) shall invalidate the acts of the attorney and that he shall have the power to appoint a substitute.[198] Whereof an act.[199]

[196] *by operation of law*: de oficio.

[197] *all on the terms*: todo lo anterior debe entenderse en el sentido de que.

[198] La enumeración de las facultades anteriores debe entenderse dada a título indicativo, no limitativo, por lo que no cabrá oponer defecto o imprecisión en este poder, que deberá ser amplísimamente interpretado y con facultad de sustitución.

[199] *Whereof an act*: Así lo otorga.

BIBLIOGRAFÍA

Alcaraz, E. (1990): *Tres paradigmas de la investigación lingüística*. Alcoy: Marfil.

Alcaraz, E. y Hughes, B. (1993): *Diccionario de términos jurídicos*. Barcelona: Ariel.

Atienza, M. (1993): *Tras la justicia. Una introducción al derecho y al razonamiento jurídico*. Barcelona: Ariel.

Atiyah, P. S. (1983): *Law and Modern Society*. Oxford: Oxford University Press.

Baker, M. (1992): *In Other Words. A Coursebook on Translation*. Londres: Routledge.

Barnard, D. (1985): *The Civil Court in Action*. Londres: Butterworths.

Barnard, D. (1988): *The Criminal Court in Action*. Londres: Butterworths.

Basnett-Mcguire, S. (1980): *Translation Studies*. Londres: Methuen.

Bell, R. T. (1991): *Translation and Translating. Theory and Practice*. Londres: Longman.

Bertodano, R. (1993): «Fighting for justice in shadow of the gallows». *The Sunday Telegragh*, 7 de noviembre, pág. 16.

Bing, I. (1990): *Criminal Procedure and Sentencing in the Magistrates' Court*. Londres: Sweet Maxwell.

Black, H. C. (1891/1991): *Black's Law Dictionary*. St. Paul, Minn.: West Publishing.

Bly, R. (1984): «The eight stages of translation», págs. 38-58 en Frawley, W. (ed.).

Brinton, E. y White, C. (1981): *Estrategias para traducción*. Londres: The MacMillan Press.

Caenegem, R. C., van (1973): *The Birth of Common English Law*. Cambridge: C.U.P.

Calo, Emmanuele (1984): *Manuale del traduttore*. Napoli: Edizioni Scientifiche Italiane.

Cervero, C. (1960): *Diccionario de términos económicos, financieros y comerciales*. Barcelona: Editorial Dossat.

Conley, John M. (1990): *Rules versus Relationships: the Ethnography of Legal Discourse*. Chicago: University of Chicago Press.

Conlon, T. (1990): «Insider Dealing in Great Britain». *Financial Times*, 1 de febrero, pág. 22.

Coopers, (1989): *Diccionario de informes financieros*. Deusto: Prat.

Coulthard, M. (1992): *Advances in Spoken Discourse Analysis*. Londres: Routledge.

Coulthard, M. (1992): «Forensic discourse analysis», págs. 242-259, en Malcolm Coulthard.

CPS (s. a.): *Weighing the Evidence. The Crown Prosecution Service and How it Works*. Londres: Crown Prosecution Service.

Davies, F. R. (1986): *Contract*. Londres: Sweet & Maxwell.

Delisle, J. (ed.) (1981): *L'enseignement de l'interpretation et de la traduction*. Ottawa: University of Ottawa Press.

Dickson, G. C. A. *et al.* (1984): *Introduction to Insurance*. Londres: Pitman.

Douzinas, C. *et alt.* (1991): *Postmodern Jurisprudence. The Law of Text in the Text of Law*. Londres: Routledge.

Economist, The (1993): «Still under suspicion», 10 de julio de 1993, pág. 27.

European Documentation (1984): *The European Community's Legal System*. Luxemburgo: Office for Official Publications of the European Communities.

Felsenfeld, C. (1981): *Writing Contracts in Plain English*. St. Paul (Minnesota): West Publishing Co.

Fitzpatrick, P. (1987): *Critical Legal Studies*. Cardiff: Cardiff University Press.

Frawley, W. (ed.) (1984): *Translation: Literary, Linguistic and Philosophical perspectives*. Newark, D: University of Delaware Press.

Freedman, M. K. (1990): *Legalese. The Words Lawyers Use and What They Mean*. Nueva York: Dell Publishing.

García de Enterría, E. (1990): «La sentencia *Factortame* (19 de junio de 1990) del Tribunal de Justicia de las Comunidades Europeas». *REDA*, 65, págs. 401-420.

García Yebra, V. (1984): *Teoría y práctica de la traducción* (2 vols.). Madrid: Gredos.

Gobernado Arribas, R. (1978): *Ideología, lenguaje y derecho. Aplicación de un modelo de sociología del conocimiento al derecho*. Madrid: Cupsa.

Goodrich, Peter (1987): *Legal Discourse: Studies in Linguistics, Rhetoric and Legal Analysis*. Londres: Macmillan.

Hampstead, L. (1988): *Lloyd's Introduction to Jurisprudence*. Londres: Stevens and Sons.

Harris, D. (1988): *Remedies in Contract and Tort*. Londres: Weindenfeld and Nicolson.

Hatim, B. y Mason, I. (1990): *Discourse and the Translator*. Londres: Longman.

Hermans, T. (ed.) (1985): *The Manipulation of Literature: Studies in Literary Translation*. Londres: Croom Helms.

Hogan, B. *et al.* (1986): *«A» Level Law*. Londres: Sweet & Maxwell.

Infante Lope, J. (1984): *Diccionario jurídico*. Barcelona: Vecchi.

Jackson, B. *et al.* (1985): *Semiotics and Legal Theory*. Londres: RKP.

Jackson, B. *et al.* (1988): *Law, Fact and Narrative Coherence*. Roby: Deborah Charles.

Jones, B. L. (1989): *Garner's Administrative Law*. Londres: Butterworths.

Justinian (1990): «A struggle unfolds over judicial review». *Financial Times*, 4 de junio, pág. 38.

Kadar, A. (1991): *Business and Commercial Law*. Londres: Butterworth-Heinemann.

Kay, J. A. y King, M. A. (1990): *The British Tax System*. Oxford: Oxford University Press.

Keenan, D. (1989): *English Law*. Londres: Pitman.

Keenan, D. *et al.* (1990): *Business Law*. Londres: Pitman.

Kevelson, Roberta (1990): *Peirce, Paradox, Praxis: the Image, the Conflict and the Law*. Berlín/Nueva York: Mouton de Gruyter.

Kurzon, Dennis (1986): *It is Hereby Performed: Explorations in Legal Speech*. Amsterdam: John Benjamins.

Lafuente Suárez, J. L. (1992): «La vinculación al precedente: inconvenientes para su aplicación en el ámbito del sistema jurídico español». *Tapia*, enero/febrero, págs. 64-67.

Leighton, L. (1984): *The Art of Translation*. Knoxville: The University of Tennessee Press.

Lorenzo, Emilio (1966): *El español de hoy, lengua en ebullición*. Madrid: Gredos.

— (1993): «Broker». *ABC*, 18 de octubre de 1993, pág. 3.

Lukman, N. *et al.* (1985): *A Sociological Theory of Law*. Londres: Routledge.

Maley, Y. (1987): «The language of legislation». *Lang. Soc.* 16, págs. 25-48.

Mans & Turton (1987): *The Penguin Wordmaster Dictionary*. Harmondsworth: Penguin.

Marston, J. *et al.* (1991): *Constitutional and Administrative Law*. Londres: Pitman.

Martin, E. (ed.) (1986): *A Concise Dictionary of Law*. Londres: Oxford University Press.

Meador, Daniel J. (1991): *American Courts*. St. Paul: West Publishing.

Mounin, G. (1968): *Les problèmes théoriques de la traduction*. París: Didier.

Nida, E. (1975): *Language Structure and Translation*. Stanford: Stanford University Press.

O'Barr, W. *et al.* (1982): *Linguistic Evidence: Language, Power and Strategy in the Courtroom*. Nueva York: Academic Press.

Pérez Lledó, Juan A. (1992): «La Enseñanza del Derecho en Estados Unidos», *Doxa*, 12, págs. 41-93.

Poor, H. (1971): *You and the Law*. Pleasantville, Nueva York: R.D.A.

Pritchard, J. (1985): *The Penguin Guide to the Law*. Harmondsworth: Penguin.

Rabadán, Rosa (1991): *Equivalencia y traducción. Problemática de la equivalencia translémica inglés-español*. León: Universidad de León.

Revelson, Roberta (1989): *Law and Semiotics*. Nueva York: Plenum Press.

Riley, A. (1991): *English for Law*. Londres: MacMillan.

Rothenberg, R. E. (1981): *The Plain-Language Law Dictionary*. Nueva York: Penguin Books.

Santoyo, J. C. (1985): *El delito de traducir*. León: Universidad.

Santoyo, J. C. y Rabadán, R. (1990): «Traductología/translémica. Una nueva disciplina lingüística». *Revista Española de Lingüística Aplicada (Granada: AESLA)*. Anejo I.

Scherer, K. *et al.* (1979): *Social Markers in Speech*. Cambridge: University Press.

Searle, J. R. *et al.* (1980): *Speech Acts Theory and Pragmatics*.

Seleskovitch, D. (1986): *Interpréter pour traduir* (Colection Traductologie). París: Didier.

Stanford Business School (1988): *Diccionario empresarial*. Madrid: Stanford School.

Stanlake, G. F. (1987): *Introductory Economics*. Londres: Longman.

Steiner, G. (1975): *After Babel. Aspects of Language and Translation*. Londres: Oxford University Press.

Torrents Del Prats, A. (1976): *Diccionario de dificultades del inglés*. Barcelona: Juventud.

Twining, W. y Miers, David (1991): *How to Do Things with Rules*. Londres: Weindenfed and Nicolson.

Varios: *Diccionario básico jurídico*. Granada: Editorial Comares.

Vázquez-Ayora, G. (1977): *Introducción a la traductología*. Washington, DC: Georgetown University Press.

Vinay, J. P. y Dalbernet, J. (1958): *Stylistique comparée du français et de l'anglais*. París: Didier.

Walker and Walker (1985): *The English Legal System*. Londres: Butterworths.

Walter, B. (1988): *The Jury Summation as Speech Genre*. Amsterdam: John Benjamins.

Weisberg, R. H. (1987): *When Lawyers Write*. Boston: Little, Brown.

White, James Boyd (1993): *Justice and Translation: an Essay in Legal Criticism*. Chicago: University of Chicago Press.

White, J. B. (1985): *Heracles' Bow: Essays on the Rhetoric and Poetics of the Law*. Madison, Wisconsin: University of Wisconsin Press.

Wills, W. (1982): *The Science of Translation*. Tubinga: Gunter Narr.

ÍNDICE ANALÍTICO

ÍNDICE